Fried Goebel
Hofphotogr. Witten
1901

Helfen und helfen lernen

100 Jahre Diakonissen-Mutterhaus Witten

Helfen und helfen lernen

100 Jahre Diakonissen-Mutterhaus Witten

Im Auftrage des
Diakoniewerkes Ruhr-Witten
herausgegeben von
Bruno J. Sobotka

Witten 1990
Märkische Druckerei und Verlagsanstalt Aug. Pott

Umschlag vorn: Diakonissen-Mutterhaus Witten und
Anstaltskirche – alt – (oben) und
Diakonissen-Mutterhaus Witten und
Lukas-Zentrum – heute – (unten),
Zeichnungen von Fritz A. Jahrmarkt, Witten

Vorsatzpapier: Diakonissenanstalt Witten, Foto von
Friedrich Goebel, 1901

Die Herausgabe des Buches wurde dankenswerterweise unterstützt u. a. von:
Düchting Pumpen Maschinenfabrik GmbH & Co. KG, Witten
Flachglas AG, Witten
Führer & Gülich seit 1910 Gebäudereinigung und Dienstleistungen, Witten
Kreis der Freunde und Förderer des Diakoniewerkes Ruhr-Witten
Friedr. Lohmann GmbH Werk für Spezial- & Edelstähle, Witten
Lohmann & Stolterfoht GmbH, Witten
Maschinenfabrik Korfmann GmbH, Witten
J. D. Neuhaus Hebezeuge GmbH & Co., Witten
Einrichtungshaus Ostermann GmbH & Co. KG, Witten
Stadt Witten
Stadtsparkasse Witten, Witten
Thyssen Maschinenbau GmbH, Witten

Verlag und Druck: Märkische Druckerei und Verlagsanstalt Aug. Pott, Witten
Auftraggeber: Diakoniewerk Ruhr-Witten
Herausgeber: Bruno J. Sobotka, Witten
Layout: Fritz A. Jahrmarkt, Witten

Printed in Germany – Imprimé en Allemagne

ISBN 3-920611-16-0

Zum 100jährigen Bestehen des „Evangelischen Diakonissenhauses für die Grafschaft Mark und das Siegerland zu Witten an der Ruhr“ darf ich Ihnen namens des Vorstandes sowie der Schwestern und Brüder aus den Mutterhäusern und Diakoniewerken des Kaiserswerther Verbandes herzliche Grüße übermitteln und Segenswünsche aussprechen. Die Verbundenheit im Glauben an unseren Herrn Jesus Christus und im Dienst in seinem Auftrag an Menschen, die Zuwendung und Begleitung, Ermutigung und Wegweisung brauchen, hat die gemeinsamen Wege durch die Geschichte der Kaiserswerther Mutterhausdiakonie geprägt.
Gerade bei den Versuchen, den Anforderungen der Zeit angemessen begegnen zu können und in der Form schwesternschaftlicher/bruderschaftlicher Diakonie Möglichkeiten zu einem Leben in der Nachfolge zu finden, sind sich die Mutterhäuser und Diakoniewerke nähergekommen. Das gilt auch – und vielleicht besonders – in Zeiten, da der ausbleibende Nachwuchs im Bereich der Diakonissenschaften uns schmerzt. Viel Mut gehörte dazu, neue Wege einzuschlagen und dabei Bewährtes aus der Tradition umzugestalten. Grundanliegen der Kaiserswerther Mutterhausdiakonie war es, Aus-, Fort- und Weiterbildung so gut wie möglich zu verwirklichen. Die Dynamik dieses Grundansatzes beizubehalten, haben Sie uns ideenreich – manchmal auch sehr ins Nachdenken führend – und beispielhaft vorgelebt. Dafür möchten wir Ihnen danken. „Zeichen der Hoffnung“ sind damit gesetzt, und jenes Symbol der Kaiserswerther Mutterhausdiakonie – die mit dem Ölzweig zurückkehrende und damit Hoffnung eröffnende Taube – ist lebendig geworden.
Das Gespräch zwischen dem Kaiserswerther Verband und der Deutschen Diakonenschaft fand bei Ihnen, nicht zuletzt auch durch die räumliche Nähe von Schwesternschaften und Bruderschaft, fruchtbaren Boden. Gemeinsamkeiten wuchsen heran. Wir bitten den Herrn um das Heranreifen dieser Saat.
Wie wichtig und helfend für beide Seiten war der partnerschaftliche Austausch zu Einrichtungen in der DDR! Aspekte der Schwesternschaften, der Bruderschaft, der Krankenhausarbeit und der Sozialpädagogik haben die vielen Begegnungen und Gespräche bestimmt und uns gegenseitig reich gemacht.
Mit Ihnen möchten wir Gott danken für sein gnädiges und freundliches Geleit durch die Geschichte, für die Möglichkeiten, die er uns gab, für die Zukunft, die er uns aufschließt. Wir Schwestern und Brüder im Kaiserswerther Verband erhoffen und erbitten auch weiterhin eine gute, vertrauensvolle Gemeinschaft mit Ihnen.

Pastor Günther Freytag
Direktor des Kaiserswerther Verbandes deutscher Diakonissen-Mutterhäuser e.V.

Diakonie ist gelebtes Zeugnis der frohen Botschaft von Jesus Christus. Als Christen schulden wir der Welt dieses Zeugnis mit Wort und Tat. Viele Umfragen haben gezeigt, daß die Diakonie gerade von Fernstehenden als Erkennungs- und Gütezeichen des christlichen Glaubens angesehen wird.
Aus diesem Grund wurde das Evangelische Diakonissenhaus für die Grafschaft Mark und das Siegerland zu Witten an der Ruhr vor 100 Jahren an einem der sozialen Brennpunkte gegründet. Die sozialen Folgen der Industrialisierung wie Entwurzelung, Entkirchlichung, Armut und Krankheit zeigten sich dort besonders kraß. Und weil christlicher Glaube sich nicht nur in guten Worten, sondern auch in guten Taten zeigt, wird die Diakonie immer an den sozialen Brennpunkten zu finden sein. Dieses Zeugnis mit Wort und Tat wirkt ansteckend und gewinnend, weil hier der Glaube nicht in der frommen Innerlichkeit steckenbleibt, sondern zum Handeln, zum Tun der Nächstenliebe findet.
Gerade die Diakonissen haben diese Einheit von Glauben und Leben, Reden und Tun immer überzeugend vertreten und so auch die Kirche an den oft in Vergessenheit geratenen diakonischen Auftrag erinnert. Es ist gut, daß wir daran erinnert werden, daß der Glaube auch gute Früchte hervorbringt.
In einer Zeit, in der der Beruf für viele nur mehr Broterwerb ist, ist es gut, daß es Diakonissen gibt, die ihren Beruf als Berufung verstehen. Heute reden viele von ganzheitlichen Lebensformen. In den Mutterhäusern werden sie gelebt.
Wir alle fragen uns, wie wir für die auf uns zukommenden Aufgaben die Mitarbeiterinnen und Mitarbeiter gewinnen können, die aus ihrem Glauben heraus bereit sind, für andere da zu sein. Weil nur Menschen, die Liebe erfahren haben und sich in Gottes Liebe geborgen wissen, Liebe schenken können, ist es unsere wichtigste Aufgabe, das Evangelium weiterzusagen. Viele Menschen insbesondere in bisher atheistisch geprägten Ländern des Ostens warten auf diese befreiende und frohmachende Botschaft vom liebenden Gott.
So ist mein Wunsch, daß das Evangelische Diakonissenhaus zu Witten an der Ruhr auch weiterhin ein Zentrum des lebendigen Glaubens und der tätigen Nächstenliebe bleibt.

Karl Heinz Neukamm
Präsident des Diakonischen Werkes der Evangelischen Kirche in Deutschland

Zum 100jährigen Bestehen des Wittener Diakonissenmutterhauses möchte ich ein Wort des herzlichen Dankes aussprechen. Dieser Dank richtet sich in erster Linie an Gott. Er hat das „Evangelische Diakonissenhaus für die Grafschaft Mark und das Siegerland zu Witten an der Ruhr" durch den Wechsel der geschichtlichen Verhältnisse hindurch erhalten. Es ist eine lange Segensgeschichte, auf die wir zurückblicken können. Viele Jahrzehnte hindurch waren die Wittener Diakonissen aus den Gemeinden der Mark und des Siegerlandes nicht wegzudenken. Ob als Gemeindeschwester oder im Kindergarten, im Krankenhaus oder in anderen Einrichtungen der Diakonie – der Dienst der Diakonisse stand immer in einem lebendigen Bezug zur Gemeinde und hat für das geistliche Leben junger wie alter Menschen viel bedeutet. Oft war es ein entsagungsvoller Einsatz, der weithin im Verborgenen geschah und doch entscheidend dazu beigetragen hat, daß die Kirche die Diakonie wieder entdeckt hat.
Die letzten Jahre und Jahrzehnte haben tiefgreifende Veränderungen gebracht. Nur wenige junge Frauen konnten sich dazu entschließen, sich als Diakonisse einsegnen zu lassen. Es bleibt abzuwarten, ob die Öffnung des Diakonissenamtes für verheiratete Frauen wieder zu einer Belebung dieser besonderen Lebensform führen wird. Neben der Diakonissenschaft im herkömmlichen Sinn ist eine Diakonische Schwesternschaft entstanden, die das Mutterhaus mit neuem Leben erfüllt. Es gibt Zeichen der Hoffnung, daß Gottes Wege mit dem Wittener Diakonissenmutterhaus weitergehen. Die Jahreslosung 1990 nennt den Grund dieser Hoffnung: „Jesus Christus spricht: Ich bin das Licht der Welt. Wer mir nachfolgt, der wird nicht wandeln in der Finsternis" (Johannes 8, 12). Deshalb bin ich überzeugt, daß das Diakonissenmutterhaus Witten unter veränderten Bedingungen wichtige Aufgaben in Kirche und Diakonie wahrnehmen wird.

D. Hans-Martin Linnemann
Präses der Evangelischen Kirche von Westfalen

Im Namen des Vorstandes des Diakoniewerkes Ruhr möchte ich zum 100. Geburtstage dieses Werkes, dem früheren Diakonissenhaus für die Grafschaft Mark und das Siegerland, die herzlichsten Glückwünsche sagen! Möge eine gesegnete Zukunft vor ihm liegen! Es ist sicher für uns alle, die wir uns dem Hause verbunden fühlen, ein Tag der Freude, der Genugtuung und auch des Stolzes auf all die Leistungen, die in den vielen Jahren erbracht worden sind.
Die Gründung des Mutterhauses erfolgte nicht nur, um das schnell wachsende, 25 Jahre vorher gegründete Ev. Krankenhaus mit Pflegekräften zu versorgen und die Trägerschaft zu übernehmen, sondern auch, um die soziale Not in der damaligen Industriegesellschaft lindern zu helfen.

Die 100 Jahre, auf die wir jetzt zurückblicken, waren für die Schwesternschaft alles andere als einfache und bequeme Jahre. Witten – von Bergbau und Industrie geprägt – war von dauernden Krisen in diesen Bereichen besonders betroffen, bis 1925 die letzte Großzeche die Förderung einstellte. Durch die hohe Zahl der Arbeitslosen in diesem Raum erreichten Not und Elend ein fast unerträgliches Maß. Unsere Diakonissen, besonders in den Gemeinden, aber auch im Krankenhaus, litten unter dieser Not und auch in ihrer Hilflosigkeit diesem Leid gegenüber. Dann kam der Zweite Weltkrieg, Mutterhaus und Krankenhaus wurden weitgehend zerstört, aber die Arbeit mußte weitergehen. Und wieder waren es vor allem unsere Diakonissen, die das scheinbar Unmögliche möglich machten.
Nach dem Krieg kam die Zeit des sog. Wirtschaftswunders. Nur von einem Wunder konnte für unser Haus keine Rede sein. Im Gegenteil: Die Zahl unserer Schwestern schmolz wie der Schnee in der Sonne, da sich trotz allen Suchens kein Nachwuchs einstellte. Noch 1950 waren es insgesamt 831 Diakonissen, heute haben wir noch 158, davon 20 im aktiven Dienst. Die Erkenntnis, daß mit Nachwuchs kaum noch zu rechnen sei, traf die Verantwortlichen hart, aber noch rechtzeitig.
Notwendigerweise mußte nun die Zeit der Einschränkung und des sparsamen Wirtschaftens beginnen. Noch hatte das Mutterhaus nach seinen Verträgen 17 Krankenhäuser, 155 Gemeindestationen und 12 Pflegehäuser mit Pflegekräften zu versorgen. Den oft nötigen Ersatz zu schicken wurde unmöglich, zu kündigen war schwierig, unsere Schwestern zurückzuholen oft die einzige Lösung. Aber dies scheiterte oft an der Treue der Schwestern zu ihren Häusern.
Die Gestellungsgelder mußten fast rücksichtslos erhöht werden. Viele Freunde hatten wir damals sicher nicht.
Endlich, anfangs der 70er Jahre, zeigte sich ein etwas hellerer Streifen am Horizont. Wir konnten ein neues Krankenhaus bauen, weitere Bauten wie Feierabendhaus und Lukaszentrum folgten. Und vor allem der Lebensfeierabend unserer alten Diakonissen war wieder gesichert.
Wir haben also das Recht, den 100. Geburtstag in aller Fröhlichkeit zu feiern, und wir können dem

neuen Jahrhundert mit Zuversicht und Vertrauen entgegengehen. Es wird anders aussehen als das vergangene.
Gegründet war das Haus, um die Grafschaft Mark (sprich: Ruhrgebiet) und das Sauer- und Siegerland in den Krankenhäusern, den Pflegestationen und Gemeinden mit entsprechend ausgebildeten und der Diakonie verpflichteten Pflegekräften zu versorgen. Aber das fast völlige Fehlen des Diakonissennachwuchses machte auch einen Wandel der Struktur notwendig.
Diakonissen und Diakonische Schwestern und Brüder haben sich in gleichberechtigter Partnerschaft zu einer Diakoniegemeinschaft von Schwestern und Brüdern zusammengeschlossen, um sich den kommenden Aufgaben zu stellen. Eine möglichst enge Zusammenarbeit mit der Ev. Diakonenanstalt Martineum wird angestrebt. Es werden nicht mehr Hilfskräfte nach draußen zur Verfügung gestellt, sondern es werden in Kranken-, Pflegeheimen und Schulen Nachwuchskräfte ausgebildet, um sie dann als selbständige Menschen den Weg in die eigene Zukunft gehen zu lassen.
So steht das Haus nach vielen Jahren voller Probleme wieder auf festem Boden und wird sicher auch die kommenden Aufgaben bewältigen.

All dies ist nicht von allein gekommen. Neben der dauernden Hilfestellung der Landeskirche und dem aufopferungsvollen Einsatz unserer Diakonissen möchte ich anläßlich des 100. Geburtstages an die Persönlichkeiten erinnern, denen das Diakoniewerk sein Ansehen und seine Bedeutung zu danken hat.
Mit vielen anderen sind es die früheren Vorsteher Heinrich Koetter und Christoph Theurer, die Vorsteherinnen, die Schwestern Luise Schäfer und Christel Prein, aber auch die Leiter der Verwaltung Wilhelm Dansard und Günter Gersie. Ihnen möchte ich ein herzliches Wort des Dankes sagen. Die meisten von ihnen sind nicht mehr unter uns, wir sollten sie nicht vergessen. Möge Gottes Segen weiter auf diesem Werke ruhen und uns in eine gute Zukunft führen.

Gerd Springorum
Vorsitzender des Vorstandes des Diakoniewerkes Ruhr-Witten

Einführung

„Das Mutterhaus rüstet sich, sein 25jähriges Jubiläum zu begehen. Der furchtbare Krieg, in dessen Mitte wir stehen, hindert eine große Festfeier. Er soll uns aber nicht hindern, dankbar zurückzuschauen und uns und anderen Rechenschaft zu geben über das, was in 25 Jahren gebaut und gearbeitet worden ist. Als der zweite Anstaltsvorsteher im Juli 1914 sich zum Abschied rüstete, glaubte er sagen zu können, es sei eine wohlgeordnete Arbeit, die er in andere Hände zu legen sich anschicke. Was damals wohlgeordnet schien, hat der Krieg völlig durcheinander geworfen. Mehr als hundert Schwestern sind nicht auf ihren Arbeitsplätzen, sondern hier und da in der Welt verstreut. Eine Reihe von Gemeindepflegen und Kleinkinder-Schulen sind geschlossen oder sind mit anderen Kräften besetzt, die zum Teil nur vorübergehend in unserer Arbeit stehen. In unseren Krankenhäusern, ja im Mutterhaus selbst begegnen uns fremde oder fast unbekannte Gesichter. Um die Fülle der Verwundetenpflege zu bewältigen, auch um dem Hilfsdrang unserer Frauenwelt entgegenzukommen, sind überall Helferinnen vom Roten Kreuz eingestellt, die in Gemeinschaft und unter Leitung unserer Schwestern Verwundete pflegen. Das Mutterhaus selbst hat ein verändertes Aussehen. Auf der Frauenstation liegen Verwundete. Die Frauen sind anderwärts untergebracht. Nähstube und Schwesternzimmer sind mit Verwundeten belegt. Das Haushaltungspensionat ist geschlossen und von Schwestern bewohnt. Nicht minder hat der Krieg und die Verwundetenpflege das Ansehen der von unseren Schwestern versorgten Krankenhäuser verändert. Auch Kleinkinder-Schulen und Gemeindehäuser sind zu Lazaretten eingerichtet. Genug, die ganze Arbeit steht unter dem Eindruck des Krieges."

So schrieb der zweite Vorsteher des Diakonissenmutterhauses Witten, Pastor Wilhelm Thiele, 1915 in der zum 25jährigen Bestehen herausgegebenen Festschrift. In die Zukunft schauend, fuhr er fort: „Aber so lange es Not, Krankheit und Sterben auf Erden geben wird, so lange wird der Dienst der Liebe nötig sein. Der Dienst der Liebe, so wie wir ihn meinen, wird auch durch keine Organisation ersetzt werden können. Denn keine Organisation, keine staatliche Krankenpflegerinnenprüfung, keine neue Berufsordnung kann das ersetzen, was der Diakonie durch ihre Beziehung zu den überweltlichen Quellen aller Barmherzigkeit eingeboren ist. Wenn es von dem Dienst am Worte heißt: pectus facit theologum, d. h. die Gesinnung macht den Theologen, so gilt das von der Arbeit der dienenden Barmherzigkeit in doppeltem Maße: Die Gesinnung macht die Schwester zur Schwester."

25 Jahre später, wiederum in einem Kriegsjahr, fand der vierte Vorsteher des Wittener Mutterhauses, Pastor Otto Stein, in seiner Einführung zur Festschrift zum 50jährigen Bestehen 1940 folgende Worte: „Am 19. Oktober 1940 ist unser Diakonissenhaus 50 Jahre alt geworden. 50 Jahre – das sind über 18 000 Tage, an denen jeden Morgen Gottes Güte neu gewesen ist. Sie sind weder in ihrem Verlauf noch in ihrem Inhalt gleichmäßig gewesen. Sie erzählen von kleinem Anfang und großem Wachsen, von Fortschritten und Rückschlägen, von Hoffnungen und Enttäuschungen, von Stille und Streit, von Friedenszeiten und Kriegsjahren, von großen Freuden und bitteren Leiden. Menschen kamen und gingen, Lebensverhältnisse, Arbeitsgebiete und Arbeitsfelder wechselten. Aber über allem Geschehen und Erleben leuchtet hell die Treue Gottes, die immer groß und immer gleich geblieben ist. Ein verstorbener Lehrer der Kirche hat einmal gesagt: Es ist eine große Gnade Gottes, daß er uns in seinen Dienst beruft. Wir fügen hinzu: Es ist eine große Gnade Gottes, daß er uns in seinem Dienst behält. Wir sind das nicht wert und haben es nicht verdient. Er hat uns alles aus Gnade gegeben, das alles wir ihm zu danken, zu loben und gehorsam zu sein schuldig sind. 50 Jahre Diakonissenhaus – das be-

deutet 50 Jahre oder 18 000 Tage Diakonie. Was ist das? Der Herr Jesus Christus gebietet seiner Gemeinde neben der Wortverkündigung des Evangeliums die Tatverkündigung der Liebe (Johannes 13, 34 und 35). Die Gemeinde Jesu Christi gehorcht diesem Gebot im Dienst am Volke. Diakonissen sind Dienerinnen des gekreuzigten und auferstandenen Heilandes Jesus Christus. Sie tun ihren Dienst in Dankbarkeit für die Liebe dessen, der sein Leben für uns gelassen hat und dessen Barmherzigkeit sie an der eigenen Seele erfahren haben. Das Mutterhaus ist die Stätte der Sammlung und Erziehung, der Ausbildung und Erprobung, der Bewährung und Sichtung, der Aussendung und Leitung, des Rückhalts und der Zuflucht, kurz – die Heimat seiner Schwestern, und die Schwesternschaft eine Glaubens-, Arbeits- und Lebensgemeinschaft."

An anderer Stelle ging Pastor Stein auf die Verbundenheit des Mutterhauses mit Witten und dem Industriegebiet ein: „Alle Mutterhäuser haben bei gemeinsamen Grundzügen und Grundlagen ihre besondere Eigenart. Die empfangen sie aus der Landschaft, in der sie liegen, und aus dem Arbeitsgebiet, für das sie arbeiten. Das Wittener Mutterhaus liegt und arbeitet hauptsächlich im Industriebezirk. Das wirkt sich auf seine Art und Arbeit so aus, daß ihr Umfang und Zeitmaß sich bestimmt durch das Drängende, Anspannende und Aufreibende, das diesem Gebiet eigentümlich ist. Es kennt kein ruhiges, gleichmäßiges, besinnliches Arbeiten, sondern fordert steten und letzten Einsatz der Kräfte. So arbeitet unser Mutterhaus auch zumeist in großen Gemeinden und Anstalten mit immer neuen Anforderungen. Es hat von Anfang an seine Kräfte auf's höchste anspannen müssen und nie eine Zeit der Ruhe und der Besinnung gehabt. Das bedingt einen starken Kräfteverbrauch. Schwesterndienst ist ein schwerer Dienst, weil er völlige Hingabe und ständige Selbstverleugnung fordert. Er kann auf die Dauer nur geleistet werden, wenn sich mit dem ‚Tun das Ruhen in gleichem Maße' verbindet."

Anläßlich des 75jährigen Bestehens, des ersten Jubiläums in Friedenszeit, veröffentlichte Pastor Heinrich Koetter, sechster Vorsteher des Mutterhauses in Witten, den in Form eines Vortrages gegebenen Jubiläumsbericht. Eine erneute detaillierte Beschreibung des historischen Ablaufes der 75 Jahre Mutterhausdiakonie an Ruhr und Lippe, an Lenne, Volme und Sieg, so meinte er, erübrige sich vorerst, und er fügte hinzu: „Sie mag gegebenenfalls im Jahr 1990 gelegentlich der Hundertjahrfeier einmal wieder geschehen, wenn Gott es so gibt." Dieser Anregung soll mit dem vorliegenden Band nachgekommen werden.

In den zurückliegenden 25 Jahren bzw. dem letzten halben Jahrhundert haben sich das Aussehen, die Arbeit und das Wirken des Diakonissenmutterhauses in Witten grundlegend verändert. Nicht zuletzt die Änderung des Anstaltsnamens von „Evangelisches Diakonissenhaus für die Grafschaft Mark und das Siegerland zu Witten an der Ruhr" in „Diakoniewerk Ruhr-Witten" deutet den tiefgreifenden Strukturwandel an. Dies aufzuzeigen unternimmt diese Festschrift zum 100jährigen Bestehen, die in einer Zeit erscheint, da sich in einigen Ländern Europas – insbesondere auch im anderen Teil Deutschlands – ein Demokratisierungsprozeß abzeichnet, der zu neuen politischen Strukturen führen wird, in die auch die diakonische Arbeit in Witten eingebettet ist.

Die Grundlinien der Entwicklung nachzuzeichnen, versucht diese Festschrift mit ihren chronologischen Übersichten über den Aufbau der Anstalt, Persönlichkeiten und die verschiedenen Arbeitsbereiche der Schwesternschaft. Vorangestellt sind ferner Aufsätze, die einen Einblick geben in die Entwicklung Wittens, also des Standortes der Anstalt, vom rein agrarisch bestimmten Dorf zur Bergbau- und Industriestadt bis in unsere Zeit. Besondere Berücksichtigung finden die Kirchengeschichte Wittens und die Geschichte des Wittener Marien-Hospitals in einem kurzen Abriß. Weiterhin wird

aufgezeigt, auf welchem geistigen Fundament das Wittener Diakonissenmutterhaus aufgebaut werden konnte. Ein Blick des derzeitigen achten Vorstehers, Pastor Dr. Rainer Schmitt, auf die zukünftige Aufgabenstellung des Diakoniewerkes Ruhr rundet die Festschrift ab.
Zum Schluß sei ein persönliches Wort erlaubt: Die Festschriften zum 25-, 50- und 75jährigen Bestehen des Wittener Mutterhauses sind von jeweils zu diesen Zeitpunkten amtierenden Vorstehern herausgegeben worden. Mit großer Freude bin ich der an mich herangetragenen ehrenvollen Aufgabe nachgekommen, diese Festschrift herauszugeben und mich auch mit Beiträgen daran zu beteiligen. Allen, mit denen ich zusammenarbeiten durfte, danke ich von ganzem Herzem, insbesondere Günter Eymann, Fritz A. Jahrmarkt und Dr. Werner Kroker. Dem Diakoniewerk Ruhr-Witten wünsche ich Gottes Segen.

Bruno J. Sobotka

BRUNO J. SOBOTKA

Witten – Eine Stadt im Ruhrgebiet

Witten heute

Auf einer Stadtfläche von 7 237 ha bei einem Nord-Süd-Durchmesser von 12,8 km und einem Ost-West-Durchmesser von 12,3 km, einer Länge der Stadtgrenze von 52 km und einer Gesamtlänge des Straßennetzes von 388 km leben derzeitig 106 000 Einwohner, 1975 waren es noch 110 000. Mehr als ein Drittel davon, nämlich 37 000 Einwohner, leben in Witten-Mitte. Der Stärke der Einwohnerzahl entsprechend folgen Annen mit 19 000, Herbede mit 14 500, Heven mit 13 000, Bommern mit 9 000, Rüdinghausen mit 7 000, Stockum mit 6 000 und als Schlußlicht Düren mit 500 Einwohnern.
51 000 männlichen Bewohnern stehen 55 000 weibliche gegenüber; 10 000 ausländische Mitbürger leben unter uns. Die Konfessionszugehörigkeit gliedert sich wie folgt: 52 % evangelisch, 28 % römisch-katholisch und 20 % andersgläubig. Von 35 000 Erwerbstätigen, die durchschnittliche Arbeitslosenquote 1989 betrug 12,8 %, gehören 20 000 dem verarbeitenden Gewerbe an, je 4 000 sind im Handel und im Bereich Dienstleistungen, davon 1 700 bei der Stadtverwaltung, tätig, 1 500 im Baugewerbe, 700 bei Kreditinstituten und im Versicherungsgewerbe, 270 bei der Energiewirtschaft und lediglich 190 in der Land- und Forstwirtschaft.

Die letzte Zahl überrascht, da 62 % des Stadtgebietes landwirtschaftlich und gärtnerisch genutzte Flächen bzw. Waldungen sind. Die Verkehrsflächen beanspruchen 8 %. Auf 25 % Stadtfläche stehen derzeit 15 000 Wohngebäude mit 47 000 Haushaltungen. Die Hälfte der Wittener Bevölkerung ist unter 40 Jahre alt (9 000 bis 9, 11 000 zwischen 10–19 und 33 000 zwischen 20–39), die Gruppe über 40 Jahre setzt sich zusammen aus: 31 000 zwischen 40–59, 15 000 zwischen 60–74 und 7 000 über 75.
Der Rat der Stadt Witten gliedert sich in der laufenden Legislaturperiode 1989-1994 wie folgt: SPD 37 Sitze, CDU 16 Sitze und Die Grünen 6 Sitze; die FDP ist seit den letzten Kommunalwahlen nicht mehr im Rat vertreten.
Soweit einige statistische Angaben. Werfen wir nun zuerst einen Blick auf das, was die Stadt Witten in den Bereichen Freizeit und Erholung sowie Kultur und Bildung zu bieten hat. Wie bereits erwähnt, sind 62 % des Stadtgebietes Grünflächen. Über 150 km markierte Rundwanderwege führen durch eine Landschaft, deren Bild durch die waldreichen Hügel des Ruhrtales geprägt wird. Insgesamt 7 Naherholungsgebiete stehen der Bevölkerung und den zahlreichen auswärtigen Gästen zur Verfügung: die Dürener Schweiz, das Gebiet Buchenholz, Herrenholz und Gederbach, das Naherholungsgebiet Hohenstein, die Stadtforste Muttental und Vormholz, das Gebiet Bommerholz und der Kemnader See. Hier finden die Besucher alle nur erdenklichen Freizeiteinrichtungen wie Kinderspielplätze, Streichelzoo, Wildgehege, Baumkundeweg und auf dem Kemnader See Möglichkeiten zum Rudern, Paddeln, Segeln oder Surfen. Drei Besonderheiten seien erwähnt: Die Fahrgastschiffe Schwalbe und Kemnade bestreiten den Ausflugsverkehr auf dem Kemnader See und der Ruhr. Von April bis Oktober pendelt jeden ersten Sonntag im Monat ein Museumszug des Deutschen Eisenbahnmuseums Bochum-Dahlhausen zwischen Hattingen und Wetter-Oberwengern mit zahlreichen Haltepunkten auch auf Wittener Gebiet. Weit über die Stadtgrenzen hinaus ist der 9 km lange Bergbaurundweg Muttental bekannt, der die Möglichkeit bietet, 450 Jahre Bergbaugeschichte in Form von Geländemerkma-

len und baulichen Überresten kennenzulernen, darunter alte Stollen, Förderanlagen und Zechen sowie das einzige noch erhaltene Bethaus im Ruhrgebiet, in dem ein kleines Museum, eine Nebenstelle des Deutschen Bergbau-Museums in Bochum, eingerichtet worden ist.

Das kulturelle Angebot Wittens ist so groß, daß hier nur die wesentlichsten Einrichtungen erwähnt werden können. Mittelpunkt bildet der 1975 eröffnete Saalbau mit ständig wechselndem Angebot an Schauspiel-, Musik-. Theater- und Konzertaufführungen sowie Jazz-, Folk-, Kabarett- und Show-Veranstaltungen. 9 000 Vormieter und weitere Besucher erleben die anspruchsvollen Gastspielaufführungen großer deutscher Bühnen, z. B. aus Berlin, Hamburg oder München, und die Meisterkonzerte mit internationalen Spitzenorchestern und weltbekannten Solisten. Jährlich im April finden die vom Kulturamt der Stadt Witten in Zusammenarbeit mit dem WDR veranstalteten Wittener Tage für neue Kammermusik statt, die überregionale Beachtung bei den Besuchern und der internationalen Fachwelt hervorrufen. Internationales Ansehen genießt auch die Junge Deutsche Philharmonie, die ihren Sitz in Witten hat und natürlich häufig im Saalbau gastiert. Die öffentliche Begegnungsstätte Haus Herbede bietet ebenfalls ein breitgefächertes kulturelles Angebot mit Konzerten, Vorträgen und Ausstellungen an. Eine Säule kommunaler Filmarbeit ist der Filmclub Witten (gegründet 1951), der älteste noch aktive Filmclub in der Bundesrepublik Deutschland. Jugendliche fühlen sich stark angezogen von den Veranstaltungen des Wittener Folk-Clubs und den Aktivitäten wie Rock- und Popkonzerten, Autorenlesungen und Experimental-Theater der Wittener Werkstadt, dem größten Jugendzentrum der Stadt. Die Möglichkeit, sich aktiv musisch zu betätigen, bieten die Wittener Musikschule, die Orchester der Volkshochschule und der Wittener Gymnasien, drei Laienspielbühnen und 60 Gesangvereine.

Ein umfangreiches Angebot erwartet die Besucher der Wittener Museen. Über 4 000 Werke zeitgenössischer deutscher Kunst aus den Bereichen Malerei und Grafik seit 1900, eine mehr als 30 000 Bände umfassende Spezialbibliothek zur Geschichte und Landeskunde Westfalens, ein Bildarchiv mit über 20 000 historischen Fotos und Postkarten und ein Mikrofilmarchiv aller Wittener Tageszeitungen seit den 1860er Jahren gehören zu den Beständen dieses Museums, das 1886 gegründet worden ist. Stadt- und Landesgeschichte, Volkskunde und Kunsthandwerk, Geologie, Mineralogie und Paläontologie sind die Ausstellungsthemen des Heimatmuseums. Die Entwicklung von Hebezeugen demonstriert das Windenmuseum der Firma J. D. Neuhaus Hebezeuge GmbH & Co. in Heven anhand von Dokumenten und Modellen. Die Firma Friedr. Lohmann GmbH richtet zur Zeit ein firmengeschichtliches Museum ein. Die ehemalige Zeche Nachtigall wird derzeit als eine der Außenstellen des Westfälischen Industriemuseums in Dortmund ausgebaut mit dem Sammlungsschwerpunkt „Früher Ruhrbergbau". Anhand von Archivalien, Fotos und Gegenständen informiert das Diakoniewerk Ruhr-Witten in einem kleinen Museum über seine Geschichte und die zahlreichen Tätigkeitsfelder.

Ein Dokumentationsraum auf Haus Herbede wird Ende 1990/Anfang 1991 neben Informationen zur Bau-, Bewohner- und Umfeldgeschichte vor allem das hier im Zuge von archäologischen Grabungen zutage getretene Fundgut aufnehmen. Die größtenteils eisernen Gegenstände wie Waffen, Hausrat und Gerät gehören nach der Einschätzung des Westfälischen Museums für Archäologie -Amt für Bodendenkmalpflege- in Münster zu den bedeutendsten und größten Funden in der Archäologie der letzten Jahrzehnte in Mitteleuropa.

Besonders umfangreich ist das Bildungsangebot der Stadt Witten. 83 % aller Drei- bis Sechsjährigen Wittens werden in einem der 37 Kindergärten be-

5. Witten-Stadtmitte, Luftbild 1989, Freigabe durch den Reg.-Präs. Münster Nr. 14547/89

6. Witten-Bommern, Luftbild 1989, Freigabe durch den Reg.-Präs. Münster Nr. 10174/89

7. Witten-Herbede, Luftbild 1989, Freigabe durch den Reg.-Präs. Münster Nr. 6478/89

8. Witten-Annen, Luftbild 1988, Freigabe durch den Reg.-Präs. Münster Nr. 9399/88

treut. Die Stadt unterhält 19 Grundschulen, 5 Hauptschulen, 3 Sonderschulen für Lernbehinderte, 2 Realschulen, 3 Gymnasien und 2 Gesamtschulen. Der Ennepe-Ruhr-Kreis ergänzt dieses Angebot um berufsbildende Schulen einschließlich einer Höheren Handelsschule und Fachoberschulen verschiedener Richtungen sowie um eine Sonderschule für geistig Behinderte. Die beiden kirchlichen Krankenhausträger betreiben Fachschulen für Sozialpädagogik, Kranken- und Altenpflege in Internatform. Überraschend vielfältig sind anthroposophische Bildungseinrichtungen in Witten: Waldorfkindergarten, Waldorfschule und Institut für Waldorfpädagogik. Die erste Hochschule der Bundesrepublik in privater Trägerschaft wurde in Witten eröffnet. Das Lehrangebot der Universität Witten/Herdecke umfaßt neben Humanmedizin seit 1984 auch Zahnmedizin mit einer eigenen Klinik, Wirtschafts- und Naturwissenschaften. Der Ausbau mit den Fächern Biologie, Jura, Mathematik und Philosophie auf insgesamt 1 500 Studienplätzen ist vorgesehen. Die Volkshochschule Witten im vhs-Zweckverband mit den Nachbarstädten Wetter und Herdecke bietet jährlich 2 000 Bildungsveranstaltungen an. Die Stadtbücherei mit Zweigstellen in allen Stadtteilen verfügt über 195 000 Medieneinheiten, neben Büchern auch Spiele und Noten.
Die nationalen und internationalen Erfolge von Wittener Sportlern zeugen von dem Stellenwert, den der Sport in dieser Stadt einnimmt. 28 000 Sportler sind in über 85 Vereinen organisiert. Ihnen steht ein breitgefächertes Sportstättenangebot zur Verfügung: zunächst die Ruhr und der 125 ha große Kemnader See für die Bereiche Rudern, Paddeln, Segeln und Surfen. 25 Sportplätze und Spielfelder, 30 Hallen, 7 Gymnastikräume, 11 Bäder und 3 Trimmstrecken werden ergänzt durch die Sportanlagen privater Träger wie Trainingszentren, Tennisplätze und Reitanlagen. Weit über die Stadtgrenzen hinaus sind die Ringer des KSV und die Ruderer des RC Witten bekannt geworden.

Als besonders umfangreich kann auch das Angebot Wittens im Bereich Soziales angesehen werden. 74 Spielplätze und ein rollender Spielplatz, ein Spielbus, stehen den Kindern zur Verfügung. Über 10 000 Kinder beteiligen sich an den jährlich in den Sommerferien durchgeführten Wittener Ferienspielen. Die Jugendlichen können sich in den 6 städtischen Jugendhäusern oder einem der über 30 Jugendtreffs in privater Trägerschaft zusammenfinden. Größter Jugendtreff ist die bereits erwähnte Wittener Werkstadt. Für Senioren sind 780 Altenwohnungen mit über 1 000 Plätzen speziell ihren Bedürfnissen entsprechend eingerichtet. 720 Plätze bieten die 6 Altenheime und Pflegeeinrichtungen freier Träger an, hinzu kommen eine Sonderabteilung für Altersleiden im evangelischen Krankenhaus, ein Altenpflegeheim und 5 Sozialstationen. Die Aktion „Essen auf Rädern" liefert auf Wunsch Senioren eine warme Mahlzeit ins Haus. Kontakte und Geselligkeit bieten mehrere Seniorenclubs und Altentagesstätten in allen Stadtteilen. Behinderten Mitbürgern steht ein Rollstuhltaxi zur Verfügung. Die behinderten Sportler sind mit einer eigenen Fachschaft im Stadtverband für Leibesübung vertreten. Zahlreiche Selbsthilfeorganisationen bemühen sich in Witten sehr engagiert um die soziale Integration der Behinderten.
Die Siedlungsstruktur Wittens ist entscheidend geprägt von der Industrialisierung der beiden letzten Jahrhunderte. 80 % der Innenstadt und über 10 000 Wohnungen wurden im 2. Weltkrieg zerstört. Von dem historischen Kern Wittens mit seinen Fachwerkhäusern ist nahezu nichts mehr vorhanden. Dennoch finden sich im gesamten Stadtgebiet neben den schlichten Fassaden des Nachkriegswohnungsbaus zahlreiche sehenswerte Häuser und Villen aus der Gründerzeit und aus der Zeit des Jugendstils, denkmalwürdige Siedlungen, z. B. die ehemalige Straßenbahnersiedlung Gartenstadt am Crengeldanz, oder in den Vororten von alters her gewachsene Ortskerne, wie z. B. in Heven oder Her-

bede, mit ihrem reichen Bestand an malerischen Fachwerkhäusern. Derzeitig ist die Stadt Witten mit der Unterstützung des Landes NRW intensiv bemüht, die Wohnqualität durch Verkehrsberuhigung, mehr Straßengrün und andere Maßnahmen zu verbessern.
Eine Seite Wittens hat bisher allgemein kaum Beachtung gefunden: der Bereich Fremdenverkehr. Das Gästehaus der Stadt Witten, die Akademie Haus Hohenstein und vor allem der Städtische Saalbau mit dem danebenliegenden Parkhotel bieten sich für Tagungen verschiedener Größenordnungen an. Neben dem Gästehaus der Stadt, das als Gruppenunterkunft für maximal 56 Personen genutzt wird, vorübergend jedoch für Aus- und Übersiedler Verwendung findet, stehen den Besuchern Wittens 10 Hotels und 1 Pension mit insgesamt 400 Betten zur Verfügung. Die jüngste Statistik des Landesverkehrsverbandes Westfalen besagt, daß die Übernachtungszahlen in Witten stetig wachsen; 1989 wurden 37 049 Übernachtungen (+ 2,5 % gegenüber 1988) registriert.
Zum Schluß des Überblicks über das heutige Witten einige Anmerkungen zu den Bereichen Wirtschaft und Verkehr. Die Bergbaukrise der 60er Jahre vernichtete die wenigen letzten Arbeitsplätze im Bereich der Kohlegewinnung. Die lang andauernde Stahlkrise verringerte zwischen 1970 und 1986 das Arbeitsangebot um 40 %. Das Baugewerbe verlor 40 % der Arbeitskräfte, im Handel und Verkehr verminderte sich die Zahl um 22 %. Lediglich im hochqualifizierten Stahl-, Maschinen- und Fahrzeugbau blieb die Beschäftigungszahl konstant. Zugenommen haben jedoch die Bereiche private und öffentliche Dienstleistungen (+27 %) und vor allem Elektrotechnik (+68 %). Hierdurch konnten die Gesamtverluste jedoch nicht wettgemacht werden. Für Neuansiedlungen bzw. Betriebsverlagerungen und -erweiterungen hat die Stadt Witten seit 1970 mit 50 Mio. DM neue Gewerbegebiete erschlossen. So entstanden im Laufe der Zeit die Gewerbegebiete Pferdebachstraße, Friedrich-Ebert-Straße, Westerweide, Brauckstraße, Salinger Feld und Wullener Feld. Auf diesen Flächen konnten über 160 Betriebe angesiedelt und umgesetzt werden. Hierdurch konnten über 7 500 Arbeitsplätze geschaffen oder gesichert werden. Weitere Gewerbeflächen stehen im Wullener Feld und im Rüdinghauser Feld zur Verfügung.
Die Nähe zu den Ballungszentren des Ruhrgebietes und die optimale Verkehrsanbindung der Stadt bieten besondere Vorteile für den Standort Witten. Neben dem Angebot an Bussen und Bahnen des Verkehrsverbundes Rhein-Ruhr gibt es direkte Verbindungen der Deutschen Bundesbahn nach Frankfurt, Stuttgart, Oberstdorf, München und Amsterdam sowie in unmittelbarer Nachbarschaft zu den IC-Bahnhöfen Bochum, Dortmund und Hagen. Über zwei Bundesstraßen, die B 226 und die B 235, und 3 Autobahnen mit fünf Anschlüssen (die A 43 Wuppertal-Münster, die A 45 Dortmund-Frankfurt und die A 44, die die beiden zuvor genannten miteinander verbindet) gelangt man schnell aus allen Himmelsrichtungen nach Witten. Die Flughäfen Dortmund und Mülheim, Düsseldorf und Köln/Bonn sind schnell erreichbar. Soweit die Stadt Witten heute. Wenden wir uns nun der geschichtlichen Entwicklung zu.

Aus der Frühgeschichte

Relikte früher menschlicher Ansiedlungen auf heutigem Wittener Stadtgebiet sind in allen Stadtteilen gefunden worden. Der wahrscheinlich älteste Fund stammt aus Wullen, eine 10 000 Jahre alte Pfeilspitze aus Feuerstein aus der Zeit des Überganges von der Alt- zur Mittelsteinzeit. Einige weitere Fundbeispiele seien hier aufgeführt: 5 000 Jahre alte Werkzeuge aus Feuerstein aus der Jungsteinzeit am Ölbach und in Heven-Wannen; 4 000 Jahre alte Beilklingen aus Felsgestein aus der Endphase der Jungsteinzeit in Bommern und Heven; Kupfer- und

Bronzebeilklingen, 3 100 Jahre alt, aus der älteren Bronzezeit in Vormholz und Bommern; eine Lanzenspitze aus Eisen aus der Eisenzeit, ca. 2 700 Jahre alt, in Durchholz; aus der Zeit um Christi Geburt ein Tongefäß in der Nähe von Steinhausen und eine Lanzenspitze in Rüdinghausen. Aus fränkisch-karolingischer Zeit, beginnend ca. 775 n. Chr., sind Scherben von Badorfer Keramik im Ölbachtal, auf Steinhausen und in Stockum-Düren gefunden worden.
Es kann davon ausgegangen werden, daß bereits im 7. und 8. Jahrhundert in den Bereichen von Herbede und Witten sächsische und fränkische Ansiedlungen bestanden haben. Der Raum Witten lag zu dieser Zeit im fränkisch-sächsischen Grenzgebiet und wurde überwiegend von chattuarischen Franken bewohnt. Um 700 erfolgte eine sächsische Invasion, wodurch die bereits begonnene Christianisierung unterbrochen wurde. Kaiser Karl der Große (769–814) besiegte zwischen 775 und 804 die Sachsen unter ihrem Führer Herzog Widukind und beendete so die nahezu 100jährige Sachsenherrschaft in unserem Raum, der nun uneingeschränktes fränkisches Herrschaftsgebiet wurde.
Bereits vor 700 muß die Ansiedlung Ostherbede entstanden sein. Westherbede folgte noch vor 1000. Im 8. bzw. 9. Jahrhundert entwickelte sich zunächst ein Siedlungsschwerpunkt um den Wittener Schultenhof und die Johanniskirche. Im ausgehenden 9. und frühen 10. Jahrhundert entstanden zwei weitere Kernbereiche, das sogenannte Oberdorf und das sogenannte Unterdorf.

Vom Mittelalter bis zum Beginn der Industrialisierung

Die erste urkundliche Erwähnung eines heutigen Wittener Stadtteils betrifft Herbede. In der „Translatio Sancti Alexandri", 865 von den Mönchen Rudolf und Meginhard aufgeschrieben, wird für das Jahr 851 eine Frau namens Werica aus Heribeddiu erwähnt. Das erste Urbar des Werdener Klosters, aufgeschrieben 881/83, führt Hofesbesitz in Hevinne (Heven) und Stochem (Stockum) auf. 1019 schenkte Kaiser Heinrich II. dem von seiner Frau, der Kaiserin Kunigunde, und ihm gegründeten Kloster Kaufungen östlich von Kassel den Hofesverband Herbede, zu dem auch ein Hof in Bommern gehörte. Durch eine Schenkung des Erzbischofs Hermann III. von Köln im Jahre 1096 gelangten Höfe in Düren und Wullen an die Abtei Siegburg. Ein jüngeres Werdener Urbar von 1150 erwähnt einen Hof in Anadopo (Annen). Im Jahre 1214 beurkundete Erzbischof Adolf von Köln, daß die Vogtei (Schutzherrschaft) über das Stift Herdecke der Äbtissin und dem Konvent selbst verpfändet wurde. Als Zeuge wird unter anderem Antonius Decanus in Wittene aufgeführt. Es sind also drei Ersterwähnungen: das Dorf Witten, ein Pfarrer in Witten und somit auch die Wittener Kirche. Rüdinghausen wird vermutlich ebenfalls im 13. Jahrhundert urkundlich bezeugt, so durch eine Urkunde aus dem Jahre 1249, in der möglicherweise der Ritter Hermann von Witten-Rüdinghausen gemeint ist.
Über Jahrhunderte hinweg gehörte das heutige Wittener Stadtgebiet zum Machtbereich der Grafschaft Mark. Die ab ca. 1200 aus dem Herrschaftskomplex der Grafen von Altena-Isenberg und Altena-Mark entstandene Grafschaft Mark umfaßte Gebiete nördlich und südlich der mittleren Ruhr: südlich der Lippe um Hamm, an der Ruhr um Bochum und Schwerte, an der Lenne um Altena und das Süderland bis Lüdenscheid und Neustadt. Zunächst 1391 vorübergehend, 1461 endgültig kam es zu einer Vereinigung der Grafschaft Mark mit Kleve. 1521 erfolgte ein Zusammenschluß von Kleve-Mark mit Jülich-Berg. Von 1609 bis 1666 besaßen der Pfalzgraf von Neuburg und der Kurfürst von Brandenburg diese Länder gemeinsam, danach der Pfalz-Neuburger die rheinischen Herzogtümer Jülich und Berg, der Brandenburger das Herzogtum Kleve, die westfälischen Grafschaften Mark und Ravensberg

sowie die niederländische Herrschaft Ravenstein. Zwei der sechs alten Eigengerichte der Grafschaft Mark (Stiepel, Herbede, Witten, Mengede-Bodelschwingh, Horst, Buddenberg), rechtlich besonders ausgestattete Verwaltungs- und Rechtsprechungsbezirke, lagen auf heutigem Wittener Gebiet: Witten und Herbede.

Die Äbtissinnen des Klosters Kaufungen mußten die Schutzherrschaft über den Hofesverband Herbede unter anderem den Grafen von Berg, von Altena-Isenberg und von der Mark überlassen. Diese belehnten ab 1225 die Herren von Didinghofen, ab 1311 die Herren von Elverfeldt mit der Vogtei Herbede. Seit dieser Zeit stellte ausschließlich die Familie von Elverfeldt die Gerichtsherren von Herbede. Mit der 17. Generation starb 1889 der Zweig Elverfeldt-Herbede-Villigst aus.

Als erste Kirche auf heutigem Wittener Gebiet wird die dem hl. Vitus geweihte in Herbede erwähnt. Sie wurde 1032 vom Kölner Erzbischof dem Kloster Deutz geschenkt.

Der einzige Gerichtsherrensitz in Herbede, Haus Herbede, wird ab 1200 urkundlich genannt. Bis 1565 gehörte der Hofesverband Herbede dem Kloster Kaufungen, danach den Herzögen von Kleve-Mark, ab 1609/1666 dem Haus Brandenburg. Die Patrimonialgerichtsbarkeit (zum Hause Herbede gehörende Rechte) endete in Herbede 1809, die Verwaltungskompetenz erlosch bereits 1753.

Um 1200 umfaßte der Hofesverband Herbede 59 Hofstellen. Dazu gehörten Höfe in Ostherbede, Westherbede, Brockhausen, Stiepel, Querenburg, Werne, Langendreer und Dorstfeld, weiterhin Kleinherbede, Heven, Bommern und Vormholz. Über Jahrhunderte hinweg waren Landwirtschaft und Viehzucht, vor allem die Schafzucht, die Erwerbsgrundlage der Herbeder Bewohner. Die zum Haus Herbede gehörende Kornmühle lag in unmittelbarer Nähe des Hauses Schellenberg am heutigen Mühlengraben.

Wie Herbede war auch Witten Reichsgut. Dieser Hofesverband mit seinen 30–36 Hofstellen und die vogteiliche Gerichtsbarkeit gelangten spätestens im 12. Jahrhundert an den Grafen von Altena, den Stammvater der Grafen von Isenberg (später Grafen von Isenberg-Limburg bzw. Limburg). Diese belehnten die Herren von Witten mit dem Hof und der Vogtei Witten. Die kaiserliche Lehnshoheit über Witten gelangte 1225/27 an die Herren von Witten. Die Grundherrschaft Witten war bis auf die Zeit von ca. 1225–1230/34 ein Afterlehen des Reiches. Als erstes Mitglied der Familie von Witten wird Friedrich von Witten für das Jahr 1216 überliefert. Der Ursprung der Familie lag vermutlich im Bereich zwischen Hamm und Fröndenberg. Nach ihrer Übersiedlung nahm sie den Namen von Witten an. Zwischen 1225 und 1243 fielen die Vogteigerichtsbarkeit und die grundherrlichen Rechte samt dem Schultheißenamt direkt an die Herren von Witten, womit sie den Grundstein ihrer Herrschaft legten. Gleichzeitig teilten sie sich in zwei Linien: die Linie von Witten zu Witten und die Linie von Witten-Rüdinghausen.

Die Herren von Witten-Rüdinghausen verwalteten umfangreichen Grundbesitz im Westen von Dortmund (darunter den Schultenhof in Barop mit den zugehörigen Höfen), weiteren Besitz in Eichlinghofen (darunter Kirchenland des Pastorats zu Witten), Persebeck, Menglinghausen, Renninghausen, Annen, Westhofen und in anderen Orten. Ihnen flossen Einkünfte aus den Zehnten in Oespel, Marten, Kirchlinde, Kley, Westrich und Persebeck zu. Als Wohnsitz erbauten sie sich im 13. Jahrhundert die Burg Rüdinghausen, die heute nur noch als Bodendenkmal erhalten ist. Zu der Burg gehörten eine Bannmühle in Brunebeck und ein Schultenhof. Auf diesem Hof stifteten die Herren von Witten-Rüdinghausen 1326 eine Kapelle, die mit Einkünften in Annen, Rüdinghausen, Brunebeck und anderen Orten ausgestattet wurde. 1398 verkaufte Hermann von Witten-Rüdinghausen sein gesamtes

9. Haus Witten um 1900, Federzeichnung von Fritz A. Jahrmarkt, Witten 1988

10. Haus Herbede, Federzeichnung von Fritz A. Jahrmarkt, Witten 1987

11. Schloß Steinhausen, Federzeichnung von Fritz A. Jahrmarkt, Witten 1987

12. Haus Crengeldanz, Federzeichnung von Fritz A. Jahrmarkt, Witten 1982

Erbe an die Brüder Rötger und Wennemar von Witten-Steinhausen.
Der erste Sitz der noch ungeteilten Familie von Witten zu Witten wird wohl der Schultenhof, der „Hof zu Witten“, in unmittelbarer Nähe der Pfarrkirche St. Johannes und St. Dionysius gewesen sein. In der ersten Hälfte des 13. Jahrhunderts verlegten die Herren von Witten ihren Wohnsitz aus dem Dorf heraus in das Gebiet des Wannenbaches und erbauten auf dem Gelände des späteren Hofes Schulte tho Sprenkel (heute im Bereich der Thyssen Edelstahlwerke AG) vermutlich eine Wasserburg, die dem damaligen Haus Herbede geglichen haben dürfte. Bis 1263 besaß Ritter Eberhard von Witten (urk. 1248-1283) außer Flurstücken in Wannen eine Mühle am Wannenbach, die wahrscheinlich erste Bannmühle für das Dorf Witten.
Vermutlich zwischen 1248 und 1297 wechselte die Familie von Witten jedoch vom nördlichen Ruhrufer auf das südliche und errichtete hier die Höhenburg Steinhausen. Fortan nannte sich dieser 1297 erstmals urkundlich erwähnte Familienzweig von Witten-Steinhausen. Sämtliche mit Witten verbundenen Rechte sowie die Doppelburganlage Steinhausen teilten sich 1321 die Brüder Hermann (urk. 1308–1341) und Gerhard (urk. 1321–1343) von Witten-Steinhausen. In diesem Zusammenhang wird auch die im gleichen Jahr auf Steinhausen eingerichtete Kapelle erwähnt, die jedoch ausschließlich als Privatkapelle gedient hat. Ebenfalls bis 1321 war das am heutigen Mühlengraben gelegene Mühlenzentrum fertiggestellt worden.
Wennemar von Witten-Steinhausen (urk. 1377–1416), der seit etwa 1380 Gerichtsherr von Witten war, entschloß sich, wieder auf das nördliche Ruhrufer zu ziehen und errichtete auf dem nach ihm benannten Wennemarsberg eine neue Höhenburg, die um 1450/60 wieder aufgegeben worden sein dürfte. Mit seinem früh verstorbenen Sohn Evert erlosch dieser Familienzweig.
Auch die Neffen Wennemars, Franko (urk. 1405–1469) und Heinrich (urk. 1415–1478), zogen von Steinhausen fort und gründeten die Linie von Witten-Berge und von Witten-Crengeldanz auf der Burg Crengeldanz, die durch ihre Mutter Else von Düker an die Familie von Witten gelangt war.
Franko von Witten begann vermutlich vor 1450 mit der Errichtung der Burg „Haus op dem Berg“ (heute

Haus Witten), die erstmals 1479 urkundlich erwähnt wurde. Haus Berge blieb bis zum Ende der Patrimonialgerichtsbarkeit im Jahre 1809 der Sitz der jeweiligen Gerichtsherren von Witten.
Mit Rötger von Witten (urk. 1458–1505), dem Sohn Frankos und Vollender des Hauses Berge, starb 1505 die Linie der Familie von Witten-Berge aus. Erbe sämtlicher Rechte und des Besitzes war sein Schwiegersohn Dietrich Stael von Holstein (urk. 1479–1526) von der Burg Hardenstein (erbaut wahrscheinlich im 14. Jahrhundert, Erwähnung einer Kapelle 1363). Durch die Heirat seiner Erbtochter Beatrix 1505 mit Heinrich von Brempt († 1535) und die Übertragung der Güter im Jahre 1510 kamen das Haus Berge und die Herrschaft Witten für vier Generationen an die Familie von Brempt. Seit der Zeit Heinrichs von Brempt erfolgten insgesamt 17 kaiserliche Belehnungen, die erste 1516, die letzte 1793.
1628 übertrug Lübbert von Brempt († 1642) die Herrschaft Witten auf seinen Schwiegersohn Gerhard von der Recke († 1664) von Haus Scheppen bei Werden. Nach dessen Tod 1664 wurde sein Sohn Gerhard Wennemar I. (1634–1703) Gerichtsherr von Witten. Mordio von der Recke (1640–1681), sein jüngerer Bruder, wurde 1664 mit Haus Scheppen belehnt. Als Vertreter der lutherischen Gemeinden in der Grafschaft Mark nahm er an den Religionsverhandlungen zwischen Kurbrandenburg und Pfalz-Neuburg teil. Er stiftete die jährliche „Mördjespredigt", eine Fastenpredigt „zur Abwehr des überhandnehmenden Papsttums". Gerhard Wennemar II. (1670–1747), Sohn des Gerhard Wennemar I., hinterließ keine direkten Nachkommen. Deshalb wurden seine Schwester Theodora Sophia von der Recke, verwitwete von dem Bottlenberg gen. von Schirp, und ihre beiden Söhne Johann Wilhelm und Franz Arnold von dem Bottlenberg gen. von Schirp 1748 gemeinsam mit dem Gericht Witten belehnt. Der Schwiegersohn des Johann Wilhelm von dem Bottlenberg gen. von Schirp, Friedrich Johann Wilhelm von Ritz (1745–1820), unter anderem jülich-bergischer Hofratspräsident, sowie sein Sohn Franz Joseph (1778–1836) waren die letzten Gerichtsherren von Witten. 1788 verpachteten sie Haus Berge, eine Kornmühle und umliegende Ländereien an den Unternehmer Johann Friedrich Lohmann aus dem Rahlenbecker Tal bei Schwelm. Mit dem Ende der Patrimonialherrschaft in Witten im Jahre 1809 erloschen die zum Hause Berge gehörenden Hoheitsrechte. 1815 ging Haus Berge in das Eigentum der Familie Lohmann über. Ein großes Ölgemälde aus der ersten Hälfte des 18. Jahrhunderts, das heute im Heimatmuseum der Stadt Witten hängt, zeigt, daß auch Haus Berge, wie bereits seine Vorgängeranlagen, der spätere Hof Schulte tho Sprenkel, die Burg Steinhausen und die Wennemarsburg, abseits des Dorfes Witten zur Ruhr hin lag. Der Kernbereich des Dorfes breitete sich in den Bereichen am Johannis- und Heilenbach sowie an der Hüstenbecke aus. Der älteste Siedlungsschwerpunkt des Dorfes umfaßte das heutige Gebiet zwischen Johanniskirche – Kornmarkt – Marktplatz. Hier lag auch der Schultenhof, der 1375 erstmals als „Hof zu Witten" bezeichnet wurde. An dieses Gebiet lagerten sich bis spätestens zum 10. Jahrhundert zwei weitere Siedlungsschwerpunkte an, das Unterdorf und das Oberdorf. Im 12. Jahrhundert besaß das Dorf Witten wie das Dorf Herbede 35 Höfe.
Wie in Herbede war das Leben in Witten im Mittelalter von der Landwirtschaft, der Viehzucht und von gewerblicher Tätigkeit bestimmt. Die großen Pestepidemien rafften ab 1348/49 zahlreiche Menschen dahin. Das bäuerliche Leben wurde immer wieder von Kriegswirren überschattet. Zu nennen sind beispielsweise die Dortmunder Fehde 1388/89, der Bruderzwist im Hause von der Mark 1419 und 1434 der Überfall der Dortmunder, in dessen Verlauf auch die Burg Steinhausen zerstört wurde. Während des Niederländischen Freiheitskampfes und des 30jährigen Krieges kam es 1586 und

13. Haus Berge und das Dorf Witten mit der Johanniskirche, Ölgemälde (Ausschnitt) nach 1715

14. Witten an der Ruhr, im Vordergrund Gebäude der Zeche Luisenglück in Bommern mit Bergleuten in ihrer Arbeitskleidung, im Hintergrund Haus Berge und links davon die Johanniskirche, Lithographie um 1840

1598/ 99 zu Einfällen der Spanier. 1638 wurde Witten geplündert, und während eines Einfalles lothringischer Truppen 1651 wurde Haus Berge zerstört. Auch in Witten fanden während des 30jährigen Krieges zahlreiche Hexenprozesse statt, die mit dem Verbrennen der Angeklagten endeten.
Gelegenheit zum Handel mit Waren aller Art bot sich auf den Jahresmärkten oder Kirmessen, die in Zusammenhang mit kirchlichen Festen standen, oder auf Wochenmärkten. Der Platz südlich der Johanniskirche, der spätere Kornmarkt, diente spätestens seit dem 14. Jahrhundert als Verkaufs- und Marktplatz. Der Ursprung der Wittener Ägidienkirmes, der heutigen Zwiebelkirmes, geht zumindest auf das Jahr 1464 zurück. Konzessionen wurden erteilt zur Abhaltung einer Silvesterkirmes 1682 und einer Himmelfahrtskirmes 1695. Nach einer Unterbrechung durch den 30jährigen Krieg wurde von 1675 an gegen den Widerstand von Hattingen wieder ein Wochenmarkt in Witten abgehalten. Die größte Bedeutung erhielt dieser mit dem Verkauf von Getreide, wodurch er zu einem der Getreidemärkte der Hellwegzone wurde. Diese Rolle behielt er fast 200 Jahre lang. 1683 erhielt auch Herbede die Genehmigung für einen Wochenmarkt. Doch führte der Widerstand von Hattingen und Witten dazu, daß bereits sechs Jahre später, 1689, die Genehmigung zurückgezogen wurde.
Die eigentlichen Anfänge des Wittener Schulwesens liegen im 17. Jahrhundert. Die Einrichtung einer ersten Schule ist für das Jahr 1606, und zwar für Herbede, überliefert, zu dem damals auch Heven gehörte. Um 1680 wurde in Rüdinghausen ein Schulbetrieb aufgenommen, in Annen/Wullen vor 1667. Die erste Wittener Schule geht auf das Jahr 1685 zurück, auf eine testamentarische Hinterlassenschaft des Mordio von der Recke. Aufgrund der Zugehörigkeit Bommerns zu Wengern ist in diesem Stadtteil erst 1748 eine Schule eingerichtet worden.
Nachdem bereits vor 1580 eine Armenstiftung erfolgt war, wurde für die Armen des Dorfes Witten 1693 ein Armenhaus im oberen Bereich der heuti-

15. Hof Schulte Saldenberg, Witten-Herbede, Federzeichnung von Fritz A. Jahrmarkt, Witten 1983

16. Haus Schellenberg, Witten-Herbede, Federzeichnung von Fritz A. Jahrmarkt, Witten 1982

gen Bahnhofstraße eingerichtet. Die Armenwiese lag in der jetzigen Pferdebachstraße. Finanzielle Unterstützung erhielten die Armen aus Stiftungen und Spenden. Die Wittener Armenfürsorge reichte jedoch sicherlich weit in das 16. Jahrhundert zurück.

Die Ruhr wurde, wie heute auch, an zwei Stellen überquert. Eine Wittener Brücke wird erstmals 1337 erwähnt. Nach ihrer Zerstörung 1503 ist ein Fährbetrieb eingerichtet worden, der 1704 vom Sundern an die heutige Brückenstelle (Bommeraner Brücke) verlegt wurde. Eine neue Brücke wurde erst 1881/82 errichtet. Eine Brücke in Herbede wurde zwischen 1444 und 1706 genannt. Nachdem einige Neubauten jeweils kurzfristig durch Hochwasser zerstört worden waren, erhielt Herbede 1844 eine neue Brücke.

1774–1780 wurde die Ruhr schiffbar gemacht. Clemens August Frhr. von Elverfeldt-Steinhausen (1732–1783) ließ 1776 die Steinhauser Schleuse erbauen. Bis 1780 wurde auch die Herbeder Schleuse fertiggestellt. Mit der Freigabe für den Güterverkehr der Bergisch-Märkischen Eisenbahnlinie, 1848, die von Köln über Elberfeld – Schwelm – Hagen – Wetter – Witten – Annen – Barop nach Dortmund führte, und der Kölner-Mindener Bahn, die ungefähr zur gleichen Zeit eröffnet wurde und unter anderem Oberhausen und Wanne mit Dortmund verband, verlor die Ruhrschiffahrt im Laufe der Zeit immer mehr an Bedeutung.

Als erste Gewerbebetriebe im Wittener Bereich können die Kornmühlen angesehen werden, so die Herbeder, die Rüdinghauser, die zur Burg Steinhausen gehörende im Sundern und die zum Hause Berge gehörende, bis 1901 arbeitende am Mühlengraben, die 1705 um eine Papiermühle und vorher schon um eine Ölmühle erweitert worden war.

Erste Angaben über den sicher wesentlich älteren Bergbau in Witten und Herbede liegen aus dem 16. Jahrhundert vor, die früheste aus dem Jahre 1510. Auf beiden Seiten der Ruhr, jedoch in den südlichen Nebentälern intensiver, wurde die Kohlengewinnung durch das Fördern aus Flözen betrieben, die an der Oberfläche ausstreichen. Hierdurch wurden verhältnismäßig große Waldflächen erfaßt und in erheblichem Umfang Flurschäden verursacht. In einem Vertrag von 1578 einigten sich die Grundherren auf Haus Berge und Burg Steinhausen, die Kohlengräberei gemeinsam wieder einzuschränken, „damit nicht noch mehr Verwüstung

17. Zeche Hermann im Muttental, Federzeichnung von Fritz A. Jahrmarkt, Witten 1981

18. Herbeder Schleuse, Federzeichnung von Fritz A. Jahrmarkt, Witten 1981

19. Mühlenzentrum am Mühlengraben, jenseits der Ruhr Schloß Steinhausen (links im Bild), Ölgemälde (Ausschnitt) 1836

20. Fabrikanlage am Hammerteich; hier wurde 1723 das erste Hammerwerk in Betrieb genommen, Panorama von Witten und Umgebung (Ausschnitt), fotografiert von Friedrich Goebel 1886

mit den Kohlenwerken angerichtet würde und daß nicht noch mehr gekohlt werden dürfe, als der Bedarf für Witten ausmache".
Bedeutung für Witten gewann der Kohlenbergbau im 18. und 19. Jahrhundert. Als Beispiele seien genannt die Zeche Nachtigall, für die 1731 erstmals Abbaurechte erteilt wurden und die nach Zusammenlegen mit anderen Gruben 1832 zur ersten Tiefbauzeche des Ruhrgebiets ausgebaut wurde. Die Anfänge der Zeche Franziska gehen ebenfalls auf das 18. Jahrhundert zurück. Durch verschiedene Konsolidationen ist die dadurch entstandene Zeche Ver. Hamburg und Franziska die größte Anlage auf Wittener Gebiet gewesen.
1925 wurden die Anlagen von Franziska und Hamburg geschlossen, wobei über 2000 Arbeiter und Angestellte entlassen wurden. Die Anlagen sämtlicher großen Zechen Wittens – wie Helene (geschlossen 1896), Bommerbänker Tiefbau (geschlossen 1906), Klosterbusch (geschlossen 1961), Herbede (geschlossen 1972), Franziska und Hamburg – sind längst abgebrochen und haben über Tage keine wesentlichen Spuren hinterlassen.

Wirtschaft und Industrie vom 18.–20. Jahrhundert

Die Kohle bildete vom 18. Jahrhundert an die Voraussetzung für die Ansiedlung zahlreicher Industriebetriebe in unserem Raum, die jedoch zumeist von Auswärtigen gegründet wurden. Schwerpunkt war neben Herbede der Bereich Witten-Mitte. Neben den bis dahin bestehenden Gewerbebetrieben wie z. B. Gerbereien, Flachsspinnereien, Brennereien und Tabakspinnereien entstanden in den heutigen Vororten wenige, meist kleinere industrielle Betriebe, von denen genannt seien: in Heven die aus einer 1745 gegründeten Schmiede hervorgegangene und noch heute existierende Windenfabrik J. D. Neuhaus, in Stockum die Stockumer Maschinenbauanstalt, in Bommern von 1889–1983 Stahlhammer Bommern, seit 1929 die Eisengießerei Ritz und um die Jahrhundertwende neben der Ziegelei Dünkelberg die Steinhauser Drahtindustrie sowie in Annen seit 1865/66 das Gußstahlwerk König und Reunert, das spätere Annener Gußstahlwerk, heute Thyssen Maschinenbau AG, ebenfalls 1866 die Glasfabrik Utermann und die Glashütte Buchholz, Schott und Heisig, die spätere Märkische Glashütte, 1870 die Firma Asthöver, das spätere Zweigwerk Annen der Fried. Krupp AG, 1872 die Tiegelstahlgießerei Knapmann, 1890 die Metallwerke Goerke u. Co und 1908/09 die Tempergießerei Roos und Schulte.
1722 schloß der Remscheider Fabrikant Peter Lange einen Vertrag mit dem Freiherrn Gerhard Wennemar von der Recke, im Borbachtal einen Stauteich und drei Hammerwerke anlegen zu können. Der erste Hammer am Hammerteich wurde 1723 in Betrieb genommen. Den zweiten Hammer errichtete Lange am unteren Wannenbach. Nach einem Konkurs übernahmen die Herren von der Recke und Herdegen je einen Hammer.
Drei Familien haben wesentlichen Anteil an der Entwicklung der Wittener Industrie: die Familien Lohmann, Berger und Müllensiefen. 1788 pachtete der aus der Nähe von Schwelm zugezogene Johann Friedrich Lohmann (1755–1824) das Haus Berge und richtete hier eine Tiegelstahlgußfabrik ein. Seit der Kontinentalsperre Napoleons 1806 befaßte er sich zusammen mit seinem Sohn Johann Friedrich (1783–1837) erfolgreich mit der Herstellung von Gußstahl. Neben der Stahlfabrik im Hause Berge gründete Friedrich Lohmann eine Brennerei und beteiligte sich an einer Reihe von Firmen, an denen zum Teil auch seine beiden Neffen Ambrosius und Wilhelm Brand beteiligt waren. Friedrich Lohmann d. J. heiratete 1808 Helene Berger, die Schwester des späteren Gründers des Wittener Gußstahlwerkes. 1815 erwarb er das Haus Berge mit allen damit verbundenen Rechten. 1835 gehörten den Familien

21. Haus Berge und die Tiegelgußstahlfabrik Friedr. Lohmann GmbH, Werbegrafik um 1900

22. Haus Crengeldanz und die Glasfabrik Gebr. Müllensiefen, Werbegrafik um 1880

Lohmann/Brand u. a. folgende Firmen: Brand & Co., Kupferhammer zu Witten; Gebr. A. und G. Brand, Sägen- und Blanchettfabrik zu Witten; Lohmann u. Brand, Puddlings- und Walzwerk zu Witten; Friedrich Lohmann, Stahlfabrik zu Witten; Friedrich Lohmann, Branntweinbrennerei zu Witten; Ambrosius Brand, Schraubendreherei und Stahlhandel zu Rahlenbeck und Wilhelm Brand, Liqueurfabrik und Handelsgesellschaft zu Ruhrort. Da eine weitere Ausdehnung der Lohmannschen Unternehmungen in Witten nicht mehr möglich war, wurde 1859 in Herbede ein Blechwalzwerk erbaut. Nach Errichtung eines Hammerwerkes kam 1939 dort ein Stahlwerk hinzu, und anschließend wurde der Betrieb in Witten aufgegeben.
1782 heiratete Peter Engelbert Berger (1752–1808) aus Wichlinghausen in den Hof Hundeiker-Reese in Bommern ein. Als Gewerke zahlreicher Zechen südlich der Ruhr wurde er vermögend. Wie bereits erwähnt, heiratete seine Tochter Helene Friedrich Lohmann d. J., und sein Sohn Carl Ludwig (1794–1871) war der Gründer des noch heute größten Wittener Industriebetriebes. Carl Ludwig Berger und sein technisch hochbegabter Sohn Louis Constans (1829–1891) hatten Ende der 40er Jahre im Keller des Hauses Ruhrstraße 69, des heutigen Heimatmuseums, Versuche zur Herstellung von Gußstahl durchgeführt, die 1853 die Gründung der Firma Berger & Co., der späteren Gußstahlwerke Witten AG, heute Teil der Thyssen Edelstahlwerke AG, nach sich zogen. Aus dem vorzüglichen Bergerschen Stahl wurden zunächst hauptsächlich Gewehrläufe hergestellt, die in nahezu alle europäischen Länder exportiert wurden. 1873 wurde das Werk, das nach und nach zu einem der größten des Reviers angewachsen war, von Louis Berger, zwischenzeitlich Schwiegersohn von Friedrich Harkort, in eine Aktiengesellschaft umgewandelt. So konnte sich Louis Berger anschließend in erster Linie der Politik widmen. 1881 gingen die Fabrikanlagen an die Gußstahlwerke Witten AG, 1975 an die Thyssen Edelstahlwerke AG mit ihrer heute 4 800 Mann starken Belegschaft.
Peter Eberhard Müllensiefen (1766–1847) stammt aus der Nähe von Gummersbach und war mit seinem Schwager Rumpe Inhaber einer Nadelfabrik in Iserlohn. Seine Söhne Gustav (1799–1874) und Theodor Müllensiefen (1802–1879) gründeten 1825 auf dem Gelände des Hauses Crengeldanz die Glasfabrik Gebr. Müllensiefen. Mit sechs großen Schmelzöfen war sie um 1880 die leistungsfähigste Tafelglasfabrik Deutschlands, die bereits 1881 ihren Betrieb auf Gas umstellte und 1886 auf die Glasschmelze in Wannenöfen überging. In erster Linie auf Gustav Müllensiefen ist die Gründung der Industrie- und Handelskammer zu Bochum 1856 zurückzuführen, deren erster Präsident er war; sein Sohn Theodor folgte ihm im Amt. Seit 1903 wurden Versuche zur Herstellung von verbessertem Tafelglas aufgenommen, seit 1925 erfolgte die Produktion nach dem Fourcault-Verfahren. Seit 1926 gehörte das Wittener Werk zur Deutschen Tafelglas AG, seit 1970 wird das Werk von der Flachglas AG weitergeführt.
1853 gründete Simon Schott (1809–1874) mit seinem Schwager Hahne und anderen Wittener Kaufleuten die Glashütte Haarmann, Schott und Hahne, die 1855 ihre Produktion aufnahm und nach verschiedenen Umwandlungen und Erweiterungen 1925 an das Wittener Gußstahlwerk verkauft wurde. Sein Sohn Otto Schott (1851–1935) stellte das erste einwandfreie optische Glas her und gründete mit Prof. Ernst Abbe und Carl Zeiss das Unternehmen Jenaer Glaswerke Schott & Gen., das schon zu seinen Lebzeiten in die Carl-Zeiss-Stiftung überging.
In der Reihenfolge ihrer Gründungsjahre seien nachfolgende eisen- und metallverarbeitende Betriebe genannt, die alle zwischenzeitlich erloschen oder in anderen Betrieben aufgegangen sind: 1838 Spennemann & Berger, Puddlings- und Walzwerk; 1845 Doering & Co., Eisengießerei; 1849 Gustav

23. Zeche Franziska, Panorama von Witten und Umgebung (Ausschnitt), fotografiert von Friedrich Goebel 1886

24. Gußstahlwerk Witten, Werbegrafik um 1900

25. *Kgl. Eisenbahn-Hauptwerkstätte, Foto 1875*

26. *Lohmann & Stolterfoht, Maschinenfabrik, Werbegrafik nach 1900*

27. Annener Gußstahlwerk, Foto nach 1900

28. Märkische Seifenindustrie, Werbegrafik nach 1900

Brinkmann & Co., Eisengießerei und Maschinenfabrik; 1850 Friedrich Felsch, Fein-Eisengießerei, später ab 1868 Lohmann & Soeding; 1855 Steinhauser Hütte, Puddlings-, Walz- und Hammerwerk; 1857 Wittener Hütte AG, Stahlformgießerei; 1859 Rennert & Sohn, Fabrik schmiedbarer Eisen- und Stahlgußwaren; 1861 Soeding & Co., Werkzeugfabrik; 1865 Heinrich Trottmann, Herdfabrik; 1864 C. Munte, Metallgießerei und Dreherei sowie Glokkengießerei; 1872 Gebr. Klutmann, Röhren- und Schraubenfabrik; 1873 Carl Tellering, Eisengießerei; 1873 Carl Wiehage, Dampfkesselfabrik; 1881 Auffermann und Kemper, Feilenfabrik; 1882 Crengeldanzer Hammerwerk Klutmann & Co, Maschinenfabrik; 1884 Heinrich Westermann, Maschinenfabrik; 1888 Wittener Stahlröhrenfabrik AG; 1892 Wittener Stahlformgießerei GmbH; 1897 Bredt & Co, Stahlbleche und Schlaufen sowie Spaten; 1900 Wittener Eisenwerk A. Geyer & Co und Schneidemaschinenfabrik Fried. Graff GmbH.
Auf fünf Firmen sei hier hingewiesen, die noch heute existieren: die 1825 gegründete Kesselschmiede Caspar Wilhelm Moll, seit 1884 F.W. Moll jr., seit 1886 F.W. Moll Söhne, seit 1900 Umstellung auf die Herstellung von Bergbaubedarf, seit 1924 Produktion des Moll-Polygon-Ausbaus; 1863 Kgl. Eisenbahnhauptwerkstätte, eine der größten Anlagen in Deutschland; 1889 Lohmann & Stolterfoht, Maschinenfabrik, zunächst Bau von Transmissionen und Kupplungen, später vor allem Schiffsgetriebe, seit 1959 zur Mannesmann AG gehörig; 1891 Heinrich Korfmann, Bergbau-Maschinenfabrik, hervorgegangen aus der seit 1880 bestehenden Kohlenhandlung, 1891 Errichtung des ersten Fabrikgebäudes, Fabrikation von Bergbaugeräten wie Abbauhämmern und Abbaumaschinen sowie Be- und Entlüftungsanlagen; 1895 in Witten, ab 1898 in Herbede Dittmann & Neuhaus, Federnfabrik, 1925 Vereinigung mit dem Warsteiner Achsenwerk Gabriel & Bergenthal zu einer AG, ab 1964 Hoesch-Konzern.
Im 19. Jahrhundert und bis nach dem Ersten Weltkrieg gab es in Witten neben den Schwerpunkten Bergbau und Eisenindustrie zahlreiche weitere Aktivitäten auf wirtschaftlichem Gebiet, darunter Fabriken für Treibriemen, Schuhe, Seile und Drahtseile, Waschpulver, Seife, Sägewerke, Brauereien und Ziegeleien. Traurige Berühmtheit erlangte die Roburitfabrik Witten GmbH, die Sprengstoffe produzierte und 1906 durch eine Explosionskatastrophe völlig zerstört wurde. 1893 gründete Friedrich Fries die Märkische Seifenfabrik, die nach 1900 unter Teilhaberschaft von Imhausen und Stallmeyer rasch anwuchs und Zweigwerke in Hamburg und Frankfurt eröffnete und daneben die Firma Imhausen & Co als chemische Fabrik betrieb, die heute zur Hüls AG gehört.
In Herbede arbeiten heute neben den bereits genannten Firmen Fried. Lohmann und Dittmann & Neuhaus u. a. folgende Unternehmen: seit 1882 Stahlhammerwerk Krüner GmbH, seit 1913 Ruhrtaler Gesenkschmiede und seit den 30er Jahren im Hammertal ein Zweigwerk der Sprockhöveler Maschinenfabrik Paul Pleiger.
Zu den wichtigsten Industrieunternehmen auf Wittener Gebiet gehören heute ferner Ardex Chemie und HP Pelzer Chemie, Wickmann Werke und Siemens Zweigwerk Annen -beide Elektroindustrie-, Thyssen-Maschinenbau GmbH, Hüller Hille -Maschinenbau-, Lunke & Sohn -Automobilzulieferer-, Pumpen- und Maschinenfabrik Düchtig und Arthur Habermann -beide Pumpenhersteller-, Wende & Malter -Klimatechnik- und das Eisenwerk Böhmer.

Kommunale Notizen seit 1800

Um 1750 erfaßte das Dorf Witten mit etwa 800 Bewohnern 160 Haushaltungen. Die Zahl der Häuser stieg von 110 in 1778 auf 165 in 1809, die der Haushalte bis 1813 auf 280. Die Salzsteuerliste von 1809 weist u. a. folgende Berufsangaben aus: 29 Vollbauern, 81 Handwerker, 31 Bergleute (Kötter),

3 Fabrikanten, 10 Wirte, 11 Kaufleute und Gewerbetreibende sowie 37 Tagelöhner. Die Einwohnerzahl Wittens stieg von 1 200 um 1800 über 1 534 in 1818 auf 2 458 in 1838. Einen weiteren sprunghaften Aufschwung nahm die Bevölkerungszahl von 6 908 in 1858 auf 18 459 in 1872.
Die Entwicklung der Zahlen spiegelt den Zeitraum der ersten Welle der Firmengründungen in Witten zwischen 1848 und 1873 wider. Die zweite Welle zwischen 1880 und 1900 brachte dann einen Anstieg von 20 915 auf 33 517 Einwohner.
Nachdem in Zusammenhang mit der ärztlichen Versorgung 1695 und 1793 je ein Feldscher in Witten bekannt waren und der Chirurg Herdegen sich 1746 hier niedergelassen hatte, begann am Anfang des 19. Jahrhunderts Dr. Bovermann seine Tätigkeit als praktischer Arzt. 1858, zehn Jahre nach der Einweihung der katholischen Marienkirche, konnte die katholische Kirchengemeinde das erste Krankenhaus in Witten eröffnen. Die Einweihung des evangelischen Krankenhauses geht auf das Jahr 1863 zurück, das ab 1890 als Diakonissenanstalt geführt wird. 1880 wurde die Waisenheimat gegründet.

Die erste Feuerspritze wurde 1776 angeschafft; das erste Spritzenhaus 1873 errichtet. Zuvor war 1863 die Freiwillige Feuerwehr in Witten gegründet worden. Nach Eröffnung der Gasanstalt 1857 sind im gleichen Jahr die ersten Straßenlaternen errichtet worden. Das erste Wasserwerk auf dem Helenenberg geht auf das Jahr 1867 zurück, das zweite im Sundern auf das Jahr 1885. Von 1872 an erfolgte die Kanalisierung Wittens mit anschließender Pflasterung der Straßen. Nach der Inbetriebnahme des Schlachthofes im Jahre 1881 durften keine privaten Schlachtungen von Großvieh mehr vorgenommen werden. 1904 hielt die Elektrizität ihren Einzug in Witten; 1914 baute die Stadt ihr eigenes Elektrizitätswerk.
Das erste Bankhaus in Witten gründete 1848 Salomon Hanf, das 1903 von der Essener Credit-Anstalt übernommen wurde und nach einer Fusion seit 1925 als Deutsche Bank besteht. Die Eröffnung der Sparkasse Witten geht auf das Jahr 1853 zurück. Ihr wurde 1886 eine Pfennigsparkasse angegliedert, die jedoch nur drei Jahre bestand. 1861 erfolgte die Gründung einer Volksbank Witten, die jedoch wenige Jahre später liquidiert wurde. 1870 ist eine

29. Ehemaliges Amtshaus Annen, Federzeichnung von Fritz A. Jahrmarkt, Witten 1982

30. Ehemaliges Rathaus Herbede, Federzeichnung von Fritz A. Jahrmarkt, Witten 1981

königliche Bankagentur eingerichtet worden, die von 1875 an als Reichsbank-Nebenstelle, heute Landeszentralbank, weitergeführt wird. Am Beginn unseres Jahrhunderts kam es zu folgenden Bankgründungen: 1915 Mittelstandsbank, heute Volksbank, vor 1917 Märkische Bank, heute Dresdner Bank; 1922 Kommerz- und Privatbank, heute Commerzbank. Das Gerichtswesen Wittens geht auf den Beginn der Tätigkeit einer Gerichtskommission 1864 zurück.

Zur Gründung einer Ruhrbadeanstalt kam es 1870, eines Hallenschwimmbades 1911 und eines Strandbades in Heven 1921. Nur das Hallenbad gibt es heute noch, daneben seit 1928 ein Freibad in Annen. Die Räumlichkeiten der 1911 ins Leben gerufenen Stadtbücherei befanden sich ursprünglich in dem 1886 aus privater Initiative heraus errichteten Märkischen Museum. Einige der wichtigsten Schulgründungen des 19. Jahrhunderts waren: 1844 eine Rektoratschule, später Realschule und ab 1859 Höhere Bürgerschule; 1848 eine Kleinkinderbewahranstalt; 1850 eine Höhere Töchterschule; 1854 eine Handwerker-Fortbildungsschule und 1894 eine Kaufmännische Fortbildungsschule. Eine jüdische Schule wurde 1855 eingerichtet. Im 18. Jahrhundert war in Witten, und zwar in Herbede, nur ein Jude bekannt, 1812 eine jüdische Familie und 1824 drei. 1885 wurde eine Synagoge errichtet, die dem Nazi-Terror zum Opfer fiel.

Von 1788 bis 1794 erfolgten der Bau der Ardey- und der Crengeldanzstraße, zwischen 1799 und 1801 der der Haupt- und der Ruhrstraße. Die Hörder Straße wurde 1790, der Hevener Hellweg 1800 angelegt. 1850 waren die Arbeiten am Bau der Bahnhofstraße abgeschlossen. Im 18. Jahrhundert besaß Witten keine eigene Poststation. Erst 1831 und 1837 kam es zu Postanschlüssen. Das erste Postgebäude konnte 1875 eröffnet werden. Mit der Bergisch-Märkischen Eisenbahnlinie erhielt Witten 1848 einen ersten Bahnhof, der 1901 an anderer Stelle durch ein neues Gebäude ersetzt wurde. Ein Jahr später entstand ein Güterbahnhof. Die Rheinische Bahn erreichte Witten 1880. Südlich der Ruhr wurde 1874 die Strecke der Ruhrtalbahn u. a. mit den Bahnhöfen Herbede und Bommern gebaut. Zur Einrichtung der Strecke Witten-Hagen, die erst nach dem Ersten Weltkrieg ihren Betrieb aufnahm, wurde 1916 ein Viadukt über den Mühlengraben und die Ruhr errichtet. Die erste Straßenbahn fuhr 1899 durch Witten.

Das Vereinsleben Wittens nahm um die Mitte des vorigen Jahrhunderts seinen Anfang. Bereits vor 1850 (in Annen 1836) lag die Gründung eines Schützenvereins, 1844 folgte ein Männergesangverein, ab 1869 als Musikverein weitergeführt, und 1848 ein Turnverein, ab 1872 unter dem Begriff Turngemeinde bekannt. Die „gehobene“ Gesellschaft der Stadt schloß sich 1864 als Verein Casino zusammen.

Der Einführung der Provinzialstände-Verfassung von 1823 verdankt Witten, daß es 1825 mit 1 860 Einwohnern Stadt wurde. Seit 1809 existierte das Amt Witten, das sich aus den Gemeinden Witten, Langendreer, Werne, Stockum, Düren und Somborn zusammensetzte. Dieses Amt bestand bis 1850. Danach gehörte Witten zum Landkreis Bochum und wurde 1898 mit 32 000 Einwohnern kreisfreie Stadt. 1921 wurde Heven eingemeindet. 1922–26 ist das heutige Wittener Rathaus errichtet worden, das im Zweiten Weltkrieg stark zerstört und nach dem Wiederaufbau erheblich erweitert wurde. Die Einwohnerzahl Wittens betrug 1928 45 000 Einwohner, durch die Eingemeindungen 1929 von Annen, Rüdinghausen, Stockum, Düren, Krone und einem Teil Bommerns wuchs die Zahl auf 73 000. Am Ende des Zweiten Weltkrieges, in dessen Verlauf es zu 91 Luftangriffen kam, darunter die beiden schwersten am 12. Dezember 1944 und 19. März 1945, lagen 80 % der Innenstadt in Schutt und Asche. Die Bevölkerungszahl belief sich nach dem Krieg auf 69 000 Einwohner. Nach den Amerikanern rückten 1945 die Briten in Witten ein. Im Zuge der kommunalen Neugliederung in NRW 1975 wurde die 1951 zur Stadt erhobene Gemeinde Her-

31. *Panorama von Witten und Umgebung (Ausschnitt, Bildmitte die Johanniskirche), fotografiert von Friedrich Goebel 1886*

32. *Alt-Witten mit den Türmen der Johanniskirche (links) und der Gedächtniskirche (rechts), Postkarte 1907*

33. *Alt-Witten vor dem Zweiten Weltkrieg*

34. *Rathaus und Johanniskirche*

35. *Sackträger-Brunnen auf dem Wittener Kornmarkt (vor dem Zweiten Weltkrieg)*

36. *Johanniskirche vor dem Zweiten Weltkrieg*
33.-36. *Federzeichnungen von Fritz A. Jahrmarkt, Witten*

bede nach Witten eingegliedert. Vom gleichen Zeitpunkt an gehört Witten als größte Stadt zum Ennepe-Ruhr-Kreis.
Witten unterhält weltweit zu Städten und Gemeinden enge Verbindungen. Es bestehen Partnerschaftsverträge mit der Stadt Beauvais/Frankreich seit 1975, mit den Gemeinden Barking and Dagenham/Großbritannien, Ein-Wered (später ausgeweitet auf den Landkreis Lew Hasharon) in Israel und Mallnitz/Österreich seit 1979 sowie der Stadt Wolfen/DDR und dem Stadtteil Industrie von Kursk/-UdSSR seit 1990. Ebenfalls 1990 wurden Freundschaftsverträge mit der Stadt Tczew/Polen (ehemals Dirschau) und der Gemeinde San Carlos/Nicaragua abgeschlossen. Für die ehemaligen Bewohner der Stadt und des Kreises Dirschau hat Witten eine Patenschaft übernommen. Aufgrund der langen geschichtlichen, jedoch über Jahrhunderte unterbrochenen Verbindung bestehen seit 1985 zwischen der hessischen Gemeinde Kaufungen und dem westfälischen Witten enge freundschaftliche Kontakte.

BRUNO J. SOBOTKA

Zur Wittener Kirchengeschichte

Von den Anfängen bis zur Reformation

Die kirchengeschichtliche Forschung betrachtet die Wittener Pfarrkirche als Stammpfarrkirche, deren Errichtung auf die Zeit zwischen 820 und 900 zurückgeht. Die Kirche war in vorreformatorischer Zeit den Heiligen Johannes dem Täufer und Dionysius geweiht. Das Dionysius-Patrozinium läßt auf den frühen Gründungszeitraum schließen, weil dieser Heilige – im 3. Jahrhundert erster Bischof von Paris (beigesetzt in St. Denis) – einer der Hausheiligen der fränkisch-karolingischen Dynastie war.
Spätestens zwischen dem Beginn des 13. Jahrhunderts und ungefähr der Mitte des 14. Jahrhunderts erlangte die Wittener Pfarrkirche eine besondere Bedeutung. Bis dahin war die Pfarrkirche in Wattenscheid Sitz des Dechanten für das Dekanat Wattenscheid. Für über einhundert Jahre löste Witten dann Wattenscheid ab. Anschließend wechselte der Sitz des Dechanten von Witten zur Pfarrkirche in Bochum. Die Tatsache, daß der Wittener Pfarrer Antonius 1214 als erster, nach ihm die Pfarrer Everhardus 1294 und Konradus 1316, 1318 und 1334, das Dechantenamt ausübte, läßt Rückschlüsse zu auf die Bedeutung der Wittener Kirche und auf die Größe des Dorfes Witten.
Johann Diederich von Steinen führt in seiner 1760 herausgegebenen „Westfälischen Geschichte" in dem Witten betreffenden Kapitel aus der Zeit vor der Reformation die folgenden Personen als Pfarrer auf:
Gotscalus, 1415; Gerlach, Johann Ascheborn und Johann Porbecke, ohne nähere Jahresangaben, jedoch vermutlich im 15. Jahrhundert; Johann ther Westen, Pastor in Witten und Kaplan in Lütgendortmund, 1488, 1491; Aleph Dörhoff, wahrscheinlich 1498 resigniert, 1503 Dechant und Pastor in Bochum; Heinrich van dem Varste vom Haus Asbeck 1498, 1518 von Rötger und Hermann von Witten sowie von Dietrich Stael von Holstein und Lutter von Witten zum Pfarrer der Kirche zu Witten berufen; Wessel Ryth oder Rhydt aus Bochum, seine Mutter war Anna von Witten, er nannte sich Pastor zu Witten, Archidiakonus und Notarius Apostolikus, 1521, 1550, 1557; 1557 wurde N. Kaltheuner zum Nachfolger des Wessel Ryth gewählt. Er hat dieses Amt jedoch wahrscheinlich nicht angetreten, da noch im gleichen Jahr Heinrich Heitmann als Pastor zu Witten, zuvor Kaplan in Herbede, genannt wird.
Das Kirchenpatronat lag bei den jeweiligen Gerichtsherren von Witten. Durch die Teilung der Familie von Witten in die Linien zu Steinhausen, Berge und Crengeldanz gelangten von der ersten Hälfte des 15. Jahrhunderts an Teilrechte an die Bewohner der Burgen Steinhausen bis 1559 und Crengeldanz bis 1677. Die Rechte auf Kirchensitze und auf Beisetzungsplätze in der Gruft unterhalb des Chorbereiches verblieben jedoch bei den Eigentümern von Steinhausen und Crengeldanz.
Es ist anzunehmen, daß die Kirche zunächst als Begräbnisstätte für Mitglieder der Familie von Witten, einschließlich der Linie Steinhausen, Berge und Crengeldanz, gedient hat. 1520 bestimmte Hardenberg Stael von Holstein zu Steinhausen, neben seinem Vater in der Kirchengruft beigesetzt zu werden. In dem zwischen Robert Stael von Holstein zu Steinhausen und dem Wittener Gerichtsherrn Reinhard von Brempt zu Berge 1559 geschlossenen Vertrag wurde vereinbart, daß die Teilpatronatsrechte von Steinhausen auf Berge übertragen wurden, die Nachkommen des Stael von Holstein jedoch weiterhin Sitze und Grabplätze in der Johanniskirche beanspruchen konnten. Im Testament des Lübbert

37. Luftbild von Witten, 1925

38. Johanniskirche mit Kornmarkt und Sackträger-Brunnen, Postkarte 1927

von Brempt aus dem Jahre 1642 war der Wunsch geäußert worden, ebenfalls in der Kirchengruft beigesetzt zu werden. 1677 schlossen Ludwig von Hoete zu Crengeldanz und Mordio von der Recke zu Berge einen Vertrag, wonach die Teilpatronatsrechte von Crengeldanz auf Berge übertragen wurden. Auch Ludwig von Hoete fand seine letzte Ruhestätte in der Johanniskirche. Basierend auf den von Robert Stael von Holstein ausbedungenen Rechten ließ Friedrich Christian Freiherr von Elverfeldt zu Steinhausen eines seiner Kinder 1735 in der Totengruft beisetzen. Daß auch die Geistlichen in der Kirche ihre letzte Ruhestätte fanden, beweist die 1951 gefundene Grabplatte des ersten evangelischen Pfarrers der Johanniskirche Heinrich Heitmann († 1602). Die Grabplatte ist heute an der Außenfassade der Kirche angebracht und inzwischen völlig unleserlich.

Die Einkünfte der Pfarrer setzten sich bis zum 19. Jahrhundert aus Erträgen verschiedener Ländereien, Stiftungen und Meßopfern zusammen. Sie sind jedoch im Mittelalter nicht besonders hoch gewesen. Das Verzeichnis der Einkünfte der Kirchen in der Erzdiözese Köln (Liber Valoris) von etwa 1300 weist für die Wittener Kirche ebenso wie für die Herbeder Einkünfte von je 4 Mark im Jahr aus, während vergleichsweise Schwerte und Hattingen je 12 Mark und Bochum 24 Mark erhielten. 10 % dieser Einkünfte mußten an die Erzdiözese Köln abgeführt werden.

Noch vor 1398 war ein Marienaltar für einen Kaplan durch die Brüder Hermann, Rötger und Wennemar von Witten dotiert worden. Für dieses Amt sind bei Johann Diederich von Steinen folgende Kapläne aufgeführt:

Dietrich Rusebeck, 1415; sein Nachfolger Johann Sonneborn, 1461, 1467; Franko von Witten 1482, 1491, anschließend Pfarrer in Witten; Johann Tappe 1521; Ludgerius Mersmann, der 1541 von Pfarrer Wessel Ryth in sein Amt eingeführt wurde. 1576 versuchte Friedrich von Stammheim von Haus Crengeldanz, die Kaplanstelle mit dem Beguinen-Pater Johann Kohlleppel aus Lütgendortmund zu besetzen, was auf erheblichen Widerstand seitens der Katharina von Plettenberg, der Witwe des Reinhard von Brempt von Haus Berge, traf. Dieser Streit führte dazu, daß das Pfarramt zu Witten und die Kaplanstelle des Marienaltars 1579 vereinigt wurden. In einer jährlich wiederkehrenden Prozession am Freitag nach Ägidius wurde wahrscheinlich schon vor 1464 ein wundertätiges Marienbild aus der Johanniskirche gezeigt.

Ein zweiter Altar (St. Anna), verbunden mit einer Kaplanstelle, wurde in der ersten Hälfte des 16. Jahrhunderts von Hardenberg Stael von Holstein zu Steinhausen gestiftet. Für den kurzen Zeitraum der Existenz des St.-Annen-Altars im 16. Jahrhundert sind keine Namen von Kaplänen überliefert. Offensichtlich sind 1579 beide Kaplanstellen mit der des Pfarrers vereinigt worden.

Um die Wende vom 15. zum 16. Jahrhundert besaß die Johanniskirche vier Glocken. Die älteste, eine Turmuhrglocke, trägt die Inschrift „sancta maria" und die Jahreszahl 1485. Seit 1917 befindet sie sich in den Beständen des Märkischen Museums in Witten. Eine zweite noch existierende Glocke mit der Jahreszahl 1501 ist unverändert im Turm der Johanniskirche aufgehängt und wird heute noch genutzt. Auf ihr ist zu lesen: „Anno dn̄i m°ccccc°i, sAnctA kAt̄erina byn ych genĀt wā ych rope so komet to hĀt geuet goet lof ere nd danck, hermen lutter wylehlm vAn Wytten" sowie die Wappen von Witten und Stael von Holstein. Daneben gab es eine dritte Glocke. Sie stammte ebenfalls aus dem Jahre 1501 und wurde von Hardenberg Stael von Holstein und Rötger von Witten gestiftet. Neben ihren Wappen soll folgende Inschrift zu sehen gewesen sein: „Johannes baptista ys myn name my gelut sy gode bequame anno domini mcccccci". Eine weitere Glocke soll 1639 durch eine neue mit der Inschrift „An Gottes Segen ist alles gelegen" ersetzt worden sein.

39. Johanniskirche, Blick in den Chorbereich, Foto nach 1903

40. Johanniskirche, Blick zum Altar, Foto 1989

Links:
41. Marienglocke der Johanniskirche, gegossen 1485

Oben rechts:
42. Turmhahn der Johanniskirche von 1717, Foto 1987

Unten rechts:
43. Hostienteller der Johanniskirche, gestiftet von Mordio von der Recke, 2. Hälfte des 17. Jh., Silber, Foto 1987

Evangelische Kirchengemeinde Witten

Die Einführung der Reformation in Witten begann wohl erst nach 1550. Pfarrer Heinrich Heitmann war bei seiner Amtseinführung 1557 noch praktizierender Katholik. Zuvor war er Kaplan in Herbede gewesen. In die Anfänge seiner Tätigkeit fallen die ersten Ansätze zur Einführung der Reformation in Witten. Das reformatorische Gedankengut soll in Witten auch von Pfarrer Johannes Fabrizius aus Langendreer verbreitet worden sein, der zeitweilig die Gemeinde Witten mitversorgt hat. Pfarrer Heitmann wechselte vermutlich schon vor 1575 zum evangelischen Glauben. Erst verhältnismäßig spät hat sich 1582 der Übertritt der Wittener zum neuen Bekenntnis vollzogen. Heitmann war mit Katharina Schettmann verheiratet. 1597 verzichtete er auf sein Amt und starb am 3. September 1602.
Der älteste Teil der heutigen Johanniskirche ist der Turm, von dem Reste wahrscheinlich aus karolingischer Zeit stammen. Für einen Neubau des teils baufälligen, teils abgebrannten Kirchenschiffes beantragten Pfarrer Wirtz und das Presbyterium 1748 eine landesweite Kollekte, die der preußische König Friedrich II. genehmigte. Aus den Provinzen Kleve-Mark, Brandenburg und Schlesien wurden 2 350 Taler gespendet. Bis 1752 (Jahreszahl über einer der beiden seitlichen Eingangstüren zum Kirchenschiff) errichtete Meister Johann Heinrich Gerling einen Kirchenneubau aus Bruchstein, der in den Steinbrüchen an dem Weg vom Hohenstein zum Gut Gedern gebrochen worden war. Die Kirche erhielt 500 Sitzplätze. Ihren Abschluß fanden die Erneuerungsarbeiten mit der Anschaffung eines neuen Gestühls im Jahre 1754.
Ab 1823 versuchte die Kirchengemeinde, ihre unter anderem für Reparaturen entstandenen Kosten zu zwei Dritteln auf den damaligen Kirchenpatron Johann Friedrich Lohmann jr., den Eigentümer des Hauses Berge seit 1815, abzuwälzen. Nach zwei Prozessen bot Lohmann der Gemeinde die Übertragung des Patronats an. 1834 wurde ein entsprechender Vertrag geschlossen, so daß fortan die Kirchengemeinde selbständig ihre Pfarrer wählen konnte. Erstmals wurde hiervon 1863 bei der Wahl des späteren Präses Friedrich König als Hilfskraft für seinen Vater, den Superintendenten Friedrich August König, Gebrauch gemacht.
Eine beträchtliche Erweiterung erfuhr die Johanniskirche 1856. Über den Chorbereich hinaus wurde sie um 31 1/2 Fuß verlängert, wodurch die bisherigen 500 Sitze auf 900 aufgestockt werden konnten. Der Chor wurde mit Marmorplatten abgedeckt, die Orgel verlegte man vom Altar zum Turm hin. Insbesondere für die Abendgottesdienste wurde 1871 eine Gasbeleuchtung eingebaut, wodurch die Kirche im Volksmund den Namen „Lämpkes Kerk“ erhielt.
Aus Anlaß der Dreihundertjahrfeier der in Witten vollzogenen Reformation wurde im Jahre 1882 ein neues Geläut bei der Firma Wilhelm Rincker in Westhofen zum Preise von 9 028 Mark in Auftrag gegeben. Der Kaufpreis wurde durch Spenden und den Verkauf zweier alter Glocken bis auf die beiden noch heute existierenden Marien- und Katharinenglocken aufgebracht. Die Inschrift der ersten Glocke lautete: „Gestiftet von den evangelischen Gemeindegliedern zum 300jährigen Jubelfeste der Reformation 1882 in Witten. Ehre sei Gott in der Höhe und Friede auf Erden und den Menschen ein Wohlgefallen“. Auf der zweiten Glocke war neben dem Stiftungshinweis zu lesen: „im 12. Jahre der Wiederaufbauung des Deutschen Reiches. Der Herr hat Großes an uns getan, des sind wir fröhlich“. Auch die dritte Glocke trug den Stiftungshinweis sowie die Inschrift: „Gottes Wort und Luthers Lehr vergehen nun und nimmermehr. Ein feste Burg ist unser Gott“.

Vater und Sohn König

Das 19. Jahrhundert war in Witten durch zwei herausragende Pfarrer-Persönlichkeiten geprägt. Vater

44. Pfarrer Friedrich August König (1800–1866), Superintendent 1832-1866, Lithographie um 1840

45. Pfarrer Friedrich Adolf König (1835–1914), Präses 1902–1914, Foto von Friedrich Goebel um 1885

und Sohn König. Als Sohn des Kaufmanns Johann Friedrich König und dessen Frau Josine Smets wurde Friedrich August König 1800 in Ruhrort geboren. Nach dem Besuch des Gymnasiums in Duisburg schrieb er sich 1817 zum Studium in Halle ein. Nach dreijähriger Tätigkeit als Pfarrer und Hofprediger in Hohenlimburg wurde König, ordiniert 1824, 1827 als Pfarrer in Witten eingeführt. 1832 wurde er Superindendent der Kreissynode Bochum. Eines seiner Hauptanliegen war es, die Einheitlichkeit der westfälischen Kirche auf synodal-presbyterialer Grundlage zu schaffen und zu erhalten. Als westfälischer Delegierter nahm er an Tagungen der rheinischen Schwesterkirche teil und trug somit dazu bei, daß beide Kirchen 1835 eine gemeinschaftliche Kirchenordnung erhielten. Er setzte sich entschieden für die Herbeiführung der Generalsynode der Kirchen der altpreußischen Union ein. Aus tiefer Verbundenheit mit Witten lehnte er das Amt des rheinischen Generalsuperintendenten und ein hohes Amt im Evangelischen Oberkirchenrat ab. 1857 verlieh ihm die Universität Bonn den Titel eines Doktors der Theologie ehrenhalber.

Maßgeblich durch Pfarrer König beeinflußt, begannen 1858 die ersten Planungen für ein evangelisches Krankenhaus, dessen Bau 1863 vollendet war. Nach dem Tod seiner ersten Frau Julie Hauser heiratete er 1847 Eugenie Luise Keller. Von 1853 an unterstützten Pfarrer König, der unverändert als Superintendent von Bochum und Provinz-Synodalassessor tätig war, bis zu seinem Tod im Jahr 1866 nacheinander fünf Synodalvikare bei seinen umfangreichen Aufgaben. Ab 1864 war sein Sohn Friedrich Adolf König als Adjunkt tätig. In die Amtszeit des Pfarrers König fallen zwei für Witten wichtige Vorgänge: die hier wohnenden Juden, die verwaltungsmäßig zu Bochum gehörten, feierten seit 1844 in einem eigenen Raum Gottesdienste, und 1846 wurde die Katholische Kirchengemeinde in Witten zu einer Pfarre erhoben.

Friedrich Adolf König wurde 1835 als Sohn des Pfarrers Friedrich August und dessen Frau Julie Hauser geboren. Nach dem Besuch des Gymnasiums in Gütersloh und dem Abitur im Jahre 1855 studierte er an den Universitäten Erlangen, Bonn und Münster, wo er 1859 und 1860 seine Examen ablegte. Anschließend war er als Hauslehrer und Rektor in Kamen tätig. Zur Unterstützung seines Vaters wurde er 1864 als Adjunkt in Witten eingeführt und im gleichen Jahr ordiniert. Nach dem Tod seines Vaters übernahm er 1866 das Amt des Pfarrers. Als Schüler Johann Hinrich Wicherns, der 1848 die Evangelische Kirche auf dem Wittenberger Kirchentag zur Inneren Mission aufgerufen hatte, war Friedrich Adolf König ein eifriger Förderer der Inneren Mission. 1879 wählte ihn die Kreissynode Bochum zu ihrem Superintendenten. Im gleichen Jahr legte er den Grundstein zur Wittener Waisenheimat. Auf sein Betreiben wurde das von seinem Vater gegründete Evangelische Krankenhaus 1890 zur Keimzelle des Diakonissenhauses für die Grafschaft Mark und das Siegerland. Auch der Bau des Gemeindehauses in der Augustastraße 1900/02 fiel in die Amtszeit von Pfarrer König. Die Provinzialsynode wählte ihn 1902 zu ihrem Präses. Zugleich gehörte er dem Vorstand der General-Synode der Evangelischen Kirche der altpreußischen Union an. 1906 verlieh ihm die Universität Greifswald die Ehrendoktorwürde der Theologie. Der Grundstein für das Martineum, das Brüderseminar für männliche Diakone, wurde 1907 gelegt. In das gleiche Jahr fällt die Gründung des Evangelischen Presseverbandes für Westfalen und Lippe, die ebenfalls auf eine Anregung von Präses König zurückgeht. Er war bis zu seinem Tod Vorsitzender des Verbandes. Auch die Gründungen des Evangelischen Vereins für Innere Mission und des Evangelischen Bürger- und Arbeitervereins – beide in Witten – gehen auf Präses König zurück. Der Rheinisch-Westfälische Verband der Arbeitervereine wählte ihn zu seinem Ehrenvorsitzenden. 1912 leitete Präses König die

Feier zur 300jährigen Wiederkehr der ersten Märkischen General-Synode in Unna.
Im Verlauf seiner jahrzehntelangen Tätigkeiten wurden Präses König hohe Auszeichnungen zuteil. So nahm er 1898 an der Orientreise des deutschen Kaiserpaares teil, in deren Verlauf die Erlöserkirche in Jerusalem eingeweiht wurde. 1914 starb der unverheiratete Präses König in Düsseldorf und wurde unter großer Anteilnahme der Bevölkerung in Witten beigesetzt.
Auch in der Amtszeit von Präses König fanden einige für Witten wichtige Ereignisse statt. Die ständig wachsende Bevölkerungszahl der Stadt erforderte die Errichtung weiterer Pfarrstellen: die zweite und die dritte 1867, die vierte 1890 und die fünfte im Todesjahr von Präses König 1914.
Die vierte Pfarrstelle wurde 1891 mit dem in der Gemeinde überaus beliebten, sehr selbständig arbeitenden Pfarrer Karl Birkenhoff besetzt. Dies führte zu heftigen, auch in der Presse ausgetragenen Auseinandersetzungen zwischen Pfarrer Birkenhoff und seinen Anhängern einerseits und den übrigen Pfarrern und dem Presbyterium andererseits. Daraufhin erklärte Pfarrer Birkenhoff 1896 seinen Rücktritt. Sein von der Gemeinde nicht durchzusetzendes Verbleiben veranlaßte seine Anhänger, aus der Landeskirche auszutreten und zu den Altlutheranern überzutreten, ein Schritt, den Pfarrer Birkenhoff jedoch nicht mitvollzog. Noch 1896 erfolgte die Gründung der Altlutherischen Gemeinde Witten, der heutigen Evangelisch-lutherischen Kirchengemeinde.

Vom 19. zum 20. Jahrhundert

Die stürmische Bevölkerungsentwicklung führte in den neunziger Jahren des vorigen Jahrhunderts dazu, daß sonntags drei Gottesdienste in der Johanniskirche gefeiert wurden. Aber auch diese Zahl reichte bald nicht mehr aus, so daß die Gemeindevertretung 1887 einstimmig den Beschluß faßte, eine neue Kirche zu bauen. 1889 wurde der Bauplatz auf der Bredde, der heutige Platz der Gedächtniskirche, erworben. Drei Jahre nach der Grundsteinlegung im Jahre 1889 wurde die Kirche am 13. Dezember 1892 eingeweiht. Vorbild für den Bau war die Kirche zu Elbing, die Ausführung lag bei dem Kirchenbaumeister Zindel aus Essen. Die Gesamtkosten für den Bau ohne die Innenausstattung und das Grundstück beliefen sich auf 413 000 Mark. Die Innenausstattung einschließlich der Fenster wurde von Gemeindegliedern gespendet. Der Name Gedächtniskirche sollte ein dreifaches Gedächtnis wachhalten: erstens an die großen Heilstaten Christi, zweitens an die Reformation und drittens an das Haus Hohenzollern und das Dreikaiserjahr 1888.
Aufgrund von Bergschäden mußte die Gedächtniskirche 1923 geschlossen werden. Im darauffolgenden Jahr stürzte ein Teil des Gewölbes über der Vierung ein. Am 19. Dezember 1926 konnte die Kirche wieder eingeweiht werden. Bis auf die Außenmauern des Kirchenschiffes und des Turmes fiel die Gedächtniskirche dem schweren Luftangriff am 19. März 1945 zum Opfer. Die Ruine wurde 1967 abgerissen.
Bis zur Jahrhundertwende in Westfalen errichtete Gemeindehäuser waren von ihrer Nutzung her Vereinshäuser. Im Jahre 1900 erfolgte die Grundsteinlegung für das Gemeindehaus Augustastraße (eingeweiht 1902), das vor allem Platz bieten sollte für den Konfirmandenunterricht und für Versammlungen. So entstand in Witten das erste Gemeindehaus in der Evangelischen Kirche von Westfalen. Im Zweiten Weltkrieg erheblich zerstört, wurde das Gemeindehaus in Teilabschnitten bis 1951 wieder in Betrieb genommen. 1975 wurde der große Saal des Gemeindehauses abgerissen und an seiner Stelle ein Haus mit 37 Altenwohnungen errichtet. Heute ist das Haus Zentrum der Gemeindearbeit und Sammelort der Gemeindegruppen. Hier sind das Gemeindebüro, eine Jugendetage mit der Einrich-

46. Gedächtniskirche, Witten, eingeweiht 1892, Lithographie 1926

47. Gedächtniskirche, Blick zum Chorbereich, Foto 1930

tung Teiloffene Tür, eine Altentagesstätte sowie Gemeinde- und Unterrichtsgruppen untergebracht. Über- und außergemeindliche Veranstaltungen, so zum Beispiel die Kreissynode, runden die Nutzung des Gemeindehauses ab.
Insbesondere auf die Initiative von Präses König wurde 1907 durch den Verein für Innere Mission in der Grafschaft Mark eine Anstalt zur Ausbildung von Gemeindehelfern und Jugendpflegern, das Martineum, gegründet, die im darauffolgenden Jahr zunächst in einem Privathaus ihre Tätigkeit aufnahm. 1911 wurde ein Neubau für das Martineum an der Wideystraße errichtet. Im Ersten Weltkrieg, die Arbeit des Martineums war nahezu zum Erliegen gekommen, diente das Gebäude zunächst als Lazarett, bis lange nach dem Krieg als Lebens-

48. Altarkreuz und zwei Altarleuchter der Gedächtniskirche, Silber, Foto 1989

mittelamt. 1920 erfolgte der Umzug des Martineums nach Volmarstein. Anschließend bis 1955 war hier dann die Zentrale des Evangelischen Mädchenwerkes in Westfalen untergebracht, ab 1945 in den Kellerräumen vorübergend die Synodaldienststelle des Evangelischen Hilfswerkes. Teilbereiche des Hauses sind vorübergehend auch als Altenwohnungen genutzt worden. Nach 1955 wurde das alte Martineum bis 1968 Sitz des Diakonischen Werkes und bis 1974 Sitz des Volksmissionarischen Amtes, das sich heute in der Röhrchenstraße befindet. Dieses wurde abgelöst von der Kirchenkreis-Dienststelle des Evangelischen Hilfswerkes und der Inneren Mission (seit 1960 Diakonisches Werk). 1973 bezogen das Kreiskirchenamt und (aus der Humboldtstraße) die Superintendenten des Kirchenkreises in Teilabschnitten das Gebäude, das seit 1976 dem Kirchenkreis Hattingen-Witten gehört.
Heute ist das ehemalige Martineum Sitz der Superintendentur, des Kreiskirchenamtes, des Diakonischen Werkes und synodaler Dienststellen, es dient als zentraler Tagungsort der kreiskirchlichen Ausschüsse und Arbeitskreise.
Neben den Erbbegräbnisstätten für die Bewohner der Häuser Berge, Crengeldanz und Steinhausen im Chorbereich der Kirche wurde der Kirchhof um die Johanniskirche bis 1826 für Bestattungen genutzt. Als Ersatz für den Johanniskirchen-Friedhof wurde auf dem Gelände des heutigen Luther-Parks ein neuer Friedhof angelegt, der nach und nach auf die Größe des heutigen Parks ausgeweitet wurde. 1872 ist ein neuer Friedhof östlich der Ardeystraße im Bereich Im Ledderken eingeweiht worden. Die miterbaute Trauerhalle ist 1922 abgebrochen worden. Der jüngste Friedhof liegt an der Pferdebachstraße und ist 1889 eingeweiht worden.
Kehren wir zur Baugeschichte der Johanniskirche zurück. Die beiden großen der drei Glocken von 1882 sind 1917 im Ersten Weltkrieg beschlagnahmt und eingeschmolzen worden. Erst 1925 wurde das abgegebene Geläut durch ein neues ersetzt, das die Firma Gebr. Rincker in Sinn bei Herborn lieferte. Eine der beiden Glocken stifteten die Inhaber der Glasfabrik Gebr. Müllensiefen, die Kosten der anderen konnten aus Spenden erbracht werden.
Das Gewölbe der Kirche wurde 1885/86 mit einer Holzdecke verkleidet. 1903 erfolgte eine grundlegende Renovierung des Kircheninnern. Die Totengrüfte wurden abgedeckt, und der Fußboden erhielt einen neuen Belag. Der Altar, die Orgel und das Gestühl im unteren Bereich wurden erneuert, im Chorbereich wurden neue Fenster eingesetzt, und vier Gasöfen sorgten für die Heizung. An der südöstlichen Seite wurde eine Sakristei angebaut. Die Gesamtkosten beliefen sich auf 30 350 Mark, davon entfielen 7 295 Mark auf die Orgel.
Eine weitere Umgestaltung erfuhr der Innenraum der Kirche in den Jahren 1928/29. Die Gasheizung wurde von einer Umluftheizung (Koks) abgelöst, die Beleuchtung elektrifiziert, das Gestühl der Emporen erneuert, und die seitlichen Emporenaufgänge sind durch einen neuen Aufgang unterhalb der Orgelempore ersetzt worden. Die beiden Fenster im Chorbereich von insgesamt vier neuen Glasfenstern trugen Worte von Johannes dem Täufer; das westliche trägt die Inschrift „Bereitet dem Herrn den Weg und machet richtig seine Steige!“ und das östliche „Er muß wachsen; ich aber muß abnehmen.“ Nach Entwürfen des Kirchenmalers Rüter wurde das Innere mit Ornamenten ausgeschmückt.

Pfarrer Johannes Busch

Auf eine herausragende Persönlichkeit im Witten unseres Jahrhunderts soll näher eingegangen werden. Johannes Busch wurde geboren 1905 in Elberfeld als Sohn des Pfarrers Dr. Wilhelm Busch und dessen Frau Johanna Kullen, Bruder des späteren Pfarrers in Essen-Altstadt Wilhelm Busch (1897-1966). Er besuchte das Gymnasium in Frankfurt/Main und machte dort 1924 das Abitur. Nach dem

49. Luftbild von Witten, 1926: 1 Johanniskirche, 2 Gedächtniskirche, 3 Evangelisches Gemeindehaus, 4 Gemeindehausgarten und Platz des Fritz-König-Hauses, 5 Pfarrhaus Wideystraße 24, 6 Martineum, 7 Altes Vereinshaus, 8 Schwesternheim Wideystraße 8, 9 Pfarrhaus Wideystraße 4, 10 Lutherfriedhof, 11 Neues Rathaus, 12 Altes Rathaus

Studium in Bethel, Basel, Tübingen, Münster, dort Examen 1928 und 1930, war er zunächst Lehrvikar in Bielefeld. Nach dem Besuch des Predigerseminars in Wittenberg von 1929 bis 1930 wurde er 1930 als fünfter Pfarrer in Witten ordiniert und eingeführt. Johannes Busch arbeitete in Witten als Mittelpunkt der Bekennenden Kirche, der Gegenbewegung zu den mit den Nationalsozialisten sympathisierenden Deutschen Christen. Deshalb beabsichtigte die staatlich eingesetzte Kirchenleitung, Pfarrer Busch nach Windheim zu versetzen. Das Presbyterium widersetzte sich dieser Anordnung, und als Busch daraufhin das Betreten seiner Kirche verboten worden war, mietete die Bekennende Gemeinde Witten den Voßschen Saal an, damit er dort Gottesdienste halten konnte. 1934 nahm Pfarrer Busch an der ersten Bekenntnissynode der Deutschen Evangelischen Kirche in Barmen teil. Im gleichen Jahr übernahm er das Amt des Bundeswartes im Westdeutschen Jungmännerbund, das er bis zu seinem Tod ausfüllte. In der sogenannten Reichskristallnacht 1938 wurde auch das Pfarrhaus Wideystraße 4, in dem Pfarrer Busch mit seiner Familie lebte, nicht verschont. 1940 wurde er zum Kriegsdienst eingezogen und kehrte 1945 nach Witten zurück.

Im gleichen Jahr übernahm Busch das Amt des Landesjugendpfarrers von Westfalen, das erst 1955 zu einem Landeskirchlichen Amt wurde. 1947 verzichtete Pfarrer Busch auf die 5. Pfarrstelle in Witten und übernahm statt dessen bis 1955 die 1. Pfarrstelle. Durch die Verwaisung der Wittener Innenstadt ließ dieses Amt eher die Ausübung anderer Aufgaben zu. Nachdem er mitgeholfen hatte, die Wittener Kirchengemeinde wiederaufzubauen, konzentrierte er sich mehr und mehr auf seine beiden Ämter als Bundeswart und als Landesjugendpfarrer und verzichtete 1955 auf das Wittener Pfarramt. 1956 starb er infolge eines tragischen Verkehrsunfalles in Bochum und wurde unter großer Anteilnahme der Bevölkerung in Witten beigesetzt. Pfarrer Busch war seit 1930 mit Grete Johann (1905-1951) aus Essen verheiratet.

Vom Zweiten Weltkrieg bis heute

1942 wurden die drei Glocken aus den Jahren 1882 und 1925 beschlagnahmt und eingeschmolzen. Nur die denkmalwerte Katharinenglocke von 1501 blieb im Turm hängen und überstand auch den letzten der beiden schweren Luftangriffe auf Witten im Zweiten Weltkrieg am 19. März 1945, dem die Johanniskirche bis auf den Turmstumpf und die stark beschädigten Außenwände zum Opfer fielen.

Notgedrungen fanden die ersten Gottesdienste der Evangelisch-Lutherischen Kirchengemeinde in der Turnhalle des Mädchengymnasiums am Markt statt, von 1951 an im wiederaufgebauten Teil des Gemeindehauses in der Augustastraße. 1951 wurde mit der Aufräumung und Säuberung der Kirchenruine begonnen. Am Sonntag, dem 7. Oktober, wurde in der Ruine ein stark besuchter und tief beeindruckender Gottesdienst gefeiert. Unter der Leitung des Architekten Paul Kestner aus Witten konnte der Wiederaufbau der Johanniskirche schon nach eineinvierteljähriger Bauzeit abgeschlossen, die Kirche am ersten Adventssonntag des Jahres 1952, am 30. November, durch den Präses der Westfälischen Landeskirche, Ernst Wilm, festlich neu geweiht werden. Bis zu diesem Zeitpunkt beliefen sich die Gesamtkosten auf rd. 230 000 DM, von denen durch einen Kirchbauverein rd. 180 000 DM aufgebracht werden konnten, der Rest von rd. 50 000 DM stammte aus Grundstücksverkäufen.

Die drei von der Bauhütte Kirchlicher Künste, Berlin, unter der Leitung von Prof. Sticht angefertigten neuen Chorfenster sind Stiftungen: das linke seitens des Evangelischen Presseverbandes für Westfalen und Lippe, das mittlere seitens des Kultusministeriums Nordrhein-Westfalen durch Vermittlung des Ministerpräsidenten Karl Arnold, und das rechte seitens des Einzelhandelsverbandes und der Kreis-

50. Wittener Innenstadt unmittelbar nach der Bombardierung am 19. März 1945, Bildmitte das Rathaus, rechts davon die Ruine der Johanniskirche, links oben die Ruine der Gedächtniskirche, Foto 1945

handwerkerschaft Wittens. Die Kosten für das neue Geläut konnten ebenfalls aus einer Stiftung bestritten werden, die von Frau Soeding gemacht worden war. Zwei der drei Glocken wurden 1952, die dritte und größte 1953 wiederum von der Firma Gebr. Rincker in Sinn bei Herborn gegossen. Die größte Glocke trägt die Inschrift: „Sei getreu bis in den Tod, so will ich dir die Krone des Lebens geben, Offg. 2,10“ sowie die Jahreszahlen 1501, 1882, 1925, 1953, die der mittleren lautet: „Kommet her zu mir alle, die ihr mühselig und beladen seid, ich will euch erquicken, Matth. 11,28“ sowie die Jahreszahlen 1501, 1882, 1925, 1952. Auf der kleinen Glocke finden sich: „Vom Anfang der Sonne bis zu ihrem Untergang sei gelobt der Name des Herrn, Psalm 113,3“ sowie die gleichen Jahreszahlen wie bei der mittleren Glocke. Neben dieser Glocke hängt bis heute in unveränderter Form die Katharinenglocke von 1501.

Das Gestühl der Gedächtniskirche hatte den Zweiten Weltkrieg nahezu unbeschädigt überstanden. Nachdem es zunächst bei den Gottesdiensten in der Turnhalle des Mädchengymnasiums und anschließend im Gemeindehaus Verwendung gefunden hatte, wurde es 1952 in der wiederaufgebauten Johanniskirche aufgestellt.

War schon das Dach abweichend von der ursprünglichen Schiefereindeckung in Ziegel neu eingedeckt worden, so wurde auch bei der Wiederherstellung der Turmhaube nicht auf das zerstörte barocke Vorbild zurückgegriffen, sondern ein neugestalteter überhöhter Turmhelm aufgesetzt, der nach nicht ausgeführten Plänen ein Glockenspiel aufnehmen sollte.

1958 wurde als weiteres Gemeindezentrum der Johannis-Kirchengemeinde das Johannes-Busch-Haus auf dem Gelände der Diakonissen- und Pferdebachstraße eröffnet. In der Woche nach Ostern findet hier eine Kinderbibelwoche statt. Insbesondere die Kinderarbeit im Rahmen des Kindergottesdienstes und die Arbeit der Jungschar bilden Schwerpunkte in den Tätigkeitsbereichen dieses Zentrums.

Den Erfordernissen entsprechend wurde die Johanniskirche 1970 verändert und grundlegend renoviert. Der Altarraum wurde vergrößert, und man brachte eine neue Beleuchtung mit tiefer hängenden Pendelleuchten ein. Das Holz des alten Gestühls aus der Gedächtniskirche fand Wiederverwendung bei der Herstellung moderner Bänke. Durch das Aufstellen des neuen Gestühls konnten sämtliche Gänge verbreitert werden. Insgesamt erhielt der Fußboden einen neuen Plattenbelag. Die Lübecker Orgelbaufirma Kemper unterzog die Orgel einer weitreichenden Überholung. Die 1952 eingezogene Holzdecke blieb erhalten, wurde jedoch mit einem neuen Anstrich versehen. Nach viermonatiger Renovierungszeit konnte am 1. Advent des Jahres 1970, am 29. November, wieder der erste Gottesdienst in der Kirche gefeiert werden.

1974 wurde die Orgel erweitert. Sie verfügt seitdem über 3 Manuale mit je 56 Tasten und ein Pedal mit 30 Tasten, insgesamt 36 Register, 28 klingende Stimmen und 2 346 Pfeifen.

Die Zahl der Pfarrbezirke der Wittener Kirche erhöhte sich von 1914 bis in die 60er Jahre von fünf auf acht, 1978 kam ein neunter hinzu.

Die 1977 durch Teilung der Evangelisch-Lutherischen Kirchengemeinde Witten entstandene Evangelisch-Lutherische Christus-Kirchengemeinde hat ihren Ursprung in den Evangelischen Kirchengemeinden Witten und Langendreer. 1962 waren die Gemeindegebiete Krone und Papenholz von Langendreer nach Witten gekommen. 1964 wurde die Christuskirche neu errichtet. Das alte Gemeindehaus an der Oberkrone konnte 1976 durch ein neues Gemeindezentrum ersetzt werden. Bis 1980 fand die Bautätigkeit der Gemeinde durch die Errichtung zweier Pfarrhäuser, zweier Kindergärten, je einem an der Oberkrone und einen an der Christuskirche, und in zwei Bauphasen des Gemeindehauses an der Christuskirche ihren Abschluß. Die Gemeinde ist mit drei Pfarrstellen ausgestattet. Besondere Verdienste bei den Bautätigkeiten kommen dem verstorbenen Inhaber der 1. Pfarrstelle, Pfarrer Wolf Meydam, zu.

Im Jahr 1917, in dem das vierhundertjährige Jubiläum des Thesenanschlages Martin Luthers gefeiert wurde, beschloß die Evangelische Kirchengemeinde Witten, ein weiteres Gotteshaus im Osten der Stadt zu bauen, das den Namen des Reformators tragen sollte. Auf dem ausgewählten Gelände wurde 1954 das Gemeindehaus eingeweiht, das das Kreuz der ehemaligen Gedächtniskirche krönt. Doch wurde auch die Martin-Luther-Gemeinde, wie die Christus-Gemeinde, erst 1977 selbständig. 1978 verwirklichten sich die bereits 1917 gefaßten Pläne, am 3. Dezember wurde die Martin-Luther-Kirche eingeweiht. Direkt neben der Kirche befinden sich das Gemeindehaus, ein Kindergarten und ein Pfarrhaus. In der großen Siedlung Witten-Ost liegen das Stephanushaus mit Gemeinderäumen, ein weiterer Kindergarten und das zweite Pfarrhaus. Die Martin-Luther-Gemeinde verfügt über zwei Pfarrstellen.

Nach Teilung der Evangelisch-Lutherischen Kirchengemeinde Witten in die Evangelisch-Lutherische Johannis-Kirchengemeinde, die Evangelisch-Lutherische Christus-Kirchengemeinde und die Evangelisch-Lutherische Martin-Luther-Kirchengemeinde im Jahre 1977 bildeten diese einen Gesamtverband zur Wahrnehmung gemeinsamer Aufgaben in ihren Gemeindegebieten. Im Rahmen der Allianz und der Ökumene arbeitet der Gesamtverband mit anderen christlichen Gemeinden in Witten zusammen. Er versucht, einen innerkirchlichen Interessenausgleich anzustreben, um zum Beispiel gegenüber dem Rat der Stadt Witten mit einer Stimme zu sprechen. In den letzten Jahren sind derartige Abstimmungen sogar mit allen evangelischen und katholischen Kirchengemeinden Wittens erfolgt, beispielsweise bei den Kindergartenbezuschussungen.

Sinn und Zweck der Gesamtverbandsgründung ist auch die Verwaltung nicht aufteilbarer Aufgaben bzw. des Grundvermögens wie Altenwohnungen (37 Wohnungen in der Augustastraße), Friedhöfe (Ledderken und Pferdebachstraße) und unbebauter Grundbesitz. Auch künftig wird es Aufgaben geben, bei denen gemeinsames Handeln notwendig ist. Nur so sind Nachteile, die durch die Gemeindebildung entstehen könnten, gemeinsam zu überwinden.

Vor allem mit der Begründung, daß die Johanniskirche historischer Identifikationspunkt im Herzen Wittens ist und die Siedlungs-, Kultur- und Kirchengeschichte der Stadt seit dem Mittelalter dokumentiert, wurde die Kirche einschließlich Kirchhof 1989 in die Denkmalliste gem. § 3 Denkmalschutzgesetz eingetragen.

Der stählerne Glockenstuhl von 1882 im Turm, an dem die Glocken aufgehängt waren, ist 1989 durch einen hölzernen ersetzt worden. Es ist geplant, in absehbarer Zeit die Orgel gegen eine neue auszutauschen und ein neues Heizungssystem einzubauen. Die Gelegenheit sollte dazu genutzt werden, da der Fußboden geöffnet werden muß, Archäologen zu beauftragen, im Kircheninneren Grabungen durchzuführen. In der Kirchenmitte müßten diese auf die alten Begräbnisstätten und möglicherweise auf Spuren älterer Kirchenmauern stoßen. Neben weiteren Erkenntnissen ließen sich dadurch eventuell genauere Informationen über das Alter der Johanniskirche gewinnen.

Kirchenkreis Hattingen-Witten

Die Entstehung des Kirchenkreises Hattingen-Witten geht auf das Jahr 1933 zurück. Damals wurde dem alten Kirchenkreis Hattingen, verblieben waren die acht Kirchengemeinden Blankenstein, Bommern, Hattingen, Herbede, Heven, Niederwenigern, Sprockhövel und Wengern, die Kirchengemeinden Witten, Annen/Wullen, Witten-Stockum und Rüdinghausen zugeführt. Der neue Kirchenkreis hatte somit zwölf Gemeinden mit 23 Pfarrstellen und rd. 95 000 Gemeindegliedern. Inzwischen sind die Zahlen auf zwanzig Kirchengemeinden (St. Georg und Johannes in Hattingen, Blankenstein, Bredenscheid-Stüter, Nierenhof, Winz-Baak, Niederwenigern, Sprockhövel, Welper, Wengern und die zehn bereits erwähnten Wittener Kirchengemeinden) mit 44 Gemeindepfarrstellen und rd. 100 000 Gemeindegliedern angewachsen.

Der Zusammenschluß der Kirchengemeinden zu einem Kirchenkreis innerhalb der Landeskirche dient der Bewältigung gemeinsamer Aufgaben, insbesondere der Erfüllung der Aufgaben der einzelnen Gemeinden, der Wahrnehmung überörtlicher Aufgaben sowie der Verbundenheit zwischen Kirchengemeinden und Landeskirche.

1976 erwarb der Kirchenkreis das Verwaltungsgebäude Wideystr. 26, das 1911 als Bruderseminar erbaute alte Martineum, und richtete hier das Kreiskirchenamt ein.

Der Kirchenkreis Hattingen-Witten ist Träger von

- vier Altenheimen und Altenwohnungen in Hattingen und Witten
- drei Erholungshäusern in Eckenhagen, Norderney und Schwangau/Allgäu
- drei Diakoniestationen
- sieben diakonischen Beratungsstellen wie Suchtkrankenberatung, Schuldnerberatung, Arbeitsplatzvermittlung für Wohnungslose und einer Wohngruppe psychisch Kranker
- sieben synodalen Diensten wie Schulreferat, Erwachsenenbildung, Jugendarbeit, Fachberatung, Kindergarten, Industrie- und Sozialarbeit, Frauenreferat und Mediothek

Daneben stehen folgende Einrichtungen:

- Wideystr. 22 – soziale und synodale Dienste
- Bentenweg 12 – Pfarrhaus Berufsschulpfarrer
- Wartburgstr. 3–9 – vier Reihenhäuser für Pfarrer und leitende Mitarbeiter
- Johannisstraße – soziale Beratungsstellen des Diakonischen Werkes
- Humboldtstraße – Altentagesstätte und Altenwohnungen (zuvor bis 1974 Sitz der Superintendentur und des Diakonischen Werkes)
- Gedulderweg, Bredenscheid-Stüter – Pfarrhaus für Krankenhausseelsorger in Hattingen (zur Zeit im Bau)

Die Aufgaben werden derzeit von 450 hauptamtlichen Mitarbeitern und einer zentralen Verwaltung für die Gemeinden, die Gesamtverbände und den Kirchenkreis bewältigt.

Andere kirchliche oder religiöse Gemeinden in Witten

Römisch-Katholische Kirchengemeinde

Überliefert ist, daß die Freifrau Anna Maria von Gymnich, verheiratet mit dem protestantischen Gerichtsherrn von Witten, Gerhard Wennemar von der Recke II., für sich und ihr Gesinde ab 1718 auf Haus Berge katholische Messen lesen ließ. Auch Friedrich Christian Freiherr von Elverfeldt führte 1732, nachdem er mit seiner Familie Schloß Steinhausen bezogen hatte, in der dortigen Kapelle wieder katholische Gottesdienste ein. Trotzdem war seit 1582, dem Jahr der Annahme des Augsburgischen Bekenntnisses durch die Wittener Bewohner, bis zur ersten Hälfte des 19. Jahrhunderts keine öffentliche katholische Messe abgehalten worden.

In den ersten Jahrzehnten des vorigen Jahrhunderts wuchs die Zahl der Katholiken in Witten kontinuierlich. Zunächst waren sie in Blankenstein eingepfarrt. Hier wurde 1826 eine eigene Pfarrei errichtet. Die Wittener Katholiken wurden 1830, nachdem Lütgendortmund zu einer eigenen Pfarrei erhoben worden war, dorthin zugeteilt. 1834 durch die Regierung, 1835 durch die bischöfliche Behörde wurde die Erlaubnis erteilt, in Witten selbst wieder einen katholischen Gottesdienst einzuführen, der

51. Katholische Marienkirche, eingeweiht 1848, Foto 1891

in einem Saal des Hauses Witten gefeiert wurde. 1840 kam es zur Errichtung einer Notkapelle aus Holz an der Ecke Haupt-/Wilhelmstraße. Nach Erwerb der Schmiedingschen Gärten, dem Standort der heutigen Kirche, und nachdem die Gemeinde 1846 zu einer selbständigen Kirchengemeinde erhoben war, begann im gleichen Jahr der Bau der Marienkirche im neoromanischen Stil. 1848 wurde sie unter dem Namen „Unsere liebe Frau vom Siege" eingeweiht.

Durch eine Verfügung der Regierung erhielten die Altkatholiken 1876 das Mitbenutzungsrecht der Marienkirche. Die katholische Kirchengemeinde stellte daraufhin ihre Gottesdienste in der Kirche ein und benutzte zunächst das katholische Bürgerhaus Augustastraße und später eine Notkirche an der Ecke Haupt-/Ardeystraße. Erst 1891 verzichteten die Altkatholiken auf Drängen der Regierung auf ihr Nutzungsrecht, und die katholische Kirchengemeinde konnte die Marienkirche wieder in Besitz nehmen.

Nach der Grundsteinlegung 1895 wurden ein Jahr später Pläne des Diözesanbaumeisters Güldenpfennig für einen Erweiterungsbau ausgeführt. 1910 wurden Annen und Langendreer, 1912 die St.-Josefs-Pfarrei (heute St. Franziskus) abgepfarrt. 1907 und 1927 erhielt die Kirche Ausmalungen nach Entwürfen von Güldenpfennig bzw. des Kunstmalers Josef Gietmann.

Nach der Zerstörung im Zweiten Weltkrieg begann man 1946 mit dem Wiederaufbau der Kirche. 1955 erhielt der Kirchturm ein neues Geläut mit fünf Bronzeglocken. In verschiedenen Abschnitten fanden die Renovierungsarbeiten 1982 ihren vorläufigen Abschluß.

Links und rechts der Marienkirche entstanden 1850 bzw. 1851 ein Pfarrhaus und ein Schulgebäude. In unmittelbarer Nachbarschaft wurde 1858 an der Ardeystraße das Katholische Krankenhaus eingeweiht, das in den folgenden Jahren erheblich erweitert worden ist. 1859 erfolgte der Ankauf eines Geländes hinter der Marienkirche, auf dem der katholische Friedhof eingerichtet wurde. Als einer der ersten ist hier der von 1836 bis 1860 in Witten wirkende Pfarrer Werner beigesetzt worden, der als Begründer der Katholischen Gemeinde und als Initiator ihrer zahlreichen Einrichtungen betrachtet werden kann.

Jüdische Gemeinde

Die Anfänge der Jüdischen Gemeinde Wittens reichen bis in die Wende vom 18. zum 19. Jahrhundert zurück. Bereits 1807 wurden Verhandlungen geführt wegen der Anlegung eines Jüdischen Friedhofes. In der ersten Hälfte des 19. Jahrhunderts gehörten die Wittener Juden zur Gemeinde Bochum. Von 1844 an wurden in Witten eigene Gottesdienste abgehalten. Die jüdischen Kinder besuchten bis 1860 die Wittener Volksschule, danach eine eigene.
1854 setzten sich der Land- und Stadtbezirk Bochum aus drei Synagogenbezirken zusammen. Den dritten Bezirk bildeten die Stadt Witten sowie die Gemeinden Blankenstein, Buchholz, Stiepel, Werne, Langendreer, Annen und Wullen. Im gleichen Jahr erfolgte eine Repräsentantenwahl zur Bildung eines Kultusbezirkes.
Eine Synagoge wurde 1885 eingeweiht, die in der Pogromnacht 1938 völlig ausbrannte. Im Zweiten Weltkrieg wurde nach Abbruch der Umfassungsmauern ein Feuerlöschteich im Keller angelegt. Heute gehören die Wittener Juden zur Gemeinde Dortmund.

Deutsch-Katholische Gemeinde

Zwischen 1845 und kurz nach 1850 gab es auch in Witten eine Deutsch-Katholische Gemeinde, deren Gründung ursprünglich auf den Kaplan Ronge aus Breslau zurückging. Von 1846 an wurden Gottesdienste im Hause Witten abgehalten. Die Glaubensrichtung, die unter anderem die Verehrung von Reliquien ablehnte, schlief jedoch bereits nach 1850 wieder ein.

Freie evangelische Gemeinde

Die Anfänge der Freien evangelischen Gemeinde Witten gehen auf das Jahr 1863 zurück. Als Initiator ist Dr. Friedrich Wilhelm Baedeker (1823–1906) zu betrachten. Das erste Gemeindehaus wurde 1888 in der Lutherstraße erbaut, die eigentliche Gründung der Gemeinde erfolgte 1889. Zwar wurde nach Zerstörung im Zweiten Weltkrieg das Gemeindehaus in der Lutherstraße wieder aufgebaut, doch ist inzwischen das Bundeshaus am Bodenborn der Sitz der Gemeinde.

Altkatholische Gemeinde

Das Unfehlbarkeitsdogma der Katholischen Kirche führte 1871 zur Gründung der Altkatholischen Gemeinde. Der im gleichen Jahr in Witten gegründete Altkatholische Verein erhielt 1875 die Genehmigung, eine eigene Gemeinde zu gründen. Nachdem zunächst der Gottesdienst in der Johanniskirche gehalten worden war, wurde von 1876 bis 1891 die Marienkirche hierfür genutzt. 1892 erbaute die Gemeinde eine eigene Kirche in der Körnerstraße, die im Zweiten Weltkrieg zerstört und danach nicht wiederaufgebaut worden ist.

Evangelisch-Lutherische Kreuzgemeinde

Hervorgerufen durch die Zwistigkeiten zwischen Gemeindegliedern und Pfarrern sowie dem Presbyterium über den Verbleib des Pfarrers Karl Birkenhoff, war es 1896 zur Gründung der Altlutherischen Kirchengemeinde Witten, der späteren Kreuzgemeinde, gekommen. 1897 war das Vereinshaus mit dem Kirchensaal in der Lutherstraße fertiggstellt, das 1903 renoviert wurde. Bei dem Luftangriff am 12. Dezember 1944 fiel die Kreuzkirche den Bomben zum Opfer. 1956 konnte der Kirchenneubau eingeweiht werden.

Evangelisch-Freikirchliche Gemeinde

Die ersten Anfänge der Evangelisch-Freikirchlichen Gemeinde in Witten liegen bereits vor 1900. 1906 konstituierte sie sich als selbständige Gemeinde und gehört seitdem zum Bund der Deutschen Baptisten und durch diesen seit 1941 zu dem Bund Evangelisch-Freikirchlicher Gemeinden in Deutschland. Nach wechselnden Versammlungsstätten erwarb die Gemeinde 1949 ein Grundstück an der Bergstraße, heute Oberdorf, und baute in zwei Abschnitten 1952 und 1958 einen Kirchsaal sowie Gemeinderäume. 1987 weihte die Gemeinde ein zweites Haus mit zusätzlichen Gruppenräumen und Wohnungen ein und vergrößerte so ihr Gemeindezentrum.

Im Zeichen der Ökumene

Offene Kirche

Im Zeitalter der Ökumene entdecken die Kirchen immer mehr das Gemeinsame. Die Zusammenarbeit zwischen Katholiken und Protestanten findet auf den verschiedensten Ebenen statt und wird weiter ausgebaut. Seit 1979 haben sich christliche Gemeinden in Witten zu einer Arbeitsgemeinschaft zusammengefunden, die „Offene Kirche" heißt. Der Kreis veranstaltet gemeinsam missionarische Veranstaltungen, seit drei Jahren eine ökumenische Bibelwoche und gestaltet zu Ferienbeginn Gottesdienste im Lutherpark.

Boecker-Stiftung

Im Geiste der Ökumene haben die Eheleute Gregor und Emilie Boecker, Inhaber eines Textilhauses in Witten, ihren Nachlaß für den Bau und die Unterhaltung eines Altenwohnheimes in Witten bestimmt. Nach dem Tod von Frau Boecker im Jahre 1970 wurde die private gemeinnützige Stiftung von der NRW-Landesregierung anerkannt. In drei Baustufen konnte das Altenwohnheim bis 1982 vollendet werden. Es bietet 160 Bewohnern in Altenwohnungen, Heimplätzen und im Pflegebereich Aufnahme und Betreuung.
Zentraler Bereich des Wohnheimes ist die von Heinrich Gerhard Bücker gestaltete und 1978 eingeweihte Emmaus-Kapelle, die entsprechend dem christlich-ökumenischen Auftrag der Stiftung für Gottesdienste beider Konfessionen – evangelische wie katholische – Platz bietet. Die geistlich-seelsorgerische Betreuung der Bewohner des Altenheimes liegt bei den Pfarrern der evangelischen Johanniskirche und der katholischen Marienkirche. Mehrmals im Jahr kommt die Hausgemeinschaft zu einem ökumenischen Gottesdienst zusammen.

BRUNO J. SOBOTKA

Kurze Chronik des Marien-Hospitals in Witten

Am 24. Januar 1857 erwarb der Königliche Kammerherr Gisbert Freiherr von Romberg (1773–1859) auf Haus Brüninghausen bei Dortmund in Witten von der Witwe Clemens zum Preis von 5 700 Talern ein Grundstück in der Größe von 245 Ruten mit einem aufstehenden Wohnhaus und Nebengebäude, ehemals Eigentum des Wittener Bürgermeisters Kaemper. Das Haus war zu diesem Zeitpunkt an den Kaufmann Julius Haarmann vermietet. Die Familie von Romberg besaß bis zum Ende des 18. Jahrhunderts Rechte am Gerdes–Hof in Stockum und gelangte 1747 durch Erbschaft in den Besitz der Burg Rüdinghausen.

Gisbert Freiherr von Romberg war Herr der Rittergüter Brüninghausen, Bladenhorst, Buldern usw., ehemals Mitglied der Ritterschaften der Grafschaft Mark und des Fürstbistums Münster, dann des westfälischen Provinziallandtages, in napoleonischer Zeit Präfekt des Ruhrdepartments im Großherzogtum Berg und 1813/15 preußischer Landesdirektor, größter Grundbesitzer der Grafschaft Mark und Zechenbesitzer. Er ließ 1801 auf der ihm gehörenden Zeche Vollmond bei Bochum die älteste Dampfmaschine auf einer Zeche im Ruhrgebiet aufstellen.

Als Protestant mit einer Katholikin verheiratet, konvertierte er kurz vor seinem Lebensende zum römisch–katholischen Glauben. Aus dieser Situation heraus und obendrein aus der Tatsache, daß sich der westfälische Adel insbesondere um die Mitte des vorigen Jahrhunderts in erheblichem Umfang karitativ engagierte, ist die Unterstützung der Wittener Katholischen Kirchengemeinde zu erklären.

Ein Jahr später verkaufte Freiherr von Romberg den neuerworbenen Besitz zu einem Betrag von 2 500 Talern an die Katholische Kirchengemeinde in Witten. Den Verkaufserlös stellte er einer anderen bedürftigen katholischen Kirchengemeinde zur Verfügung. In dem Vertrag vom 10. Dezember 1858 heißt es u. a.: „Als im Anfang des vergangenen Jahres die Wwe. Clemens ihre daselbst nächst der katholischen Pfarrkirche gelegene Besitzung zum Verkaufe stellte, machte sich bei Herrn von Romberg die Befürchtung geltend, daß, wenn jene Besitzung anderweitig an Private überginge, dann leicht ein den Gottesdienst störendes Gewerbe etabliert werde möchte, deshalb und um dieselbe zugleich einem religiösen Zweck vorzubehalten, habe er sie käuflich erworben. Zum Zwecke der Errichtung einer Krankenanstalt verkaufe er die ganze Besitzung an die katholische Pfarrkirche unserer Lieben Frau vom Siege mit Berücksichtigung des guten Zweckes zu 2 500 Thaler."

Die Einweihung des Krankenhauses hatte bereits am 7. November 1858 stattgefunden. In den Statuten des Marien-Hospitals – so der offizielle Name des Krankenhauses – wurde festgelegt, daß alle heilbaren Kranken ohne Unterschied der Konfession aufgenommen werden konnten. Dem Kuratorium des Krankenhauses gehörten zwei ständige Mitglieder an, der Pfarrer – zugleich Vorsitzender – und ein Mitglied der Familie von Romberg sowie drei wechselnde Mitglieder, die vom Kirchenvorstand auf die Dauer von zwei Jahren gewählt wurden. Zu den Aufgaben des Kuratoriums gehörten die Verwaltung des Krankenhauses und die jährliche Rechnungslegung. Von Beginn an erhielt das Krankenhaus zahlreiche Zuwendungen von den einheimischen Zechen und Industriebetrieben sowie von privater Seite. Die Pflege der Kranken und die Führung des Haushaltes übernahmen Vincentinerinnen aus dem Mutterhaus der Barmherzigen Schwestern des hl. Vincenz von Paul in Paderborn, die noch heute im Krankenhaus ihren Dienst versehen. Bereits am 8. November fand der erste Kranke Aufnahme. Zwei Schwestern, Ludmilla und Ambrosia, standen zur Pflege bereit.

Für die ärztliche Behandlung wurde ein Arzt, Dr. Julius Schmidt, angestellt, für die religiöse Betreuung sorgte ein Geistlicher der jeweiligen Konfession der Kranken. Erster Rendant wurde Vikar Stute, der das Amt bis zu seinem Tode 1890 ausübte.

1862 machte Dr. Schmidt sein Verbleiben am Krankenhaus davon abhängig, daß ihm jährlich ein Honorar von 100 Talern gezahlt würde. Bisher hatte er unentgeltlich gearbeitet. Das Kuratorium stimmte seiner Forderung zu, und Dr. Schmidt blieb.

Der Zuspruch des Krankenhauses nahm von Jahr zu Jahr zu – die Zahl der Kranken betrug bereits 267 im Jahre 1866 – so daß der erste Erweiterungsbau ausgeführt wurde. Gleichzeitig wurde ein kleinerer Saal als Kapelle eingerichtet. 1866 brachen auch in Witten die Cholera und die nicht minder gefährlichen Pocken aus. In der Wittener katholischen Gemeinde starben 85 an der Cholera und 20 an den Pocken. 1871 kehrte die Pockenepidemie zurück und raffte 110 Menschenleben aus der katholischen Gemeinde hinweg.

Die weiterhin steigende Patientenzahl führte 1868 zu einer erneuten Anhebung des Honorars von Dr. Schmidt. Er erhielt nunmehr 240 Taler jährlich. 1870 war die Zahl der Kranken auf 480 gestiegen. 1871 legte er jedoch sein Amt nieder, da gegen seinen ausdrücklichen Wunsch das Krankenhaus mit einer Kinderbewahrschule verbunden wurde.

Nachfolger wurde Dr. Johann Schmidt mit einem jährlichen Gehalt von 200 Talern. Im gleichen Jahr mußte auch schon der zweite Erweiterungsbau ausgeführt werden, in dessen äußerster Flügelspitze eine Kapelle Platz fand. Nach dem Tode von Dr. Johann Schmidt 1876 übernahm vorübergehend bis 1878 Dr. Cordes die ärztliche Betreuung. Nachfolger wurde Dr. Krabbel, dessen jährliches Honorar 1 500 Taler betrug. Er war ein geschickter Chirurg, und das Krankenhaus nahm zu seiner Zeit einen gewaltigen Aufschwung. Durch den Bau eines Dacherkers 1881 erhielt das Krankenhaus weitere Schlaf- und Wirtschaftsräume. Die Kosten hierfür betrugen 2 250 Mark.

Die Wittener Gemeindevertretung verlangte 1883 die Vorlegung der Jahresrechnung, was jedoch vom Kirchenvorstand abgelehnt wurde. Eine Beschwerde bei der Regierung in Arnsberg wurde von dort an die kirchliche Behörde in Paderborn weitergeleitet. Diese stellte sich auf den gleichen Standpunkt wie der Kirchenvorstand.

Schon 1884 war ein dritter Erweiterungsbau dringend erforderlich, da die Patientenzahl 675 erreicht hatte. Die Kosten für den östlichen Flügel beliefen sich auf 14 000 Mark, für das Ökonomiegebäude auf 7 300 Mark und die Küche auf 1 100 Mark. Der vierte Erweiterungsbau von 1888, ein Anbau mit drei Stockwerken, kostete 40 987 Mark, die Heizungsanlage für diesen Neubau zusätzlich 7 433 Mark.

1888 übernahm Dr. Krabbel eine Stelle als Oberarzt am Marienhospital in Aachen. Als neuer leitender Arzt wurde Dr. Kempermann gewählt, bisher Assistenz- und Sekundärarzt am Bürgerhospital zu Köln. Das Gehalt des Anstaltsarztes betrug bis 1891 1 500 Mark, danach jährlich 150 Mark mehr bis zu einer Grenze von 3 000 Mark. Nachfolger Vikar Stutes als Rendant wurde 1890 Vikar Hovestadt.

Zur Pflege von Patienten auch außerhalb des Krankenhauses wurde 1893 eine Schwester bestellt, 1900 eine zweite. 1897 erhielt das Krankenhaus einen eigenen Seelsorger. Im gleichen Jahr wurde ein Dampf-Desinfektionsapparat für 1880 Mark gekauft, der in einer Baracke Aufstellung fand. Durch die Hinzunahme eines Raumes wurde die Kapelle erweitert. 1894 erfolgte die Gründung einer Handarbeitsschule, die ebenso wie ab 1898 die Kinderbewahrschule von einer Schwester geleitet wurde.

52.-55. Katholisches Marien-Hospital, Fotos 1896, 1909, 1952, 1990

1898 ist der Krankenhausgarten neu gestaltet und teilweise durch eine Mauer eingefriedet worden; Kostenaufwand hierfür 3 600 Mark. Die 1887 eingebaute Heizung mußte bereits 1898 durch eine neue ersetzt werden, verbunden mit einer Warmwasserzubereitung und einem Dampfbad. Den Kranken wurde ab 1898 Gelegenheit gegeben, auch sonn- und feiertags eine heilige Messe zu besuchen. Bisher war dieses nur an Wochentagen möglich; zusätzlich war zweimal im Monat nachmittags eine Andacht gehalten worden.

Gleichfalls im Jahre 1898 ist aus wirtschaftlichen Erwägungen das Ökonomiegebäude erweitert worden, um mehr Vieh halten zu können. Schon längere Zeit bestand das Bedürfnis, eine Dispensieranstalt im Krankenhaus einzurichten, um günstiger und schneller in den Besitz von Arzneien zu kommen. Da der Vorstand der Vincentinerinnen zusagte, eine

geprüfte Schwester zu entsenden, konnte das Vorhaben 1899 mit einem Kostenaufwand von 900 Mark verwirklicht werden.
Bis dahin war jeweils nur ein Arzt am Krankenhaus tätig. Im Jahre 1900 wurde aufgrund der großen Patientenzahl beschlossen, einen zweiten Arzt anzustellen. Dem ersten Anstaltsarzt, dem die Leitung oblag, standen sämtliche Operationen und die Behandlungen von Frauenkrankheiten zu. Der zweite Anstaltsarzt konnte den ersten hierin vertreten, er hatte insbesondere die inneren Krankheiten zu behandeln. Auf Wunsch des ersten Anstaltsarztes hatte er diesem auch bei Operationen zu assistieren. Die Gehälter beliefen sich auf 2 500 Mark für den ersten Anstaltsarzt und auf 1 000 Mark für den zweiten. Soweit es sich nicht um Kassenpatienten handelte, konnten beide von den Patienten der 1. und 2. Klasse gesonderte Honorare erheben. Erster Anstaltsarzt wurde der seit 1888 am Krankenhaus tätige Dr. Kempermann, zweiter Arzt Dr. Broer, der bis dahin als praktischer Arzt in Winterberg tätig gewesen war.
Waren bei Eröffnung des Krankenhauses zwei Schwestern eingesetzt, betrug ihre Zahl zu Beginn des Jahrhunderts 18, von denen 4 Schwestern für die Stadtpflege, die Leitung der Nähschule, die Leitung der Kinderbewahrschule und die Führung der Dispensieranstalt bestimmt waren. Von 1858 bis 1899 betrugen die Gesamtausgaben für das Krankenhaus 691 861 Mark.
1902 begann die Planung für die fünfte und bisher umfangreichste Erweitung des Marien-Hospitals, deren Kosten sich auf 122 801 Mark beliefen. Allein 15 868 Mark konnten durch einen stark besuchten Basar aufgebracht werden, für den auch die Kaiserin Geschenke übersandt hatte. Der Rest konnte im wesentlichen aus einer Anleihe der Landesbank der Provinz Westfalen in Höhe von 95 000 Mark bezahlt werden. Im Zuge dieser Erweiterung erhielt das Krankenhaus zwei neue Stockwerke. Die Inbetriebnahme erfolgte 1903.
Die große Zahl von Patienten veranlaßte 1904 das Kuratorium, der Anstellung eines 3. Arztes, eines Assistenzarztes, mit einem jährlichen Honorar von 1 200 Mark zuzustimmen. So kam Dr. Laarmann aus Bochum an das Krankenhaus. Auch die Zahl der Schwestern war inzwischen auf 23 angewachsen. Zur Erleichterung ihrer Arbeit wurde eine elektrisch betriebene Wascheinrichtung gekauft. Von 1904 an verlangte der Regierungspräsident von Arnsberg die jährliche Einreichung des Etats und der Jahresrechnung.
Wie vor 50 Jahren das Krankenhaus, so wurde 1908 am 7. November das neue Isolierhaus eingeweiht. Die Beleuchtung des Krankenhauses war auf Gas umgestellt worden. Am 2. Dezember fand eine große Festveranstaltung im Gesellenhaus unter der Teilnahme zahlreicher Honoratioren statt, darunter der Oberbürgermeister der Stadt Witten Dr. Gustav Haarmann und der langjährige Leiter des Hospitals Geheimrat Dr. Krabbel. Einem Bericht für die Jubilarfeier ist zu entnehmen, daß das Krankenhaus nach fünfmaliger Erweiterung und dem Bau des Isolierhauses ohne Grund und Boden einen Wert von 350 000 Mark hatte. In den ersten fünfzig Jahren des Marien-Hospitals sind 40 000 Kranke versorgt worden. Hinzu kamen die zahlreichen Dienste in der Stadt, die von zwei Schwestern durchgeführt wurden. Allein 300 Nachtwachen pro Jahr waren in den letzten Jahren gehalten worden.
1912 beschloß das Kuratorium, die Beleuchtung des Krankenhauses elektrifizieren zu lassen. Zur Erweiterung des Marien-Hospitals wurde 1913/14 für 41 000 Mark von der Evangelisch-Lutherischen Kirchengemeinde Witten ein Grundstück gekauft. 1914 erhielt das Krankenhaus einen elektrischen Aufzug.
Am 24. August 1926 wurde der Grundstein für den sechsten Erweiterungsbau östlich des Altbaues gelegt. Dadurch konnte die Bettenzahl von 220 auf 290 Betten aufgestockt werden. So entstanden eine vollständig abgeschlossene Tuberkulose-Station

mit 26 Betten einschließlich aller sanitären und hygienischen Einrichtungen und eine abgeschlossene Privat-Station mit 18 Betten. Weiterhin nahm der Neubau Räume für ambulante Behandlungen auf, so zum Beispiel für Dampf- und Heißluftbäder, elektrische Vollicht- und Teilbäder, Kohlesäure-, Sole- und sonstige medizinische Bäder, Duschen und Massage sowie für Höhensonne und Diathermie (Wärmebehandlung). Zu den beiden vorhandenen Operationszimmern kam ein größerer Operationssaal mit Waschraum, Vorbereitungs- und Sterilisationszimmer. Im Erdgeschoß wurden 4 Wohnungen für Assistenzärzte eingerichtet. Die Pläne für den Neubau stammten von dem Elberfelder Architekten Franz Vogt. Die Baukosten wurden ohne die Inneneinrichtung mit 400 000 Mark veranschlagt, die durch eine Anleihe aufgebracht worden sind. Am 16. Februar 1928 wurde der Erweiterungsbau eingeweiht. 1934 kam eine Kinderstation hinzu, die Kosten hierfür beliefen sich auf 40 000 Mark.

Um 14.05 Uhr am 12. Dezember 1944 erfolgte ein schwerer Luftangriff auf Witten. Auch die Marienkirche und das Marien-Hospital wurden arg in Mitleidenschaft gezogen. Fast sämtliche Fenster waren zersplittert, die Decken und die Türen stark beschädigt. Die Schwesternklausur brannte völlig aus. Kranke und Schwestern mußten im Keller Schutz suchen. Nach vierwöchigen Aufräumungsarbeiten konnten wieder erste Kranke aufgenommen werden.

Am 19. März 1945 um 3.30 Uhr morgens kam es zum zweiten furchtbaren Luftangriff auf Witten. Über 80% der Innenstadt wurden durch unzählige Spreng- und Brandbomben zerstört. Trotz der Kenntlichmachung als Krankenhaus blieb das Marien-Hospital nicht verschont und brannte nahezu bis zum Keller aus. Der Altbau zur Straßenseite hin erhielt einen Volltreffer, der bis in den Keller durchschlug. Wie durch ein Wunder waren keine Toten zu beklagen. Vom Inventar war nichts zu retten. Der Altbau des Krankenhauses war nicht mehr aufzubauen. Die Geistlichen, Schwestern und das Personal lebten vorübergehend in den Kellern.

Der Auf- und Umbau des Marien-Hospitals wurde umgehend aufgenommen. Am 13. April 1945 konnte als erster Patient auf einer mit 10 Betten ausgestatteten Rettungsstelle ein kriegsgefangener Russe mit einer Schußverletzung aufgenommen werden. Vier Tage später wurde die erste Station mit weiteren 16 Betten eröffnet. Im Dezember 1945 kamen der 3. Stock für Frauen mit 20 Betten, die Privatpflege mit 12 Betten, der 4. Stock mit 30 Betten für Männer und mit 15 Betten für Wöchnerinnen hinzu. Insgesamt konnten wieder 110 Kranke versorgt werden. Von Juni 1946 an wurden im 5. Stock als Männerstation mit 55 Betten Patienten der Inneren und der Chirurgischen Abteilungen untergebracht. Nachdem im Januar 1947 das ehemalige Isolierhaus als Krankenstation für innere Kranke, Männer und Frauen, eingerichtet worden war, stieg die Bettenzahl des Krankenhauses bis Ende 1947 auf insgesamt 240. Am 18. Oktober 1947 wurde die neue Kapelle eingeweiht. In einer schlichten Feier in der Kapelle und im ganzen Haus gedachte man am 7. Novemer 1948 der Einweihung des Hauses vor 90 Jahren.

Das 1948 wieder aufgebaute Wäschereigebäude stand ab Januar 1949 dem Personal als Wohnraum zur Verfügung. Seit dem zweiten Luftangriff hatten sie in einem Bunker geschlafen.

Im Juni 1949 begannen die Ausschachtungsarbeiten für den neuen Vorderbau an der Ardeystraße. Durch die Vermittlung des Caritasverbandes erhielt die Kirchengemeinde aus dem McCloy-Fonds 75 000 DM für den Wiederaufbau des Marien-Hospitals als Geschenk.

Am 27. April 1951 wurde das 5. Geschoß des Neubaus eingeweiht, da das Haus von oben nach unten bezogen wurde. Die eine Hälfte der Etage bezogen das Personal, die andere die Ordensschwestern. Nachdem einige Stationen seit Oktober 1951 in Betrieb genommen worden waren, konnten ab 1. Fe-

bruar 1952 der Haupteingang und die Pforte genutzt werden.
Bereits 1958 begannen die Planungen für den siebten Erweiterungsbau und zwei Schwesternwohnhäuser – ein eingeschossiger und ein zweigeschossiger Bau –, die 1959 eingeweiht wurden. Über drei Jahre dauerte die Bauausführung der siebten Erweiterung des Krankenhauses, die nach Norden hin ausgerichtet war. Neben der Erweiterung einzelner Stationen nahm sie eine neue Kinderabteilung auf. Daneben entstanden eine neue Küche, Heizungs- und Trafoanlagen. 1966 fand die Einweihung eines Personalwohnheimes an der Marienstraße statt; bis 1968 waren die Schwesternwohnhäuser um je eine Etage aufgestockt.
Am 20. Januar 1969 wurde eine Grundsatzbesprechung mit Vertretern des Arbeits- und Sozialministeriums des Landes Nordrhein-Westfalen über eine Neu-, Um- und Erweiterungsmaßnahme geführt. Der grundsätzliche Beschluß sollte eine Umstrukturierung der Bettenzahlen nach sich ziehen:

Betten in	alt	neu
Chirurgie	160	140
Innere Medizin	163	115
Gynäkologie und Geburtshilfe	55	60
Pädiatrie	61	90
Belegabteilungen	29	20
insgesamt	468	425

Die förderungsfähigen Gesamtkosten wurden mit 11 255 000,– DM ermittelt. Im nachfolgenden Antrag wurden die Baukosten mit 19 857 000,– DM beziffert. Zur Vorbereitung der 1. Baumaßnahme kam es 1972 zum Abriß des Isolier- und des Waschhauses. Nach dem ersten Spatenstich für den ersten Bauabschnitt am 17. Juli 1972 konnten die Kapelle am 8. Dezember 1974, die gesamte erste Baumaßnahme am 25. Februar 1975 eingeweiht werden. Ihr folgten zwei weitere Baumaßnahmen. In einer Feierstunde am 10. November 1982 wurde allen Beteiligten an der bisher größten Baumaßnahme gedankt, wenngleich die Arbeiten noch nicht gänzlich abgeschlossen waren. Unter den rd. 100 Festgästen befanden sich Dr. Paul Nordhues – Weihbischof von Paderborn –, Prof. Dr. Friedhelm Farthmann – Minister für Arbeit, Gesundheit und Soziales des Landes Nordrhein-Westfalen –, Richard Grünschläger – Regierungspräsident von Arnsberg –, Friedhelm Ottlinger – Landrat des Ennepe-Ruhr-Kreises – und Arthur Raillon – stellvertretender Bürgermeister der Stadt Witten. Der zu diesem Zeitpunkt genehmigte Förderungsrahmen belief sich auf 50 158 000 DM. 1986 fanden alle Neu-, Um- und Erweiterungsmaßnahmen ihren Abschluß. Die endgültige Schlußrechnung betrug 54 267 000,– DM, worin für 5 650 000,– DM Investitionsgüter enthalten waren.
Die Aufgaben der Chirurgischen und der Inneren Abteilungen – die Aufteilung hatte im Jahr 1900 stattgefunden – wurden zunächst vom ersten und vom zweiten Anstaltsarzt wahrgenommen. Von 1924 an leiteten als Chefärzte zunächst Dr. Block die Chirurgie und Dr. Bieger die Innere Abteilung. Von 1961 an kamen weitere hauptamtliche Abteilungen hinzu: 1961 die Geburtshilflich-Gynäkologische Abteilung, 1963 die Kinder-Abteilung, 1969 die Anästhesie-Abteilung, 1979 die Radiologische und Isotopendiagnostische Abteilung sowie 1988 die Chirurgische Abteilung II – Gefäßchirurgie.

Leitende Ärzte des Marien-Hospitals Witten

Erster Anstaltsarzt	Dr. Julius Schmidt	1858–1871
Erster Anstaltsarzt	Dr. Johann Schmidt	1871–1876
Erster Anstaltsarzt	Dr. Cordes (vertretungsweise)	1876–1878
Erster Anstaltsarzt	Dr. Krabbel	1878–1887
Erster Anstaltsarzt	Sanitätsrat Dr. Kempermann	1888–1923
Zweiter Anstaltsarzt	Sanitätsrat Dr. Broer	1900–1919
Zweiter Anstaltsarzt	Dr. Zengerling	1919–1923
Chefarzt der Inneren Abteilung	Dr. Bieger	1924–1933
Chefarzt der Chirurgischen Abteilung	Dr. Block	1924–1930
Chefarzt der Chirurgischen Abteilung	Dr. Heinrich Proempeler	1930–1958
Chefarzt der Inneren Abteilung	Dr. Richard Grün	1934–1966
Chefarzt der Chirurgischen Abteilung	Dr. Emil-Hubert Schöttes	1959–1977
Chefärztin der Geburtshilflich-Gynäkoloschen Abt.	Dr. Agnes Klevinghaus	1961–1986
Chefärztin der Kinder-Abteilung	Dr. Anne-Marie Ehring	1963–1990
Chefarzt der Inneren Abteilung	Dr. Heinz-Friedrich Hölscher	1967–
Chefarzt der Anästhesie-Abteilung	Dr. Gerhard Berens	1969–1985
Chefarzt der Chirurgischen Abteilung	Dr. Heribert Rüther (vertretungsweise)	1977–1977
Chefarzt der Chirurgischen Abteilung	Dr. Lothar Rickels	1977–
Chefarzt der Radiolog. u. Isotopendiagnostischen Abt.	Dr. Franjo Loncarevic	1979–
Chefarzt der Anästhesie-Abteilung	Dr. Ulrich Sommer	1986–
Chefarzt der Geburtshilflich-Gynäkologischen Abteilung	Dr. Wolfgang Hatzmann	1986–
Chefarzt der Chirurgischen Abteilung II – Gefäßchirurgie	Dr. Joachim R. Neitzel	1988–
Chefarzt der Kinder-Abteilung	Dr. Klaus Heller	1990–

Die Barmherzigen Schwestern vom Hl. Vincenz von Paul im Marien-Hospital Witten

Namen der Oberinnen

Ludmilla und Ambrosia	7. 11. 1858	Inigonis	Jan. 1937
Sophia	1862	Veronika	Mai 1944
Cordula	?	Inigonis Tewes	Juni 1945–2. 8. 1947
Leoberta	Jan. 1887	Irmengild Hake	8. 8. 1947–20. 10. 1953
Severina	bis Nov. 1893	Irmgard Menke	21. 10. 1953–15. 6. 1956
Hortulana	ab Nov. 1893	Casimira Feldmann	15. 6. 1956–16. 7. 1962
Hilaria Feldhege	bis 31. 3. 1917	Pankracis Sommer	17. 7. 1962–5. 11. 1968
Liberta	ab 1.4. 1917	Luciosa Kreimeyer	6. 11. 1968–20. 6. 1971
Gertrudis Schütte	Febr. 1924	Gabriela Baltes	5. 7. 1971–15. 5. 1978
Gundina	Dez. 1933	Ottildis Lanfermann	16. 5. 1978–

GÜNTER EYMANN

Ursprünge und Entwicklung diakonischen Wirkens im 19. Jahrhundert

Die Entstehung oder Erneuerung der modernen Diakonie in jenen vielfältigen Gestalten und Formen, die sich im Laufe des 19. Jahrhunderts herausbildeten, ist untrennbar verbunden mit der gesellschaftlichen Entwicklung. Die Entfaltung diakonischen Wirkens – auf dem Gebiet des Deutschen Reiches wie in anderen Ländern – hat ihren Ursprung nicht zuletzt in der Industrialisierung und den gewaltigen Umwälzungen in ihrem Gefolge, nicht nur auf wirtschaftlichem und technischem Gebiet, sondern auch im politisch-gesellschaftlichen, kulturellen, wissenschaftlichen und religiösen Bereich.

Politik und Gesellschaft in Deutschland

Um das Jahr 1800 war Deutschland ein Flickenteppich aus mehr als 300 Fürstentümern, Städten und Ritterschaften, ein agrarisch bestimmtes Land. Adel und Großgrundbesitz hatten die politische Macht inne. 75 % der Bevölkerung lebten auf dem Dorf. Man reiste nicht oder nicht weit, der Horizont der Menschen war eng. Die natürliche Folge von Saat und Ernte, der Lauf der Jahreszeiten prägten den Alltag der Menschen[1]. Man begriff das eigene Leben als Teil eines größeren Zusammenhangs, in dem Natur und Gesellschaft nicht unbedingt scharf unterschieden wurden.

Erst nach den Napoleonischen Kriegen und der territorialen Neuordnung von 1815 begann eine Tendenz der Modernisierung. Österreich und Preußen wurden zu bestimmenden Mächten im Reich. Der Geist der Aufklärung, der Humanität und Toleranz erfaßte die gebildeten Schichten, und das aufstrebende Bürgertum begehrte Teilnahme am öffentlichen Leben. Spätestens 1848/49, nach der versuchten und gescheiterten Revolution, eroberte der bürgerliche Stand Machtpositionen im wirtschaftlichen und gesellschaftlichen Gefüge.

Ursprungsland der modernen Industrie ist England. Dort begann nach der Manufakturperiode die maschinelle, durch Dampfkraft angetriebene, fabrikmäßige Massenproduktion. Handwerk, Verlagswesen und Hausindustrie verloren ihre Existenzgrundlage. Alles Kapital wurde in der Hand eines Unternehmers zusammengefaßt. Riesige Menschenmassen strömten in neuen industriellen Zentren zusammen, oft unter unsäglichen Arbeitsbedingungen, die Leben und Gesundheit bedrohten. Neben England wurden Belgien und Frankreich zu Vorbildern der Industrialisierung. In der ersten Hälfte des 19. Jahrhunderts stand die deutsche Industrie unter großem Konkurrenzdruck. Die ausländischen Unternehmen arbeiteten wirtschaftlich und technisch günstiger, ihre Produkte waren qualitativ oft weit überlegen. Zoll- und Handelsgesetze wurden erlassen, um der einheimischen Industrie Schutz vor der ungeliebten Konkurrenz zu bieten und zugleich einen möglichst großen Markt zu verschaffen.

Deutschland kann als „Nachfolgestaat" bezeichnet werden. Die Industrie profitierte von der (erlaubten und unerlaubten) Imitation und Anwendung technischer Patente und neuer Erfindungen[2]. Hochöfen und Fördertürme signalisierten um 1840 die „Gründerjahre"[3], relativ spät zwar und zunächst ohne sonderliche Durchschlagskraft, aber von vornherein auf dem Niveau einer halbwegs ausgereiften Technik. Das rheinisch-westfälische Industriegebiet, das Saarbecken, Oberschlesien und Sachsen waren Zentren des neuen Bergbaus und der Metall-

industrie. Ein deutscher Unternehmer, der die Verhältnisse in England studierte, konnte sich viele „Umwege" und Fehlschläge, der Ingenieurkunst wie der Finanzierung, ersparen. Der Eisenbahnbau in den 50er und 60er Jahren leitete einen ungeheuren Aufschwung der Schwerindustrie ein[4]. Die erste Lokomotive wurde noch aus England importiert und rheinaufwärts verschifft, kaum 30 Jahre später zählte Borsig zu den führenden Produzenten. In den 70er und 80er Jahren wies die deutsche Industrie die höchsten Zuwachsraten auf. In einigen Bereichen, z. B. im Maschinenbau oder der Glasherstellung, waren deutsche Unternehmungen den Pionieren bald technisch überlegen und dominierten den Weltmarkt.
Die neuen Lebensverhältnisse brachten aufklärerische Tendenzen in Geist und Kultur. Der alte Ständestaat wurde nicht abgeschafft, aber zumindest geistig entrümpelt. Eine moderne, von liberaler Gesinnung getragene Ordnung auf politisch-rechtlichem und ökonomischem Gebiet trat an die Stelle der altadeligen Selbstherrlichkeit[5]. Damit setzte auch die Loslösung von Leben und Geist des kirchlichen Christentums ein, und zwar zunächst in den oberen Gesellschaftsschichten, bei der neuen reichen bürgerlichen Klasse[6].
Die liberalen Reformen des 19. Jahrhunderts trafen den Lebensnerv der jahrhundertealten, aus dem Mittelalter überkommenen handwerklichen und patriarchalischen Arbeitsverhältnisse. Die Bevölkerung Deutschlands und Mitteleuropas nahm trotz millionenfacher Auswanderung in die Vereinigten Staaten rapide zu. Wittens Einwohnerzahl lag um 1870 achtmal so hoch wie 1835. Die Bevölkerung des Deutschen Bundes wuchs von 30 Millionen im Jahr 1816 auf 45 Millionen im Jahr 1864, vor allem aufgrund steigender Geburtenraten, während sich die Lebenserwartung nicht erhöhte. Beides spiegelt das Ausmaß des sozialen Wandels und des sozialen Elends: Not trieb Hunderttausende vom Land in die Stadt, in die neu entstehenden industriellen Zentren, wo man auf Almosen hoffte, wo neue Erwerbsquellen lockten.
Unterbrochen durch zwei Weltwirtschaftskrisen in den Jahren 1857 und 1873, setzte sich der steile ökonomische Aufschwung fort. Gegen Ende des Jahrhunderts wurden Elektrotechnik, Motorenbau und Großchemie zu den neuen Leitsektoren[7]. Das Deutsche Reich, geeint nach mehreren Kriegen und preußisch dominiert, war um 1900 eine Industrienation. Noch behaupteten Adel und Großgrundbesitz ihre gesellschaftliche Vorrangstellung, besonders in Preußen. Die bürgerliche Klasse wurde politisch bevormundet durch ein reaktionäres Junkertum, die sich vergrößernde Industriearbeiterschaft, die sich in Vereinen und Bünden zusammenschloß, direkt unterdrückt.

Evangelische Kirche und Gesellschaft

Seit der Reformation und dem Dreißigjährigen Krieg war der Herrscher des jeweiligen Landes auch „summus episcopus", oberster Kirchenherr. Die Kirche knüpfte auch im 19. Jahrhundert ihre gesellschaftliche Position an die Institutionen staatlicher Macht. Sie identifizierte sich mit der bestehenden Ordnung und wurde allgemein als Teil des gesellschaftlichen Machtgefüges angesehen. Predigt und Moral, Gesetz und Gebot, göttliche Weltordnung und herrschende Sozialordnung erschienen als selbstverständliche Einheit. Die evangelische Kirche, ihre Ordnungen und ihre Pfarrer, ihre Predigten und Werke waren rückständig wie die Politik der Fürsten und ihrer Kabinette. „Die Kirche konservierte die Werte der patriarchalisch-ständischen Welt... Die Synoden waren vom alten Establishment bestimmt. Es waren eher feudal-obrigkeitliche als bürgerliche Versammlungen."[8] Ständegesellschaft und Vorherrschaft des Adels galten als obrigkeitlich zu bewahrende, göttliche gesetzte und verbürgte Ordnung[9].

Angesichts des kulturellen und sozialen Wandels verteidigte die Kirche die brüchig gewordenen Konventionen und Traditionen der Vergangenheit. Aber bürgerliche Gesellschaft und große Industrie verlangten auch von den Kirchen neue Antworten auf die Zeitsituation. Sie sollten den neuartigen sozialen Problemen gerecht werden, nicht nur das Land, sondern auch die Stadt, nicht nur den wohlsituierten Grundbesitzer oder Stadtbürger, sondern auch den besitzlosen Zuwanderer, den Proletarier ins Auge fassen[10].

In den rasant wachsenden Städten und Industriegebieten zeigte sich die evangelische Kirche am krassesten als Kirche der Besitzenden und Herrschenden. Lange Zeit deutete man die soziale Frage ganz traditionell als Verlust an verbindlich geltender religiöser und moralischer Ordnung. Liebe und fromme Gesinnung sollten helfen, sie zu restaurieren; materielle Hilfe für den unglücklichen Einzelfall war Ausdruck dieser Gesinnung. Die Seelen, nicht die Arbeitsbedingungen wollte man verändern oder zurückgewinnen.

Das soziale Engagement der Kirche zu Beginn des 19. Jahrhunderts war von der Erweckungsbewegung inspiriert und stand unter den Vorzeichen patriarchalisch-konservativen Denkens. Der Protestantismus sollte religiös gegen die bedrohlichen Tendenzen zur Säkularisierung des Christentums erneuert werden.

Religiöse und politische Motive verschmolzen so eng miteinander, daß zwischen der Absicht, den Glauben zu bewahren, und dem Interesse an der Stabilisierung der bestehenden Ordnung kaum zu unterscheiden war: „Gott hat Über- und Unterordnung, Untertanen und Obrigkeit geschaffen. Jeder Mensch wird in einen bestimmten Stand hineingeboren, der Staat ist nicht Produkt menschlichen Willens, sondern ist Ordnung Gottes von der Schöpfung her. Darum ist er in seinem Bestand grundsätzlich unantastbar. Der Staat dient Gott in der Aufrechterhaltung der natürlichen Ordnung und im Schutze der Kirche. Die Kirche dient dem Staat durch die Verkündigung der Norm der Liebe und Gerechtigkeit.“[11]

Pfarrer und Theologen zeigten zunächst weder sonderliches Interesse noch tiefere Einsicht in die Struktur des Sozialen: „Und sie neigten, skeptisch gegen irdische Gerechtigkeit, zum sozialen Quietismus. Der moralische Appell gegen Materialismus, für Askese, für Glaube und Hoffnung aufs Jenseits als wahre Hilfe in der Not – das war der Normalton.“[12]

Die vielfältigen moralischen Appelle und sozialen Initiativen liefen oft ins Leere. Aber es ließ sich nicht länger behaupten, daß Armut und Not durch individuelle Verfehlungen, durch eine sündige Lebensführung verschuldet wären. Man konnte nicht länger übersehen, daß die massenhafte Not durch ein Defizit des gesellschaftlichen Organismus verursacht war. Massenarmut und Elend drohten die alte gesellschaftliche Ordnung zu sprengen.

Die Frömmigkeit der Bibelgesellschaften und Predigtvereine, die stets auch eine soziale Dimension hatte, verengte sich seit den 30er Jahren, sie „wurde zur hochkirchlichen und reaktionären Partei, und die Entfremdung des Volkes vom Christentum wurde dadurch nochmals verstärkt.“[13] Die Erweckungsbewegungen verkirchlichten. Sie restaurierten eine neue, pietistisch beeinflußte Form der Orthodoxie und prägten das für die Restaurationszeit so typische rückwärtsgewandte Staats- und Gesellschaftsdenken. Aus ihm bildete sich die „Ehe von Thron und Altar“ als geistige und theologische Stütze der Gesellschaft in den Jahren nach 1848[14].

Neben dem Hauptstrom der Kirchenpolitik und dem offiziellen paternalistischen Sozialethos gab es schon seit der Jahrhundertmitte Ansätze zur Schaffung eines sozial verpflichteten Königtums, einen evangelischen Sozialkonservatismus, der staatliche Reformen erwartete. Der Arbeiter sollte sozialen Schutz erhalten, das Maß der Ausbeutung gebremst, der Verelendung Zügel angelegt werden.

Gustav Werner (1809–1887) erkannte als einer der ersten im Prozeß der Industrialisierung die bestimmende Größe der wirtschaftlichen und gesellschaftlichen Entwicklung. Er errichtete eine Kleinkinderschule und eine Industrieschule, organisierte Armenhilfe, gründete Genossenschaften und Unterstützungsvereine, regte zur Selbsthilfe an. Neben der Rettungsarbeit, die punktuelle Notstände durch karitative Unterstützung lindern sollte, versuchte er die tieferliegenden Ursachen der allgegenwärtigen Not zu erkennen und zu beseitigen. Durch die Herstellung besserer Lebensbedingungen sollten die Voraussetzungen für eine sittlich-religiöse Vertiefung des Lebens der benachteiligten Volksschichten geschaffen werden. Er errichtete eine landwirtschaftliche Musteranstalt, kaufte eine Papierfabrik zur genossenschaftlichen Selbstverwaltung, um Zeichen einer sozialen Kooperation über Klassenschranken hinweg zu setzen.

Nach 1860 entwickelte sich der „Pastorensozialismus", eine Flut von Schriften untersuchte Sozialismus und Kommunismus in ihrem Verhältnis zum Christentum. Vom Staat wurde erwartet, daß soziale Reformen anstelle der Unterdrückung der Armut ergriffen wurden. Mildtätigkeit und Werke der Barmherzigkeit reichten nicht mehr aus. Erst spät, alles in allem zu spät und nur mit einer Minderheit wandte sich die Kirche der sozialen Frage zu, den materiellen Anliegen und politischen Forderungen der Arbeiterschaft. Diese verlor weithin alle traditionellen Bindungen, auch zur Kirche. Und auch das erstarkte Bürgertum verließ zur selben Zeit den moralisch-ethischen Rahmen des Kirchlichen: „Theologie, Kirche, sogar das Christentum waren hier nur noch Überreste einer versunkenen Welt."[15]

Nach 1871 bestimmte ein entschiedener Nationalismus das Erscheinungsbild der Kirche. Der „Pastorennationalismus" setzte evangelische und nationale Gesinnung in bruchlose Übereinstimmung. Kaiser, Reich und Protestantismus bildeten eine Trias politischer Herrschaft: „Die Nation – mehr als der Staat – gewinnt Heiligkeitscharakter. Der protestantische Konservatismus wird, gegen seine älteren Traditionen, national."[16]

Das Verhältnis von Staat und Kirche, ihre Haltung zur sozialen Frage stand während der 80er und 90er Jahre im Zeichen des Kampfes gegen die Sozialdemokratie. *Adolf Stoecker* (1835–1909), der Berliner Hofprediger und Volksmissionar, fand sich im Brennpunkt der Auseinandersetzungen. Er kämpfte gegen die rasch anwachsende Sozialdemokratie und mit derselben entschiedenen Heftigkeit gegen den bürgerlichen Liberalismus, die „hemmungslose Kommerzialisierung der Diesseitigkeit". Die Kirche sollte sich auf ihre sozialen Aufgaben zurückbesinnen und – als Gewissen der Nation – den Staat auf die Wahrnehmung seiner sozialen Verantwortung verpflichten. Mit Hilfe des 1877 gegründeten Zentralvereins für Sozialreform wollten die „Staatssozialisten" (R. Meyer, A. Wagner, R. Todt und A. Stoecker) satzungsgemäß die „Vorbereitung sozialer Reformen auf religiöser konstitutionell-monarchischer Grundlage" fördern.

Um die Arbeiter wieder in die Monarchie zu integrieren, verließ Stoecker das Gebiet der Einzeldiakonie im Sinne der Inneren Mission zugunsten der Sozialpolitik, öffnete die Perspektive der Gesellschaftsreform, verließ die Sozialethik, um in der Christlich-Sozialen Partei Politik zu betreiben.

Der Konservative Stoecker empfand die Bindung von Thron und Altar, die Staatsnähe der kirchlichen Ämter und Einrichtungen als schädlich und stunwürdig einer Kirche des Volkes. Die Rolle als offiziöse Machtideologie sollte verschwinden, die politisch-soziale Dimension des Evangeliums zur Basis einer sozialen Reform werden, die Kirche sich aus ihrer agrarisch-bürgerlichen Tradition, ihrer „beruhigten Etabliertheit" lösen[17]. Es galt als Pflicht der Kirche, „überall in Politik und Sozialpolitik, in Presse und Parteiwesen die Gedanken und Grundsätze des Evangeliums durchgreifend geltend zu machen".

1890, unter der Einwirkung des Evangelisch-Sozialen Kongresses gegen „die drohende Gefahr der Sozialdemokratie und die zunehmende Entfremdung von der Kirche“[18] und nicht zuletzt angesichts der beeindruckenden Erfolge der katholischen Kirche auf sozialpolitischem Gebiet öffnete sich die evangelische Kirche endlich zur industriellen Welt. Doch Stoecker wurde von Bismarck und dem Kaiser fallengelassen und mußte 1890 sein Hofpredigeramt aufgeben. Es bleibt sein wesentliches Verdienst, daß er „das soziale Thema unverlierbar auf die Tagesordnung der Kirche gesetzt“[19] hat.

Theodor Lohmann (1831 – 1905) leistete als hoher Beamter im preußischen Handelsministerium einen bedeutenden Beitrag zu Bismarcks Sozialversicherungsgesetzen. Er trat – gegen den Widerstand des Reichskanzlers – für eine Verstärkung des sozialrechtlichen Schutzes der Arbeiter ein und befürwortete ihre Selbstorganisation. Seine Denkschrift für die Innere Mission über die „Aufgaben der Kirche gegenüber den wirtschaftlichen und gesellschaftlichen Kämpfen der Gegenwart“ (1884) nennt die Gleichheit vor dem Gesetz und die Achtung der Menschenwürde als zentrale Ziele staatlicher Sozialpolitik. Lohmann forderte: Der Staat soll zu Verantwortung und genossenschaftlicher Solidarität erziehen[20].

Friedrich Naumann (1860–1919) führte die soziale Verpflichtung der evangelischen Kirche, der Inneren Mission, in die Politik. Er wirkte an der Basis, seit 1890 unter Mitarbeit des Theologen und Sozialpolitikers *Paul Göhre* (1864 – 1928) in den Arbeitervereinen, und war um eine konstruktive Auseinandersetzung mit der Sozialdemokratie bemüht. Mit der Gründung des Nationalsozialen Vereins 1896 durch Naumann klingt die alte evangelisch-soziale Bewegung aus[21]. Sein Anliegen, die alte Monarchie mit sozialem Geist füllen, bewegte ihn dazu, sein Pfarramt 1897 aufzugeben und Berufspolitiker zu werden.

Kirche, soziale Frage und Diakonie

Die christlichen Werke und Einrichtungen von Diakonie und Innerer Mission sind die Antwort der Kirche auf den Prozeß der Industrialisierung. Sie entsprang nicht zu einem bestimmten Zeitpunkt, nicht in einer dominanten Form, sondern in den vielfältigsten Gestalten. Es gibt nicht *die* evangelische Kirche als einheitliche gesellschaftliche Macht, und es kann nicht übersehen werden, daß der „noble Impuls von Außenseitern“ die Tätigkeit der Inneren Mission im eigentlichen begründet hat. Es sind Experimente einzelner aus besonderer Betroffenheit und anfangs punktuelle Initiativen, aus denen später bedeutende Einrichtungen wurden: Rettungshäuser, Schulen, Gemeindepflegen, Krankenhäuser, Diakonissenhäuser. Erst die gewachsene Bedeutung kirchlich inspirierter Werke veranlaßte die Amtskirche dann, ihre Rolle als gesellschaftliche Institution kritisch zu bedenken. Zum Ausgang des Jahrhunderts erst wurde die Innere Mission zu einem verfaßten, in die Kirche personell und institutionell eingebundenen Verband.

Die Vorgeschichte der Inneren Mission liegt in der Diakonie des Neuen Testaments. Zu unmittelbaren Vorläufern wurden die sozialen Bemühungen des Pietismus und der Erweckung, an deren Anfang zumeist kleine Bibelgesellschaften und Gesellschaften zur Verbreitung von Traktaten und Erbauungsschriften standen. In dem Jahrhundert seit 1750 kam es zur Gründung von fast 100 „Rettungsanstalten“ mit immerhin mehr als 1000 Kindern.

August Hermann Francke (1663 – 1727) schuf seit 1694 in den nach ihm benannten Stiftungen in Halle/Saale einen Mittelpunkt für seine umfassende kirchlich-praktische Tätigkeit. *Nikolaus Ludwig von Zinzendorf* (1700–1769) gründete 1722 die Herrnhuter Brüdergemeine, die in vielerlei Hinsicht zum Vorbild wurde. *Johann Friedrich Oberlin* (1740–1826) entfaltete seit 1767 im Steintal in den Vogesen eine vielseitige soziale Tätigkeit, die mit einer bescheidenen Kleinkinderschule begann und sich von Bodenkultivierung und Straßenbau bis zur Ansiedlung von Manufakturbetrieben erstreckte. *Johann August Urlsperger* (1728–1806) rief 1780 in Basel die Deutsche Christumsgesellschaft zur Förderung des Reiches Gottes durch gemeinsame Liebeswerke ins Leben, die sich vor allem in Württemberg ausbreitete. *Ernst von Kottwitz* (1757–1843) versuchte den schlesischen Webern zu helfen und gründete 1807/08 die Berliner Freiwillige Beschäftigungsanstalt für Arbeitslose, richtete Kinderbewahranstalten ein, betrieb Heidenmission und Armenpflege.

Aus der 1813 beginnenden „Kinderrettungsarbeit“ der Gesellschaft der Freunde in der Not von *Johannes Daniel Falk* (1768–1826) ging der Lutherhof hervor, eine für die Zeitgenossen spektakuläre und mit Mißtrauen betrachtete Rettungsanstalt für Waisen und verwahrloste Kinder. Die Zöglinge wurden nicht bei „alten Waschweibern und Stiefelwichsern“ verwahrt, sondern erhielten eine Erziehung und Ausbildung. Falks Arbeit wurde Vorbild für Johann Hinrich Wichern, den Gründer des Rauhen Hauses in Hamburg, und andere, wie das Lernen voneinander überhaupt einen Wesenszug der Pionierwerke ausmacht. Falk schickte die Kinder und Jugendlichen aus dem Rettungshaus zu christlichen Familien und Handwerksmeistern, „damit sie von dort aus einen guten Weg ins Leben und in einen Beruf finden möchten.“[22]

Auf Graf *Adelbert von der Recke-Volmerstein* (1791–1878) gehen die Gründungen in Schloß Overdyck und der Abtei Düsseltal bei Düsseldorf zurück. 1816, beim Zurückfluten der geschlagenen französischen Armeen, angesichts der Not, Plünderungen und Brandschatzungen, nahm er vier bettelnde und vagabundierende Kinder auf. 1819 rief er zur Gründung einer Gesellschaft zur Rettung und Erziehung verlassener Waisen und Verbrecherkinder auf, mit Sitz in Overdyck bei Bochum, in einem Gebäude des väterlichen Besitzes, einer Anstalt zur „Pflege und Bildung verwahrloster Pflänzlinge unseres Geschlechts“. 1835 kam es zur Gründung des Diakonissen-Stiftes in Düsseltal. Es sollte Lehre, Erziehung und praktische Krankenpflege verbinden. Das Vorhaben, Anstaltsdiakonie und Gemeindediakonie, Frauenberuf und Diakonissenamt zu verbinden, scheiterte zunächst, weil sich nicht genügend Damen aus dem Adel und dem Bürgertum für diesen Wirkungskreis fanden, die die Kosten ihres Unterhalts selbst trugen[23].

Die 1820 von *Christian Heinrich Zeller* (1779–1860) geschaffene Anstalt in Beuggen bei Basel gilt als erste Kinderrettungsanstalt, später folgten ähnliche Institute in Ostpreußen und Württemberg. In Beuggen wurden zur gleichen Zeit Lehrer und Missionare in einer Freiwilligen Armenschullehrer- und Armenkinderanstalt ausgebildet, die Vorläufer der Berufsarbeiter der Inneren Mission. *Johannes Evangelista Goßner* (1773–1858), ursprünglich Priester, seit 1826 in Berlin ansässig, bis 1844 Pfarrer der (evangelischen) Böhmischen Bethlehemskirche, gründete das Elisabeth-Krankenhaus. 1836 initiierte er eine bedeutende Missionsgesellschaft. Sie entsandte bis zu seinem Lebensende 140 Missionare des Missionsvereins zur Ausbreitung des Christentums unter den Eingeborenen der Heidenländer in alle Welt.

In Hamburg nahm sich *Amalie Sieveking* (1794–1859) der Kranken und Armen an[24]. Sie war erst 19 Jahre alt, als sie mit sechs Schülerinnen 1813 eine erste Armenschule eröffnete. Schon 1822 veröffentlichte sie „Gedanken an die Gründung einer evangelischen Schwesternschaft“ und erregte als Frau Anstoß mit „Betrachtungen über einzelne Abschnitte der Heiligen Schrift“. Im Herbst 1831 arbeitete sie, gegen jeden bürgerlichen Anstand, während einer Choleraepidemie in einem Hospital[25]. Sie übernahm eine Arbeit, „die bisher von unausgebildeten, schlecht bezahlten ‚Wärterinnen‘ verrichtet wurde, Schmutzarbeit unter unzumutbaren hygienischen Bedingungen. Sie erschloß sich und ihren Standesgenossinnen ein neues Arbeitsfeld."[26] 1832 gründete sie den Weiblichen Verein für Armen- und Krankenpflege: Zwölf Mädchen und Frauen und Helferinnen versahen regelmäßige Krankenbesuche, zunächst in der Nachbarschaft. Ihr Dienst sollte die entsetzliche Not der Armen lindern, und er durchbrach „die Mauer moralischer Ablehnung, mit der die Armut umgeben war"[27]. 1840 gründete sie das Amalienstift und baute ein kleines Kinderhospital.

Viktor Aimé Huber (1800–1869), ein Berliner Professor, veröffentlichte in den 50er Jahren ein von „christlichen Grundsätzen bestimmtes Wirtschaftsprogramm"[28], das trotz vielerlei Anregungen genossenschaftlicher Selbsthilfe keine nennenswerte Resonanz fand. In Wernigerode entstand auf seine Initiative eine beispielhafte Herberge zur Heimat. Die erste Einrichtung dieser Art war 1854 durch den Bonner Geographen *Clemens Theodor Perthes* (1809–1867) ins Leben gerufen worden.

56. Pfarrer Theodor Fliedner (1800–1864), Gründer der Kaiserswerther Diakonissenanstalt, Foto um 1860

57. Stammhaus der Diakonissenanstalt am Kaiserswerther Markt, 1836 gegründet, Zeichnung um 1850

Theodor Fliedner und Kaiserswerth

Theodor Fliedner wurde 1800 als Sohn eines evangelischen Pfarrers in Eppstein im Taunus geboren. Er hatte zehn Geschwister und verlor früh den Vater. An der Landesuniversität Gießen und in Göttingen studierte er seit 1817 Theologie. Er lebte äußerst sparsam von einem Stipendium, gab Privatunterricht und zeigte sich sehr fleißig, diszipliniert und vielseitig interessiert.

1820 legte er am Herborner Predigersemiar ein „vorzüglich gutes" erstes theologisches Examen ab; wie viele der Kollegiaten nahm er danach eine Hauslehrerstelle an. 1822 wurde Fliedner „fast einhellig" zum Pfarrer von Kaiserswerth nahe Düsseldorf gewählt. Die kleine Gemeinde lebte in der Diaspora und hatte nur 150 (lutherische und reformierte) Gemeindeglieder, meist Handwerker und kleine Gewerbetreibende mit bescheidenem Einkommen. Die Fabrikarbeiter der Gegend litten darunter, daß vier Wochen nach Fliedners Dienstantritt eine bedeutende Kaiserswerther Textilfabrik in Konkurs ging. Damit fiel die wichtigste finanzielle Stütze für die evangelische Kirchengemeinde aus. Fliedner bemühte sich sofort um neue Arbeitsmöglichkeiten für die Erwerbslosen, und in wenigen Fällen hatte er Erfolg. Er konnte die schlimmste Not durch Almosen lindern, aber nicht grundsätzlich Abhilfe schaffen. Im Pfarrhaus eröffnete er eine kleine Strick- und Lateinschule[29].

Fliedners Gemeindearbeit erhielt ihren starken sozialen Impuls durch die unvorhergesehenen Anforderungen, denen er sich stellen mußte und an denen er wuchs. Nach sorgfältiger Erkundung beschloß er eine Kollektenreise nach Wuppertal und an den Niederrhein. Ein ermutigender Anfang, die Verhältnisse in seiner Gemeinde zu verbessern, war damit getan, aber der Erlös dieser Reise genügte bei weitem nicht. Fliedner unternahm daraufhin ausgedehntere Kollektenreisen nach Amsterdam und anderen Städten, reiste anschließend nach England und begann mit seiner Kollektenbitte „direkt beim Königshaus“[30].

Der Erfolg der Kollektenreisen nach Holland und England in den Jahren 1823 und 1824 übertraf alle Erwartungen, er war „viel umfassender, als in den neunzehntausend Gulden zum Ausdruck kommt, die er zusammengetragen hat.“[31] Der Gemeindepfarrer hatte die wirtschaftlichen und sozialen Folgen der Industrialisierung allerorten vor Augen, er wußte um die Begrenztheit der bisherigen Armenhilfe, und der „größte Kollektant des 19. Jahrhunderts“ nahm ein umfassendes Reformprogramm für das Kirchen-, Schul-, Armen- und Gefängniswesen in Angriff[32].

In Holland lernte Fliedner bei den Mennoniten das Diakonissenamt kennen, in London beeindruckte ihn tief das Vorbild von Elisabeth Fry, die weibliche Strafgefangene betreute. Weitere Anregungen empfing er von der Herrnhuter Brüdergemeine Zinzendorfs. Fliedner wurde zum Schrittmacher einer praktisch verstandenen und konkret wirkenden Hilfstätigkeit, ohne sich als Sozialreformer zu verstehen. Sein Biograph schreibt: „Obwohl es nicht zu seinem offiziellen Aufgabenbereich gehört, übernimmt er ein Jahr nach seiner Rückkehr den regelmäßigen Predigtdienst im Düsseldorfer Arresthaus. Eigentlich möchte er für einige Wochen das Leben der Gefangenen teilen, aber das wird ihm nicht erlaubt.“[33] 1826 gründete Fliedner die überkonfessionelle Rheinisch-Westfälische Gefängnis-Gesellschaft. Er inspizierte die Gefängnisse des heimatlichen Regierungsbezirkes, klagte die himmelschreienden Mißstände an und legte ein Programm zur grundlegenden Umgestaltung des grausamen Strafvollzugs vor. Besserung „durch Weiterbildung, sinnvolle Tätigkeit und biblische Unterweisung“ sollte künftig das Ziel der Strafe sein.

Fliedner begann 1833 in einem Gartenhäuschen seines Pfarrhofs mit der Arbeit zur Wiedereingliederung entlassener weiblicher Strafgefangener in die Gesellschaft. Er nahm eine erste Strafentlassene auf und eröffnete damit ein „Asyl“, dessen Vorsteherin seine Frau Friederike war[34]. Daneben entstanden und vergrößerten sich eine Strickschule für die Jugend, eine 1836 gegründete Kleinkinderschule, die vor allem für die Kinder berufstätiger Eltern aus dem Großstadtproletariat dienen sollte: 66 Kinder kamen bereits im ersten Jahr, die Armen erhielten alles unentgeltlich, die anderen entrichteten einen bescheidenen Beitrag[35].

Fliedner registrierte seit langer Zeit, wie mangelhaft und unter entwürdigenden Umständen die notleidenden Kranken versorgt wurden, – und er entdeckte in den berufslosen Frauen ein gewaltiges Potential, dessen Fähigkeiten der Pflege und Betreuung, Zuwendung und Liebe nicht ausgeschöpft wurden. Dies bewog ihn dazu, im Jahr 1836 den Diakonissen-Verein für christliche Krankenpflege in der Rheinprovinz und in Westfalen und die Kaiserswerther Diakonissenanstalt als Bildungsstätte für evangelische Pflegerinnen in Krankenhaus und

Gemeinde und als Grundlage für die Ausbildung von Kleinkinderlehrerinnen ins Leben zu rufen. Die Strick- und Kleinkinderschule von 1835/36 markierte den Anfang der Lehrdiakonie; aus einem Seminar für Kleinkinderlehrerinnen entwickelte sich das Seminar für Volksschullehrerinnen (1844) und schließlich das Kaiserswerther evangelische Lehrerinnenseminar für Kleinkinder-, Elementar-, Industrie- und höhere Töchterschulen (1859). Parallel dazu entstand die Pflegediakonie. 1836 erhielt Kaiserswerth ein Krankenhaus, in dem zugleich evangelische Pflegerinnen ausgebildet wurden.
Die Bildungsanstalt für evangelische Pflegerinnen öffnete am 13. Oktober 1836 ihre Pforten, der seither als Gründungsdatum der weiblichen Diakonie des 19. Jahrhunderts angesehen wird. Fliedners Diakonissenhaus gab den Anstoß zu einer Europa und die Welt umspannenden diakonischen Bewegung: „Was am 13.10.1836 ans Tageslicht trat, ließ noch wenig von der späteren Gestalt des Diakonissenhauses erkennen. Es war ein Krankenhaus. In aller Stille schuf Fliedner die ‚Hausordnung und Dienstanweisung für Diakonissen'. Diese beginnt mit dem klassischen Satz vom dreifachen Dienst der Diakonissen. In einer Einheit von Lebens-, Dienst- und Glaubensgemeinschaft sind Diakonissen ‚Dienerinnen des Herrn Jesu, Dienerinnen der Armen, Kranken und Kinder um Jesu willen und Dienerinnen untereinander'."[36]
Fliedner erneuerte durch die Gründung der Kaiserswerther Diakonissenanstalt das apostolische Diakonissenamt des Neuen Testaments. Die Funktion der altkirchlichen Diakonisse stand als Leitbild hinter seinem Mutterhausgedanken. Zweite, gleichberechtigte und später verdrängte Gründungsidee war die moderne Form der Genossenschaft, die er „mit genialem Griff" auswählte. Sie sollte Erziehung und familienhafte Amtsversorgung umfassen und dem Bedürfnis der Frau entsprechend den Schwestern eine Heimat bieten[37]. Oberster Grundsatz aller Diakonissentätigkeit war die Freiwilligkeit des Dienstes. Kein Ordensgelübde band sie zeitlebens ans Mutterhaus, an ihren Beruf und ihre Stellung, wie Fliedner in einem der frühen Jahresberichte hervorhob. Die Schwester wurde für fünf Jahre „engagiert", und sie erhielt – gegen jede Tradition – ein regelrechtes Gehalt. Dafür bot das Mutterhaus Ausbildung und Fürsorge, sowohl in geistlichem Sinn wie auch materiell in vielfältiger Weise: freie Station und Kleidung, Kranken- und Altersversorgung, Fahrgelder und anderes[38]. Das Mutterhaus übte die Aufsicht über den Dienst der Diakonisse aus. Nach dem Sendungsprinzip konnte eine Diakonisse jederzeit in eine Gemeinde abgesandt oder von dort zurückberufen werden. Die Arbeit der Schwestern wurde im Rahmen eines Stationsvertrages durch die Gemeinde entgolten.
Mit dem Frauen-Verein zu Duisburg schloß die Direktion der Diakonissen-Anstalt zu Kaiserswerth nach dem Vorbild der 1710 in Berlin unter Friedrich I. als Pesthaus gegründeten Charité 1847 einen präzisen und mustergültigen Vertrag über die Entsendung von Diakonissen. Darin heißt es: „Unter Aufsicht und nach Anleitung des obengenannten Vereins, und der ev. Gemeindepfarrer widmet sich diese Diakonisse der Pflege der Armen und Kranken. Sie besucht die Armen und Kranken, berichtet über den befundenen Zustand, schlägt Mittel und Abhülfe der Noth vor, leistet bei Kranken persönliche Hülfe durch Pflege und Nachtwachen, soweit ihre Kräfte erlauben... Sie sucht durch die, vom Verein ihr überwiesenen Mittel, sowie durch Verwendung und Fürbitte bei anderen der Noth abzuhelfen und den Armen zu Aufrechterhaltung der häuslichen Ordnung und Reinlichkeit möglichst behülflich zu seyn. In der geistlichen Pflege der Armen geht sie den Seelsorgern zur Hand und teilt ihnen das von ihr beobachtete Bedürfnis mit. Den übrigen Kranken leistet sie die, von diesen in geistlicher Beziehung gewünschten Dienste und beschränkt sich, wo keine geistliche Pflege gewünscht wird, darauf, die Herzen dem Herrn durch ihren Wandel, in der

Furcht und Liebe Gottes zu gewinnen. So fern sie noch übrige Zeit hat, und Bedürfniß vorhanden ist, unterweist sie in ihrer Wohnung arme Kinder, zumeist Mädchen in gemeinnützlichen Kenntnissen, besonders in Stricken und Nähen... Von dem Verein wird der Direktion der Diakonissen-Anstalt für die Diakonisse jährlich 40 Thaler Berl. Courant Gehalt in vierteljährlichen Raten entrichtet, daneben erhält die Diakonisse freie Station, worunter eine anständige Stube mit Bett, einigen Stühlen, Tisch, Schrank, Kost, Feuer, Licht, Wäsche, Arznei und ärztliche Behandlung, und für den Fall des Absterbens ein anständiges Begräbniß, begriffen sind... Wird die Diakonisse durch Alter oder Krankheit dienstunfähig, so wird sie von der Diakonissen-Anstalt versorgt... (Außerdem) erhält sie, wenn sie es wünscht, jedes Jahr einige Wochen Urlaub zu einer kleinen Reise".

In der etablierten Kirche erregten die Schwesternschaften vielerorts Beunruhigung. Man mißtraute den Aktivitäten dieser Gruppen, die sich innerhalb der Inneren Mission und der Diakonie bildeten, schon weil sie sich der kirchenamtlichen Reglementierung, dem Apparat, entzogen[39]. Fliedner setzte eine eigene „preußisch straffe" Ordnung von Dienst und Gehorsam an dessen Stelle. Insubordination wurde nicht geduldet: „Die klare Durchgliederung seiner Anstalten imponiert. Der Stil der Kaiserswerther Diakonissen in ihrem Dienst an Kranken, Kindern und Haftentlassenen überzeugt sachkundige Beobachter."[40]

Fliedner erwies sich als moderner und kreativer Organisator, er „beherrschte Statistik und Kalkulation, Planung und Werbung. Er verstand es so gut wie einer der großen Industriekapitäne, die Konjunktur zu nutzen."[41] Er verschaffte der Frau eine eigenständige Rolle innerhalb der Kirche und in der Industriegesellschaft: „Zunächst wurde der Frau im Gegensatz zu ihrem familiären Wirken ein Bildungsanspruch zugebilligt. Bildung als Werterfüllung bestimmte weithin die neue Gestalt der Mutterhausdiakonie. Nicht zufällig gründete Fliedner ‚Bildungsanstalten'. Die revolutionäre Tracht, nämlich die Tracht der verheirateten Bürgersfrau, war im Sinn einer guten Provokation gemeint."[42] Die Diakonissen dienten im gleichen Rang und mit gleicher Würde. Die Vorstellungen über die gesellschaftliche Rolle der Frau haben Fliedners Diakonissen wohl am nachhaltigsten beeinflußt: „In einer Zeit, in der die unverheiratete Bürgersfrau traditionell ans Elternhaus gebunden war, sich kaum bewegen konnte und an eine selbständige Tätigkeit nicht zu denken hatte, erkannte Fliedner ihre Berufsberechtigung und brach mit der Anschauung, daß sie nur im Bereich der Großfamilie eine Aufgabe habe und eine Entlohnung für Frauen ‚entehrend' sei."[43] Nicht die unverheirateten Frauen des wohlhabenden Bildungsbürgertums, auf die Fliedner zielte, sondern Töchter aus Arbeiter- und Bauernfamilien ergriffen als erste die neuartige Möglichkeit sozialen Aufstiegs. Durch die bürgerliche Tracht, einschließlich der Haube mit Schleife, waren sie auch äußerlich der Bürgersfrau gleichgestellt. Fliedner schraubte die Anforderungen hoch, so daß viele Mädchen und Frauen nach der Probezeit das Diakonissenhaus wieder verließen.

Welche Pionierleistung die Kaiserswerther Schwestern, oft gegen handfeste Widerstände und hartnäckige Vorurteile, vollbrachten, ist kaum zu ermessen, selbst wenn man sich die unbeschreiblichen hygienischen Zustände der damaligen Siechen- und Versorgungshäuser vergegenwärtigt: „In den Hospitälern arbeiten nur männliche Pfleger, ‚Wärter' genannt. Hilflos sind die Kranken und Siechen der Willkür und Geldgier ihrer Umgebung ausgesetzt. Fliedner setzt mit seiner Gründung in Kaiserswerth einen kräftigen Kontrast zu diesen Mißständen. Er kauft das größte und schönste Haus in Kaiserswerth mit zwanzig geräumigen Zimmern", stattet sie optimal aus. „Der beste Arzt der Umgebung wird als Betreuer der Kranken und als Leiter der Krankenpflegeschule berufen."[44] – „Die

Schwestern waren oft die einzigen, die dem Kranken schnell und fachkundig Hilfe leisten konnten. Besonders beeindruckend war immer wieder, daß die Kaiserswerther Schwestern mutig auch dann in ihrem Dienst blieben, wenn ihre eigene Gesundheit bedroht war. Viele sind an Cholera, Typhus, Tuberkulose und anderen Infektionen gestorben. Ihr Einsatz wurde nicht nur der eigenen Gemeinde, sondern auch der ganzen Bevölkerung zum Zeugnis für den tiefen Ernst der Diakonie."[45] Diakonissen leisteten über den Dienst im Krankenhaus hinaus hygienische Aufklärung, führten seelsorgerliche Gespräche, vermittelten in den Näh- und Strickschulen praktische Fertigkeiten.

Fliedner brachte allerdings kein Verständnis für das soziale und politische Engagement Wicherns und anderer auf. Die Arbeit der Schwestern mit „einer starken moralisierenden Tendenz hat zweifellos manches zu einer sittlichen Volkserziehung beigetragen, andererseits blieb sie auf sozialem Gebiet an der Oberfläche. Sie knüpfte die Verkündigung des Evangeliums an Lebensideale, die der Arbeiterklasse unerreichbar bleiben mußten."[46] Fliedners Plan für die Gemeindepflege war für ländliche Gebiete oder festgefügte bürgerliche Verhältnisse entworfen, ohne Berücksichtigung des industriellen Umbruchs. Die entstehenden Arbeiterviertel lagen außerhalb seines Horizonts. In dieser Beschränkung auf die „Diakonissensache" bestanden wohl Fliedners Stärke und seine Schranke.

Seit 1838 entsandte die Kaiserswerther Diakonissenanstalt Pflegerinnen in bürgerliche Häuser und Hospitäler, 1843 übernahmen sie beispielsweise zwei Stationen der Berliner Charité, 1844 wurde die erste Gemeindediakonisse nach Jöllenbeck bei Bielefeld abgeordnet[47]. Rasch vollzogen sich im ersten Jahrzehnt des Bestehens des Mutterhauses Gründungen nach Kaiserswerther Vorbild oder Verbindungen zu bestehenden Einrichtungen in Paris und Stockholm, Oslo und Kopenhagen, Utrecht, Berlin, Dresden, Basel und Bern. Unterstützt von seiner Frau Caroline, ist Fliedner rastlos an der Verbreiterung seines Werkes tätig gewesen. So begleitete er 1846 Diakonissen nach London, 1849 sogar nach Nordamerika.

Auch öffentliche Anerkennung und königliches Wohlwollen stellten sich ein. In den ersten zehn Jahren ihres Bestehens flossen der Anstalt 600 000 Taler aus Berlin zu. Von seiner Seite bekundete Fliedner die unverbrüchliche Treue der Diakonissenanstalt zu Adel, Regierung und Königshaus[48]. Obwohl seine Idee der Diakonie erstaunlich schnell voranschritt, wagte er erst im Jahre 1861 die Einberufung der ersten „Generalkonferenz", zu der 13 Mutterhäuser Deputierte entsandten. Sie überbaute und umschloß Fliedners gesamtes Lebenswerk. „So hat es mich in diesen Weg getrieben – ich darf hoffen, es war von oben", zog er in einem Brief Bilanz.

Wilhelm Löhe und Neuendettelsau

Wilhelm Löhe gehört zu den „geistig bedeutendsten und vielseitigsten Lutheranern des 19. Jahrhunderts"[49] und gilt neben Theodor Fliedner als der größte Vertreter der diakonischen Seite der Inneren Mission in ihrer Anfangszeit"[50]. Dabei hielt er zu Fliedner und Wichern gleichermaßen Distanz.

Löhe, 1808 in Fürth geboren, begann 1826 das Theologiestudium in Erlangen. Im Jahre 1831 ordiniert, war er einige Zeit Vikar in Fürth und Nürnberg, wurde aber wegen seiner „ernsten Predigt", d. h. des gewollten Konflikts mit der Amtskirche, in Kirchlamitz entlassen. Im August 1837 wurde er Geistlicher der Landgemeinde Neuendettelsau in der Nähe von Ansbach.

Löhe behielt seinen entschiedenen theologischen und kirchlichen Standpunkt bei und vertrat immer mehr einen lutherisch geprägten Glauben. Klarheit einer antiunionistischen Ausrichtung, Ablehnung jeder preußischen Bevormundung und Bindung an Bekenntnis und Sakramente waren ihm gleicherma-

58. *Pfarrer Wilhelm Löhe (1808 – 1872), Gründer der Diakonissenanstalt in Neuendettelsau, Foto um 1850*

59. *Neuendettelsau, Mutterhaus, 1854 gegründet, Lithographie vor 1860*

ßen wichtige Anliegen. Anders als Fliedner setzte er die Lehrdiakonie, nicht die Pflegediakonie an die erste Stelle. Scharf zugespitzt formulierte er das einmal so: „Bei uns sind die Diakonissen nicht für das Krankenhaus da, sondern das Krankenhaus für die Diakonissen da"[51].
1846 entstand in Neuendettelsau eine Missionsanstalt, die sich der Auswanderer lutheranischen Glaubens in Nordamerika annahm. Sie leistete vor allem Nothilfe zur kirchlichen Versorgung. 1849 gründete sich auf Löhes Initiative die Gesellschaft für Innere und Äußere Mission im Sinne der evangelisch-lutherischen Kirche, die seine Grundsätze vertrat. Der Lutherische Verein für weibliche Diakonie, 1854 gegründet, war ursprünglich nicht als Mutterhaus konzipiert. Die Schülerinnen und Schwestern aber wünschten, in einer verbindlichen Lebensgemeinschaft zu leben. So gilt 1854 als Gründungsdatum der Diakonissenanstalt Neuendettelsau, der Löhe bis zum Lebensende vorstand.

Im Jahresbericht von 1856 schreibt er: „Wir haben von Anfang an unsern Schülerinnen nicht zugemutet, in engster Verbindung und völliger Zugehörigkeit zur Arbeit zu verharren; ihnen selber aber hat sich bei ihrer Arbeit im Hinblick auf die möglichen Wechselfälle ihres Lebens diese Zugehörigkeit und Verbindung so sehr empfohlen, daß sie das Haus, aus dem sie zum Dienst hervorgegangen sind, am liebsten als bleibende Zufluchtsstätte und wie ein Vaterhaus ansehen. Es dient sich leichter und müht sich leichter, wenn man weiß, wohin man auf Erden gehört."[52]
Seinen anfänglichen Widerstand gegen die Reformierten, gegen die Frauendiakonie Fliednerscher Prägung gab er bald zugunsten einer förderlichen Konkurrenz auf. Einen romanisierenden Zug, eine gewisse Nähe seiner Diakonissen zu den barmherzigen Schwestern behielt Löhe bei[53]. „Ein Orden wird durch die Diakonissen nicht gebildet, da sie weder Ehelosigkeit noch Aufgabe des eigenen Willens und

Vermögens geloben, sondern eine jede Herrin ihres Lebensgangs und ihrer Habe bleibt", äußerte Löhe mit Nachdruck, und er fügte hinzu: „Wohl aber sind alle eigentlichen Diakonissen, mit Ausnahme einer einzigen, bisher in ein Verhältnis zu ihrem Mutterhaus getreten. Nicht um eines Gelübdes oder Gesetzes oder Zwanges willen, aber durch den Trieb des heiligen Geistes soll die Diakonissin frei und unbefangen von geschlechtlichen Dingen, nicht bezaubert von irdischem Besitz, keinen Bedürfnissen untertan, in fröhlicher Demut und Aufgabe des eigenen Willens sich der Ausführung der heiligen Gedanken und Werke widmen"[54].

Löhe war ein Kenner, Wahrer und Erneuerer der Liturgie. Er pflegte insbesondere den kirchlichen Gebetsschatz und den Kirchengesang; überdies war er ein „charismatisch begabter Seelsorger", ein Prediger voll Pathos und ein bedeutender theologischer Schriftsteller. „Zucht, Gemeinschaft und Opfer", in deutlicher Absetzung von der „Massenkirche", pries er als Mittel gegen die Entfremdung von Kirche und Gläubigen. Seine Diakonissenanstalten, heißt es gelegentlich, seien im Grunde „ins Evangelische übersetzte Klöster" gewesen.

Johann Hinrich Wichern und das Rauhe Haus

Johann Hinrich Wichern wurde 1808 in Hamburg geboren. Sein Vater stieg vom Kontorschreiber zum Kaiserlichen Notar und Übersetzer auf. Nach seinem frühen Tod mußte Wichern die Schule verlassen, um als Hilfslehrer die notleidende Familie zu unterstützen. Dank eines Stipendiums konnte er trotzdem studieren, er ging 1828 nach Göttingen, 1830 nach Berlin und bestand 1832 in Hamburg das theologische Examen.

Der Kandidat Wichern trat als Oberlehrer in die Sonntagschularbeit von Pastor Rautenberg ein, die seit einigen Jahren nach angelsächsischem Vorbild eingerichtet war. Im Besuchsverein für St. Georg, einer Vorstadt mit überwiegender Arbeiterbevölkerung, kam Wichern „in unmittelbare Berührung mit der sozialen, sittlichen und religiösen Lage der Unterschicht in den Hamburger Hafen- und Arbeitervierteln. Das Alltagsleben ist geprägt von Diebstahl, Hurerei, Alkohol, Gewalttätigkeiten und Krankheiten. Was fehlt, sind geregelte Arbeit, Familienleben und religiös kirchliche Bindungen."[55] Das Elend dieser Menschen, vor allem der „Kinder und Jugend ohne Zukunft", ließ Wichern nicht mehr los. Er entwickelte die Perspektive eines Rettungshauses für verwaiste und verwahrloste Kinder: Vorbilder in Halle, Berlin und Düsseltal hatte er kennengelernt. Unterstützt von einem Freundeskreis, darunter angesehene Hamburger Bürger und mehrere Senatoren, wurde das „Ruge Hus" auf einem Acker in Horn erworben[56]. Am Reformationstag 1833 zog Wichern mit seiner Mutter und Schwester und drei „verwilderten" Hamburger Jungen in ein „armseliges strohgedecktes Häuslein, vor den Toren der Weltstadt Hamburg."[57]

Drei Jahre später lebten dort im Rauhen Haus schon 42 Jungen und 13 Mädchen. Liebe und Geduld dienten als Grundsatz der Erziehung und Richtschnur freudiger Arbeit: „Das Haus soll Zufluchtsort und Familienersatz sein, wo die Jungen im christlichen Geist zusammen leben und lernen, um später, nach einer abgeschlossenen Berufsausbildung, als Laien ein Christentum der Tat zu praktizieren. Arbeit, Frömmigkeit und Gemeinschaft, letztere orientiert am Bild der Familie, erschienen Wichern als Grundlagen der Gesellschaft."[58] In der Anstalt herrschte das Prinzip der „gegliederten Gemeinschaft". „Familien", höchstens 12 Jugendliche im Alter bis zu 20 Jahren, bildeten eine Gemeinschaft. Gebet und Arbeit waren die Pole des gemeinsamen Lebens. Zur Erholung wurde geturnt, gespielt, gewandert und gefeiert[59].

Die Anfangszeit war sehr schwer, das entstehende Werk Zweifeln und Vorbehalten ausgesetzt. Aber es wuchs und entfaltete eine innere Dynamik. Schon

1837 stand Wichern die Vision eines Bundes junger Männer vor Augen, die gemeinsam am Aufbau einer wirklichen Kirche des Volkes arbeiten. Aus der zunehmenden Zahl der Erziehungsgehilfen entwikkelte sich eine Gemeinschaft, die Brüderanstalt des Rauhen Hauses, die seit 1844 diesen Namen trägt. Wichern wurde damit zum Erneuerer der männlichen Diakonie. Das Gehilfeninstitut von Diakonen war als Seminar für Innere Mission, als Keimzelle einer umfassenden Aufgabe konzipiert. Für „das Bekenntnis des Glaubens durch die Tat der rettenden Liebe" prägte Wichern 1836 den Ausdruck „Innere Mission". Seit 1844 gab er die „Fliegenden Blätter aus dem Rauhen Haus zu Horn bei Hamburg" heraus. Sie wurden zum zentralen Publikationsorgan der Inneren Mission. Die Agentur des Rauhen Hauses wurde zum Verlag, nachdem zuvor eine Druckerei eingerichtet worden war.
Wichern sah, wie sich die Kirche von der Wirklichkeit, den Nöten der unteren Volksschichten immer weiter entfernte: „Sollte sie wirklich Volkskirche sein statt lediglich eine dem Volk verordnete Kirche, mußte sie aktiv in die Gesellschaft hineinwirken, was wiederum nur möglich war durch die Mitarbeit der Laien. Luthers Priestertum aller Gläubigen, die Assoziation erweckter Christen für den sozialen Dienst am Nächsten sowie das mit romantischen Zügen ausgestattete Ideal der Volkskirche waren Kernpunkte in Wicherns Konzept der kirchlichen und gesellschaftlichen Erneuerung."[60]
1848 gründete er den Hamburger Verein für Innere Mission, um den verschiedenen Arbeitsgebieten einen tragenden organisatorischen Rahmen zu geben. Immer weiter und dringender trieb ihn die „Hoffnung, durch die Zuwendung zur praktischen Nächstenliebe etwas für die Überwindung der hoffnungslos erstarrten dogmatischen Fronten innerhalb des deutschen Protestantismus zu tun"[61]. Der 22. September 1848, der Kirchentag zu Wittenberg und die aus dem Stegreif gehaltene Rede Wicherns, markieren wohl seine größte Lebensstunde, mit nicht zu überschätzenden Folgen für die Innere Mission.
Wichern erfaßte die tiefgreifenden politischen und ökonomischen Veränderungen nachdrücklicher und präziser als seine Zeitgenossen. Ihm stellte sich die Entfernung einflußreicher Kreise des Bürgertums ebenso wie wesentlicher Teile der Arbeiterschaft als notwendige Folge der neuen Verhältnisse dar. Ungehemmtes Profitstreben war die Quelle vielfältiger sozialer Schäden. Kirchenferne und unsittlicher Lebenswandel konnten allein die Ursache von Massenelend und Pauperismus nicht sein, die rettende Liebe kirchlich-karitativer Diakonie vermochte allein den Ärmsten in der Gesellschaft nicht zu helfen.
Dies und eine rückwärtsgewandte Sehnsucht nach einer patriarchalisch festgefügten Ordnung begründeten das politische Engagement und die Weltsicht Wicherns in sozialen und wirtschaftlichen Fragen. Er forderte den Staat auf, die sozialen Notstände des Proletariats durch wirtschaftspolitische Maßnahmen, durch Wohnungsbau, öffentliche Fürsorge und andere Mittel zu bekämpfen. Die Arbeit der Inneren Mission sollte dann die eigentliche Aufgabe der Wiedergewinnung der Massen für das Evangelium leisten. So waren Sozialpolitik und Innere Mission zwar geschieden, sie griffen dennoch ineinander.
„Konnte Wichern vor der Revolution den modernen politischen und sozial-politischen Bewegungen eine relative Berechtigung als Protest gegen die Schäden in Staat und Gesellschaft noch zugestehen, so vollzog sich bei ihm unter dem Eindruck der Revolution selbst und vor allem während der folgenden Restaurationszeit eine entscheidende Verkrustung und Vereinfachung seines Denkens."[62] Er rückte „die soziale Thematik in den Horizont einer weltgeschichtlichen geistigen und religiösen Auseinandersetzung zwischen Christentum und Kommunismus, über dessen ‚fluchwürdige satanische Wühlereien' er sich nicht genug empören konnte"[63].

60. *Pfarrer Johann Hinrich Wichern (1808–1881), der Gründer des Rauhen Hauses, Hamburg 1833, und des Central-Ausschusses für die Innere Mission der Deutschen Evangelischen Kirche, 1848, Gemälde um 1860*

61. *Rauhes Haus in Horn bei Hamburg, gegründet 1833, Zeichnung vor 1840*

Wichern faßte seine Meinung in den Sätzen zusammen: „Die tiefste Quelle des Unheils, das über den Staat hereingebrochen ist, liegt in der Entfremdung und dem Abfall des Volkes von dem Wesen und Leben der Sittlichkeit, die ihren Grund und ihr Ziel allein im Evangelio hat. Die Revolution ist der Bruch jener Treue und das Grab dieser Ehrfurcht, mit welcher zugleich die Sittlichkeit und darum auch die Freiheit und das Heil des Volkes zugrunde geht.“ Zur Rolle der Kirche vertrat er die Auffassung: „Wie der Staat... den materiellen Pauperismus in allen seinen Gründen, Folgen und Wirkungen zu ergründen und zu bekämpfen hat: also auch die Kirche in ihrer Art den ihr angehörenden inneren Pauperismus, nämlich jene Erscheinung der massenhaften sittlichen und christlichen Entartung im Volk.“[64]

Wicherns Rede beeindruckte die 500 Anwesenden tief. Sie faßten den Beschluß zur Gründung des Central-Ausschusses für die Innere Mission der Deutschen Evangelischen Kirche, und Wichern wurde beauftragt, die Programmschrift auszuarbeiten. Im April 1849 vollendete er „Die Innere Mission der deutschen evangelischen Kirche, eine Denkschrift an die deutsche Nation“, sein „großes Vermächtnis, das zu den klassischen Urkunden moderner Kirchengeschichte gehört.“[65]

Wichern hob die soziale Verantwortung der Kirche hervor. Er forderte die Gründung verschiedenster Vereine, die sich der Not der Armen und Ärmsten annehmen sollten. Er registrierte die Schuld der bürgerlichen Welt, vor allem aber kritisierte er „die Untätigkeit der in Kirchen und Gemeinden verfaßten Christenheit, die Sache der Elenden, der Ausgestoßenen, der Entrechteten und Entwurzelten in Wort und Tat zu ihrer Sache zu machen. Die Kirche hat in ihrer Verkündigung nicht konsequent genug die Gewissen der Verantwortlichen angesprochen, um die Notstände praktisch zu beheben."[66] Liberalismus und Kommunismus, die modernen weltanschaulichen und politisch-gesellschaftlichen Bewegungen, sollten durch Volksmission, die Reorganisation einer christlichen Gesellschaft, durch lebendigen Glauben und tatkräftige Liebe von innen heraus überwunden werden.

Wicherns Denkschrift wurde zum antirevolutionären Katechismus des politischen Protestantismus, der Restauration gegen Liberalismus, Demokratie und Sozialismus[67]. Der preußische Staat und Friedrich Wilhelm IV. sahen sich legitimiert, die Arbeit der Inneren Mission als Teil ihres Kampfes zu verstehen: „Der Kampf gegen die Revolution und ihren Geist wurde ein Kampf des Glaubens gegen den Unglauben, der die gesellschaftlichen Hintergründe der Zeitbewegungen kaum noch berücksichtigt."[68] Im Central-Ausschuß überwogen hohe preußische Staatsbeamte und adelige Großgrundbesitzer, und die personellen Verflechtungen zur Konservativen Partei waren eng[69].

Die Innere Mission wollte das Leben in Familie, Staat und Kirche erneuern. Für Wichern waren dies drei organische Kraftzentren, die „ihr Leben aus der einen Hand Gottes haben, der Herr aller Ordnungen ist"[70]. Unter diesem Gesichtspunkt sollte die gesamte Tätigkeit des Central-Ausschusses stehen. Er sollte vorhandene Anstalten unterstützen, weitere Gründungen veranlassen und selbst überregionale Unternehmungen ins Leben rufen, für die Heranbildung von Berufsarbeitern wie in Hamburg und Kaiserswerth Sorge tragen sowie Schriften vertreiben. Ein Netz von Mitarbeitern sollte den organisatorischen Zusammenhalt gewährleisten, die Zentrale (in Hamburg und Berlin) hatte beratende Funktion und war für die Koordination und die fachliche und regionale Zusammenarbeit zuständig[71].

Die Denkschrift definierte „Diakonie" und „Innere Mission" als Lebensäußerung der Kirche und glänzte durch eine Fülle von organisatorischen Vorschlägen. Wicherns Ziel war die „Entfaltung und Betätigung der Glaubens- und Lebenskräfte der ganzen wahrhaftigen Christenheit in Kirche, Staat und allen Gestalten des sozialen Lebens zur Überwindung alles Unchristlichen und Antichristlichen"[72]. Im Kern blieb er seiner „pietistischen Erfahrungsfrömmigkeit, biblischen Fundamentierung und praktisch-theologischen Zielbestimmung" treu[73].

Die Jahre bis 1857 werden oft die „klassische" Zeit der Inneren Mission genannt. Sie war „gekennzeichnet durch Errichtung von Rettungsanstalten und Kleinkinderschulen, durch Kampf um die Sonntagsruhe, durch Bekämpfung der Prostitution und der Trunksucht, durch Bemühungen um Verbreitung von Bibeln, Traktaten und christlicher Literatur, durch Unternehmungen zur seelsorgerlichen Betreuung von Eisenbahnbauarbeitern, ‚Hollandgängern', Torfarbeitern, durch deutsche und ausländische Diasporaarbeit, durch Inangriffnahme von Seemanns- und Auswanderermission, durch Gründungen von Jünglings- und Gesellenvereinen, der Stadtmission und Herbergen zur Heimat"[74]. In den 50er und 60er Jahren entfaltete sich die Arbeit der Inneren Mission in ihrer vollen Breite, wobei der gesellschaftsreformerische Ansatz an Bedeutung verlor. Liberale Theologen warfen der Inneren Mission oft orthodoxe, pietistische oder gar jesuitische und mystizistische Züge vor[75].

Nach Wichern war ein „schreckliches Zurückbleiben hinter den Forderungen der Zeit"[76] zu beklagen. 1857 trat er als Vortragender Rat in das preußische Ministerium des Innern ein und wurde gleichzeitig Oberkonsistorialrat im Evangelischen Oberkirchenrat, der zentralen preußischen Kirchenbehörde. Die von ihm in Angriff genommene Gefängnis- und Strafrechtsreform scheiterte mehr oder weniger. Der von ihm erstrebte „christliche Staat" erwies sich als Utopie. In der Zeit nach Friedrich Wilhelms IV. Rücktritt wurde ihm „sein christliches Staatsideal vor die Füße geworfen"[77]. Schwerkrank legte er 1874 seine Ämter nieder; er starb sieben Jahre später

nach einer schrecklichen Leidenszeit.
Viele seiner Forderungen sind seitdem in Erfüllung gegangen, andere besitzen heute noch Aktualität. Zweifellos sind der „moderne Wohlfahrtsstaat, die soziale Gesetzgebung des gegenwärtigen staatlichen Lebens nicht denkbar, ohne daß man sich ihrer Ursprünge und Voraussetzungen aus der kirchlich-christlichen Wirklichkeit erinnert."[78]

Friedrich von Bodelschwingh und Bethel

Die kleine Heil- und Pflegeanstalt für Epileptische in Bethel bei Bielefeld ist die letzte „große" Gründung der Inneren Mission. Der Provinzialausschuß der Provinzen Rheinland und Westfalen kaufte vor den Toren Bielefelds einen kleinen Bauernhof. Dort wurde 1867 die erste Anstalt für Epileptische errichtet[79]. Das Diakonissenmutterhaus Sarepta wurde zwei Jahre später in Bielefeld gegründet. Unter der Leitung Friedrich von Bodelschwinghs entwickelte sich die kleine Anstalt seit 1872 zu dem umfassenden Komplex „Bethel". Er wuchs im Lauf der Jahre zur größten Stätte evangelischer Liebestätigkeit heran, die Pflege- und Krankenhäuser für Epileptiker und Gemütsleidende, handwerkliche und wirtschaftliche Betriebe im Dienst der Kranken, Wohnungen der Mitarbeiter und Ausbildungsstätten für Diakonissen und Diakone, Theologiestudenten und Missionare in einer stadtähnlichen Siedlung vereinigt[80].
Bodelschwingh wurde 1831 in Tecklenburg im nördlichen Westfalen geboren. Der Vater war Landrat, später Oberpräsident für die Rheinprovinz und seit 1842 preußischer Finanzminister. Nach der Schulzeit arbeitete Bodelschwingh als Landwirtschaftsgehilfe auf der Domäne Kienitz im Oderbruch. Nach dem Militärdienst und einem kurzen Studium der Rechtswissenschaft kam er 1852 als landwirtschaftlicher Inspektor auf das Gut Gramenz (Pommern), wo er zunächst die Verwaltung eines Vorwerks übernahm, und er wurde mit schreienden Mißständen unter der Bevölkerung konfrontiert[81]. Bodelschwingh kümmerte sich auch um das Landproletariat, die materiellen und geistlichen Notstände der Arbeiterbevölkerung und entschloß sich zum Studium der Theologie, das er in Basel begann und in Berlin beendete.
Danach wirkte er sechs Jahre als Hilfsprediger in Paris und arbeitete unter schwierigsten Umständen „an den armen Deutschen in Paris, die dort meist als Straßenkehrer und Lumpensammler in großem Elend ihr Leben fristeten"[82]. In dem Arbeitervorort La Villette diente ein Holzhaus als Wohnung und Schule und als „Herberge zur Heimat". 1861 heiratete Bodelschwingh und kehrte 1864 nach Deutschland zurück. Acht Jahre wirkte er anschließend in der Gemeinde Dellwig bei Unna als Pfarrer.
Zu einer einschneidenden Erfahrung wurde der Tod seiner vier Kinder, die um die Jahreswende 1868/69 innerhalb weniger Tage an Keuchhusten starben: „Damals, als unsere vier Kinder gestorben waren, merkte ich erst, wie hart Gott gegen Menschen sein kann, und darüber bin ich barmherzig geworden gegen andere", schrieb er rückblickend.
Bodelschwingh suchte nach einer neuen Aufgabe. Er fand sie als Leiter der jungen Betheler Anstalt und im Amt des Vorstehers im Diakonissenhaus Sarepta. Das Haus in der Stadt wurde aufgegeben, man baute ein neues in der Nähe von Bethel am westlichen Abhang eines der drei Bergrücken des Teutoburger Waldes. Dadurch wollte er sowohl die räumliche Verbindung zwischen den seiner Leitung unterstellten Häusern herstellen als auch gute Möglichkeiten für die weitere Ausdehnung dieser Arbeit schaffen[83].
Zunächst waren es weniger epileptische Kinder als erwachsene Anfallkranke aus allen Städten und Berufen, die um Aufnahme baten[84]. Bodelschwingh erkannte, daß sie nicht nur krank, sondern auch sozial benachteiligt waren. Als Folge ihrer Gebrechen und Behinderung hatten sie ihre Arbeit verlo-

62. Pfarrer Friedrich von Bodelschwingh (1831–1910), seit 1872 Leiter der Betheler Anstalten, Foto um 1880

63. Haus Bethel, 1867 gegründet, Zeichnung um 1880

ren und zogen heimatlos umher. Sie waren nicht nur aus der bürgerlichen Gesellschaft, sondern auch von der kirchlichen Gemeinschaft ausgestoßen. Bodelschwingh wollte den Kranken von Anfang an nicht nur Unterkunft, Beköstigung und Pflege zukommen lassen, sondern sie auch die Geborgenheit einer Familie oder Hausgemeinschaft erfahren lassen.

Bodelschwinghs therapeutische Grundsätze beinhalteten an zentraler Stelle das Tätig-Sein. Keiner der Kranken sollte, wie in anderen Einrichtungen üblich, nur verwahrt und hinter Mauern vor der Außenwelt verschlossen sein. Die Patienten, die oft ein Handwerk gelernt hatten oder noch lernen konnten, sollten in der Anstaltsgemeinde einer sinnvollen Beschäftigung nachgehen. Soweit sie dazu in der Lage waren, arbeiteten sie in Näh- und Flickstuben, Tischler-, Schneider-, Schuhmacher- oder Schmiedewerkstätten. Wie sich bald zeigte, war die körperliche Arbeit keineswegs nur Beschäftigungstherapie, sondern auch ein mögliches Heilmittel[85].

Schwestern und Brüder wurden im Diakonissenmutterhaus Sarepta und im Brüderhaus Nazareth ausgebildet. Seit 1905 verfügt Bethel über die Theologische Schule. Pflegehäuser und ein Krankenhaus zur stationären Behandlung erweiterten die „Stadt der Barmherzigkeit“, deren Mittelpunkt die 1884 erbaute Zionskirche ist: „Das anfangs kleine Bethel erreichte noch unter Vater Bodelschwingh die Größe einer kleinen Stadt.“[86] Sein Werk vergrößerte sich stetig, und er nahm seit 1872, damals als einer der Jüngsten, auch Einfluß auf die Geschicke der Kaiserswerther Generalkonferenz.

Bodelschwinghs zweites großes Arbeitsgebiet war die Wandererfürsorge, die er 1882 begann. So wie in Bethel niemand abgewiesen werden durfte, versuchte er, das unstete Vagabundenleben der umherziehenden Armen zu erleichtern oder zu ändern. Er wollte die „Brüder von der Landstraße“ nicht mit

Almosen locken, sondern zu einer geregelten Arbeit zurückführen. Arbeiterkolonien und Herbergen wurden gegründet, die Unterkunft, Schutz und vor allem Arbeitsmöglichkeiten bieten sollten. 1891 entstand die erste Kolonie für die „Wanderarmen“ in der Senne zwischen Bielefeld und Paderborn, die u. a. die Rekultivierung von Brachland betrieb. Im Laufe der Zeit entstanden mehrere Siedlungen auf gekauften oder langfristig gepachteten Ländereien, darunter Hoffnungstal 1905 und Lobetal 1906, und eine große Zahl von Herbergen. Seinen Armen zuliebe nahm Bodelschwingh noch 75jährig ein Mandat im Preußischen Landtag an, um am Wanderarbeitsstätten-Gesetz von 1907 mitzuarbeiten. Bodelschwingh starb 1910, und sein Sohn übernahm das Werk aus der Hand des Vaters.

Schluß

Die Aufbruch- und Gründungsphase der Mutterhaus-Bewegung war 1861 mit dem Zusammenschluß von 13 in- und ausländischen Diakonissenhäusern zur Kaiserswerther Generalkonferenz im wesentlichen abgeschlossen. Die vereinzelten lokalen Initiativen erhielten ein übergreifendes Dach, eine gemeinsame Grundordnung: „Der Gegenstand des Vereins ist, dem hilfsbedürftigen und leidenden Teile der bürgerlichen Gesellschaft, vorzugsweise den armen Kranken, Hilfe zu leisten mittels evangelischer Pflegerinnen, welche das Diakonissenamt im apostolischen Sinne unter ihnen verwalten, sowohl in Krankenhäusern als in den Wohnungen derselben.“[87]

Innere Mission und diakonische Liebestätigkeit wurden in den 70er und 80er Jahren des vergangenen Jahrhunderts zunehmend in größeren regionalen Organisationen und Fachverbänden zusammengefaßt, die Sozialarbeit der Kirchen erreichte auch die Großstädte. Rückblickend läßt sich festhalten: „Um die Jahrhundertwende sammelte sich die Kraft der Inneren Mission mehr und mehr in der Weiterführung der alten Arbeiten, wie sie der Central-Ausschuß von Anfang an gefördert und betrieben hatte. Immer stärker entwickelten sich dabei die Aufgaben der Anstaltsdiakonie, die in der kirchlichen Öffentlichkeit mehr und mehr als der eigentliche Inhalt aller Inneren Mission angesehen wurden.“[88] Aber auch neue Aufgaben warteten auf die Innere Mission.

Bis zur Jahrhundertwende gab es überall Neugründungen von Mutterhäusern, so auch in Witten das Evangelische Diakonissenhaus für die Grafschaft Mark und das Siegerland, zeitweilig das am schnellsten wachsende und alles in allem eines der größten Mutterhäuser innerhalb des Kaiserswerther Verbandes. Es hat denselben und doch an jedem Ort anders zu konkretisierenden Auftrag der „Verkündigung des Evangeliums und der brüderlichen Handreichung der christlichen Liebe“.

Anmerkungen

1 Als generellen Überblick und zur Situation der Kirche in dieser Epoche vgl. Greschat, Martin: Das Zeitalter der Industriellen Revolution. Das Christentum vor der Moderne, Stuttgart/Berlin/Köln/Mainz 1980.
2 Dazu vgl. Kroker, Werner: Wege zur Verbreitung technologischer Kenntnisse zwischen England und Deutschland in der zweiten Hälfte des 18. Jahrhunderts, Berlin/München 1971 sowie Braun, Hans-Joachim: Technologische Beziehungen zwischen Deutschland und England von der Mitte des 17. Jahrhunderts bis zum Ausgang des 18. Jahrhunderts, Düsseldorf 1974.
3 Vgl. Rürup, Reinhard: Deutschland im 19. Jahrhundert. 1815 – 1871, Göttingen 1984, S. 72 ff.
4 Vgl. Greschat 1980, S. 66.
5 Vgl. Artikel „Industrie“, in: Religion in Geschichte und Gegenwart.
6 Vgl. Greschat 1980, S. 42.
7 Vgl. Wehler, Hans-Ulrich: Das Deutsche Kaiserreich, 1871 – 1918, 2. Aufl. Göttingen 1975, S. 43 f.
8 Vgl. Nipperdey, Thomas: Religion im Umbruch. Deutschland 1870 – 1918, München 1988, S. 77 ff.
9 Vgl. Wehler 1975, S. 119 sowie Greschat 1980, S. 43.
10 Vgl. Wehler 1975, S. 119.
11 Vgl. Brakelmann, Günter: Die soziale Frage des 19. Jahrhunderts, 4. Aufl. Witten 1971, S. 112 f.

12 Vgl. Nipperdey 1988, S. 106.
13 Ernst Schnabel, zit. nach Greschat 1980, S. 76.
14 Vgl. ebd., S. 76 f. sowie Brakelmann 1971, S. 112.
15 Greschat 1980, S.229.
16 Nipperdey 1988, S. 94 f.
17 Vgl. ebd., S. 108.
18 Zit. nach Brakelmann 1971, S. 178.
19 Nipperdey 1988, S. 108.
20 Vgl. ebd., S. 107.
21 Vgl. Brakelmann 1971, S. 184 passim.
22 Freudenstein, Erich: Liebe haben für andere. Eine Geschichte der Inneren Mission, Hamburg 1948, S. 12 f.
23 Vgl. Schauer, Hermann: Frauen entdecken ihren Auftrag. Weibliche Diakonie im Wandel eines Jahrhunderts, Göttingen 1960, S. 30.
24 Vgl. Artikel „Innere Mission", in: Religion in Geschichte und Gegenwart.
25 Vgl. Schauer 1960, S. 28.
26 Vgl. Schmidt, Jutta: Diakonie und Berufstätigkeit von Frauen. Anmerkungen zu Geschichte, in: Diakonie 4, Juli/August 1989, S. 236.
27 Wulf, Hans: Die evangelische Gemeindekrankenpflege. Theodor Fliedners Plan, seine Verwirklichung und seine Krise in der Gegenwart, Stuttgart 1965, S. 42.
28 Freudenstein 1948, S. 40.
29 Vgl. Höser, Wolfgang: Theodor Fliedner, in: Neukamm, Karl Heinz (Hrsg.): Wer mir dienen will. 18 Lebensbilder von Männern und Frauen im Dienst der Liebe, Moers 1985, S. 173.
30 Ebd.
31 Ebd.
32 Vgl. Schauer 1960, S. 32.
33 Höser 1985, S. 174.
34 Vgl. ebd., S. 177.
35 Vgl. ebd.
36 Schauer 1960, S. 38 f.; vgl. Wulf 1965, S. 47.
37 Christophersen, Jes: Zur historischen Entwicklung des Mutterhauses, Neuendettelsau 1963, S. 20 f.
38 Sticker, Anna: Die Entstehung der neuzeitlichen Krankenpflege. Deutsche Quellenstücke aus der 1. Hälfte des 19. Jahrhunderts, Stuttgart 1960, schätzt den Wert von Geld- und Sachleistungen auf etwa 120 Taler. Das entspricht immerhin dem Existenzminimum einer vierköpfigen Arbeiterfamilie.
39 Vgl. Wagner, Heinz: Die Mutterhausdiakonie als Herausforderung, Neuendettelsau 1966, S. 5.
40 Höser 1985, S. 180.
41 Schauer 1960, S. 15 f.
42 Wagner 1966, S. 7 f.
43 Hoghe, Raimund: Mensch, freu dich doch, in: Zeit-Magazin 48/1984 v. 23. November 1984.
44 Höser 1985, S. 178.
45 Wulf 1965, S. 88 f.
46 Ebd., S. 90.
47 Vgl. Höser 1985, S. 180.
48 Vgl. Wulf 1965, S. 77.
49 Bosinski, Gerhard: Wilhelm Löhe, in: Neukamm 1985, S. 193.
50 Artikel „Innere Mission", in: Religion in Geschichte und Gegenwart.
51 Schauer 1960, S. 103.
52 Zit. nach Christophersen 1963, S. 25 f.
53 Vgl. Uhlhorn, Gerhardt: Die christliche Liebestätigkeit, 2. Aufl. Neukirchen 1985, S. 736.
54 Schober, Theodor: Unser Auftrag zwischen Kloster und „Diakonie ohne Mutterhaus", Neuendettelsau 1963, S. 28.
55 Brakelmann, Günter: Johann Hinrich Wichern, in: Scholder, Klaus (Hrsg.): Protestantische Profile, Frankfurt 1983, S. 219.
56 Vgl. Brakelmann 1971, S. 119 f.
57 Freudenstein 1948, S. 19.
58 Greschat 1980, S. 81.
59 Vgl. Brakelmann 1971, S. 120.
60 Greschat 1980, S. 81.
61 Ebd., S. 129.
62 Brakelmann 1971, S. 139.
63 Greschat 1980, S. 130.
64 Zit. nach Brakelmann 1971, S. 123.
65 Ebd., S. 121.
66 Brakelmann 1983, S. 223; vgl. Greschat 1980, S. 130.
67 Vgl. ebd., S. 226.
68 Brakelmann 1971, S. 139.
69 Vgl. Greschat 1980, S. 139.
70 Brakelmann 1971, S. 134.
71 Vgl. Artikel „Innere Mission", in: Religion in Geschichte und Gegenwart.
72 Zit. nach Brakelmann 1971, S. 132.
73 Ders. 1983, S. 226.
74 Artikel „Innere Mission", in: Religion in Geschichte und Gegenwart.
75 Vgl. Freudenstein 1948, S. 40.
76 Beyreuther, Erich: Geschichte der Diakonie und Inneren Mission in der Neuzeit, 2. Aufl. Berlin 1962, S. 136.
77 Artikel „Innere Mission", in: Religion in Geschichte und Gegenwart.
78 Freudenstein 1948, S. 31f.
79 Vgl. ebd., S. 45.
80 Vgl. Artikel „Innere Mission", in: Religion in Geschichte und Gegenwart.
81 Vgl. Pagel, Karl: Friedrich von Bodelschwingh (Vater und Sohn), in: Neukamm 1985, S. 252.
82 Freudenstein 1948, S. 45.
83 Pagel 1985, S. 256.
84 Vgl. ebd.
85 Vgl. ebd., S. 256 f.
86 Ebd., S. 257.
87 Zit. nach Schauer 1960, S. 37.
88 Freudenstein 1948, S. 74.

BRUNO J. SOBOTKA

Geschichte des Diakonissen-Mutterhauses Witten

Gründung des evangelischen Krankenhauses

Schon vor 1858 regte der Superintendent Friedrich August König (1800–1866) im Hinblick auf die erheblich gestiegene Bevölkerungszahl an, in Witten neben dem katholischen Krankenhaus ein evangelisches zu bauen. Unter seiner Leitung schloß sich am 10. Januar 1858 eine Gruppe von Wittener Protestanten als „Commission zur Erbauung eines Krankenhauses für die evangelische Gemeinde" zusammen und führte zunächst eine Sammlung in der Stadt sowie in den umliegenden Gemeinden durch. Das Ergebnis waren neben zahlreichen Sachspenden 11 235 Taler und 10 Silbergroschen. Hierin enthalten waren 2 000 Taler von Helene Haarmann und 1 000 Taler von Julie Berger. Der Gutsbesitzer P. Brinkmann stiftete ein Grundstück von 108 Quadratruten außerhalb des eigentlichen Stadtbereiches für den Bau eines Krankenhauses. Durch Zukäufe wurde dieses Gelände zunächst auf 1 Morgen 64 Quadratruten, später bis auf 54 Morgen ergänzt.

Der Prinzregent von Preußen, der spätere Kaiser Wilhelm I., unterzeichnete unter dem 16. April 1859 die landesherrliche Genehmigung für diese Stiftung. „Auf Ihren Bericht vom 12. d. M. will ich der von der evangelischen Kirchengemeinde zu Witten im Kreise Bochum des Regierungs-Bezirks Arnsberg gegründeten Stiftung eines evangelischen Krankenhauses die landesherrliche Genehmigung hierdurch erteilen."

Zunächst wurden die Baukosten mit 8 000 Talern veranschlagt, die Endabrechnung belief sich jedoch auf insgesamt 13 305 Reichstaler. Hinzu kamen die Kosten für die Einrichtung mit 3 601 Reichstalern, die weitestgehend durch eine Sammlung des evangelischen Frauenvereins aufgebracht werden konnten.

Mit dem Bau begonnen wurde im Sommer 1862. Am 25. Oktober 1863 weihte Superintendent König das zunächst sehr kleine und bescheidene zweieinhalbstöckige Krankenhaus mit 5 Fenstern gegen Osten und 3 Fenstern Tiefe ein, das 20 Kranken Platz bot. Über der Eingangstür stand in goldenen Lettern „Christo in aegrotis" („Christus in den Kranken"). 1863 wurden 19 Patienten versorgt. Die Zahl stieg von 159 in 1864 über 213, 302 und 452 auf 499 in 1869. Die Bettenzahl nahm von zunächst 20 auf 33 in 1867 zu. Im ersten Jahr wurde kein chirurgischer Eingriff durchgeführt, 1864 einer und 1865 sowie 1866 je drei, von denen je zwei mit Erfolg verliefen. 1867 wurde sechsmal operiert, 1874 dreizehnmal, davon zehnmal erfolgreich. In den ersten zehn Jahren endeten von 50 Operationen 37 glücklich.

Bei seiner Eröffnung waren zwei Schwestern im Krankenhaus tätig, die das Diakonissenhaus Kaiserswerth zur Verfügung gestellt hatte. Nachdem 1865 und 1868 je eine weitere Schwester berufen worden war, betreuten 1866 – im Jahr des 25jährigen Bestehens des Krankenhauses – 6 Schwestern die Kranken. Die ärztliche Betreuung der Patienten lag zunächst bei Dr. Friedrich Schmieding (1817–1881). An seine Stelle trat im April 1871 Dr. Heinrich Staeps. Dieser stellte 1876 einen Antrag auf Einstellung eines zweiten Arztes. Zunächst sollte Dr. Adolf König (1850–1900), Sohn des Superintendenten Friedrich August König und Halbbruder des späteren Präses Friedrich Adolf König sowie des Rudolf König, des Gemeindevorstehers von Annen und Gründers des Annener Gußstahlwerkes, zweiter Arzt werden. Er lehnte jedoch wegen der Ver-

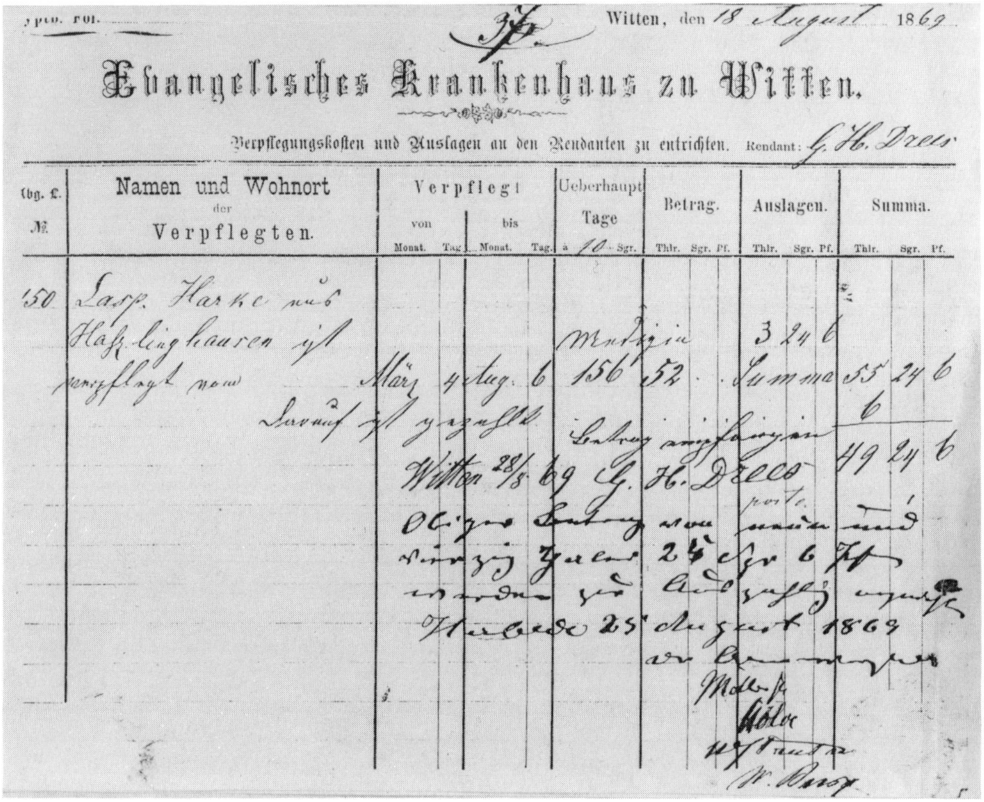
Witten, den 18 August 1869

Evangelisches Krankenhaus zu Witten.

Verpflegungskosten und Auslagen an den Rendanten zu entrichten. Rendant: G. H. Drees

Übg. L. №	Namen und Wohnort der Verpflegten.	Verpflegt von Monat.	Tag.	bis Monat.	Tag.	Ueberhaupt Tage à 10 Sgr.	Betrag. Thlr.	Sgr.	Pf.	Auslagen. Thlr.	Sgr.	Pf.	Summa. Thlr.	Sgr.	Pf.

64. *Rechnung des Evangelischen Krankenhauses zu Witten vom 18. August 1869*

dächtigung der Wahlbeeinflussung ab. An seiner Stelle übernahm Dr. Gustav Reschop (1841–1893) Mitte 1876 diese Aufgabe. Von dieser Zeit an waren Dr. Reschop für den chirurgischen Bereich des Krankenhauses und Dr. Staeps für den inneren zuständig.

1877 kündigte Dr. Staeps, da der Gemeindevorstand ihm den Wunsch versagt hatte, den Betsaal des Krankenhauses als Krankenraum zu nutzen. Sein Nachfolger wurde Dr. Adolf König.

Die stetig steigende Zahl von Unglücksfällen und Erkrankungen führte zu einem ersten Erweiterungsbau, der 1868 mit einem Kostenaufwand von 5 500 Talern vollendet wurde. Wiederum spendete Helene Haarmann 1 000 Taler, um die nach ihrer Meinung unwürdigen Zustände im Krankenhaus zu beseitigen.

Drei Kriege wirkten sich natürlich auch auf die Tätigkeit des Krankenhauses aus, hinzu kam 1866 eine hier verbreitete Cholera. Möglicherweise diente das Krankenhaus zu dieser Zeit als Lazarett und für die Seuchenpflege. Auf letzteres läßt der Bau einer provisorischen Leichenhalle auf dem Ledderkenfriedhof 1866 schließen. Insgesamt wurden in Witten 128 Cholera-Fälle gemeldet, von denen 58 tödlich verliefen.

Während des Deutsch-Französischen Krieges wurden in den beiden konfessionellen Wittener Kran-

65. Evangelisches Krankenhaus, vorn rechts das Stammhaus von 1863, Ausschnitt aus einem Sammelbild „Panorama von Witten“ von Friedrich Gottlieb Müller, Lithographie nach 1892

66. Evangelisches Krankenhaus, aus dem „Panorama von Witten und Umgebung“, fotografiert von Friedrich Goebel 1886

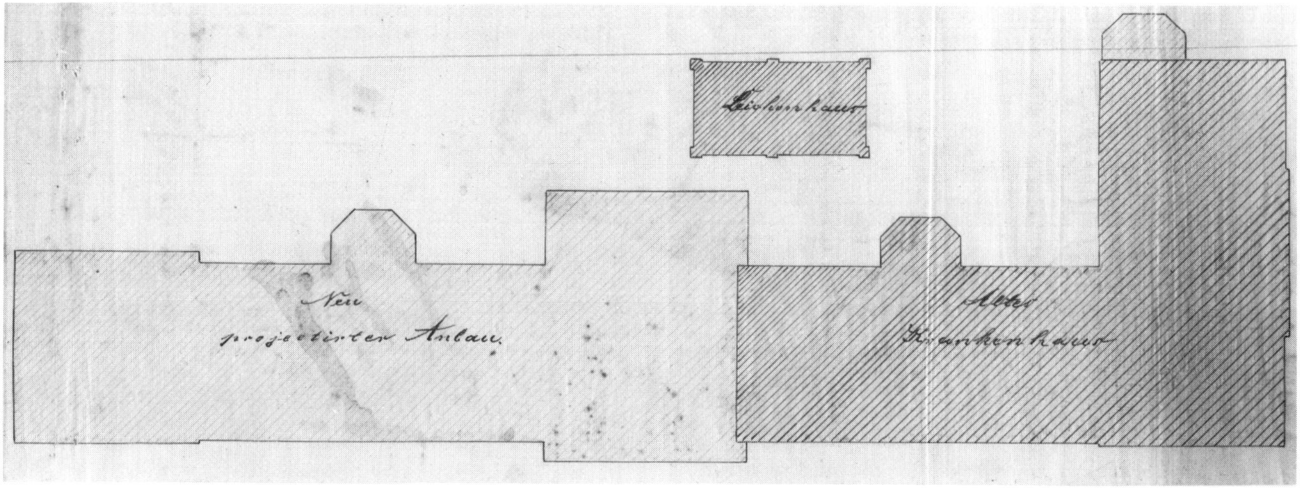

67. Situationsplan des Evangelischen Krankenhauses, 1872

68. Zeichnung zur Vergrößerung des Evangelischen Krankenhauses zu Witten, 1874

kenhäusern 218 erkrankte bzw. verwundete Krieger verpflegt. Die ersten 6 verwundeteten Soldaten wurden 1870 im evangelischen Krankenhaus aufgenommen. Die Zahl wuchs während des Krieges auf insgesamt 96 Soldaten, von denen 3 starben. Zwei Schwestern des Evangelischen Krankenhauses wurden zur Kriegskrankenpflege eingezogen. Im Anschluß an den Krieg brach auch in Witten die größte, allerdings letzte Pockenepidemie der Neuzeit aus. In aller Eile mußte eine Baracke für „epidemische Kranke“ errichtet werden. 1872 waren 26 Personen in Witten an Pocken erkrankt.
Sowohl der Krieg als auch die Seuche verhinderten den bereits 1872 geplanten zweiten Erweiterungsbau, der erst 1875 vollendet werden konnte. Im Zuge dieser Erweiterung wurde der Haupteingang von der Ostseite des ersten Gebäudeteils zur nunmehr neuen Hauptfront mit ihren 21 Fenstern nach Süden, der Stadt und der Straße zugewandt, in die Mitte des erweiterten Gesamtkomplexes verlegt. Die Bettenzahl stieg auf 100.
Auch dieser zunächst letzte Erweiterungsbau wurde aus Spenden finanziert, so kamen unter anderem je 100 Taler von den Inhabern der Glasfabrik Haarmann, Schott und Hahne sowie der Gußstahlfabrik Berger u. Cie. und 200 Taler von Helene Haarmann. Bei ihrem Tod im Jahre 1872 vermachte Helene Haarmann dem Krankenhaus einen Betrag von 3 000 Talern für ein Freibett, das Armen und Bedürftigen zugedacht war. 1882 war die finanzielle Situation des Krankenhauses äußerst angespannt.
1887 betrug die Bettenzahl für Männer 82, die für Frauen 28. Im Erdgeschoß wurden die Frauen, in der 1. Etage und im Dachgeschoß die Männer untergebracht. Zum 25jährigen Bestehen des Krankenhauses stifteten der Evangelische Frauenverein, an seiner Spitze die Frau von Louis Berger, Luise geb. Harkort, ein zweites Freibett. 1890, im Jahr der Eingliederung des evangelischen Krankenhauses in das Diakonissenhaus, waren unter der Leitung der beiden Ärzte Dr. Adolf König und Dr. Gustav Reschop insgesamt 8 Schwestern tätig. Die Bettenzahl betrug 120.

Persönlichkeiten des Diakonissenhauses von 1890 bis 1923

Die gewaltig zunehmende Bevölkerungszahl in der zweiten Hälfte des vorigen Jahrhunderts, im Ruhrgebiet ausgelöst durch dic steigenden Beschäftigungszahlen in der Montanindustrie, führte zu einem zwangsläufig wachsenden Bedarf an Krankenhausbetten und Pflegepersonal. Um 1890 waren im Regierungsbezirk Arnsberg allein 250 Diakonissen aus Kaiserswerth und Bielefeld in Krankenhäusern, in der Gemeindepflege und in Kleinkinderschulen tätig. Doch die Zahl reichte bei weitem nicht aus, und es war schon jetzt absehbar, daß der Engpaß noch größer werden würde.
Deshalb beschäftigte sich der Verein für die Innere Mission in der Grafschaft Mark und den angrenzenden Kreisen auf seiner Generalversammlung in Schwelm am 2. Dezember 1889 mit dem Thema „Ein Diakonissenhaus in der Grafschaft Mark, warum ist es nötig und wie ist es zu verwirklichen?“ Pastor Fritz Pröbsting aus Kamen führte unter anderem in seinem Vortrag aus, „daß, da die Diakonissenanstalten in Kaiserswerth und Bielefeld der Mark zu fern liegen, um zum Eintritt in den Diakonissenberuf in der erforderlichen Weise anzuregen, ein in unsere eigene Mitte gestelltes Diakonissenmutterhaus viel frischer und lebendiger unsere evangelischen Töchter zur Mitarbeit wecken würde, indem jede Anstalt der christlichen Liebe wie ein erwärmendes und belebendes Feuer wirke und Licht und Leben rings um sich her verbreite.“ Die Leitungen der Mutterhäuser in Kaiserswerth und Bielefeld begrüßten diesen Vorschlag, zumal sie damit auch eine Entlastung ihrer Tätigkeit verbunden sahen.
Gesucht wurde nun ein möglichst großes Krankenhaus im Bereich der Grafschaft Mark. Auf Betrei-

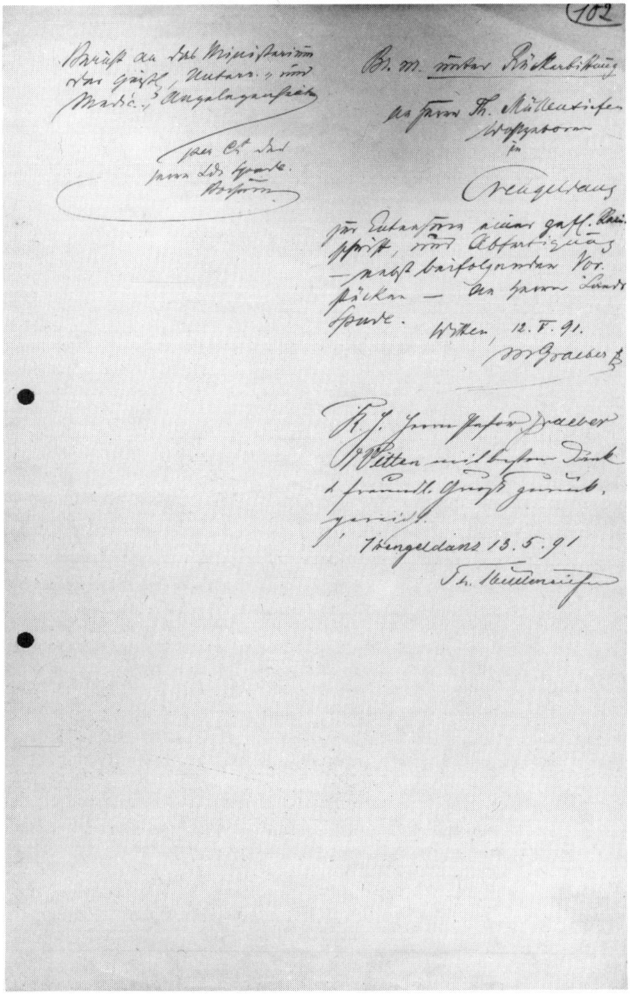

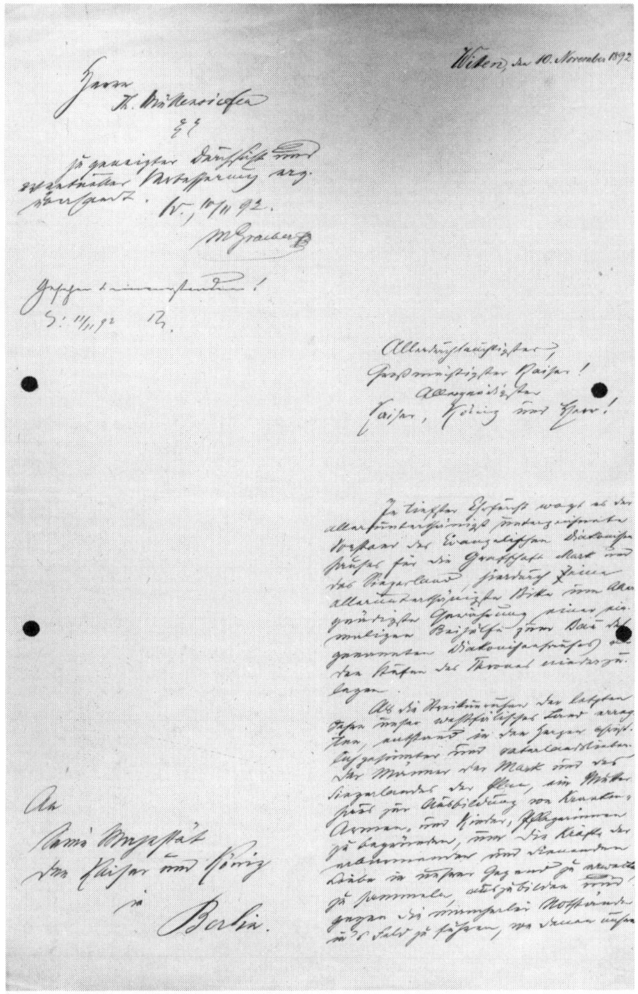

Witten, den 10. November 1892

An Seine Majestät den Kaiser und König in Berlin.

69. *Bericht des Vorstandes des Diakonissenhauses zu Witten an den Landrat Spade, Bochum, über den Stand der Entwicklung des Diakonissenhauses, 1891*

70. *Brief des Vorstandes des Diakonissenhauses zu Witten an Kaiser Wilhelm II. mit der Bitte um Unterstützung beim Aufbau, 1892*

ben des späteren Präses Friedrich Adolf König (1835–1914) bot die Evangelische Kirchengemeinde Witten ihr Krankenhaus für diesen Zweck an. Dankbar wurde der Vorschlag angenommen. Das aus damaliger Sicht großzügig gebaute und frei vor der Stadt gelegene Krankenhaus besaß den weiteren Vorteil, daß es bei Bedarf nahezu beliebig erweitert werden konnte. Obendrein verzichtete die Kirchengemeinde wunschgemäß auf ein Mitspracherecht bei der Leitung des Krankenhauses. Auf der außerordentlichen Generalversammlung am 26. Februar 1890 in Dortmund beschloß der Verein für Innere Mission, das Wittener Angebot anzunehmen.

Der erste engere Vorstand des Diakonissenhauses Witten hatte zunächst insbesondere folgende Aufgaben zu bewältigen: Vorbereitung der Gründungskollekte, Erwerb von Baugrund, Wahl des Anstaltsvorstehers und Planung sowie Inangriffnahme der ersten Bauunternehmungen. Er setzte sich wie folgt zusammen:

1. Kommerzienrat Theodor Müllensiefen, Crengeldanz bei Witten
2. Pfarrer Fritz Pröbsting, Kamen, als stellvertretender Vorsitzender
3. Superintendent Gustav Achenbach, Siegen
4. Fabrikbesitzer Rudolf Bredt, Wetter
5. Kommerzienrat Dresler, Kreuztal
6. Superintendent Gustav Adolf Graeber, Hagen
7. Superintendent Friedrich Adolf König, Witten
8. Superintendent Ernst Pönsgen, Bochum
9. Oberbürgermeister Wilhelm Schmieding, Dortmund
10. Hermann Müllensiefen, Crengeldanz bei Witten, als Vertreter des Wittener Presbyteriums (Bruder des Vorsitzenden)
11. Pastor Martin Graeber, Witten, Anstaltsvorsteher
12. Diakonisse Minna Meyer, Witten, Anstaltsvorsteherin

Angaben zu Präses Friedrich Adolf König, dem geistigen Vater des Diakonissenhauses in Witten und Sohn des eigentlichen Gründers des evangelischen Krankenhauses in Witten, Superintendent Friedrich August König, enthält mein Beitrag „Zur Wittener Kirchengeschichte“ in diesem Band.

Der erste Vorsitzende des Vorstandes des Diakonissenhauses, Theodor Müllensiefen, war ein Sohn von Gustav Müllensiefen (1799–1874), der zusammen mit seinem Bruder Theodor (1802–1879) 1825 auf dem Gelände des Hauses Crengeldanz die Glasfabrik Gebr. Müllensiefen gegründet hatte. Theodor Müllensiefen wurde 1845 zu Crengeldanz geboren. Nach dem Abitur in Siegen trat er als Offiziersanwärter in das westfälische Artillerie-Regiment Nr. 7 ein, nahm jedoch schon 1870 als junger Leutnant seinen Abschied, um die kaufmännische Leitung der Glasfabrik zu übernehmen. Wie sein Vater und sein Bruder Hermann (1837–1897) bekleidete Theodor Müllensiefen hohe Ehrenstellen im Wirtschaftsleben. Er gehörte dem Vorstand der Glasberufsgenossenschaft an, war Vorsitzender des Arbeitgeberverbandes, 1874 wurde er in die Handelskammer zu Bochum gewählt, deren Vorsitzender er 9 Jahre lang war und Ehrenvorsitzender von 1921 bis zu seinem Tod im Jahre 1926. Ferner wurde er nach dem Tod seines Bruders 1897 in den Magistrat der Stadt Witten gewählt und im Jahre 1903 zum Königlichen Kommerzienrat ernannt. 36 Jahre lang stand Theodor Müllensiefen dem Diakonissenhaus in Witten als Vorstandsvorsitzender vorbildlich mit Rat und Tat zur Seite und beeinflußte so maßgeblich seine Entwicklung.

Daneben bestand ein erweiterter Vorstand aus 60 angesehenen Vertretern der Industrie, Wirtschaft, Verwaltung und Kirche aus dem Regierungsbezirk Arnsberg mit dem Generalsuperintendenten von Westfalen, Gustav Nebe, als Ehrenvorsitzendem. Dieses Gremium sollte den engeren Vorstand hauptsächlich in der Beschaffung der notwendigen Geldmittel für den Ausbau unterstützen, dessen Kosten auf 200 000 Mark veranschlagt worden waren. Ein Aufruf vom 10. März 1890 an die Industrie,

Oben links:
71. Grabstein des Theodor Müllensiefen (1845–1926), erster Vorsitzender des Vorstandes des Diakonissenhauses in Witten, Privatfriedhof der Familie Müllensiefen, Foto 1990

Oben rechts:
72. Grabstein von Pastor Martin Graeber (1850–1904), des ersten Vorstehers des Diakonissenhauses in Witten, Ledderken-Friedhof, Foto 1990

Unten links:
73. Grabstein des Dr. Adolf König (1850–1900), eines der beiden ersten Anstaltsärzte des Diakonissenhauses in Witten, heute Gedenkstein zur Erinnerung an den ehemaligen Lutherfriedhof in Witten und Superintendent Friedrich August König sowie Präses Friedrich Adolf König, Lutherpark, Foto 1989

Unten rechts:
74. Grabstein des Dr. Gustav Reschop (1841-1893), eines der beiden ersten Anstaltsärzte des Diakonissenhauses in Witten, Privatfriedhof der Familie Rüping und Reschop, Foto 1990

Oben links:
75. Kgl. Kommerzienrat Theodor Müllensiefen (1845–1926), erster Vorsitzender des Vorstandes des Diakonissenhauses in Witten, Zeichnung von W. v. Rucktzschell, 1925

Oben Mitte:
76. Pastor Martin Graeber (1850–1904), erster Vorsteher des Diakonissenhauses in Witten, Foto um 1900

Oben rechts:
77. Diakonisse Minna Meyer (1845–1913), erste Vorsteherin des Diakonissenhauses in Witten, Foto um 1900

Unten links:
78. Dr. Adolf König (1850–1900), einer der beiden ersten Anstaltsärzte des Diakonissenhauses in Witten, Foto vor 1900

Unten rechts:
79. Dr. Gustav Reschop (1841–1893), einer der beiden ersten Anstaltsärzte des Diakonissenhauses in Witten, Gemälde 1890

Der Samariter.

Mittheilungen
aus dem
Evangelischen Diakonissenhause für die Grafschaft Mark und das Siegerland in Witten a. d. Ruhr.

№ 1. Dezember 1891.

An unsere Leser!

Der Vorstand unserer nunmehr in ihr zweites Lebensjahr eingetretenen Diakonissenanstalt hat beschlossen, den Freunden des Werkes in den Gemeinden des Regierungsbezirks Arnsberg und wohl auch über denselben hinaus von Zeit zu Zeit gedruckte Mittheilungen zugehen zu lassen, über deren räumlichen Umfang und zeitliche Aufeinanderfolge zwar zunächst Nichts bestimmt ist, die aber hoffentlich in der vorliegenden Gestalt alle zwei Monate werden erscheinen können. Diese Mittheilungen sollen ausgehen unter dem Titel „Der Samariter". Denn einen Namen sollten sie doch aus mancherei praktischen Gründen haben, und zwar einen möglichst kurzen, dieweil mit einem möglichst langen bereits unser Haus geschmückt ist. Da erschien denn „der Samariter" als die geeignetste Bezeichnung für den doppelten Zweck, den diese Blätter verfolgen. Wie die freundlichen Leser wissen, hat es zwei für uns vorbildliche Samariter gegeben, den barmherzigen in Lucae 10, und den dankbaren in Lucae 17: was diese beiden thaten, das soll eben auch unser Correspondenzblatt thun, nämlich seinen lieben Lesern dienen und danken.

Dienen zunächst! Ist doch alle Diakonie Dienst, Dienst der Liebe, dem Herrn erwiesen an den Brüdern! Wie aber solchem Dienst unser neues Dakonissenhaus gewidmet ist, so soll er auch erster und letzter Zweck alles dessen sein, was von unserm Hause ausgeht. An seinem ganz bescheidenen Theil will ihn darum auch unser „Samariter" zu verrichten trachten. Er will unsern Gemeinden und Freunden ein freundlicher Bote sein, dessen Nachrichten bei ihnen das Wissen um die Arbeit der evangelischen, besonders der weiblichen Diakonie, und das Verständniß für ihre Aufgaben, und damit das Interesse für sie vermehren möchten. Diese Nachrichten werden in erster Linie unser eignes neu begründetes Diakonissenhaus, sein Werden und Wachsen, seine Freuden und Leiden, seine Bedürfnisse und seine Arbeit zum Gegenstande haben. Denn gerade das braucht die Liebe, um sich zu entwickeln, einen besonderen, ihr nicht nur nahe liegenden, sondern auch nahegelegten, ihrer Fürsorge übergebenen Gegenstand, und wir hoffen: eben daß Mark und Siegerland nun ein eigenes Diakonissenhaus zu lieben und zu pflegen bekommen haben, das werde das beste Mittel sein, in unsern Gemeinden die Liebe und Pflege der Diakonissensache und evangelischen Diakonie überhaupt neu zu erwecken, kräftig zu erhalten und beständig zu vermehren. Um hierzu das Seinige mit beizutragen, wird nun aber „der Samariter" nicht nur von unserm Hause, sondern auch von den vielen anderen evangelischen Diakonissenhäusern und ihrer gesegneten Arbeit das Eine und Andere berichten und möchte gelegentlich dann auch von diesen und jenen besonders wichtigen Fragen aus dem Gebiete

80. „Der Samariter", Nr. 1, Dezember 1891

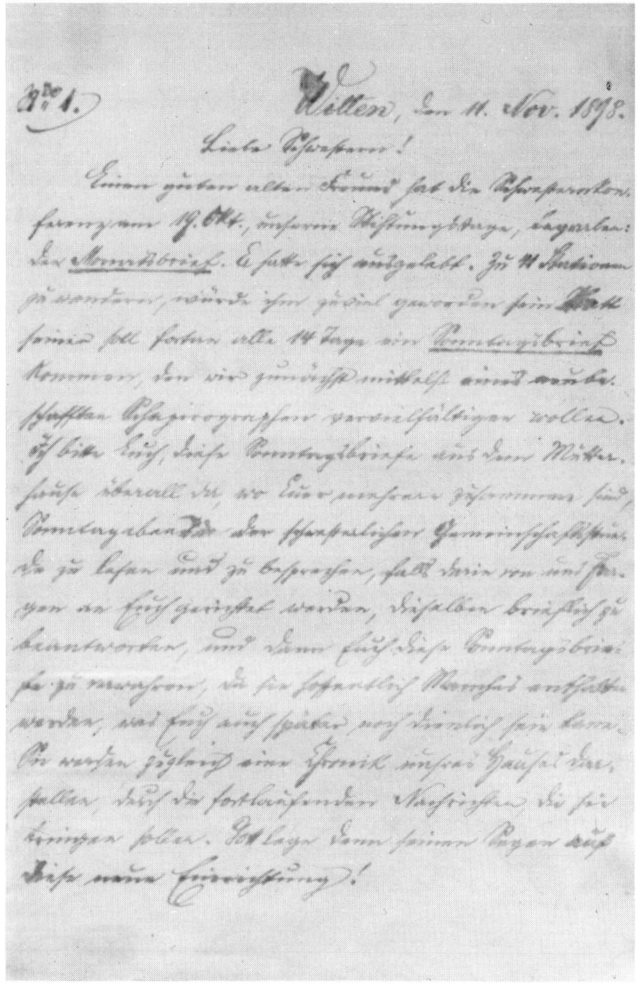

Nr. 1. Witten, den 11. Nov. 1898.

Liebe Schwestern!

Einen guten alten Freund hat die Schwesternkonferenz am 19. Okt., unserem Stiftungstage, begraben: den Monatsbrief. Er hatte sich ausgelebt. Zu 11 Stationen zu wandern, würde ihm zu viel geworden sein. Statt seiner soll fortan alle 14 Tage ein Sonntagsbrief kommen, den wir zunächst mittelst eines [illegible]schaften Schapirographen vervielfältigen wollen. Ich bitte Euch, diese Sonntagsbriefe aus dem Mutterhause überall da, wo Euer mehrere zusammen sind, Sonntagabends der schwesterlichen Gemeinschaftsstunde zu lesen und zu besprechen, falls darin von uns Fragen an Euch gerichtet werden, dieselben brieflich zu beantworten, und dann Euch diese Sonntagsbriefe zu verwahren, da sie hoffentlich Manches enthalten werden, was Euch auch später noch dienlich sein kann. Sie werden zugleich eine Chronik unseres Hauses darstellen, durch die fortlaufenden Nachrichten, die sie bringen sollen. Gott lege denn seinen Segen auf diese neue Einrichtung!

81. „Schwesternbrief", Nr. 1, November 1898, handschriftlich verfaßt von Pastor Martin Graeber

die der Neugründung überaus wohlwollend gegenüberstand, unterstützt und befürwortet von den Generaldirektoren Baare (Bochum), Brauns (Dortmund) und Kamp (Hamm) erbrachte eine Summe von 103 887,33 Mark.
Am 17. Juli 1890 wählte der engere Vorstand den ersten Vorsteher des Diakonissenhauses, Pastor Martin Graeber. Dieser wurde 1850 als Sohn des Pastors Wilhelm Graeber und dessen Frau, der Kaufmannstochter Anna Maria Röhrig, in Eickel geboren. Auch sein Großvater, D. Franz Friedrich Graeber, ist Pastor gewesen. Martin Graeber besuchte das Gymnasium in Essen, wo sein Vater 1847 als Pfarrer eingeführt worden war und von 1884 an das Amt des Superintendenten bekleidete.
Martin Graeber besaß eine schwache Gesundheit. Nach dem Abitur 1869 studierte er eineinhalb Jahre in Halle, je zwei Jahre in Berlin und in Bonn. Als Hallenser Student erlebte er den Deutsch-Französischen Krieg 1870/71, in dem er in einem Lazarett seinen Dienst als Felddiakon verrichtete. Seine Examen legte er 1874 und 1876 in Koblenz ab. Von 1874 bis 1876 arbeitete Martin Graeber als Hauslehrer einer belgisch-deutschen Familie in Mehlem bei Bonn und Paris und gleichzeitig als Korrespondent für deutsche Kirchenzeitungen. Von 1877 an war Martin Graeber als Hauslehrer und Hilfsprediger in Frömern bei Unna tätig.
Nach seiner Ordination am 27. April 1879 trat er am 1. Juni 1879 seinen Dienst als Pfarrer der deutsch-evangelischen Gemeinde in Kairo an. In seiner Amtszeit wurden die Schule der Gemeinde ausgebaut, ein deutscher Wohltätigkeitsverein für verarmte Deutsche gegründet und gemeinsam mit den anderen evangelischen Gemeinden das Diakonissen-Hospital in Kairo erbaut, in dem auf Drängen Pastor Graebers Diakonissen aus Kaiserswerth arbeiteten. 1883 heiratete er die Kaufmannstochter Ida Viëtor aus Bremen.
Nach seiner Rückkehr nach Deutschland 1886 wirkte Martin Graeber als Gefängnis-Geistlicher in Düsseldorf und war Hauptagent der Rheinisch-Westfälischen Gefängnisgesellschaft. Auf seine Initiative hin wurde die Arbeiterkolonie Lühlerheim errichtet, für die er auf einer Kollektenfahrt durch das niederrheinische Gebiet das Gründungskapital gesammelt hatte.
Mit der Einführung von Pastor Martin Graeber wurde am 19. Oktober 1890 das evangelische Diakonissenhaus für die Grafschaft Mark und das Siegerland zu Witten an der Ruhr eröffnet. Er berichtet über diesen Tag mit den folgenden Sätzen: „Die Einführung fand im Betsaal des Krankenhauses statt. Nachdem Pastor Leesemann (Witten) die Liturgie gehalten, überreichte namens des Vorstandes Superintendent König (Witten), der Sohn des Gründers des Krankenhauses und Erbe seiner Liebe für dasselbe, dem neuen Anstaltsvorsteher seine Berufungsurkunde und mit derselben den seelsorgerlichen Dienst an den Kranken und Schwestern des Hauses. Generalsuperintendent D. Nebe (Münster) hielt darauf eine erhebende Ansprache über den apostolischen Gruß, indem er die Gnade unseres Herrn und Heilandes Jesu Christi dem Pfarrer wie dem Vorstande, die Liebe Gottes den Kranken und die Gemeinschaft des Heiligen Geistes den gegenwärtigen und zukünftigen Schwestern des Hauses wünschte. Den Schluß machte die Antrittspredigt des neuen Hausvaters über Kolosser 3, 23: ‚Alles, was ihr tut, das tut von Herzen, als dem Herrn und nicht den Menschen‘, welche goldene Regel er sich als die Richtschnur für sein Wirken, den Schwestern als den Inbegriff ihres Berufes und allen Mitarbeitern und Freunden des Werkes als die Gewähr ihres Gelingens desselben vorhielt. Es folgte am Nachmittage eine sehr zahlreich besuchte Gemeindeversammlung im Hotel Voß, in welcher Pastor Kellermann (Witten) den Neueingeführten namens der Gemeinde Witten begrüßte, Pastor D. Disselhoff aus Kaiserswerth zum Eintritt in den Diakonissendienst aufforderte und der neue Diakonissenpfarrer sich über das Wesen des Diakonissendienstes und

82. Zeichnung des Isolierkrankenhauses, Vorderansicht, 1890

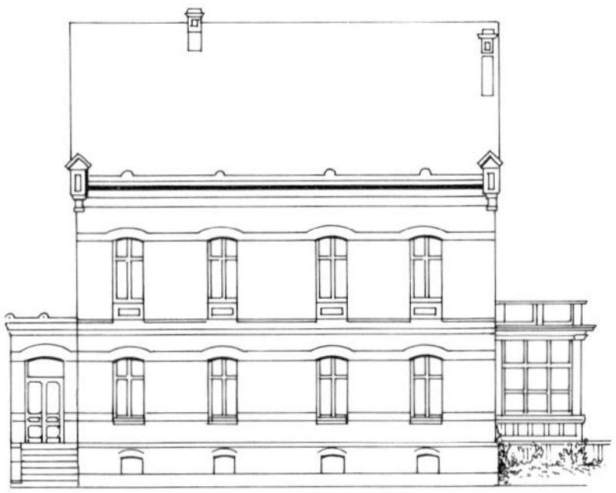

83. Zeichnung des Pfarrhauses, Vorderansicht, 1891

84. Zeichnung der Kleinkinderschule, Seitenansicht, 1896

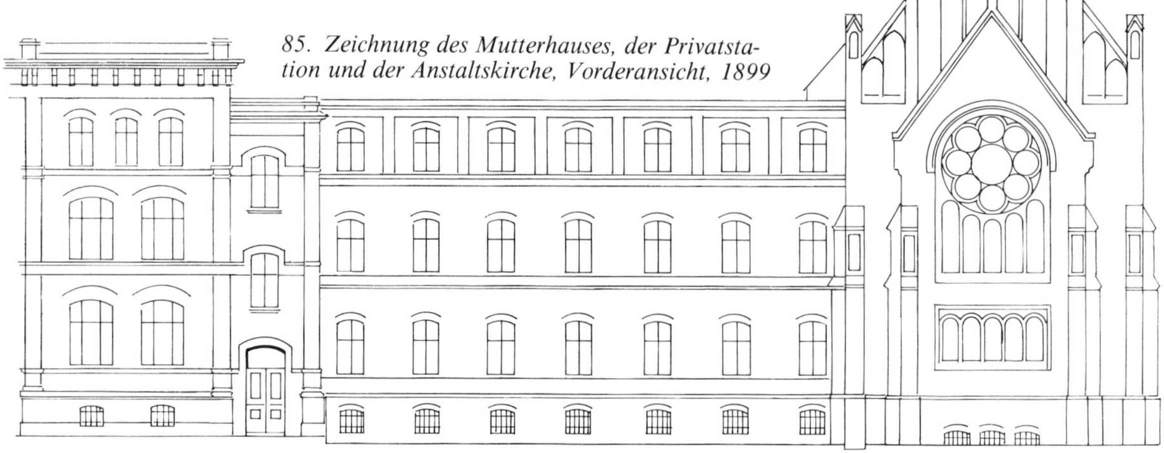

85. Zeichnung des Mutterhauses, der Privatstation und der Anstaltskirche, Vorderansicht, 1899

86. Zeichnung der Haushaltungsschule, Vorderansicht, 1911

87. Zeichnung des Feierabendhauses, Vorderansicht, 1925

88. Zeichnung des Schwesternhauses, Vorderansicht, 1927

über sein heute übernommenes Amt und Werk aussprach. Der Tag war reich und schön, und die ihn mitfeierten, werden ihn in gutem Gedächtnis behalten haben. Möge denn, was an ihm an Gebeten vor Gott und an Wünschen vor Menschen laut wurde, mit der Zeit sich zum Heile vieler erfüllen."

Pastor Graeber hat in allen Details die Pläne und die Kostenvoranschläge für den Ausbau und den weiteren Aufbau des Diakonissenhauses erarbeitet und deren Ausführung überwacht. In den ersten 10 Jahren seiner Amtsführung sammelte er rd. 750 000 Mark an Spendengeldern. Ihm oblag die Wirtschaftsführung, und er kümmerte sich neben seinen seelsorgerischen Aufgaben intensiv um die Belange des Krankenhauses einschließlich des Operationssaales. Im Dezember 1891 erschienen zum ersten Mal die von Pastor Graeber unter dem Titel „Der Samariter" herausgegebenen Mitteilungen aus dem Diakonissenhaus. Ebenso regelmäßig erschienen vom 11. November 1898 an die von ihm handschriftlich verfaßten „Schwesternbriefe". Während eines Erholungsaufenthaltes in Wengen in der Schweiz starb Pastor Graeber überraschend 1904. Er wurde unter großem Geleit von Freunden auf dem Pferdebach-Friedhof inmitten von Schwestern beigesetzt.

Ihm zur Seite stand die Diakonisse Minna Meyer als Vorsteherin. Geboren 1845 in Unterlübbe bei Minden, trat sie am 19. April 1864 als Probeschwester in das Mutterhaus Kaiserswerth ein und wurde am 12. Mai 1867 zum Diakonissenamt eingesegnet. Als ausgebildete Krankenschwester wurde sie 1872 in das Evangelische Krankenhaus in Witten entsandt, in das sie nach einjähriger Tätigkeit als vorstehende Schwester im Krankenhaus von Moers von März 1877 bis Januar 1878 als vorstehende Schwester zurückkehrte. Im Auftrage des Kaiserswerther Mutterhauses und auf Wunsch des Vorstandes blieb sie von 1890 auch Vorsteherin des Diakonissenhauses in Witten bis 1901. Insgesamt hat Schwester Minna 28 Jahre im Wittener Krankenhaus ihren Dienst versehen. Nach ihrer Rückkehr nach Kaiserswerth leitete sie vertretungsweise ein Krankenhaus in Düsseldorf und übernahm dann die Leitung des von Kaiserswerth neu gegründeten Mutterhauses in Hermannswerder bei Potsdam. Durch Krankheit gezwungen, kehrte sie 1905 nach Kaiserswerth zurück, wo sie 1913 verstarb.

Als neue Vorsteherin folgte die Diakonisse des Wittener Mutterhauses Johanne Grunhoff (Groenhoff). Geboren 1853 in Leer/Ostfriesland, unterrichtete sie seit 1881 als Lehrerin an der Evangelischen Töchterschule und Lehrerinnenbildungsanstalt in Köln. 1893 trat sie als Lehrschwester im Wittener Diakonissenhaus ein und wurde am 19. Oktober 1894 zur Diakonisse eingesegnet. 1895 wurde Johanne Grunhoff Vorsteherin der Schwesternschaft in Aplerbeck. Um sich auf ihr zukünftiges Amt vorbereiten zu können, kehrte sie 1900 nach Witten als Probemeisterin zurück und übernahm 1901 das Amt der Vorsteherin, das sie bis 1929 ausübte. Sie starb 1931.

Zur Unterstützung des Vorstehers vor allem bei seinen seelsorgerischen Aufgaben wurde 1894 die Stelle eines 2. Pfarrers eingeführt. Als erster hatte Paul Lenssen dieses Amt inne. Geboren 1869 als Sohn des Superintendenten Heinrich Lenssen und dessen Frau Clara Baedeker, bestand er am Gymnasium in Essen 1888 das Abitur, studierte in Tübingen, Halle und Bonn und legte 1892 und 1894 seine Examen in Koblenz ab. Nach einjähriger Tätigkeit als Lehrer am Johannisstift in Berlin übernahm er 1894 seinen Dienst als Hilfsprediger am Diakonissenhaus in Witten, wo er 1894 ordiniert wurde. Danch wurde er 1898 6. Pfarrer in Hagen und 1922 zugleich Superintendent. Nachdem er 1928 in den Ruhestand getreten war, verstarb Pastor Lenssen 1939 in Bonn. Er war seit 1898 mit Johanna Rehmann verheiratet.

Nachfolger in Witten wurde 1898 der 1869 in Frömern bei Unna als Sohn des Pastors Ernst Buschmann und dessen Frau Auguste Puwelle geborene

89. Diakonissenanstalt, Foto von Friedrich Goebel, 1901

90. Evangelisches Krankenhaus, Foto nach 1893

91. Alter Eingang des Evangelischen Krankenhauses, Inschrift über der Pforte: „Christo in aegrotis“, Foto nach 1893

92. *Evangelisches Diakonissenhaus, Postkarte nach 1900*

93. *Neuer Eingang des Evangelischen Diakonissenhauses, Foto nach 1900*

94. *Evangelisches Diakonissenhaus, Foto nach 1900*

95. *Evangelisches Diakonissenhaus, Postkarte nach 1900*

96. *Evangelisches Diakonissenhaus, Foto nach 1900*

Friedrich Buschmann. Nach dem Besuch des Gymnasiums in Gütersloh, dem Abitur 1889, dem Studium in Basel, Leipzig, Halle und Greifswald, den Examen in Münster 1893 und 1895 besuchte er das Kandidaten-Konvikt in Bethel und das Prediger-Seminar in Soest. Zunächst Hilfsprediger in Hörde, übernahm er 1898 die gleiche Aufgabe am Diakonissenhaus in Witten, wurde im selben Jahr ordiniert und 1899 als 2. Pfarrer eingeführt. Von 1904 an hatte er die Ämter als Pfarrer und Direktor des Diakonissenhauses in Teltow/Brandenburg inne, wurde 1919 Anstaltsgeistlicher der Psychiatrischen Landesanstalt Görden/Brandenburg und ging 1935 in den Ruhestand. Im gleichen Jahr wurde er Pfarrverweser in Kühne/Sachsen. Sein Todesjahr ist nicht bekannt. Er war verheiratet mit Elisabeth Frede aus Vlotho.

Nachfolger von Pastor Graeber als Vorsteher wurde Pastor Wilhelm Thiele. Am 3. Februar 1905 schrieb Präses König an Pastor Thiele in Potsdam, am 6. Februar besuchte dieser Witten, und am 10. Februar wurde er einstimmig vom Vorstand gewählt. Wilhelm Thiele wurde 1863 in Zerrenthin in der Mark Brandenburg als Sohn des Pastors Bernhard Thiele und dessen Frau Luise, geb. Zernack, geboren. Nach dem Besuch der Gymnasien in Greifswald und Anklam studierte er in Tübingen und Halle. Nach seinen Tätigkeiten als Hilfsprediger und Inspektor am Domkandidaten-Stift in Berlin wurde er am 22. Dezember 1887 ordiniert. Dann wurde er 1890 Pfarrer an der Sophienkirche in Berlin, 1896 an der Friedenskirche, später an der Erlöserkirche in Potsdam. 1893 heiratete Pastor Thiele Klara Tiemann aus Bielefeld. Am 16. Mai 1905 wurde er durch Präses König in sein Amt als Vorsteher des Mutterhauses in Witten eingeführt.

Nach fast zehnjähriger Leitung verabschiedete sich Pastor Thiele am 29. November 1914 von Witten und wurde Direktor des Evangelischen Verbandes zur Pflege der weiblichen Jugend Deutschlands in Berlin-Dahlem. Dieses Amt übte er bis 1926 aus. 1923 erhielt Pastor Thiele die Ehrendoktorwürde der Friedrich-Wilhelm-Universität in Berlin für seinen Dienst in der Inneren Mission. 1930 starb er in Berlin-Dahlem.

Unterstützt bei seiner Wittener Arbeit wurde Pastor Thiele auch durch den 2. Pfarrer des Mutterhauses, Paul Kramm, der dieses Amt von 1904–1914 ausübte. Er wurde 1873 in Arnoldshof, Kirchengemeinde Adamsdorf in der Mark Brandenburg, als Sohn des Schneidermeisters Gottlieb Kramm und dessen Frau Ottilie, geb. Sauer, geboren. Er besuchte das Gymnasium in Pyritz und bestand 1892 die Reifeprüfung. Nach dem Studium in Tübingen, Greifswald und Berlin legte er 1896 und 1898 seine Examen ab. Nach Tätigkeiten als Lehrer in Osterburg/Provinz Sachsen 1899, als Lehrvikar in Bethel 1899–1901, als Hilfsprediger in Rheine-Eschendorf 1901, Ordination 1901, als Studien-Inspektor am Prediger-Seminar in Soest 1902 und als Hilfsprediger in Dorstfeld 1903 wurde er als 2. Pfarrer am Wittener Diakonissenhaus 1904 eingeführt. 1914 übernahm er das Amt des 2. Pfarrers in Bruch und wurde zugleich 1924 Superintendent Recklinghausens. Beide Ämter übte er bis 1945 aus und starb 1947 in Recklinghausen-Bruch. Pastor Kramm war zweimal verheiratet, in erster Ehe von 1904–1914 mit der österreichischen Offizierstochter Josefa von Bredow und in zweiter Ehe seit 1915 mit der Lehrerstochter Anna Störmer aus Senne.

Am 14. Februar 1915 erfolgte die dritte Einführung eines Anstaltsvorstehers im Wittener Diakonissenhaus: Hermann Wilm wurde 1865 in Barmen als Sohn des Kaufmannes Jakob Hermann Wilm und dessen Frau Paulina, geb. Langenbeck, geboren. Er besuchte die Gymnasien in Berlin und Köln und machte 1884 sein Abitur. Er studierte anderthalb Jahre in Greifswald, ein Jahr in Berlin und je ein halbes Jahr in Utrecht und Bonn. Seine Examen legte er 1888 in Koblenz und 1890 in Berlin ab. 1888 bezog er das Kandidaten-Konvikt in Bethel, wo er ab 1890 als Inspektor tätig war und 1891 ordiniert

wurde. 1893 ging er als Pfarrer der deutsch-evangelischen Kirchengemeinde nach Edinburgh und heiratete hier 1896 Anna Eggeling, die Tochter eines Londoner Professors. Die weiteren Stationen waren: 1896 Pfarrer am Diakonissenhaus Miechowitz in Oberschlesien, 1901 Pfarrer in Reinswalde/Brandenburg, 1905 Pfarrer an der Diakonissenanstalt Kaiserswerth und 1909 Pfarrer in Rheydt. 1915 erfolgte seine Einführung als Vorsteher des Diakonissenhauses in Witten. 1925 wechselte er nach Bethel und übernahm die Leitung des Kandidaten-Konviktes bis zu seinem Ruhestand 1935. Von 1936–1939 übte er das Amt des Pfarrverwesers in Rothesütte bei Hannover aus. Pastor Wilm starb 1942 in Menninghüffen.
Ihm standen während seiner Amtszeit zwei 2. Pfarrer zur Seite, Hermann Möller und Hermann Kokkelke. Hermann Möller wurde 1881 in Hamburg-Bergfelde als Sohn des Assekuranz-Maklers Hermann Möller und dessen Frau Klara, geb. Krönig, geboren. Nach dem Besuch des Johanneums in Hamburg, der Gymnasien in Godesberg und Wandsbek, dem Abitur 1901, dem Studium in Tübingen und Halle legte er seine Examen 1905 und 1907 in Hamburg ab. Die weiteren Stationen waren: Lehrvikar in Freiburg/Breisgau 1905–1906, Hilfsprediger in Hamburg 1907, dort ordiniert 1907, Hilfsprediger am Archäologischen Institut in Jerusalem 1908–1909, Pfarrer in Hamburg-Barmbek 1909, 2. Pfarrer am Diakonissenhaus in Witten 1914, Pfarrer am Diakonissenhaus in Münster 1920, 2. Pfarrer in Höxter 1922, Pfarrer der lutherischen Gemeinde Elberfeld 1926, Geschäftsführer des Provinzialausschusses der Inneren Mission Westfalen in Münster 1937, im Ruhestand seit 1950, gestorben 1955 in Garmisch-Partenkirchen. Pastor Möller war seit 1909 mit Martha Bubendey verheiratet.
Hermann Kockelke wurde 1890 in Schwelm als Sohn des Pastors Heinrich Kockelke und dessen Frau Emilie Petermann geboren. Er besuchte das Gymnasium in Barmen. Nach dem Abitur 1908 studierte er in Bethel, Bonn, Halle und Berlin. Während der Zeit seiner Examen 1913 und 1914 in Münster war er Oberhelfer am Rauhen Haus in Hamburg 1913 und am Domkandidaten-Stift in Berlin 1914. 1914–1918 leistete er seinen Kriegsdienst und wurde 1915 ordiniert. Anschließend war er Inspektor am Prediger-Seminar in Soest 1919, Hilfsprediger in Rummenohl bei Hagen 1920, 2. Pfarrer am Diakonissenhaus in Witten 1920, Pfarrer in Münster beim Provinzial-Verband der Inneren Mission (Herbergsverband) 1925, 1. Pfarrer in Barmen-Wupperfeld 1930 und Pfarrer in der Krüppelanstalt Bethesda in Stettin.
1946 kehrte Pastor Kockelke noch einmal nach Witten zurück und übernahm für 4 Jahre die Ämter als 1. Pfarrer 1946 und Vorsteher 1947 des Diakonissenhauses. Anschließend wurde er 3. Pfarrer in Bocholt und trat 1956 in den Ruhestand. Er starb 1974 in Bad Salzuflen.
Seit 1876 waren Dr. Gustav Reschop als Chirurg und seit 1877 Dr. Adolf König als Internist zunächst im evangelischen Krankenhaus in Witten tätig, ab 1890 in der Funktion als Anstaltsärzte der Diakonissenanstalt in Witten. Dr. Adolf König (geb. 1850) war langjähriger verdienstvoller Stadtverordneter und ließ sich als bedeutender Redner für einen Landkreis in Hessen in den Reichstag wählen. Durch seine Behandlungsmethode der Lungentuberkulose wurde er weit über Witten hinaus bekannt. Dr. König starb 1900. Dr. Gustav Reschop, verheiratet mit Emme Rüping von Gut Gedern bei Witten, war eigentlich Augenarzt. Er legte aus gesundheitlichen Gründen am 15. Februar 1893 sein Amt nieder und starb im selben Jahr.
Schon 1892 übernahm Dr. Paul Boshamer (geb. 1863) als erster Assistent des Professors Carl Löbker (1854–1912) im Bergmannsheil Bochum vertretungsweise die Chirurgische Abteilung des Diakonissenhauses in Witten. Ab 1893 leitete er diese Abteilung als Chefarzt, nach dem Tod von Dr. König vorübergehend auch die Innere Abteilung. Er

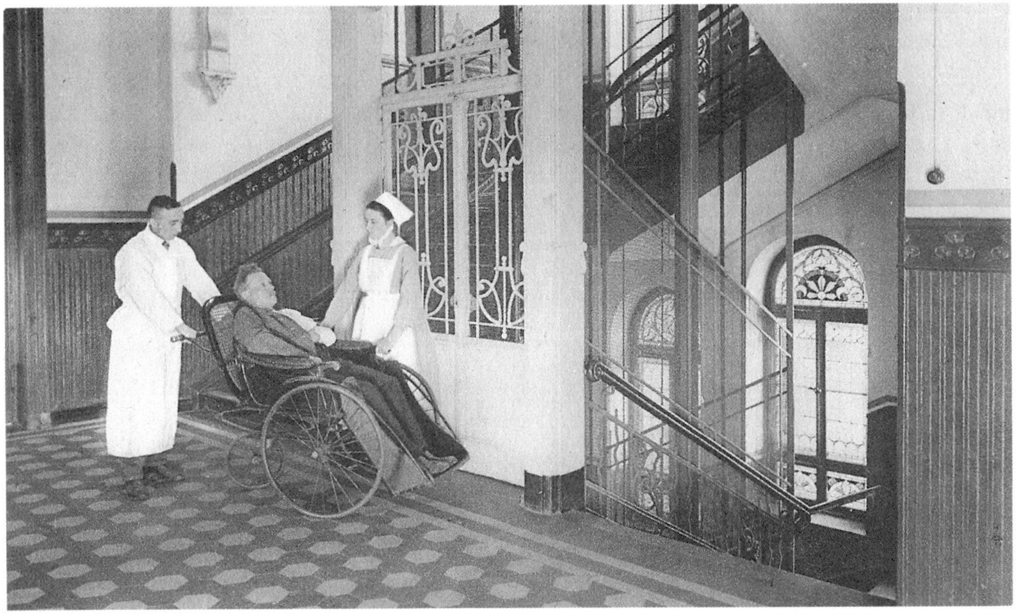

97. Treppenhaus mit Fahrstuhl, Evangelisches Diakonissenhaus, Postkarte um 1920

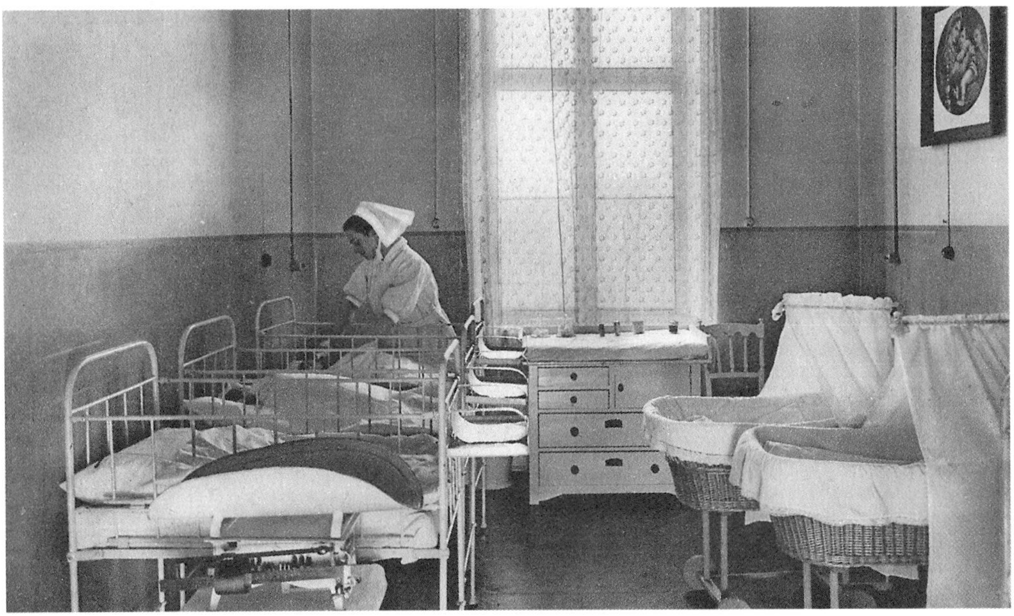

98. Säuglingszimmer, Evangelisches Diakonissenhaus, Postkarte um 1920

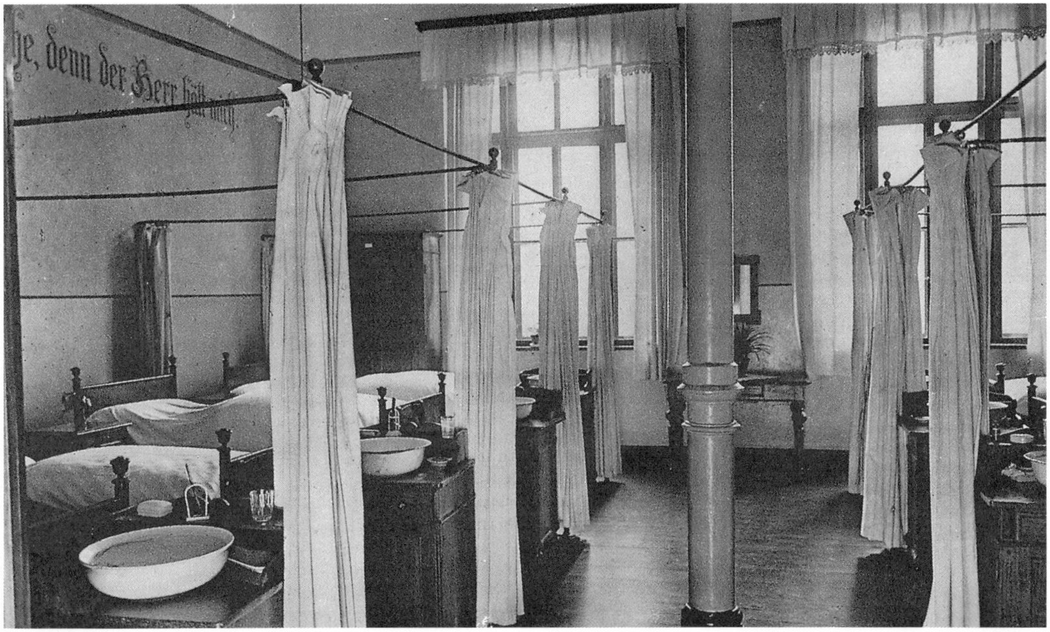

99. Krankensaal, Evangelisches Diakonissenhaus, Postkarte um 1920

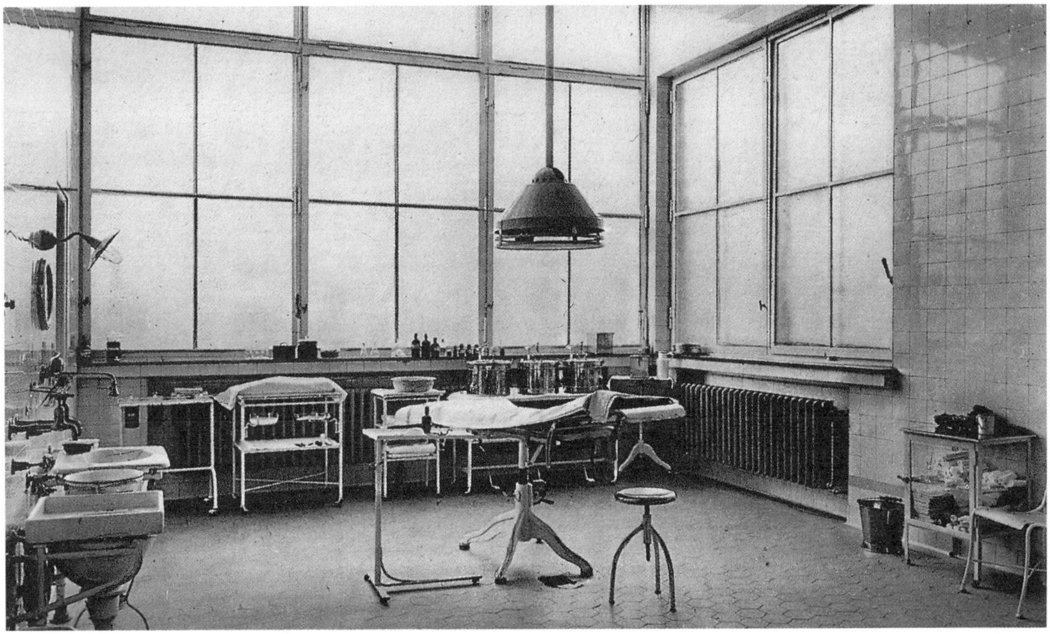

100. Operationssaal, Evangelisches Diakonissenhaus, Postkarte um 1920

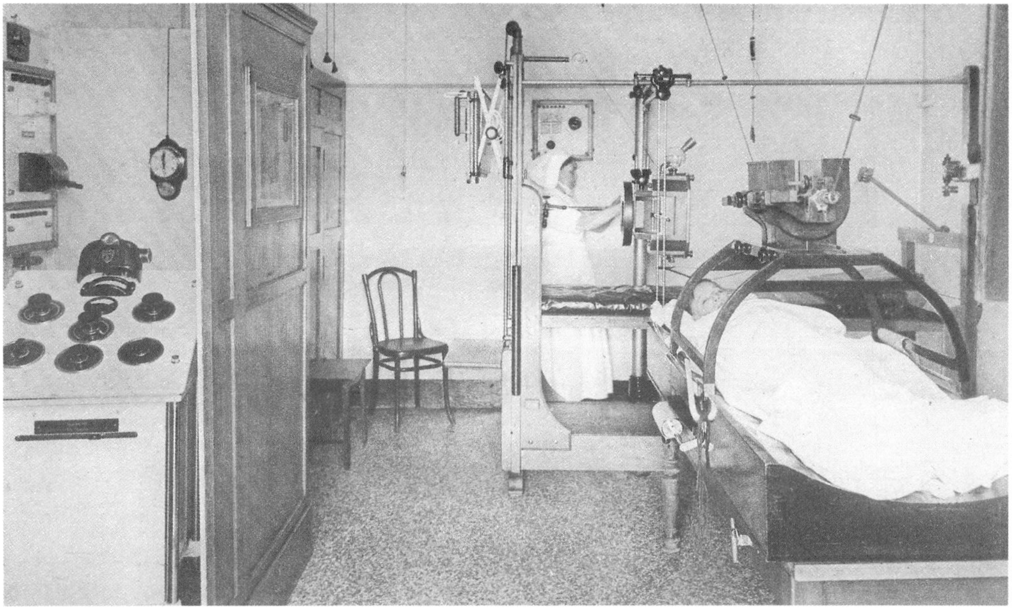

101. Röntgenzimmer, Evangelisches Diakonissenhaus, Postkarte um 1920

102. Laboratorium, Evangelisches Diakonissenhaus, Foto von Friedrich Goebel, nach 1900

103. Dispensieranstalt/ Apotheke, Evangelisches Diakonissenhaus, Foto von Friedrich Goebel, nach 1900

104. Dispensieranstalt/ Apotheke, Evangelisches Diakonissenhaus, Postkarte um 1920

war im rheinisch-westfälischen Industriegebiet eine hochgeschätzte ärztliche Persönlichkeit. Aus Altersgründen gab Dr. Boshamer 1929 sein Amt in Witten auf und setzte sich in Freiburg/Breisgau zur Ruhe.
In Erinnerung an seine Wittener Tätigkeit schrieb er u. a.: „Die Patienten der chirurgischen Abteilung rekrutierten sich hauptsächlich aus Verletzten der in Witten und in seiner Nähe liegenden Bergwerke und der vielen größeren und kleineren Eisenwerke, während die innere Abteilung meist von Kranken mit Rheumatismus, Lungenentzündung, Typhus, der in Witten nie ausstarb, und Kranken mit Krätze und sonstigem Ungeziefer aufgesucht wurde." Dr. Boshamer starb 1946 in Freiburg/Breisgau.
Am 15. Februar 1901 wurde Dr. Bruno Leick, geboren 1870 in Berlin, bis dahin Privatdozent und Oberarzt an der Medizinischen Klinik der Universität Greifswald, Chefarzt der Inneren Abteilung. 1929 trat Dr. Leick krankheitshalber von seinem Amt zurück und zog nach Bad Godesberg, wo er 1936 starb.

Ausbau der Diakonissenanstalt bis zum Zweiten Weltkrieg

Bei der Erweiterung des evangelischen Krankenhauses zum Diakonissenmutterhaus 1890 war die zweite Etage dieses Gebäudes nur teilweise ausgebaut. Auf dem Giebel des Mittelbaus stand ein steinernes Kreuz, über dem Eingang war – wie beim ersten Komplex des Krankenhauses aus dem Jahre 1863 – in goldenen Buchstaben die Inschrift „Christo in aegrotis" angebracht. Zu den vorhandenen 4 Morgen wurden 8 weitere zum Preise von 45 500 Mark hinzugekauft. Die Kapazität des Krankenhauses umfaßte 110 Betten. Die Küche befand sich im Kellergeschoß. Für die Ärzte waren weder Aufenthalts- noch Arbeitsräume vorhanden. Für die gelegentlichen Operationen mußte ein Krankenzimmer hergerichtet werden, in das ein Tisch geschoben und mit einer Gummidecke belegt wurde.
Als erstes neues Gebäude wurde ein einstöckiges Isolierhaus mit einem etwas erhöhten Mittelbau errichtet. Das 1891 eröffnete Haus diente zunächst nicht wie geplant zur Aufnahme der Seuchenkranken, sondern zur Entlastung des Krankenhauses. Es bestand aus 10 größeren und kleineren Krankenzimmern ohne Waschgelegenheiten, 2 Badezimmern, 2 Teeküchen, je einem Zimmer für den Arzt und die Stationsschwester sowie einem Zimmer für den Wärter und den Gärtner. Im gleichen Jahr wurde das alte Krankenhaus grundlegend renoviert, zumal auch Bergschäden, hervorgerufen durch den Untertagebau der Zeche Franziska Tiefbau, beseitigt werden mußten. Außerdem wurde 1891 das gesamte Anstaltsgelände entlang den Straßenfronten mit einer Mauer, zu der Feldseite hin mit einer Weißdornhecke eingefriedet.
Pastor Graeber wohnte zunächst bei seinem Amtsantritt in der Stadt. Die Entfernung zum Krankenhaus und der damit verbundene Zeitverlust für den Weg und das fehlende Zusammenleben des Vorstehers mit seiner Gemeinde veranlaßten als zweiten Neubau die Errichtung eines Pfarrhauses, das 1892 bezogen werden konnte.
Bis zu dieser Zeit war kein eigentliches Mutterhaus vorhanden; die Schwestern waren im Krankenhaus untergebracht, es fehlte an Schlaf-, Lehr- und Speiseräumen. Außerdem war die Chirurgische Abteilung vor allem mit einem Operationssaal dringend zu erweitern. Der Architekt Fritz Däche wurde – wie beim Isolierhaus und beim Pfarrhaus – mit der Erstellung von Plänen für ein neues Hauptgebäude beauftragt, dessen Grundsteinlegung am 7. Juli 1892 erfolgte. Dem Weihespruch von Generalsuperintendent Nebe fügte Dr. König hinzu, „daß Bazillen und Mikroben nie in diesem Hause toben!" Die Baukosten wurden mit 180 000 Mark veranschlagt, an Spenden und Darlehen standen insgesamt 228 000 Mark zur Verfügung.

105. Küche, Evangelisches Diakonissenhaus, Postkarte um 1920

106. Backstube, Evangelisches Diakonissenhaus, Postkarte um 1920

Während das alte Krankenhaus aus Bruchsteinen errichtet worden war, wurde der dreistöckige Neubau mit seinen 9 Fenstern in der Breite mit Backsteinen östlich des alten Krankenhauses gebaut. Durch einen Verbindungstrakt mit 4 Fenstern in der Breite wurden die beiden Gebäude miteinander verbunden. Die feierliche Einweihung fand am 16. November 1893 statt. Im Erdgeschoß des Hauptgebäudes waren die Chirurgische Abteilung mit einem Operationsraum untergebracht und im Erdgeschoß des Verbindungsbaues die Kinderabteilung. In der ersten Etage befanden sich die Probesäle für die eintretenden Schwestern, ein Lehrsaal, Wohnzimmer für die Schwestern und die Wohnung der Vorsteherin. Das zweite Geschoß enthielt die Schlafräume für die Schwestern. Im Zuge der Bauerweiterung wurde der Haupteingang wieder an die Stelle des ältesten Krankenhauseinganges gelegt.

Ebenfalls 1893 wurde das neu errichtete Ökonomiegebäude mit Wohnungen für den Anstaltsmaschinisten und den Viehwärter sowie einigen Zimmern für männliche und weibliche Angestellte und einem Seitenflügel mit Ställen für Schweine, Kühe und Hühner bezogen. 1895 konnte die neue Küche, die zwischen dem alten Krankenhaus und dem Isolierhaus gebaut worden war, einschließlich einer großen Waschküche genutzt werden. Im gleichen Jahr konnten auch eine neue Leichenkapelle eingeweiht und ein Gewächshaus in Betrieb genommen werden.

Im Mutterhaus wurde 1896 eine Hausapotheke, eine sogenannte Dispensieranstalt, eingerichtet. Mit der Einweihung des Gebäudes für das Kleinkinderschulschwestern-Seminar 1897 wurde der diakonischen Arbeit ein neuer Zweig hinzugefügt. Die Leitung übernahm zunächst Pastor Buschmann. Im Erdgeschoß dieses Hauses lagen zwei Säle für die kleineren und größeren Kinder, darüber Wohn-, Lehr- und Schlafräume für die leitende Schwester und die lernenden Probeschwestern sowie eine Wohnung für den Anstaltsgärtner.

Von Beginn an war die finanzielle Situation des Krankenhauses sehr angespannt. Die Pflegesätze deckten nicht die Kosten, und weder die evangelische Kirchengemeinde Witten noch die Stadt sahen sich verpflichtet, die Verluste auszugleichen, wenngleich sie freiwillig dazu beitrugen. 1897 gelang es Pastor Graeber, einen Krankenhausverband zu

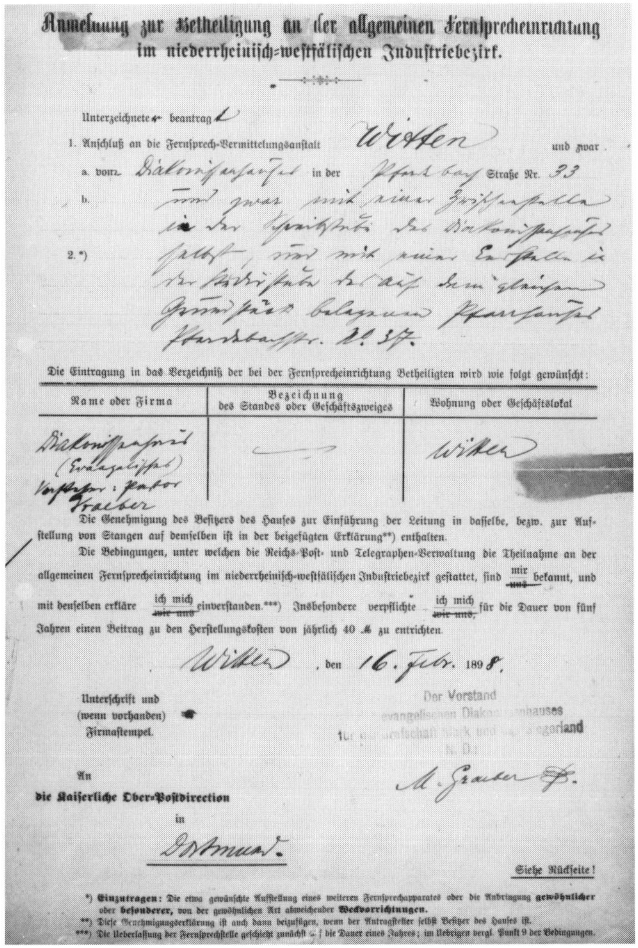

Anmeldung zur Betheiligung an der allgemeinen Fernsprecheinrichtung im niederrheinisch-westfälischen Industriebezirk.

Unterzeichnete beantragt

1. Anschluß an die Fernsprech-Vermittelungsanstalt Witten und zwar

a. vom Diakonissenhaus in der Pferdebach Straße Nr. 33

b.

2.*)

Die Eintragung in das Verzeichniß der bei der Fernsprecheinrichtung Betheiligten wird wie folgt gewünscht:

Name oder Firma	Bezeichnung des Standes oder Geschäftszweiges	Wohnung oder Geschäftslokal
Diakonissenhaus (Evangelisches) Vorsteher: Pastor Graeber	—	Witten

Die Genehmigung des Besitzers des Hauses zur Einführung der Leitung in dasselbe, bezw. zur Aufstellung von Stangen auf demselben ist in der beigefügten Erklärung**) enthalten.

Die Bedingungen, unter welchen die Reichs-Post- und Telegraphen-Verwaltung die Theilnahme an der allgemeinen Fernsprecheinrichtung im niederrheinisch-westfälischen Industriebezirk gestattet, sind mir ~~uns~~ bekannt, und mit denselben erkläre ich mich ~~wir uns~~ einverstanden.***) Insbesondere verpflichte ich mich ~~wir uns~~, für die Dauer von fünf Jahren einen Beitrag zu den Herstellungskosten von jährlich 40 ℳ zu entrichten.

Witten, den 16. Febr. 1898.

Unterschrift und (wenn vorhanden) Firmastempel.

Der Vorstand evangelischen Diakon...hauses ... N. D.

M. Graeber P.

An die Kaiserliche Ober-Postdirection in Dortmund.

Siehe Rückseite!

*) Einzutragen: Die etwa gewünschte Aufstellung eines weiteren Fernsprechapparates oder die Anbringung gewöhnlicher oder besonderer, von der gewöhnlichen Art abweichender Weckvorrichtungen.

**) Diese Genehmigungserklärung ist auch dann beizufügen, wenn der Antragsteller selbst Besitzer des Hauses ist.

***) Die Ueberlassung der Fernsprechstelle geschieht zunächst auf die Dauer eines Jahres; im Uebrigen vergl. Punkt 9 der Bedingungen.

107. Antrag des Evangelischen Diakonissenhauses auf Anschluß an die Fernsprech-Vermittlungsanstalt Witten vom 16. Februar 1898 gründen, dem die größte Zahl der Krankenhäuser des rheinisch-westfälischen Industriegebietes angehörte. So konnten – auch interkonfessionell – Erfahrungen ausgetauscht und Übereinstimmung über Pflege und Kosten erzielt werden. Pastor Graeber war bis zu seinem Tod 1904 Vorsitzender dieses Verbandes.

1898 wurde ein Grundstück in unmittelbarer Nachbarschaft zur Anstalt gekauft und so verhindert, daß ein Konsortium von Industriellen hierauf ein Stahl- und Eisenhüttenwerk mit Tag- und Nachtbetrieb errichtete. Für die Errichtung eines Bahnhofes der Bergisch-Märkischen Eisenbahn in unmittelbarer Nähe des Krankenhauses und die Erweiterung bzw. Tieferlegung der am Diakonissenhaus vorbeiführenden Pferdebachstraße wurde ein Stück des Krankenhausgartens an die Stadt Witten abgegeben. Gleichzeitig mußte auch die Anfahrt zum Krankenhaus abgesenkt werden. Im gleichen Jahr wurde der Haupteingang des Hauses erweitert und neu gestaltet. Unter der Nummer 171 wurde 1898 die Anstalt an das öffentliche Fernsprechnetz angeschlossen.

Gegen Ende des Jahrhunderts galt es, die bis dahin größte Aufgabe auf dem Gebiet der Bautätigkeit in Angriff zu nehmen: Es fehlte an Räumen für Privatkranke und für kranke Schwestern, an Versammlungsräumen für eine größere Anzahl von Schwestern und eine Kirche. Am 16. März 1899 wurde der Grundstein für die sogenannten Vollendungsbauten gelegt.

Die am 19. Oktober 1900, am Tage des 10jährigen Bestehens der Anstalt, eingeweihten Gebäude, die mit einem Kostenaufwand von 230 000 Mark errichtet worden waren, lehnten sich nach Osten, etwas abgeknickt nach Norden, an das Mutterhaus an und waren mit diesem durch ein Treppenhaus verbunden. Im Erdgeschoß und in der ersten Etage dieses zweistöckigen Flügels mit seinen 7 Fenstern in der Breite wurden Privatpatienten, in der zweiten Etage kranke Schwestern untergebracht. Die Privatstationen im Erdgeschoß und in der ersten Etage verfügten über 5 Einzelzimmer für die 1. Klasse, 6 Zweibettzimmer für die 2. Klasse sowie ein Dreibettzimmer für die 3. Klasse mit insgesamt 20 Betten. Hinzu kamen eine Anrichteküche, ein Arztzimmer und ein Röntgenzimmer im Erdgeschoß, weiterhin zwei Aufenthaltsräume, zwei Bade- und ein Schwesternzimmer sowie ein Amtszimmer für den Anstaltsleiter. Das Obergeschoß war für die Krankenschwestern vorbestimmt und umfaßte 8 Zimmer mit je 2 Betten, ein Badezimmer, eine sogenannte Wohnstube und ein Gastzimmer mit einem Bett.

Nach Bezug des Neubaus befanden sich im alten Krankenhaus auf der Inneren Männerstation 72 Betten, auf der Frauenstation 38 Betten, auf der Kinderstation 15 Betten, auf der Hautkrankenstation 14 Betten, im Hauptgebäude auf der Chirurgischen Station 59 Betten, im Isolierhaus 40 Betten, im Neubau auf den Privatstationen 20 Betten und auf der Schwesternkrankenstation 16 Betten, insgesamt 274 Betten.

Den Abschluß dieses Neubaus bildete nach Norden hin das Kirchengebäude. Im Erdgeschoß lag ein großer Festsaal, der durch Rollwände unterteilt werden konnte, darüber die Anstaltskirche. Den Entwurf des Königlichen Geheimen Baurats March aus Berlin-Charlottenburg führte der Architekt Fritz Däche aus. Über die Einweihung schrieb Pastor Graeber: „In der Kirche erfreuen namentlich die schönen Fenstergemälde. Über dem Altar, im Chorraum, der Heiland bei den bethanischen Schwestern, ihnen und namentlich unseren Schwestern predigend, daß wir über dem Vielerlei unserer täglichen Arbeit nicht das Eine, was Not ist, vergessen. Dies große, wirklich wundervolle Fenster ist eine Stiftung unseres am 18. Mai 1900 heimgegangenen Vorstandsmitgliedes Herrn Rudolf Bredt (Wetter) und seiner Gemahlin, gemalt von den Herren Döhrunger und Ehrich, angefertigt in der Werkstätte der Herren Gassen und Blaschke in Düsseldorf. Dann

108. Kapelle, Chorbereich, Evangelisches Diakonissenhaus, Postkarte um 1920

109. Kapelle, Orgelempore, Evangelisches Diakonissenhaus, Postkarte um 1920

110.-113. Fenster der Kapelle, Evangelisches Diakonissenhaus, Postkarten um 1900

110. Krankenheilung

111. Barmherziger Samariter

112. Speisung der Fünftausend

113. Lasset die Kindlein zu mir kommen

114. Festsaal unter der Kirche, Evangelisches Diakonissenhaus, Postkarte um 1920

an der Langseite drei Langfenster, in drei Bildern: ‚Jesus die Kindlein segnend', ‚Jesus allerlei Kranke heilend', ‚Jesus die Viertausend speisend', unsere drei Haupttätigkeiten in der Kleinkinderschule, Krankenpflege und Armen- bzw. Gemeindepflege vorbildlich darstellend, das erste von Frau Otto Rüping (Witten), das zweite von Herrn Kommerzienrat G. Vorsteher (Wetter) und das dritte von Frau Wwe. Carl Berger (Witten) gestiftet, und gegenüber, auf der Kanzelseite das vierte Langfenster, ‚den barmherzigen Samariter' darstellend und den Sinn verkündend, in welchem unser Haus all seine Arbeit tun will, gestiftet von Frau Wwe. Louis Berger (Horchheim). Diese vier Fenster kommen aus dem Institut für Glasmalerei von H. Hildebrandt (Berlin). Sehr schön ist ferner im Chorraum der auf Steinpostament sich erhebende, in Eichenholz geschnitzte Altar, zu welchem Fräulein Laura Hueck (Dortmund) uns das herrliche Ölbild ‚Jesus in Gethsemane' von Karl Bertling (Dresden) schon vor Jahren schenkte, während gegenüber auf der Orgelempore die vorzüglich ausgefallene Orgel mit zwölf klingenden Registern aus der Walcker'schen Orgelbauerei in Ludwigsburg, eine Stiftung der Firma Gebr. Müllensiefen (Crengeldanz), uns jedesmal aufs Neue durch ihren schönen Ton und ihre helle Fülle erfreut und erhebt.

Der Festsaal unter der Kirche mutet besonders durch seine Helle und Freundlichkeit jeden Besucher an und bietet einen wunderschönen Raum für unsere häuslichen Feste, für unsere fröhlichen Krankenunterhaltungsabende und für die Aufnahme der uns besuchenden Frauen- und Jungfrauenvereine. Sein wertvollstes Ausstattungsstück bildet der herrliche Bechstein'sche Flügel, den uns am Weihnachtsfest 1900 Frau Wwe. Gustav Brinckmann (Witten) zum Andenken an ihren verstorbenen Herrn Gemahl zum Geschenk machte."

Oben links:
115. Pastor Wilhelm Thiele (1863–1930), zweiter Vorsteher des Evangelischen Diakonissenhauses, Foto vor 1900

Oben Mitte:
116. Hermann Wilm (1865–1942), dritter Vorsteher des Evangelischen Diakonissenhauses, Foto vor 1925

Oben rechts:
117. Pastor Otto Stein (1879–1951), vierter Vorsteher des Evangelischen Diakonissenhauses, Foto vor 1947

Unten links:
118. Diakonisse Johanne Grunhoff (1853–1931), zweite Vorsteherin des Evangelischen Diakonissenhauses, Foto vor 1929

Unten rechts:
119. Diakonisse Mela Wittmann (1868–1951), dritte Vorsteherin des Evangelischen Diakonissenhauses, Foto vor 1938

120. Isolierhaus, Evangelisches Diakonissenhaus, Postkarte um 1920

121. Terrasse des Isolierhauses, Evangelisches Diakonissenhaus, Postkarte um 1920

122. Schwesternpark, Evangelisches Diakonissenhaus, Foto 1940

123. Rektor Adolf Schluckebier (1860–1951) legte 1907 den Schwesternpark des Evangelischen Diakonissenhauses an, Foto um 1925

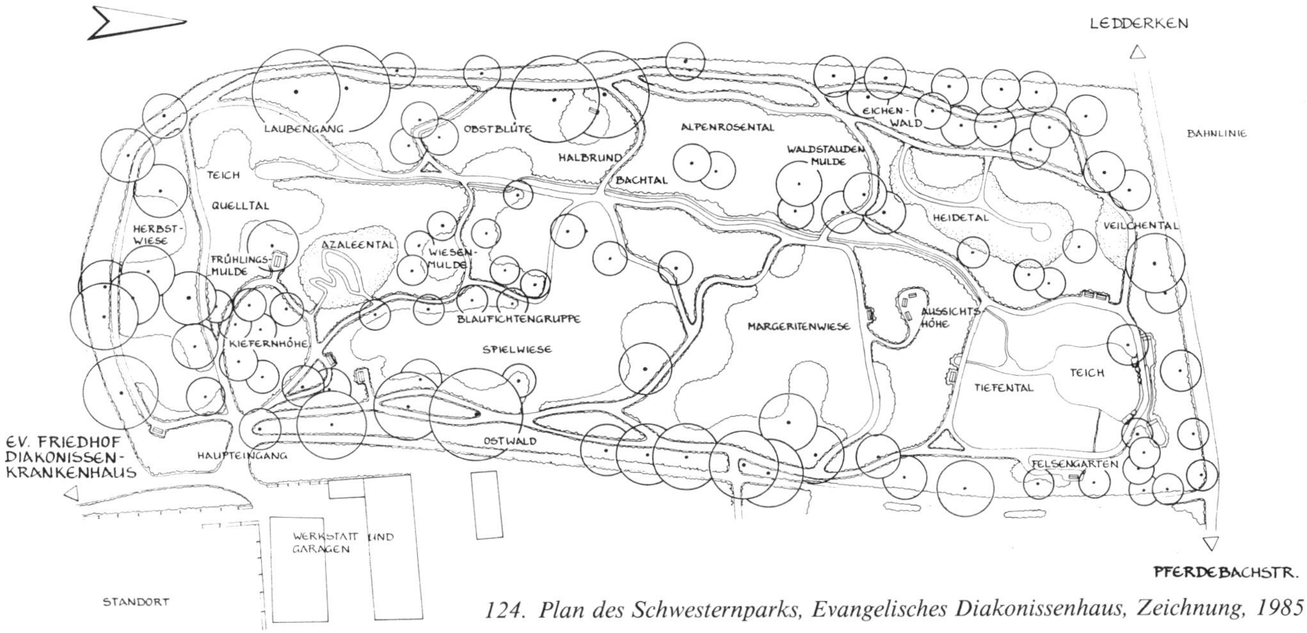

124. Plan des Schwesternparks, Evangelisches Diakonissenhaus, Zeichnung, 1985

Die Weihe war verbunden mit der Einsegnung von 20 Diakonissen. Erstmals läutete vom Turm der neuen Kirche die 1899 in der Wittener Glockengießerei Carl Munte gegossene Bronzeglocke (Schlagton c^2, Durchmesser 763 mm, Gewicht 260 kg) mit der Inschrift „Ev./Diakonissenhaus/1899. Noetige sie hereinzukommen/auf daß mein Haus voll werde! C. Munter in Witten goss mich 1899“. Heute ist die Glocke Teil des Geläutes der neuen Anstaltskirche.

1901 wurde das zweite Pfarrhaus auf dem Anstaltsgelände bezogen. Drei Jahre nach der Errichtung der sogenannten Vollendungsbauten ging Pastor Graeber daran, weitere wesentliche An- und Umbauten zu planen, die zwischen 1903 und 1905 ausgeführt wurden. Mitten in diese Bauphase hinein verstarb Pastor Graeber 1904.

Mit einem Kostenaufwand von 240 000 Mark wurde das alte Krankenhaus durch einen Vorbau nach Westen hin vergrößert, die gesamte Dachetage ausgebaut und der mittlere Teil nach hinten erweitert. Zwischen dem alten Krankenhaus und dem Mutterhaus wurde ein großes Treppenhaus mit einem Personenaufzug eingezogen. Auf den Verbindungsbau zwischen Krankenhaus und Mutterhaus wurde ein weiteres Stockwerk gesetzt, das einen großen Speisesaal für die Schwestern und einen Operationssaal für die Augen- und Frauenärzte aufnahm.

Nicht zuletzt um eine Ansiedlung von Industrie zu verhindern, kaufte die Anstaltsleitung 1906 ein 33 Morgen großes Grundstück für 132 000 Mark, das nördlich an das Anstaltsgelände angrenzte. Das Vorstandsmitglied Adolf Schluckebier (1860–1951), Rektor in Witten, begann 1907 auf einem Teil dieses Geländes den noch heute existierenden Schwesternpark anzulegen.

Bis 1906 beherbergte das Isolierhaus im Erdgeschoß infektiöse Wundkranke. Im mittleren Teil konnten in 3 Zimmern Personen mit ansteckenden Krankheiten wie Scharlach, Diphtherie und Typhus oder mit der seit 1905 im Ruhrgebiet verbreiteten Genickstarre untergebracht werden. Die Zustände waren jedoch durch die räumliche Enge untragbar, so daß dem Erdgeschoß des Isolierhauses mit seinen 32 Betten 1906 eine zweite Etage, dem Mittelteil ein weiteres Stockwerk aufgesetzt wurde. So entstanden vier voneinander getrennte kleinere Infektionsabteilungen mit insgesamt 90 Betten, die von außen durch 2 getrennte Treppenhäuser zugänglich waren, ohne daß das Erdgeschoß betreten werden mußte. Noch vor der Eröffnung der Räume 1907 wurde hier ein pockenverdächtiger Patient aus Frankreich eingeliefert. Insgesamt verfügte das Krankenhaus nunmehr über 333 Betten.

1906 ereignete sich in Witten ein schreckliches Unglück, das auch das Diakonissenhaus erheblich in Mitleidenschaft zog. Pastor Thiele berichtete 1907 darüber: „Am Mittwoch, den 28. November, waren die Schwestern eben zur wöchentlichen Bibelstunde versammelt, als um 8 1/4 Uhr eine Explosion auf der etwa 12 Minuten entfernt gelegenen Roburitfabrik erfolgte. Die Erschütterung war stark und erschreckend genug, doch sind wir ja in der Industriegegend an mancherlei Unerwartetes gewöhnt, so daß doch niemand eigentlich Grund zu weiteren Besorgnissen hatte. Die Bibelstunde wurde gehalten, freilich recht gestört durch den Gedanken an die Folgen, die schon von diesem ersten Schlag zu erwarten sein möchten. Es dauerte denn auch nicht lange, so wurden etliche Verletzte gebracht und zugleich tauchte das Gerücht auf, es wäre wohl noch mehr zu erwarten.

Inzwischen hatte sich der ganze südliche Himmel mit dunkelrotem Feuerschein bedeckt. Die Flammen aus der brennenden Fabrik schlugen hoch empor und Hunderte namentlich von jungen Leuten aus der Stadt strömten herbei, teils um zu helfen und zu retten, teils um das großartige Schauspiel zu bewundern. Da man das Roburit für ungefährlich hielt und von der Fabrikleitung völlige Gefahrlosigkeit behauptet wurde, kam das Publikum sorglos bis ziemlich nahe heran. Mit vieler Mühe gelang es der

125. Roburitfabrik nach der Explosion, Postkarte 1906

Sicherheitsbehörde, wenigstens aus der nächsten Umgebung der brennenden Fabrik die Umstehenden zurückzudrängen. Aber es war zu spät. Mit einer furchtbaren Gewalt schleuderten die entzündeten Sprengstoffe eine Feuersäule bis zum Himmel empor, um dann einen Hagel von glühenden Eisenteilen, Steinen und was sonst ihnen im Wege gewesen war, über die ganze Umgegend zu ergießen. Der furchtbare Knall ist bis Kassel und Göttingen gehört worden.
Furchtbar war die Wirkung in unserem Krankenhaus. Mehrere hundert Scheiben waren durch den Luftdruck zersplittert. Eine Haupteingangstür war durchgeknickt, am Ende langer Korridore gelegene Türen durch den eintretenden Luftdruck mit dem Türrahmen aus der Wand gebrochen und ins Zimmer gedrückt. Unsere Kranken waren aus den Betten gestürzt und suchten Schutz. Über einen schwer Verbrannten, dessen wundes Bein man sonst kaum berühren durfte, war ein ganzes Fenster in kleinen Scherben niedergegangen. Er wußte selbst hernach nicht zu sagen, wie er heraus und in ein anderes Bett an der gegenüber gelegenen Seite des Saales gekommen war. Auf der Frauenstation klammerten sich die Kranken – darunter schwerkranke, operierte Frauen – an ihre Stationsschwester, wie die geängstigten Kinder an ihre Mutter. Im Operationssaal, wo man schon an der Arbeit war mit den von der ersten Explosion Verletzten, ging die große, mehrere Meter breite Hauptscheibe nieder, mit dem Rahmen ganz aus der Holzverkleidung gedrückt, unten zersplitternd, und alles Gerät, auf das sie traf, zer-

schmetternd. Wie durch ein Wunder blieben die bei der Arbeit befindlichen Ärzte und Schwestern bewahrt. Gott sei Dank war es eine ruhige warme Nacht, so daß das Arbeiten bei der offenen Nachtluft nicht allzuschwer empfunden wurde. Einige Schwestern wurden sonst im Hause durch Glassplitter verletzt, eine Schwester durch den Luftdruck so gegen die Wand geschleudert, daß ihr ein Finger zerbrach. Von unseren Kranken wurde niemand verletzt.

Bald kam dann auch die Arbeit dieser furchtbaren Nacht. Zuerst die Leichtverletzten, die auf eigenen Füßen allein oder von anderen geführt kommen konnten, dann auch die Tragbahren mit ihrer schmerzlichen Last. Bald war es wie ein zusammenhängender Zug, eine Bahre nach der anderen, Feuerwehrleute, Arbeiter von der Fabrik, müßige Zuschauer, zumeist junge Burschen, die ihr Interesse zum Teil mit Gesundheit und Leben bezahlen mußten, aber auch solche, die als Retter hinausgeeilt waren, um nach Geschwistern, Eltern, Schwiegereltern in der gefährdeten Gegend zu sehen und nun unterwegs von der Katastrophe ereilt waren. In beiden Operationssälen waren alle Hände an der Arbeit. Unsere sämtlichen Ärzte, unterstützt von befreundeten Herren aus der Stadt und Umgegend, waren an der Arbeit, und alle Schwestern, die irgend im Operationssaal Bescheid wissen. Trotzdem staute sich manchmal der Zuzug so, daß im Korridor der Wundstation Bahre an Bahre stand. Mancher wurde bewußtlos gebracht, ohne wieder zum Leben zu erwachen. Mancher wurde gleich vom Eingang ins Totenhaus gebracht.

Am nächsten Morgen konnte man den Schaden erst recht übersehen. Ach, unser Festsaal! Die schönen bunten Fenster ganz durchlöchert, der ganze Rahmen aus der Wand gerissen, und die anderen Fenster nicht nur zerschmettert, sondern auch die Fensterkreuze gewaltsam mitten durchgebrochen. In der Kirche sah es nicht ganz so schlimm aus. Die Bleiverglasung hat vielfach nachgegeben, doch ist gerade das Hauptbild schwer verletzt. Auf der Privatstation und Wundstation fehlten wohl in jedem Fenster mehrere Scheiben. Vielfach mußten die Läden geschlossen werden. Und doch hatten wir viel zu danken. Es war niemand ernstlich verletzt. In beiden Pfarrhäusern waren kleine Kinder, aber weder den jungen Kindern noch ihren Müttern war ein Schaden geschehen, obwohl auch dort Fenster, Türen und Dächer arg beschädigt waren. Wenn nur in den Dank für den überstandenen Schrecken sich nicht die Sorge um das Bevorstehende gemischt hätte. Aber immer lauter und allgemeiner sprach sich die Befürchtung aus, es stände noch weit Schlimmeres bevor. Unter dem glimmenden Schutt sollten noch große Vorräte liegen, und sobald die fortschreitende Glut sie erreicht hätte, würden diese Massen aufgehen. Dann, hieß es, würde hier oben kein Haus stehen bleiben. Da die Feuerwehren mit größter Vorsicht arbeiteten und wiederholt von der Behörde davor gewarnt wurde, sich der Unglücksstätte zu nähern, so schienen diese Gerüchte wohl begründet zu sein. Sie waren es auch wohl, denn erst nach mehreren Tagen wurde mit den Aufräumungsarbeiten begonnen und erst am 6. Dezember, also mehr als eine Woche nach der Explosion, erschien ein Anschlag von der Behörde des Inhalts, daß man größere Explosionen nicht mehr zu fürchten hätte, da alle Sprengstoffmassen fortgeräumt wären, wohl aber noch kleinere Teile verstreut liegen können, die das unmittelbare Betreten der Unglücksstätten noch immer gefährlich machten. Wir können sehr dankbar sein, daß Gottes Gnade Schlimmeres verhütet hat. Aber die Tage des Wartens waren ganz furchtbar und haben allen Beteiligten viel Nervenkraft gekostet. Jeden Augenblick auf Furchtbares gerüstet sein müssen, das ist fast mehr als ein Mensch ertragen kann. Unglücksfälle kommen ja sonst unerwartet. In diesem Warten auf das scheinbar Unabwendbare, Unübersehbare lag etwas Widernatürliches, wie es unserer Kraft sonst nicht zugemutet wird. Tagelang sind die Hausgenossen

126. Feierabendhaus Abendfrieden, Evangelisches Diakonissenhaus, Postkarte nach 1925

127. Feierabendhaus Abendfrieden, Treppenhaus, Evangelisches Diakonissenhaus, Postkarte nach 1925

nicht aus den Kleidern gekommen, um in jedem Augenblick gerüstet zu sein.
Am 1. Adventssonntag, den 2. Dezember, stand der Adventsgottesdienst noch ganz unter dem Eindrukke der durchlebten Schrecken. Am Nachmittag fand die große Beerdigung statt, die dank der eingehenden sorgfältigen Vorbereitung in großartiger, weihevoller Ordnung verlief. Da von unseren Toten die Mehrzahl katholisch war, wurden direkt von unserem Hause nur sieben Leichen beerdigt, denen sich aus der Stadt noch vier anschlossen, die vorher nach Hause geholt worden waren. Es war ein großartiger Anblick, wie Tausende um das Haus her standen, alle Wege, Böschungen, selbst die Mauern bedekkend, bis zum Rheinischen Bahnhof hinauf. Auf dem runden Platz vor dem Eingang sang ein aus allerlei Vereinen gesammelter großer Männerchor: ‚Wer weiß, wie nahe mir mein Ende.' Dann kam unter dem Schalle des auf der Eingangstreppe aufgestellten Posaunenchors ein Wagen nach dem anderen, jeder mit seinem Gefolge, von der Kirche her herausgefahren. Ihnen schlossen die aus der Stadt gekommenen, in der Straße aufgefahrenen Wagen sich an, und so ging es in langem Zuge zum Kirchhof, wo auch wieder Tausende der Ankunft des Zuges harrten.
Sehr wohl getan hat den Verletzten der Besuch Seiner Exzellenz des Herrn General von Scholl, der im Auftrage Seiner Majestät des Kaisers schon am Freitag, den 30., das Haus besuchte, in sehr freundlicher Weise an das Bett jedes Einzelnen trat und im Auftrag des Kaisers überaus gütige, tröstliche Worte an jeden der Verletzten richtete. Auch die Kaiserin ließ in einem Privatbrief durch ihre Oberhofmeisterin, Frau Gräfin von Brockdorff, dem Anstaltsleiter ihre herzliche Teilnahme aussprechen und ließ sich näheren Bericht erstatten."
1908 kaufte das Mutterhaus gegen Übernahme der Schuldenlast für 40 000 Mark ein Erholungsheim in Völlinghausen im Möhnetal, am Anfang des Arnsberger Waldes gelegen. Das Haus, 1890 erbaut, diente ursprünglich erholungsbedürftigen Lehrerinnen und anderen Frauen. Bis 1978, dem Jahr des Verkaufs, war es ein beliebter Erholungsaufenthalt für die Wittener Schwestern.
Die Eröffnung des Amts-Krankenhauses in Langendreer 1909 wirkte sich auf die Belegungszahl des Diakonissenhauses in Witten überaus negativ aus. Die Zahl der Verpflegungstage ging deutlich zurück.
Für die Vorbereitung der Schwestern auf die staatliche Krankenpflegerinnen-Prüfung wurde 1910 das neuerrichtete Seminar-Gebäude eröffnet. Hinzu kam 1912 die Einweihung des sogenannten Haushaltspensionats, in dem Handarbeits- und Haushaltungsschulunterricht erteilt wurden. Im Zuge dieser Baumaßnahmen erfuhren die Anstaltsgärten nach einem Entwurf des Gelsenkirchener Gartenarchitekten Wilms eine grundlegende Umgestaltung und Erweiterung.
Nach der Roburit-Katastrophe 1906 wurde Witten 1912 von einer schweren Typhusepidemie heimgesucht. Mit zunächst 30 Typhuskranken waren schnell zwei Abteilungen des Krankenhauses belegt. Außerdem wurden 4 Baracken errichtet, die mit einer eigenen Küche ein kleines Krankenhaus darstellten. Insgesamt wurden 220 Typhuskranke oder -verdächtige aufgenommen. Auch um die Versorgung dieser Kranken zu gewährleisten, wurde die Küche des Krankenhauses wesentlich vergrößert und modernisiert.
Für den seit 1912 tätigen Verwalter des äußeren Anstaltsbetriebes und für den 2. Anstaltspfarrer sind in einem kleinen Anbau an das Haupttreppenhaus 1913 neue Räume geschaffen worden.
1913/14 wurde der Operationssaal erneuert. Statt des bisher einen Raumes sind 2 kleinere Säle eingerichtet worden, einer für Operationen und einer für die Erneuerung von Verbänden. Daneben gab es ein Sterilisationszimmer, einen Warteraum und ein Röntgenzimmer. Die Kosten für diese Baumaßnahme beliefen sich auf 32 000 Mark.

128. Anstaltskirche, Pfarrhaus und Seminar-Hospiz, Evangelisches Diakonissenhaus, Postkarte nach 1925

129. Pfarrhaus, Evangelisches Diakonissenhaus, Postkarte nach 1925

130. Mutterhaus, Evangelisches Diakonissenhaus, Foto vor 1940

131. Mutterhaus, Rückfront, Evangelisches Diakonissenhaus, Foto vor 1940

132.-134. Aus dem Mutterhaus, Evangelisches Diakonissenhaus, Fotos vor 1940

Kurz vor Beginn des Ersten Weltkrieges entsprach der Vorstand dem dringenden Wunsch des Anstaltsgärtners und ließ 1915 in der Nähe des Ökonomiegebäudes ein neues Gewächshaus für die Blumen- und Gemüsezucht errichten.
Für die Bautätigkeiten der Diakonissenanstalt in den ersten 25 Jahren ihres Bestehens sind insgesamt nahezu 2 Millionen Mark aufgewandt worden. Trotz des Ersten Weltkrieges wurde 1915 in einer Feier des 25jährigen Bestehens der Anstalt gedacht.
Bei Ausbruch des Krieges wurde das Krankenhaus für die Aufnahme von 150 Verwundeten vorbereitet. Schon Ende 1914 waren die Betten voll belegt, so daß neben den beiden örtlichen Krankenhäusern auch das Gemeindehaus in der Augustastraße und das Martineum in der Wideystraße als Lazarette eingerichtet wurden. Schwestern aus dem Wittener Mutterhaus waren während des Ersten Weltkrieges in Feldlazaretten in Belgien, Frankreich, Polen und Ungarn tätig.
In einer Rückschau aus dem Jahre 1940 anläßlich des 50jährigen Bestehens der Diakonissenanstalt erinnerte sich der damalige Vorsteher Pastor Hermann Wilm an Ereignisse des Ersten Weltkrieges: „Der Eingang in die Schwesternschaft wurde mir dadurch erleichtert, daß ich während des Krieges wiederholt die Schwestern, die draußen ihren Dienst taten, besuchen konnte. Gerade diese waren ja besonders empfänglich für die geistliche Betreuung. Schon im Mai 1915 (am 14. Februar 1915 war ich eingeführt worden) ging es nach Lodz. Die Schwestern kannten mich noch nicht; aber es war erstaunlich und sehr erquickend, wie rasch man sich dort fand. Besonders köstlich und unvergeßlich waren gottesdienstliche Feiern, an denen auch Schwestern aus anderen Mutterhäusern teilnahmen. Die erste Feier war in der Aula des Knabengymnasiums. Das lebensgroße Bild des Zaren war aus dem Rahmen herausgeschnitten, damit die Deutschen es nicht entweihten, und nun war dieser leere Rahmen der Hintergrund für den Mutterhauspfarrer. Als Folge dieses ersten Gottesdienstes wurde von den Schwestern ein Abendmahlsgottesdienst gewünscht, den ich in Gemeinschaft mit dem Feldgeistlichen in der Aula des Lyzeums halten durfte. Im November ging es dann zu einem kurzen Besuch nach Tilsit. Im Juni 1916 fuhren die Vorsteherin Schwester Johanne Grunhoff und ich nach Longuyon, der Etappe von Verdun. Ich wurde in der Wohnung des katholischen Pfarrers untergebracht. Er selbst lag vor der Kirche begraben, hatte sich wohl an einem Franktireuraufstand beteiligt. Hier feierten wir das heilige Abendmahl in einem Kloster. Die Nonnen hatten alles dafür hergerichtet. Und dann ging es noch nach Montmédy, wo eine Bibelstunde unter einem gewaltigen Platanenbaum gehalten wurde – 1917 machte ich noch einen Besuch in Le Cateau (der Etappe von St. Quentin). Schwester Maria Geldmacher und Schwester Maria Köster zeigten mir in Guise und Bohain ihre Arbeitsplätze. Unvergeßlich der Besuch des jungen Thiele, Sohn unseres Vorstehers, der im Lazarett krank lag und später fiel. Der Erinnerung wert ist aus der Kriegszeit ein Ausspruch von Schwester Emilie Kreikenbaum, die 1915 starb, sie sagte: ‚Ich will mich lieber unter den Trümmern dieses Hauses begraben lassen, als nur einen Zoll von dem Posten weichen, auf den mich mein Mutterhaus gestellt hat.' – Eine Schwester, Lina Nickel, starb auf dem Kriegsschauplatz. Sie bat vor ihrem Tode: ‚Kein Lob am Grabe aussprechen! Was ich getan habe, habe ich zuvor von Gott erhalten, und dann habe ich es nur weitergegeben. Ich habe also nichts getan, sondern Gott hat alles getan.' Bei ihrem Begräbnis war außer den Delegierten die große Schar der Feldgrauen zugegen. Über dem Grabe kreiste ein deutscher Flieger. So wurde die schlichte Schwester begraben wie eine Fürstin, eine äußere Erfüllung des Wortes, das sie nach ihrem Eintritt gebrauchte und ganz innerlich gemeint hat: ‚Ich möchte mit keinem Könige tauschen!'

135. *Marthahaus – Haushaltungsschule – und Verwalterwohnhaus (links), Evangelisches Diakonissenhaus, Foto vor 1945*

136. *Klassenzimmer im Marthahaus, Evangelisches Diakonissenhaus, Foto vor 1945*

137. Kindergarten, Evangelisches Diakonissenhaus, Foto vor 1945

138. Kindergarten, Evangelisches Diakonissenhaus, Foto von Friedrich Goebel, nach 1900

139.-141. *Kindergarten, Evangelisches Diakonissenhaus, Postkarten um 1920*

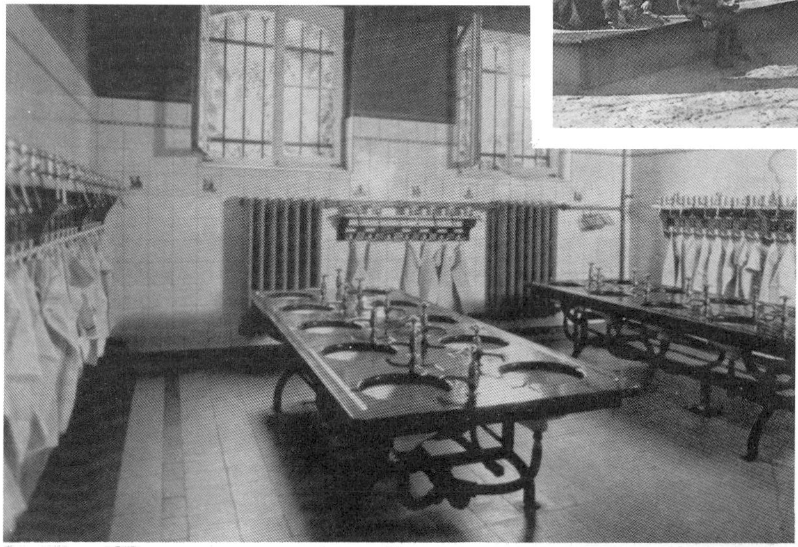

Im übrigen ging während der Kriegszeit die Arbeit innerhalb des Mutterhauses so fort, als wenn kein Krieg wäre. Außer reichlichen Besuchen bei einzelnen Schwestern wurden die großen und kleinen Schwesterntage regelmäßig gehalten. Neben den Rüstzeiten vor einer Schwesterneinsegung war mir der Dienst an diesen Schwesterntagen besonders wichtig. Die Ewigkeitskräfte des Wortes Gottes schufen wie von selbst die einzigartige familienhafte Verbundenheit untereinander, welche wohl die schönste Frucht des rechten Mutterhauswesens ist. Auch Davos konnte wiederholt besucht werden. Im Krankenhaus wurden immer wieder Verwundete aufgenommen, auch solche aus den feindlichen Heeren, Franzosen und Engländer. Wie sie behandelt wurden, zeigt das Wort eines Amerikaners, der voller Staunen war. Er hatte bei seiner Gefangennahme gemeint, er würde gefoltert werden, nun ging es ihm in unserm Krankenhaus so, daß er meinte, er wünsche allen seinen Landsleuten, verwundet und bei uns gepflegt zu werden. –
Schwer war 1917 das Hungerjahr. Wittens Lage im Industriegebiet machte es besonders schwer. Im Jahre 1918 (November) brandeten um das Mutterhaus die Wellen der Revolution. Die Rauchfahnen der Fabriken wehten nicht mehr wegen des Generalstreiks. Auf dem Rathaus war die rote Fahne gehißt. Ein Angeber aus dem Soldatenrat stenographierte meine Predigt mit. Der katholische Pfarrer und ich waren uns eins darin, daß wir in diesen Tagen an die Wand gestellt werden könnten. Abends das üble Mischgetön von Glockengeläut (das die Spartakisten erzwangen), Sirenen und Gewehrschüssen! Aber uns geschah nichts. Die Liebesarbeit der Schwestern blieb anerkannt. Ich konnte in einer sozialdemokratischen Versammlung darauf hinweisen, ohne daß Widerspruch erfolgte. Ja, ein führender Sozialdemokrat bekam einen so starken Eindruck von der Güte, die seine erkrankte Frau im Krankenhaus erfahren hatte, daß er in Verbindung mit Pastor Nell um Unterredung bat zur Versöhnung zwischen Christentum und Sozialismus. Damals entstand eine zeitweise sehr hoffnungsvolle Bewegung, an der Pastor Brandt und ich teilnahmen. In Volksversammlungen und später in kleineren Kreisen wurde manches erreicht. Doch darüber ist hier nicht zu reden. Es handelt sich nur um den Anstoß, der in der Tat von schlichter Schwesternarbeit ausging. Bei den späteren schmerzlichen Bürgerkriegsschlachten um Dortmund und in der Nähe von Hamm sind Opfer dieser Kämpfe in unserm und auch im Hammer Krankenhaus gepflegt worden."
1919 kaufte der Vorstand der Institution für die Erholung der Schwestern ein Haus auf der Nordseeinsel Juist, das 1967 an die Inselgemeinde verkauft wurde.
Die allgemeinen Preissteigerungen während des Krieges und die sich anschließende Geldentwertung brachten auch das Wittener evangelische Krankenhaus in eine bedrohliche Lage. Kommunale Krankenhäuser hatten es im Vergleich zu den konfessionellen leichter, da sie Zuwendungen seitens der Städte erhielten. Nur der Zweckverband mit seinen über 50 Mitgliedern konfessioneller Krankenhäuser, dessen stellvertretender Vorsitzender Pastor Wilm war, vermochte durch sein gemeinsames Handeln, höhere Pflegesätze seitens der Krankenkassen durchzusetzen. Hierdurch konnte die finanzielle Not abgemildert werden. Dennoch wuchs die Schuldenlast weiter. So bildete sich aus Vertretern der Kirchenkreise des Bezirks ein Vertrauensrat, der erstmalig im Januar 1922 in der Wittener Anstalt tagte. In gemeinsamen Beratungen mit der Anstaltsleitung suchte er nach Wegen zur tatkräftigen Hilfe. Unterstützt wurde der Kreis auch von Angehörigen der Kommunen, so dem Stadtkämmerer von Hamm H. Freytag. Trotz der spürbaren Erfolge dachte der Vorstand 1923/24 sogar an eine Schließung der Anstalt. In diese Zeit fiel die Umwandlung des Kleinkinderlehrerinnen-Seminars in ein staatlich anerkanntes Kindergärt-

nerinnen- und Hortnerinnenseminar 1922, das unter der Leitung von Pastor Kockelke stand.
Die Situation an Rhein und Ruhr zu Beginn der 20er Jahre wurde zudem erheblich durch die französisch-belgische Besetzung des Ruhrgebietes 1923-25 verschlimmert; Witten wurde Sitz eines Divisionsstabes. Durch die Stillegung aller Industriebetriebe stieg die Arbeitslosenzahl auf über 13 000. Bis 1925 schlossen in Witten sämtliche große Zechen.
Eine längst überfällige Aufgabe war es, für die alten Schwestern ein Feierabendhaus zu bauen. 1924 beschloß der Vorstand, das Vorhaben zu verwirklichen. Das Haus „Abendfrieden" wurde am 16. September 1925 eingeweiht.

Die Zeit bis zum Ende des Zweiten Weltkrieges

Nach dem Tod von Theodor Müllensiefen übernahm Carl Berger 1926 den Vorsitz des Vorstandes des Diakonissenhauses. Carl Berger, Enkel von Carl Ludwig Berger (1724 – 1871) – dem Gründer des Wittener Gußstahlwerkes im Jahre 1853 –, wurde 1860 in Witten geboren. Innerhalb des Kohlen-Syndikats war er bis 1917 als selbständiger Kaufmann im Kohlenhandel tätig. Daneben übte er verschiedene Ehrenämter aus. Ab 1897 gehörte er dem Vorstand der Wittener Diakonissenanstalt an. Carl Berger war verheiratet mit Maria Müllensiefen (1873 – 1958), Tochter von Hermann Müllensiefen, der ebenfalls Mitglied im Vorstand der Diakonissenanstalt war. Nach dem Tode des Onkels seiner Frau, Theodor Müllensiefen, wurde er bis 1942 Vorstandsvorsitzender. Er starb 1955.
Sein Nachfolger wurde der Fabrikant Oscar Funcke aus Hagen. Geboren 1885 in Hagen, nach dem Studium in Freiberg/Sachsen, Berlin, Hannover und Grenoble war Oscar Funcke von 1910–1947 Mitleiter der Firma Funcke u. Hueck in Hagen. Er war Kriegsteilnehmer 1914/18, Mitglied des Provinzial-Landtages, später des Landschaftsverbandes Westfalen-Lippe sowie verschiedener wirtschaftlicher Vereinigungen und Kommissionen, daneben Stadtverordneter in Hagen für die Deutsche Volkspartei, später die Freie Demokratische Partei, mit Unterbrechungen von 1919–1955. Von 1920 bis zu seinem Tod im Jahre 1965 war Oscar Funcke Vorstandsmitglied der Orthopädischen Anstalten Volmarstein, seit 1931 Vorstandsvorsitzender. 1947 ging er in den Ruhestand, betätigte sich jedoch weiterhin im Bereich Wirtschaftsberatung. 1950 legte Oscar Funcke das Amt des Vorstandsvorsitzenden des Wittener Diakonissenhauses nieder. Ein Jahr später wurde er Mitglied des Bundestags, aus dem er 1953 wieder ausschied. Oscar Funcke starb 1965.
Ebenfalls 1926 erfolgte eine Neubesetzung in der Anstaltsleitung. Nachfolger Pastor Wilms wurde der 1879 in Weidenau/Siegerland als Sohn des Hüttendirektors Karl Stein und dessen Frau Emilia, geb. Sprenger, geborene Pastor Otto Stein. Nach dem Besuch des Realgymnasiums in Siegen und dem Abitur 1899 in Attendorn studierte Otto Stein drei Jahre lang in Halle und legte seine Examen 1902 und 1904 in Münster ab. Von 1903 bis 1904 besuchte er das Prediger-Seminar in Soest. Anschließend war er als Hilfsprediger in Werl, 1904 in Wickede/Ruhr, in Fischelbach 1905 und in Hofstede-Riemke 1905. Seine Ordination erfolgte 1905 in Erndtebrück. Die Einführung als 2. Pfarrer in Hofstede-Riemke fand 1908 statt, als Pfarrer in Hilchenbach 1911. Am 14. März 1926 erfolgte die feierliche Einführung als 1. Pfarrer und Vorsteher des Diakonissenhauses in Witten. Pastor Stein ging am 31. März 1947 in den Ruhestand und starb 1951 in Witten. Er war verheiratet mit Luise Schröder aus Remels bei Hannover. Das Ehepaar fand auf dem Ledderkenfriedhof seine letzte Ruhestätte.
Noch zu Lebzeiten Steins kehrte Pastor Hermann Kockelke, der hier schon von 1920 – 1925 als 2.

142. Erholungsheim Völlinghausen/Möhnesee, Postkarte um 1920

143. Kaffeegesellschaft im Park des Erholungsheimes Völlinghausen/ Möhnesee, Foto um 1930

144. Erholungsheim Juist, Postkarte um 1930

145. In den Dünen auf Juist, Foto um 1930

Pfarrer gewirkt hatte, nach Witten zurück und wurde als 1. Pfarrer am 24. Juli 1946 in sein Amt eingeführt. Nach dem Tod von Pastor Stein wurde er 1947 auch Vorsteher des Diakonissenhauses Witten. Über den Lebensweg von Pastor Kockelke wurde in diesem Beitrag bereits berichtet. Er blieb bis 1950 im Amt.
Für 3 Monate – von September bis November 1950 – kehrte Pastor Hermann Möller, der hier bereits von 1914 – 1919 gearbeitet hatte, zur kommissarischen Leitung der Diakonissenanstalt nach Witten zurück.
Zwei Jahre nach Pastor Stein wurde die Diakonisse Mela Wittmann 1929 neue Vorsteherin. Sie wurde 1868 in Elberfeld geboren und war zunächst als Johanniterschwester in der Krankenpflege und in einer Apotheke tätig. 1902 war sie in das Mutterhaus eingetreten, wurde im gleichen Jahr eingesegnet und war 5 Jahre lang Probemeisterin. Ab 1906 arbeitete sie als leitende Schwester im Stadtkrankenhaus von Soest. 1929 fand ihre Amtseinführung in Witten statt. Nach Vollendung ihres 70. Geburtstages ging sie 1938 in den Ruhestand und starb 1951 in Witten.
Ihre Nachfolgerin wurde Diakonisse Dr. Hedwig Maaß. Geboren 1895 in Recklinghausen und nach vorübergehender Tätigkeit als Kindergärtnerin trat sie 1913 ins Mutterhaus ein und wurde wahrscheinlich 1920 eingesegnet. Am Abendgymnasium in Gelsenkirchen legte sie 1933 ihr Abitur ab und studierte Sozialwissenschaften und Pädagogik in Münster, Leipzig und Heidelberg. Den Doktorgrad erwarb sie 1937. In ihr Wittener Amt als Vorsteherin wurde sie 1938 eingeführt. Hedwig Maaß beendete ihre Tätigkeit in Witten 1946 und schied offiziell aus dem Wittener Mutterhaus 1947 aus. Anschließend war sie Oberin der Bergischen Diakonie in Aprath. Sie starb 1971.
Diakonisse Emmy Israel, geboren 1892 in Berlin und ausgebildete Krankenschwester, trat 1929 in das Diakonissenhaus Salem-Köslin/Pommern ein, wo sie 1931 eingesegnet wurde. In das Wittener Amt als Vorsteherin wurde sie am 1. Oktober 1946 eingeführt. Bereits 1950 kehrte sie in das nunmehr in Minden beheimatete Mutterhaus Salem-Köslin zurück. Sie starb 1954.
Als 2. Pfarrer auf Hermann Kockelke folgte 1925 Wilhelm Eichholz. Wilhelm Eichholz, geboren 1898 in Essen-Kupferdreh als Sohn des Pfarrers Georg Eichholz und dessen Frau Clara, geb. Schulze, besuchte das Burg-Gymnasium in Essen, studierte in Bonn, Münster, Tübingen und Bonn, war Hilfsprediger in Urbach/Rheinland 1924, wurde dort im gleichen Jahr ordiniert, war 1925 Hilfsprediger in Unterbarmen und wurde 1925 als 2. Pfarrer am Diakonissenhaus in Witten eingeführt. Anschließend führte ihn sein Weg als Pfarrer über Kleve 1928 nach Aachen 1934, wo er zugleich ab 1946 als Superintendent bis zu seinem Ruhestand in Jahre 1968 wirkte. Er starb 1973 in Aachen. Dort hatte er 1935 Margarete Rolffs aus Berlin-Charlottenburg geheiratet.
1928 ist eine 3. Pfarrstelle an der Diakonissenanstalt eingerichtet worden, die bis 1932 Rudolf Fromme einnahm. Danach ist die Stelle nicht neu besetzt worden.
Für nur ein halbes Jahr – bis zu seinem Tod im Jahre 1929 – nahm Wilhelm Heider, geboren 1879 in Greifswald als Sohn des Pastors Albert Heider und dessen Frau Elisabeth Meyrahn, das Amt des 2. Pfarrers an der Diakonissenanstalt Witten wahr. Nach dem Besuch des Realgymnasiums in Siegen, dem Abitur 1899, dem Studium in Greifswald und Halle, den Examen 1904 und 1907 in Münster war Heider zunächst Lehrer an der Rektoratschule in Weidenau ab 1903 und in Cronenburg ab 1905, anschließend Lehrvikar in London von 1907 bis 1908, Hilfsprediger der Lutherischen Gemeinde Altena und in Siegen 1908 sowie in Berghofen 1909, wo er auch ordiniert wurde, und seit 1911 Pfarrer in Tönisheide/Rheinland. Am 1. Oktober wurde er als 2. Pfarrer des Diakonissenhauses Witten und als

Leiter des Kindergärtnerinnenseminars eingeführt. Pastor Heider war seit 1917 mit Anna Klein verheiratet.

Am 6. September 1929 übernahm Oswald Schallenberg die Aufgaben als 2. Pfarrer und Leiter des Kindergärtnerinnenseminars des Diakonissenhauses in Witten. Als Sohn des Landwirtes Heinrich Wilhelm Schallenberg und dessen Frau Elise, geb. Michael, 1894 in Leeden bei Lengerich geboren, besuchte er das Gymnasium in Burgsteinfurt, studierte in Bethel, Halle und Münster – in diese Zeit fiel auch sein Kriegsdienst von 1916–1918 – und legte seine Examen 1918 und 1920 ab. Nach dem Besuch des Priesterseminars in Soest 1919/20 war er Synodal-Vikar in Minden und wurde 1920 ordiniert. Anschließend war er Hilfsprediger in Wanne-Süd 1921 und 5. Pfarrer in Bredenscheid-Stüter ab 1923. Nach seiner 1929 in Witten aufgenommenen Tätigkeit ging er 1945 als 1. Pfarrer nach Lerbeck, wo er 1964 in den Ruhestand versetzt wurde. Er starb 1978 in Minden. Seit 1922 war er mit Johanna Vogeler verheiratet.

Sein Amt als 2. Pfarrer des Diakonissenhauses in Witten und als Nachfolger Schallenbergs trat Karl Heinrich Droste am 15. November 1946 an. Geboren 1910 als Sohn des Postassessors Karl Droste und dessen Frau Ida, geb. Holweg, besuchte er das Realgymnasium in Haspe, bestand 1929 das Abitur und studierte in Marburg, Jena und Münster, wo er 1934 und 1935 die Examen ablegte. Nach dem Besuch der Predigerseminare in Soest und Wittenberg 1934–1935 war er Lehrvikar in Haspe und Bielefeld, Hilfsprediger in Münster 1936, wurde im gleichen Jahr ordiniert in Hagen, anschließend Hilfsassistent an der Universität Bonn 1936, Hilfsprediger in Recklinghausen und in Sieker bei Bielefeld 1937, 1938 kommissarischer und 1939–1945 Anstaltspfarrer am Gütersloher Gymnasium. Nach seiner Wittener Zeit ging Droste als Pfarrer 1952 nach Flensburg (Ruhestand seit 1973), wo er 1982 starb. Pastor Droste war seit 1939 mit Erika van Alste verheiratet.

1928 traten die Chefärzte Dr. Paul Boshamer und Dr. Bruno Leick aus Alters- bzw. Krankheitsgründen zurück. Nachfolger Dr. Boshamers wurde der Facharzt für Chirurgie und chirurgische Erkrankungen der Harnorgane Dr. Heinrich Heuß vom Rudolf-Virchow-Krankenhaus in Berlin. Geboren 1894 in Frankfurt am Main, war er von 1920 bis 1929 an dem zuletzt genannten Krankenhaus als Assistent der Gynäkologischen und der Chirurgischen Abteilung tätig, anschließend war er dort 5 Jahre lang Oberarzt. Am 1. April 1929 wurde Dr. Heuß als Chefarzt der Chirurgisch-Urologischen Abteilung in Witten eingeführt. Während des Zweiten Weltkrieges war er von 1943–1944 als Chirurg und Urologe am Reservelazarett in Unna eingesetzt. Nach Vollendung seines 65. Lebensjahres trat Dr. Heuß 1959 in den Ruhestand und verstarb 1972.

Nachfolger von Dr. Leick wurde der Facharzt für innere Krankheiten Dr. Thaner Böckheler, geboren 1899 in Künzelsau. Von 1924 bis 1929 war er als 1. Assistent an der Medizinischen Universitätsklinik Tübingen tätig gewesen, ehe er im März 1929 die Leitung der Inneren Abteilung des Diakonissenkrankenhauses in Witten übernahm. Unterbrochen durch Militärdienst im Zweiten Weltkrieg, war Dr. Böckheler nahezu 37 Jahre in Witten tätig, ehe er am 1. Januar 1966 in den Ruhestand trat. Er starb 1970.

In seiner Abschiedsrede 1966 berichtete Dr. Böckheler unter anderem: „Als ich im Frühjahr 1929 aus der Tübinger Medizinischen Universitätsklinik kommend als jüngster unter zahlreichen Bewerbern zum Chefarzt der inneren Abteilung des Diakonissenhauses gewählt wurde, war ich freudig überrascht und beklommen zugleich, denn ich hatte etwas Angst vor meiner eigenen Courage.

Der Haupteingang des Krankenhauses im Stil eines alten Patrizierhauses mit Doppeltreppe, führte zu einem hydraulisch betriebenen Aufzug, dem einzigen im ganzen Haus, der ging so sanft, langsam und feierlich wie im Krematorium. Man konnte, bis

man in der 3. Etage ankam, das Largo von Haendel mit sämtlichen Repetitionen spielen.
Das Labor bestand aus einem heutigen 4-Betten-Zimmer mit Holzboden, versehen mit einem Polarisationsapparat, einem Abzug für Reststickstoffbestimmung, einem Mikroskop, Reagenzgläsern und Objektträgern und nicht zuletzt der Laborschwester, einer in Wort, Geste und Gang sehr distinguierten und empfindsamen ehemaligen Lehrerin.
Die Röntgenabteilung, etwas zu üppig gesagt; denn es war ein Raum von der Größe 4 x 6 m ohne Fenster und ohne Ventilation. Diagnostik und Therapieapparate, Auskleideraum, Schaltraum, Archiv war in diesem Raum, in welchem ich zwölf Jahre gearbeitet habe. Wir hatten damals zum Teil Krankensäle von 10 bis 12 Betten. Fließendes Wasser gab es erst nach der Restauration nach dem 2. Weltkrieg. Die Anschaffung eines EKG-Apparates wurde abgelehnt. Einige Zeit später verschaffte ich mir einen solchen auf eigene Kosten. Mein Mitarbeiterstab bestand bei 140 Betten und einer erheblichen Ambulanz aus einem Assistenten und einer frisch aus dem Examen kommenden Medizinalpraktikantin, das war meine Frau, die mir auch in den folgenden Jahrzehnten immer treu zur Seite stand. Im Zimmer des Chefarztes der chirurgischen Abteilung, heute ein Abstellraum, nahm ich mit Dr. Heuß gemeinsam die Mahlzeiten ein."
Wie ihre Vorgänger haben Dr. Thaner Böckheler und Dr. Heinrich Heuß als medizinische Lehrer der Schwestern an der Krankenpflegeschule gewirkt.
Seit der Jahrhundertwende wurde die Gynäkologische-Geburtshilfliche Abteilung von Dr. G. Stutz als Belegarzt betreut. Nach seinem Tod gegen Ende des Ersten Weltkrieges übernahm 1919 Dr. Germanus Espeut (geb. 1885) die Abteilung und führte sie von 1922 bis zum Beginn des Zweiten Weltkrieges hauptamtlich als Erster Chefarzt. Zu Anfang des Rußlandfeldzuges 1942 wurde Dr. Espeut als vermißt gemeldet.

Als erstes ließ der neue Vorsteher Pastor Otto Stein 1926 die Anstaltsgebäude in Witten renovieren. So mußte die Warmwasseranlage für die Küche, die Waschküche und das Krankenhaus vollständig erneuert werden. Gleichzeitig erhielten die Operations- und Behandlungsräume eine Sommerheizung. Die Kochküche bekam neue Geräte, die für Dampf, Kohlenfeuer, Gas und Elektrizität geeignet waren; außerdem wurde hier eine Entlüftungsanlage eingebaut. Sämtliche Anstaltsgebäude wurden mit einer modernen Fernsprechanlage mit Selbstwähler untereinander verbunden. Die Kirche, der Festsaal und der Speiseraum der Schwestern wurden neu ausgemalt. Insgesamt beliefen sich die Kosten für diese Arbeiten auf 32 000 Mark.
1927 beschloß der Vorstand, ein Schwesternhaus zu bauen, das bereits im September 1928 eingeweiht werden konnte. Es enthielt Lehrsäle, einen Zeichensaal, eine Turnhalle, Wohn- und Schlafräume einschließlich sanitärer Anlagen für 60 Schwestern und Schülerinnen. Im Keller war eine Sammelheizung für das Schwestern- oder Kursushaus und die ihm benachbarten Räume wie Hospiz mit Hort, Kindergarten, Marthaschule und Feierabendhaus. Im folgenden Jahr wurde eine zweite Sammelheizung installiert, und zwar im Kellergeschoß der Wasch- und Kochküche, die neben diesem Bereich das Mutter-, Kranken- und Isolierhaus sowie die Kirche versorgte. Neben dem zweiten Pfarrhaus wurde 1929 ein Doppelhaus mit Wohnungen für die beiden Chefärzte Dres. Heuß und Böckheler errichtet.
1929 lebte das ehemalige Haushaltungspensionat als Marthaschule wieder auf, das 1938 auf staatliche Anordnung für private hauswirtschaftliche Lehrgänge umgewandelt und 1939 aus politischen Gründen geschlossen werden mußte, da angeblich kein Bedarf mehr bestand. Mit der gleichen Begründung folgte 1942 die Schließung des Kindergärtnerinnen-Seminars.
1934 übereignete die Evangelische Kirchengemeinde Witten der Diakonissenanstalt Witten das Kran-

kenhaus. Wenngleich der Statutenentwurf von 1858 noch den Hinweis enthalten hatte: „Das Krankenhaus bleibt für alle Zeiten alleiniges Eigentum der evangelischen Gemeinde zu Witten...", war demgegenüber bereits 1890 in der Praxis auf die Leitung verzichtet worden. Somit regelte der Vertrag von 1934 juristisch den seit Jahrzehnten gegebenen Zustand.

Zu Beginn des Zweiten Weltkrieges wurde ein Teil der Schwestern mobilisiert. Ein Bereich des Krankenhauses wurde für Kranke und Verwundete hergerichtet. Das Mutterhaus übernahm die Gesamtausbildung von Helferinnen des Roten Kreuzes. Durch die Einrichtung neuer Operationsräume für die Chirurgie und die Übernahme des zweiten Operationssaales durch den Gynäkologen konnte das Isolierhaus mit seinem Operationssaal freigezogen und fortan als Augenklinik genutzt werden. 1940, wiederum in einem Kriegsjahr, wurde das 50jährige Bestehen der Diakonissenanstalt Witten gefeiert. 1941 wurden die für Mutterhauszwecke im Krankenhaus genutzten Räume freigezogen, wodurch die Bettenzahl für Kranke auf 340 stieg. Von den Schwestern wurde das 1928 errichtete Schwesternhaus bezogen, das seitdem als Mutterhaus dient.

Im Zweiten Weltkrieg waren das gesamte Krankenhaus und die Belegschaft für die Versorgung der Verletzten eingesetzt. Die Kranken mußten bei Alarm in den Keller oder die Luftschutzräume transportiert werden, bis es richtiger war, sie ständig dort zu belassen. 1944 lagen 34 nicht transportfähige, flecktyphuskranke Patienten aus der Sowjetunion auf der Infektionsstation. Bei dem ersten schweren Bombenangriff auf Witten am 12. Dezember 1944 brannte die Anstaltskirche völlig aus, die Dachstühle des Krankenhauses standen in Flammen, sämtliche Türen und Fenster flogen im Haus heraus, auch das Mutterhaus und das Hospiz wurden durch Brandbomben schwer beschädigt. Kaum waren die notwendigsten Reparaturen ausgeführt, erfolgte der zweite schwere Luftangriff am 19. März

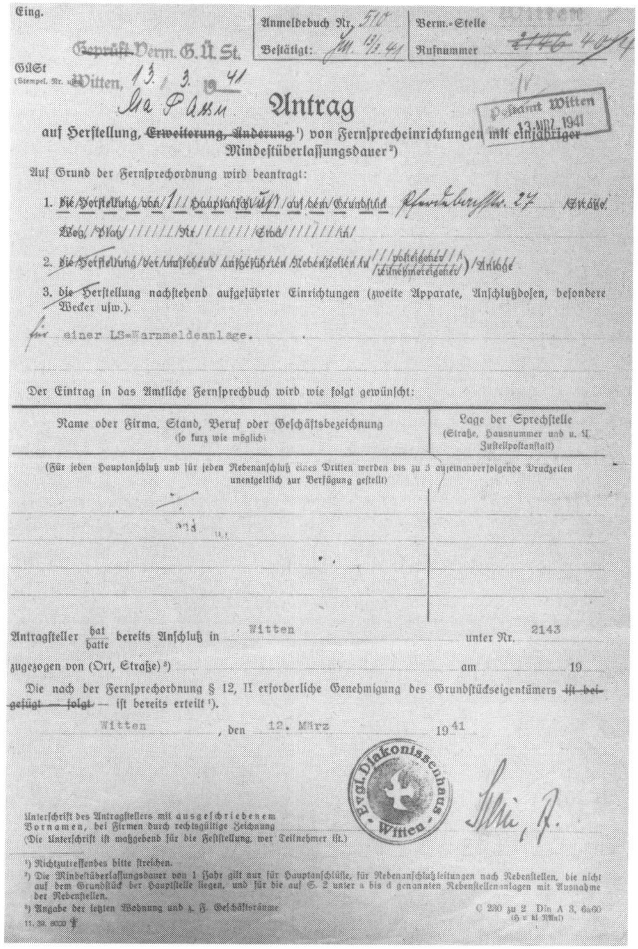
Eing.

Anmeldebuch Nr. 510 | Verm.-Stelle
Bestätigt: 13/3.41 | Rufnummer ~~2146~~ 4014

Geprüft Verm. G.Ü.St.
GÜSt (Stempel, Nr. usw.) Witten, 13. 3. 1941

Postamt Witten 13. MRZ. 1941

Antrag

auf Herstellung, ~~Erweiterung, Änderung~~[1]) von Fernsprecheinrichtungen ~~mit einjähriger~~ Mindestüberlassungsdauer[2])

Auf Grund der Fernsprechordnung wird beantragt:

1. ~~die Herstellung von 1 Hauptanschluß auf dem Grundstück~~ Pferdebachstr. 27 ~~Straße, Weg, Platz, Nr., Stock~~
2. ~~die Herstellung der umstehend aufgeführten Nebenstellen zu posteigener / teilnehmereigener Anlage~~
3. die Herstellung nachstehend aufgeführter Einrichtungen (zweite Apparate, Anschlußdosen, besondere Wecker usw.).

für einer LS=Warnmeldeanlage.

Der Eintrag in das Amtliche Fernsprechbuch wird wie folgt gewünscht:

Name oder Firma, Stand, Beruf oder Geschäftsbezeichnung (so kurz wie möglich)	Lage der Sprechstelle (Straße, Hausnummer und u. U. Zustellpostanstalt)
(Für jeden Hauptanschluß und für jeden Nebenanschluß eines Dritten werden bis zu 3 aufeinanderfolgende Druckzeilen unentgeltlich zur Verfügung gestellt)	

Antragsteller hat/hatte bereits Anschluß in Witten unter Nr. 2143

zugezogen von (Ort, Straße)[3]) am 19

Die nach der Fernsprechordnung § 12, II erforderliche Genehmigung des Grundstückseigentümers ~~ist beigefügt — folgt~~ — ist bereits erteilt[1]).

Witten, den 12. März 1941

Evgl. Diakonissenhaus Witten

Unterschrift des Antragstellers mit ausgeschriebenem Vornamen, bei Firmen durch rechtsgültige Zeichnung (Die Unterschrift ist maßgebend für die Feststellung, wer Teilnehmer ist.)

[1]) Nichtzutreffendes bitte streichen.
[2]) Die Mindestüberlassungsdauer von 1 Jahr gilt nur für Hauptanschlüsse, für Nebenanschlußleitungen nach Nebenstellen, die nicht auf dem Grundstück der Hauptstelle liegen, und für die auf S. 2 unter a bis d genannten Nebenstellenanlagen mit Ausnahme der Nebenstellen.
[3]) Angabe der letzten Wohnung und z. B. Geschäftsräume

C 230 zu 2 Din A 3, 6a60 (H v kl NMal)
11. 39. 8000

146. Antrag des Diakonissenhauses vom 12. März 1941 für eine Luftschutz-Warnmeldeanlage

1945. Wie die Innenstadt Wittens war die Diakonissenanstalt zu über 80% zerstört.

1963 berichtete Dr. Böckheler: „Alles bisherige verblaßte, als in der Schreckensnacht vom 19. März 1945 der apokalyptische Sturm über unsere Stadt und auch dieses Krankenhaus raste. Damals fielen im Wetterleuchten des Todes, der Flammen und Zerstörung im Bereich des Diakonissenhauses 62

147. Diakonissenhaus, Foto 1926

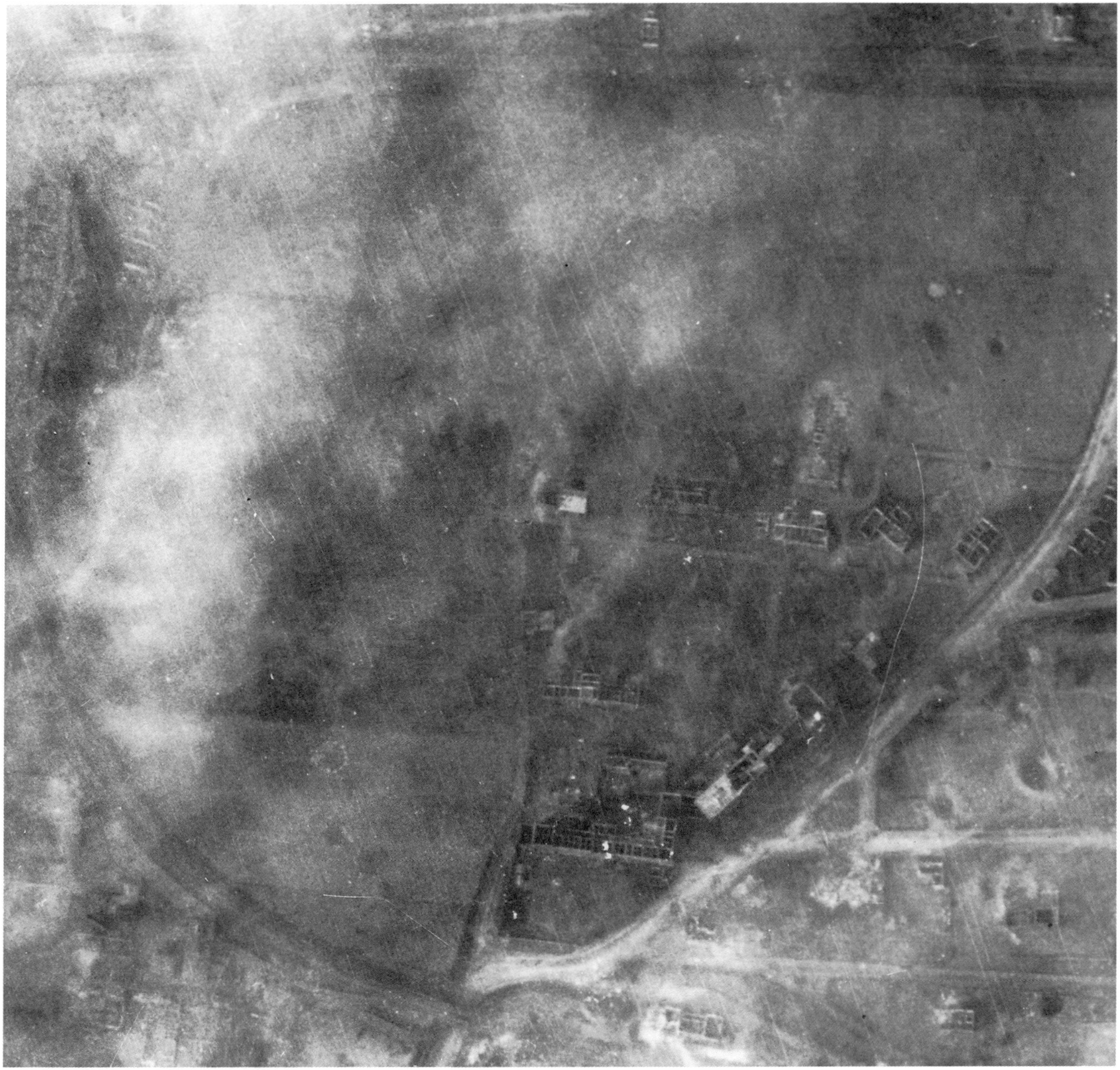

148. Diakonissenhaus, unmittelbar nach der Bombardierung am 19. März 1945, Foto 1945

149. Diakonissenhaus, Foto 1959

150. Diakonissenhaus, Foto 1974

151. Plan des Diakonissenhauses, 1949: 1 Krankenhaus, 2 Pforte, 3 Altes Mutterhaus, 4 Privatstation, 5 Anstaltskirche, 6 Küche, 7 Isolierhaus, 8 Leichenhalle, 9 Treibhaus, 10 Ökonomiegebäude, 11 Stall, 12 Feierabendhaus Abendfrieden, 13 Kursushaus, ab 1940 Mutterhaus, 14 Marthaschule, 15 Kindergarten, 16 Baracke, 17 Hospiz, 18 Pfarrhaus I, 19 Pfarrhaus II, 20 Ärztehaus

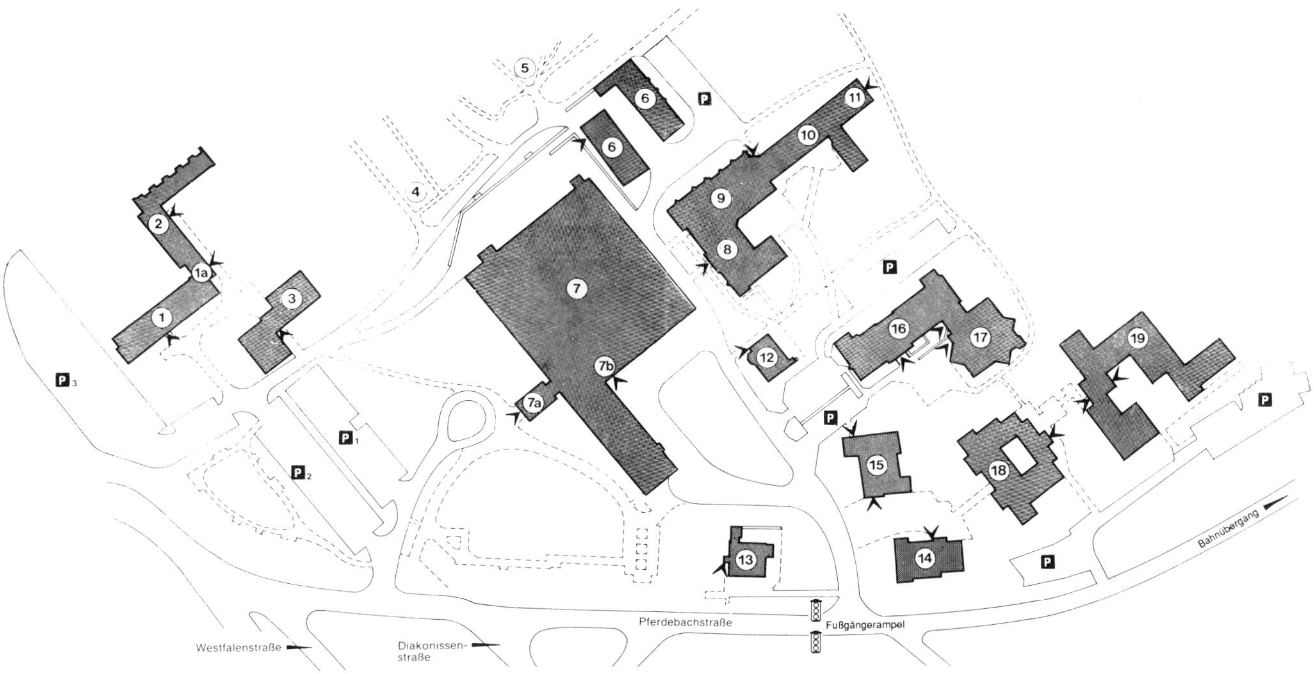

152. Plan des Diakonissenhauses, 1989: 1 Gertrud-Reichardt-Haus, Schülerinnen- und Schülerwohnheim, 1a Fachseminar für Altenpflege, 2 Albert-Schweitzer-Haus, Ärztewohnheim, 3 Dag-Hammarskjöld-Haus, Appartmenthaus für Mitarbeiter, 4 Schwesternfriedhof, 5 Schwesternpark, 6 Werkstattbereich und Wirtschaftsbetriebe, 7 Evangelisches Krankenhaus, 7a Haupteingang, 7b Anfahrt für Krankentransporte, 8 Johanne-Grunhoff-Haus, Feierabendhaus I, 9 Feierabendhaus III, 10 Martin-Graeber-Haus, Feierabendhaus II, 11 Schaufenster für Haus- und Gemeindekrankenpflege, Museum/Dokumentationsstelle, 12 Pfarrhaus II, 13 Pfarrhaus I, 14 Gertrud-Bäumer-Haus, Pflegevorschule, 15 Oberlin-Haus, 16 Mutterhaus, Martineum, 17 Lukas-Zentrum, 18 Matthias-Claudius-Haus, Tageseinrichtung für Kinder, 19 Comenius-Schulzentrum mit Fachschule für Sozialpädagogik und Krankenpflegeschule

Fünfhundert-Kilo-Bomben und viele Hunderte von Brandbomben. Unsere Kranken, Deutsche, Franzosen, Russen, Polen, zusammen mit Schwestern und Angestellten, drängten sich zitternd in den von den brennenden Gebäuden gespenstisch erhellten Keller. Die Rohre der Dampfheizung wie ein Damoklesschwert über ihnen. Viele suchten, von Angst und Schrecken gejagt, notdürftig bekleidet, Schutz in den Grenzmauern des Geländes oder an den Grabsteinen des nahe gelegenen Friedhofes. Tote aus der ausgebombten Leichenhalle lagen zum Teil nackt im Gelände, wenig später im Hof der Feldschule, etwa 40 Tote mit Zeitungspapier bedeckt. Die Säuglinge trugen wir in feuchte Decken gehüllt im Funkenregen hinüber in die Garage des Arzthauses, zwei Decken ersetzten die herausgeflogene Tür. Noch tagelang Rauch- und Brandgeruch. Die Toten begrub man in aller Hast zwischen Jagdbomberangriffen. Eine tote Russin irgendwo im Schwesternpark in einem Granattrichter, ein ‚Vater unser' und eilig Erde darüber. Keine Kanalisation, kein Strom, kein Wasser, keine Heizung."

Eine stationäre Krankenhausbehandlung war nach diesen Zerstörungen nicht mehr möglich. Die Patientenzahl war bis auf 20 Personen geschrumpft, die im Keller untergebracht waren. Dr. Heuß konnte nur noch die dringendsten Operationen vornehmen. Wiederum wurde die Frage nach Schließung des Krankenhauses gestellt. Da sich das katholische Krankenhaus in dem gleichen Zustand befand wie das evangelische, blieb nur als Hilfe das nahegelegene Knappschaftskrankenhaus in Langendreer. Bereits 1943 hatte die Stadt Witten die Kindertagesheilstätte Helenenberg angepachtet und als Ausweichkrankenhaus für Infektionskranke eingerichtet.
Unmittelbar nach der Kapitulation 1945 wurde mit dem Wiederaufbau des Krankenhauses begonnen. Hierüber berichtet in diesem Band Günter Gersie in der „Chronik des evangelischen Krankenhauses von 1945 bis 1990“.
Seit 1945 erscheinen die „Schwesternbriefe“ wieder regelmäßig. In den letzten Kriegsjahren waren jeweils in unregelmäßigen Abständen nur wenige Exemplare herausgegeben worden. 1940 war auf Anordnung der nationalsozialistischen Machthaber die Publikation „Der Samariter“ eingestellt worden. Zu Weihnachten 1949 – nach zehnjähriger Zwangspause – erschien die erste Nachkriegsausgabe.

Von der Nachkriegszeit bis heute

1950 wurde Bergwerksdirektor Dr.-Ing. Hugo Krueger zum Vorsitzenden des Vorstandes gewählt. Geboren 1887 in Buckau bei Magdeburg, wurde Krueger 1920 Technischer Direktor bei der Dr. C. Otto & Comp. GmbH in Bochum und 4 Jahre später Vorstandsmitglied der Bamag-Meguin AG, Berlin. 1927 trat er in den Vorstand der Niederschlesischen Bergbau AG in Waldenburg ein. Krueger gilt als der Vater der schlesischen Ferngasversorgung. 1942 wurde er in den Vorstand der Harpener Bergbau-Aktiengesellschaft in Dortmund berufen, aus dem er 1956 ausschied. Nebenher wirkte er in zahlreichen Aufsichtsräten, so bei der Rütgerswerke AG und der Didier-Werke AG. Er führte den Vorsitz des Deutschen Kokereiausschusses und war Vorsitzender des Vorstandes des von ihm mitbegründeten Fachverbandes Kohlechemie.
Daneben war Krueger in zahlreichen weiteren Verbänden leitend tätig. Weiterhin bemühte er sich außerhalb seiner beruflichen Arbeit um Anliegen des kirchlichen Lebens. Er war acht Jahre lang Mitglied der Leitung und viele Jahre Mitglied des Sozialausschusses der Evangelischen Kirche von Westfalen und von 1950 bis 1959 Vorsitzender des Vorstandes des Diakonissenhauses in Witten. Hugo Krueger starb 1964 in Körbecke am Möhnesee.
Die Aufgabe des Vorstandsvorsitzenden in Witten übernahm 1959 Bergassessor a.D. Dipl.-Ing. Gerd Springorum, der bis heute dieses Amt innehat. Geboren 1911 in Halberstadt/Harz, war er zwischen 1939 und 1960 bei verschiedenen Schachtanlagen des Steinkohlebergbaus in Bochum tätig. 1961 wurde er Vorstandsmitglied der Carolinenglück Bergbau AG, 1970 Bergwerksdirektor bei der Ruhrkohle AG. Als Mitglied der CDU/CSU-Fraktion kam Gerd Springorum 1965 in den Bundestag, als Mitglied der CDU-Fraktion 1966 in das Europäische Parlament. Hier war er u. a. seit 1971 Vorsitzender des Ausschusses für Umweltfragen, Volksgesundheit und Verbraucherschutz. Daneben hat Gerd Springorum zahlreiche weitere politische Mandate und nebenamtliche Tätigkeiten ausgeübt.
Auch im Amt des Anstaltsvorstehers – wie im Amt des Vorstandsvorsitzenden – gab es 1950 einen Wechsel. Pastor Heinrich Kötter löste Pastor Hermann Kockelke ab. Heinrich Kötter wurde 1903 in Hagen-Eppenhausen als Sohn des Pastors Friedrich Kötter und dessen Frau Maria, geb. Leunenschloß, geboren. Nach dem Besuch des Gymnasiums in

153. *Plan von Witten (Ausschnitt), oben rechts das Evangelische Krankenhaus, 1868*

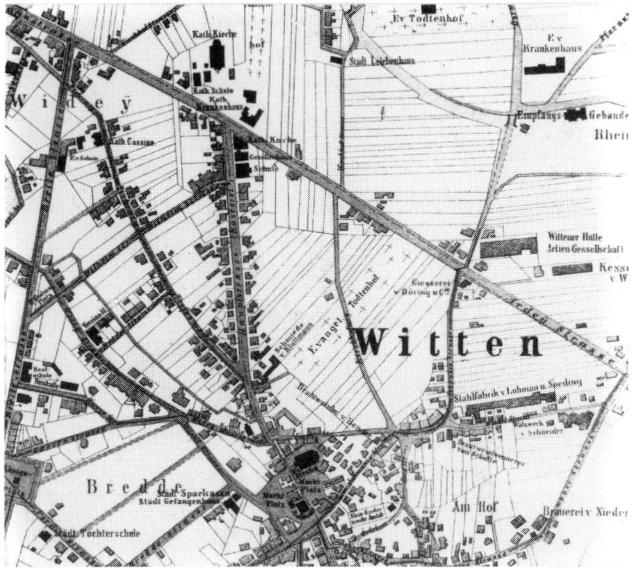

154. *Plan von Witten (Ausschnitt), oben rechts das Evangelische Krankenhaus, 1884*

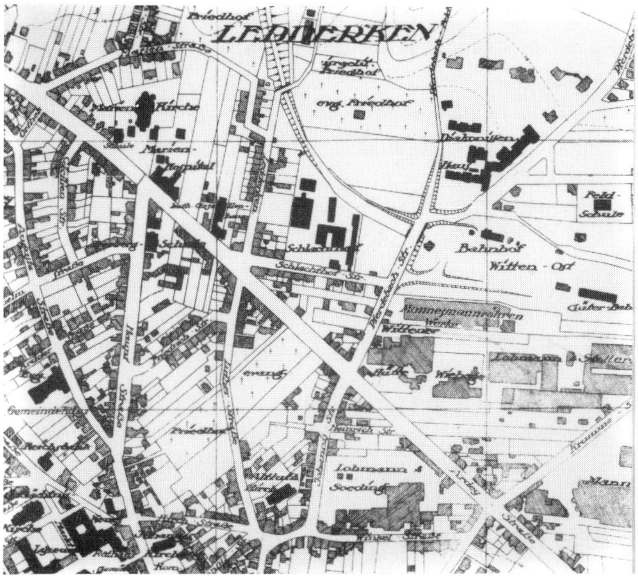

155. *Plan von Witten (Ausschnitt), oben rechts das Evangelische Diakonissenhaus, 1924*

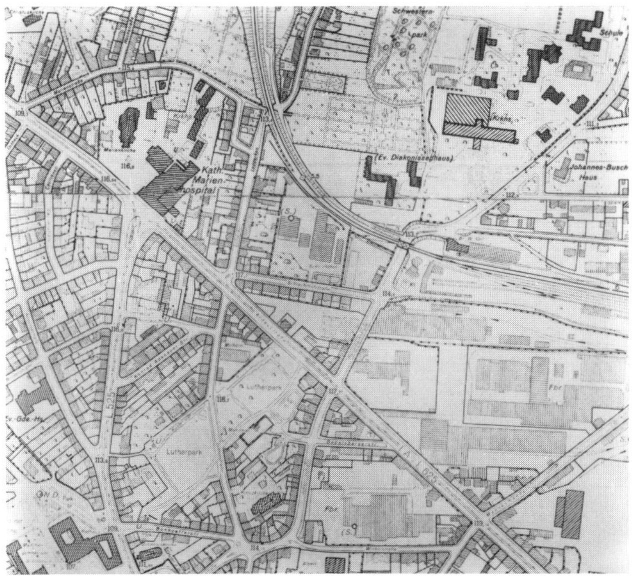

156. *Plan von Witten (Ausschnitt), oben rechts das Diakoniewerk Ruhr-Witten, 1979*

157. *Evangelisches Diakonissenhaus, Foto 1945*

158. *Anstaltskirche, Evangelisches Diakonissenhaus, Foto 1945*

159. *Kleinkinderschule, Evangelisches Diakonissenhaus, Foto 1945*

160. Feierabendhaus Abendfrieden, Evangelisches Diakonissenhaus, Foto 1945

161. Mutterhaus, Evangelisches Diakonissenhaus, Foto 1945

162. Feierabendhaus Abendfrieden, Evangelisches Diakonissenhaus, Zeichnung 1946

163. Schwestern-Hospiz, Evangelisches Diakonissenhaus, Zeichnung 1948

164. *„Der Samariter", Weihnachten 1949, Nr. 1 der Neuen Folge*

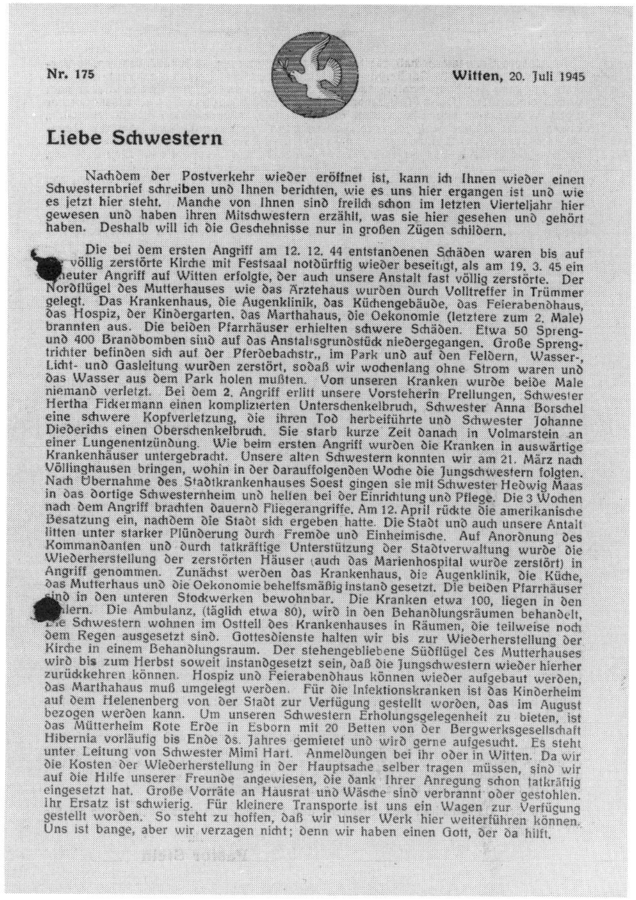

Nr. 175 Witten, 20. Juli 1945

Liebe Schwestern

Nachdem der Postverkehr wieder eröffnet ist, kann ich Ihnen wieder einen Schwesternbrief schreiben und Ihnen berichten, wie es uns hier ergangen ist und wie es jetzt hier steht. Manche von Ihnen sind freilch schon im letzten Vierteljahr hier gewesen und haben ihren Mitschwestern erzählt, was sie hier gesehen und gehört haben. Deshalb will ich die Geschehnisse nur in großen Zügen schildern.

Die bei dem ersten Angriff am 12. 12. 44 entstandenen Schäden waren bis auf die völlig zerstörte Kirche mit Festsaal notdürftig wieder beseitigt, als am 19. 3. 45 ein erneuter Angriff auf Witten erfolgte, der auch unsere Anstalt fast völlig zerstörte. Der Nordflügel des Mutterhauses wie das Ärztehaus wurden durch Volltreffer in Trümmer gelegt. Das Krankenhaus, die Augenklinik, das Küchengebäude, das Feierabendhaus, das Hospiz, der Kindergarten, das Marthahaus, die Oekonomie (letztere zum 2. Male) brannten aus. Die beiden Pfarrhäuser erhielten schwere Schäden. Etwa 50 Spreng- und 400 Brandbomben sind auf das Anstaltsgrundstück niedergegangen. Große Sprengtrichter befinden sich auf der Pferdebachstr., im Park und auf den Feldern. Wasser-, Licht- und Gasleitung wurden zerstört, sodaß wir wochenlang ohne Strom waren und das Wasser aus dem Park holen mußten. Von unseren Kranken wurde beide Male niemand verletzt. Bei dem 2. Angriff erlitt unsere Vorsteherin Prellungen, Schwester Hertha Fickermann einen komplizierten Unterschenkelbruch, Schwester Anna Borschel eine schwere Kopfverletzung, die ihren Tod herbeiführte und Schwester Johanne Diederichs einen Oberschenkelbruch. Sie starb kurze Zeit danach in Volmarstein an einer Lungenentzündung. Wie beim ersten Angriff wurden die Kranken in auswärtige Krankenhäuser untergebracht. Unsere alten Schwestern konnten wir am 21. März nach Völlinghausen bringen, wohin in der darauffolgenden Woche die Jungschwestern folgten. Nach Übernahme des Stadtkrankenhauses Soest gingen sie mit Schwester Hedwig Maas in das dortige Schwesternheim und helfen bei der Einrichtung und Pflege. Die 3 Wochen nach dem Angriff brachten dauernd Fliegerangriffe. Am 12. April rückte die amerikanische Besatzung ein, nachdem die Stadt sich ergeben hatte. Die Stadt und auch unsere Antalt litten unter starker Plünderung durch Fremde und Einheimische. Auf Anordnung des Kommandanten und durch tatkräftige Unterstützung der Stadtverwaltung wurde die Wiederherstellung der zerstörten Häuser (auch das Marienhospital wurde zerstört) in Angriff genommen. Zunächst werden das Krankenhaus, die Augenklinik, die Küche, das Mutterhaus und die Oekonomie behelfsmäßig instand gesetzt. Die beiden Pfarrhäuser sind in den unteren Stockwerken bewohnbar. Die Kranken etwa 100, liegen in den Kellern. Die Ambulanz, (täglich etwa 80), wird in den Behandlungsräumen behandelt. Die Schwestern wohnen im Ostteil des Krankenhauses in Räumen, die teilweise noch dem Regen ausgesetzt sind. Gottesdienste halten wir bis zur Wiederherstellung der Kirche in einem Behandlungsraum. Der stehengebliebene Südflügel des Mutterhauses wird bis zum Herbst soweit instandgesetzt sein, daß die Jungschwestern wieder hierher zurückkehren können. Hospiz und Feierabendhaus können wieder aufgebaut werden, das Marthahaus muß umgelegt werden. Für die Infektionskranken ist das Kinderheim auf dem Helenenberg von der Stadt zur Verfügung gestellt worden, das im August bezogen werden kann. Um unseren Schwestern Erholungsgelegenheit zu bieten, ist das Mütterheim Rote Erde in Esborn mit 20 Betten von der Bergwerksgesellschaft Hibernia vorläufig bis Ende ds. Jahres gemietet und wird gerne aufgesucht. Es steht unter Leitung von Schwester Mimi Hart. Anmeldungen bei ihr oder in Witten. Da wir die Kosten der Wiederherstellung in der Hauptsache selber tragen müssen, sind wir auf die Hilfe unserer Freunde angewiesen, die dank Ihrer Anregung schon tatkräftig eingesetzt hat. Große Vorräte an Hausrat und Wäsche sind verbrannt oder gestohlen. Ihr Ersatz ist schwierig. Für kleinere Transporte ist uns ein Wagen zur Verfügung gestellt worden. So steht zu hoffen, daß wir unser Werk hier weiterführen können. Uns ist bange, aber wir verzagen nicht; denn wir haben einen Gott, der da hilft.

165. *„Schwesternbrief" Nr. 175, Juli 1945*

Hagen und dem Abitur 1922 folgte zunächst ein halbjähriges philologisches Studium in München, anschließend das theologische in Halle und Münster, wo er seine Examen 1926 und 1928 ablegte. 1926/27 war er Lehrvikar in Mengede, danach Inspektor des Alumnats in Soest 1927/28, Hilfsprediger 1928, im gleichen Jahr Ordination und anschließend 1. Pfarrer ab 1929 in Heepen bei Bielefeld, bis er 1950 nach Witten berufen wurde. 1972 ging Kötter, verheiratet seit 1933 mit Christa Boye, in den Ruhestand und starb 1978 in Hagen-Eppenhausen.

Sein Nachfolger wurde 1972 Pastor Christoph Theurer. Geboren 1926 in Bochum als Sohn des Diakons Erwin Theurer und dessen Frau Helene, geb. Aupperle, besuchte er das Gymnasium in Bielefeld und studierte in Bethel, Tübingen und Münster. 1951 und 1953 legte er seine Examen in Bielefeld ab. Nach der Vikariatszeit von 1951 bis 1953 in Recklinghausen-Hillerheide wurde Theurer 1953 Hilfsprediger, anschließend 1954 Pfarrer in Gohfeld. Im gleichen Jahr erhielt er die Ordination. Als 33jähriger übernahm Pastor Theurer 1959 das Amt des Vorstehers der Evangelischen Diakonenanstalt Martineum und das des 2. Anstaltsgeistlichen der Orthopädischen Heil-, Lehr- und Pflegeanstalten Volmarstein. Am 1. August 1972 wurde Theurer zugleich in das Amt des Vorstehers der Diakonissenanstalt Witten eingeführt und übte dieses bis zum 31. Januar 1989 aus. Nur wenige Tage nach Beginn seines Ruhestandes verstarb Pastor Theurer am 9. Februar 1989. Er war seit 1953 mit Christa Korn verheiratet.

Als achter Vorsteher wurde am 17. Februar 1989 Dr. Rainer Schmitt in sein Amt eingeführt. Geboren 1941 in Weidenau/Sieg, machte er 1961 sein Abitur in Hilchenbach, studierte anschließend in Marburg/Lahn, Bethel, Bonn, Münster und Wuppertal und legte seine Examen 1967 und 1971 in Bielefeld ab. An der Westfälischen Wilhelms-Universität in Münster promovierte er 1972 zum Doktor der Theologie. 1974 wurde er in Hamm ordiniert. Von 1971 bis 1979 war Dr. Schmitt als Wissenschaftlicher Assistent am Alttestamentlichen Seminar in Münster tätig, von 1979 bis 1989 als Pfarrer in Heessen bei Hamm. Gleichzeitig war er von 1981 bis 1983 an der Gesamthochschule/Universität Paderborn und von 1986–1988 an der Kirchlichen Hochschule Bethel Lehrbeauftragter für Altes Testament. Pastor Dr. Schmitt ist seit 1970 verheiratet mit Christel Müsse.

Ein Jahr nach der Einführung von Pastor Kötter übernahm Diakonisse Luise Schäfer ihr neues Amt als Vorsteherin. Geboren 1897 in Hemer-Westig, wurde sie von 1932 bis 1934 im Martineum in Witten zur Gemeindehelferin und in Unna zur Krankenschwester ausgebildet. 1934 trat sie als Probeschwester in die Wittener Schwesternschaft ein und wurde 1939 zur Diakonisse eingesegnet. Drei Jahre arbeitete Schwester Luise im Mutterhaus und anschließend von 1936–1940 in Aplerbeck, von 1941–1944 in Hilchenbach und von 1944–1947 in Plettenberg im pflegerischen und vor allem im katechetischen Dienst. Nach einer Vorbereitung in Neuendettelsau und Bethel wurde sie 1947 zur Probemeisterin berufen. Von nun an oblag ihr die Verantwortung für die Jungschwestern. Nach ihrem Dienst als Vorsteherin des Wittener Mutterhauses zwischen 1951 und 1969 verlebte sie den Ruhestand in Hemer-Westig. Sie starb 1977 in Witten.

Nachfolgerin von Schwester Luise wurde Diakonisse Christel Prein, geboren 1929 in Schwelm. Nach einer Ausbildung als Buchhändlerin von 1946–1949 und einer entsprechenden Tätigkeit trat sie 1955 als Probeschwester in Witten ein und wurde 1959 eingesegnet. Von 1957–1959 wurde sie als Gemeindehelferin und Katechetin am Seminar für kirchliche Dienste in Darmstadt ausgebildet. Nach der Mitarbeit in der Pflegevorschule in Witten von 1959 bis 1961 und dem anschließenden Besuch bis 1963 der Krankenpflegeschule Witten erhielt sie 1964 die staatliche Anerkennung als Krankenschwester und arbeitete

ein Jahr als Stationsschwester. Von 1965 bis 1969 war sie als Unterrichtsschwester am Stadtkrankenhaus in Siegen tätig. Am 5. Februar 1970 wurde Schwester Christel als Vorsteherin in Witten eingeführt.
1947 wurde zur Entlastung des Vorstehers und der Vorsteherin das Amt eines Verwaltungsleiters eingeführt. Diese Aufgabe übernahm zuerst Wilhelm Dansard (geb. 1900), der zuvor rd. 25 Jahre bei der Knappschaft im Bereich Krankenhauswesen tätig gewesen war. Nachdem er 1960 zum Verwaltungsdirektor ernannt worden war, schied er 1963 aus, blieb aber der Diakonissenanstalt bis zu seinem Tode 1965 beratend verbunden. In die Amtszeit von Wilhelm Dansard fiel die schwere Aufgabe des Wiederaufbaus der Anstalt.
Sein Nachfolger wurde 1963 Dipl.-Volkswirt Günter Gersie (geb. 1932). Er war zuvor Prüfer bei der Evangelischen Treuhandstelle in Münster. Seit 1965 ist er Verwaltungsdirektor des Diakoniewerkes Ruhr-Witten. Günter Gersie hat in den siebziger Jahren maßgeblich den Neubau des Krankenhauses betreut.
Als 2. Pfarrer des Diakonissenhauses Witten war von 1952 bis 1972 Albrecht Wollschläger tätig. Geboren 1906 in London als Sohn des Pastors Arnim Wollschläger und dessen Frau Ada, geb. Schultz, besuchte er das Ratsgymnasium in Osnabrück. Er studierte in Bethel, Münster und Erlangen und legte 1929 und 1931 in Münster seine Examen ab. Stationen seiner Tätigkeiten waren: 1929/30 Religionspädagoge am Seminar in Gütersloh, 1930 Lehrvikar in Westerkappeln, 1930/31 Predigerseminar in Düsseldorf, 1931 Hilfsprediger in Bielefeld, 1932 dort ordiniert, 1932 Pfarrer in Peking/China, ab 1936 Pfarrer in Minden, von 1938 an Pfarrer der Deutsch-Evangelischen Gemeinde in Triest, von 1940 bis 1945 Kriegsdienst und von 1946 an 3. Pfarrer in Siegen. Die Einführung in Witten als 2. Pfarrer erfolgte am 1. Mai 1952. Dieses Amt übte er mehr als 20 Jahre lang aus. 1972 ging Pastor Wollschläger in den Ruhestand und starb 1989. Er war seit 1942 verheiratet mit Irmgard Stalmann, in zweiter Ehe seit 1946 mit Margarete Koch.
Drei Jahre später wurde Gerd Sauer in das Amt des 2. Pfarrers eingeführt. Als Sohn des Kaufmanns Helmut Sauer und dessen Frau Hildegard, geb. Rubbenstroth, wurde Gerd Sauer 1942 in Brackwede bei Bielefeld geboren. Er studierte in Bethel, Heidelberg und Münster und legte seine Examen 1968 und 1970 in Bielefeld ab. Nach dem Vikariat in Lüdinghausen 1968/69 war Gerd Sauer 1969/70 als wissenschaftlicher Assistent an der Kirchlichen Hochschule in Bethel tätig. Nächste Stationen waren von 1970 an, dem Jahr seiner Ordination, die Stelle als Hilfsprediger, von 1971 an die des Pfarrers in Löhne-Obernbeck bei Herford. Neben dem Amt des 2. Pfarrers am Diakonissenmutterhaus in Witten war Pastor Sauer von 1975 bis 1988 Leiter der Ausbildungsstätte für Diakoninnen und Diakone am Martineum, nach dem Ausscheiden als 2. Pfarrer vollamtlicher Ausbildungsleiter. 1990 wurde Pastor Sauer als Pfarrer in Witten-Herbede eingeführt. Er ist seit 1983 mit Ursula Besser verheiratet.
Das Amt des 2. Pfarrers am Diakonissenmutterhaus in Witten ist seit 1988 nicht besetzt.
Über die Chefärzte der Nachkriegszeit berichtet Günter Gersie in seinem Beitrag „Chronik des evangelischen Krankenhauses von 1945 bis 1990“ in diesem Band.
In den ersten Nachkriegsjahren entstanden enge Kontakte zu dem 1843 gegründeten Mutterhaus Königin-Elisabeth-Hospital in Berlin-Lichtenberg (Ostberlin), die unverändert gepflegt werden.
Unmittelbar nach Kriegsende wurde 1945 mit dem Wiederaufbau des Krankenhauses in Teilabschnitten begonnen. Nach einem vorläufigen Abschluß 1949 bat die Stadt Witten um Freizug und Rückgabe des Ausweichkrankenhauses Helenenberg, das zu dieser Zeit noch als Abteilung für Tuberkulosekranke mit 40 Betten belegt war. Es sollte fortan wieder als Kindertagesstätte genutzt werden. Zu Beginn

166. *Wiedereinweihung der Anstaltskirche am 1. Advent 1949, Foto 1949*

167. *Orgelempore der Anstaltskirche, Foto 1949*

Oben:
168. Rückfront des Evangelischen Diakonissenhauses, Foto um 1960

Unten links:
169. Haupteingang des Evangelischen Diakonissenhauses, Foto um 1960

Unten rechts:
170. Anstaltskirche des Evangelischen Diakonissenhauses, Foto um 1960

Oben links:
171. Pastor Hermann Kockelke (1890–1974), fünfter Vorsteher des Evangelischen Diakonissenhauses, Foto vor 1950

Oben rechts:
172. Pastor Heinrich Kötter (1903–1978), sechster Vorsteher des Evangelischen Diakonissenhauses, Foto um 1970

Unten links:
173. Pastor Christoph Theurer (1926–1989), siebter Vorsteher des Evangelischen Diakonissenhauses, Foto 1986

Unten rechts:
*174. Pastor Dr. Rainer Schmitt (*1941), achter Vorsteher des Evangelischen Diakonissenhauses, Foto 1990*

Oben links:
175. Diakonisse Dr. Hedwig Maaß (1895–1971), vierte Vorsteherin des Evangelischen Diakonissenhauses, Foto vor 1946

Oben rechts:
176. Diakonisse Emmy Israel (1892–1954), fünfte Vorsteherin des Evangelischen Diakonissenhauses, Foto 1948

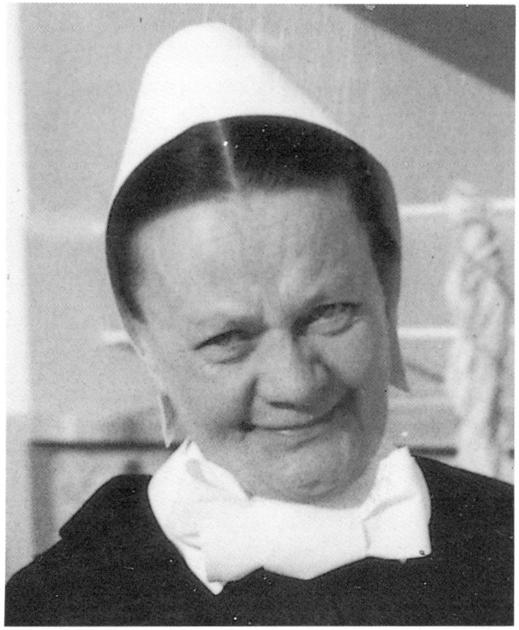

Unten links:
177. Diakonisse Luise Schäfer (1897–1977), sechste Vorsteherin des Evangelischen Diakonissenhauses, Foto vor 1969

Unten rechts:
*178. Diakonisse Christel Prein (*1929), siebte Vorsteherin des Evangelischen Diakonissenhauses, Foto 1989*

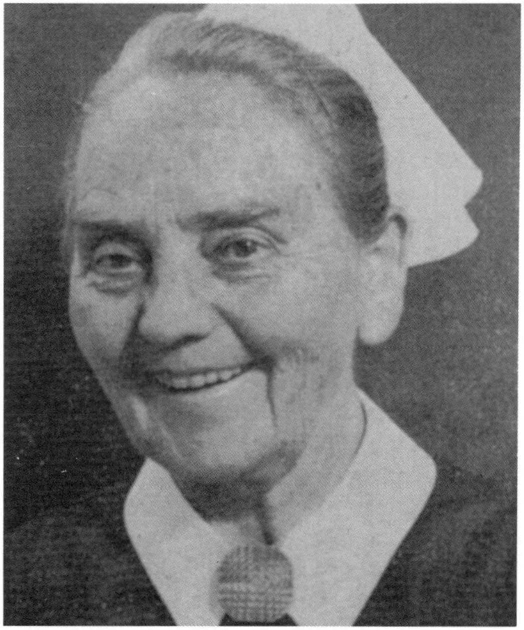

179. Partner-Mutterhaus Königin-Elisabeth-Hospital, Berlin-Lichtenberg, Foto nach 1910

des Jahres 1953 war das Ziel erreicht. Das Schwesternhospiz und die Fachschule für Kindergärtnerinnen, das frühere alte Seminar, waren schon sehr früh wiederhergestellt, so daß bereits 1947 der Unterricht wiederaufgenommen werden konnte. Im gleichen Gebäude fand von 1951–1958 der Unterricht der Haushaltungsschule statt, deren Arbeit von diesem Zeitpunkt an die Pflegevorschule übernahm.

Am 4. Advent 1949 vollzog Präses D. Ernst Wilm die Weihe der wiederaufgebauten Anstaltskirche. Neben der Glocke von 1899 hingen im Kirchturm drei vom Bochumer Verein 1947 gegossene Stahlglocken. Auf jeder Glocke stand je ein Wort: auf der größten (Schlagton e^2, Durchmesser 1 497 mm), „Glaube“, auf der mittleren (Schlagton g^2, Durchmesser 1 255 mm) „Liebe“ und auf der kleinen (Schlagton a^2, 1 114 mm) „Hoffnung“. Zur Erinnerung an die inzwischen abgebrochene Kirche sind diese drei Glocken heute vor dem neuen Krankenhaus aufbewahrt. 1949 begann die Wiedererrichtung des zerstörten Schwesternhauses, nicht zuletzt auch deshalb, da die von den Schwestern im Krankenhaus bezogenen Räume wieder als Krankenzimmer genutzt werden sollten. In dem wiederaufgebauten Haus fanden 52 Schwestern und Hausmädchen eine neue Unterkunft. Bis dahin waren sie im Eingangsflügel des Krankenhauses untergebracht. Anfang 1949 war auch der Wiederaufbau des Isolierhauses abgeschlossen. Gleichzeitig konnten ferner das Haupthaus und das Haus für Privatpatienten sowie die Schwesternkrankenstation wieder in Betrieb genommen werden. Die Einweihung des auf den alten Fundamenten neu erbauten Feierabendhauses für 65 alte Schwestern fand im Dezember 1951 statt. Das wiederaufgebaute und erweiterte Mutterhaus folgte 1955. Auch hier konnten 65 Schwestern und Angestellte eine Wohnung finden. 1958 konnte ein weiteres Feierabendhaus bezogen werden. Die beiden Feierabendhäuser wurden 1984 durch einen Neubau mit 39 Altenwohnungen miteinander verbunden. 1959 wurde ein Wohnheim für 72 Schwestern und 10 Ärzte bezogen. Durch den Abbruch des alten Krankenhauses 1976 entfielen rd. 50 Personalunterkünfte. Um diesen Engpaß zu beseitigen, wurde bereits 1971 ein weiteres Schwesternwohnheim geplant, das 1972 bezogen werden konnte.

Nach seiner Wahl als Vorsteher der Wittener Diakonissenanstalt blieb Pastor Theurer auch Vorsteher des Martineums, das zu dieser Zeit seinen Sitz in Volmarstein hatte. Im gleichen Jahr wurde in Witten, wo das Martineum 1907 gegründet worden war, wieder eine Geschäftsstelle errichtet, bis es 1974 ganz nach Witten umsiedelte.

Nach langwierigen Diskussionen beschloß der Vorstand 1973, den Namen „Evangelisches Diakonissenhaus für die Grafschaft Mark und das Siegerland zu Witten an der Ruhr“ zu ändern in „Diakoniewerk Ruhr-Witten“. Hiermit trug man der Tatsache Rechnung, daß über viele Jahre hinweg neben Diakonissen und Verbandsschwestern auch männliche und weibliche Mitarbeiter in den Dienst des Diakonissenhauses getreten waren und sich seine Arbeitsbereiche über das Krankenhaus und die Schwesternschulung hinaus weitere kirchliche und sozialpädagogische Ausbildungsstätten gebildet hatten.

Der neue Name, der seit dem 1. Juli 1973 gilt, weist in seiner Zusammensetzung auf drei Bezüge hin: „Diakonie“ auf den karitativen Dienst im kirchenlichen Bereich, „Werk“ auf die einzelnen Arbeitsgebiete und „Ruhr“ auf den angestammten Standort und die gewachsene Verbundenheit.
Seit 1974 hat sich das bauliche Bild der Anstalt vor allem durch Neubauten erheblich verändert: durch das 1974 eingeweihte Schulzentrum mit Kindergarten, das 1976 bezogene Krankenhaus und das 1977 eröffnete Lukaszentrum als Gemeindezentrum für die Schwesternschaft und die Bruderschaft der Diakonenanstalt Martineum. Im Glockenturm der neuen Anstaltskirche hängen heute neben der Glokke von 1899 vier neue, die von der Firma Gebr. Rincker in Sinn bei Herborn 1977 gegossen wurden. Auf der größten (Schlagton as^1, Durchmesser 940 mm, Gewicht 487 kg) steht zu lesen „SIEHE, ICH VERKÜNDIGE EUCH GROSSE FREUDE“, auf den drei kleineren – wie bei den Glocken von 1947 – wieder „Glaube, Hoffnung, Liebe“ (größere Glokke: Schlagton des^2, Durchmesser 696 mm, Gewicht 199 kg; mittlere Glocke: Schlagton es^2, Durchmesser 635 mm, Gewicht 152 kg; kleine Glocke: Schlagton f^2, Durchmesser 579 mm, Gewicht 116 kg). An der Außenwand der Kirche ist das eiserne Turmkreuz der alten Anstaltskirche angebracht. Auch das steinerne Kreuz des alten Krankenhauses ist erhalten geblieben und steht auf einer Grünfläche in Front des neuen Krankenhauses.
Die kleine Gemeinde, die auf dem Gelände der Anstalt lebt, bildet seit 1976 eine eigene Kirchengemeinde, die Evangelische Anstaltskirchengemeinde Diakoniewerk Ruhr in Witten. Die rd. 250 Gemeindeglieder, zumeist Feierabendschwestern und Mitarbeiter, betreuen die etwa 9 000 Patienten des Krankenhauses pro Jahr und die rd. 500 Schülerinnen, Schüler, Studierenden und Auszubildenden der verschiedenen schulischen Bereiche sowie die ca. 150 Kinder in der Tageseinrichtung für Kinder. So strahlt die Arbeit der Anstaltskirchengemeinde zusammen mit der Diakonischen Schwesternschaft und der Diakonenbruderschaft des Martineums weit über die Grenzen Wittens aus.

180. Anstaltskirche des Diakoniewerkes Ruhr-Witten, Foto 1989

181. Anstaltskirche des Diakoniewerkes Ruhr-Witten mit Lukas-Zentrum, an der Außenfassade das Kreuz der alten Anstaltskirche, Foto 1989

182. Glockenstuhl der Anstaltskirche des Diakoniewerkes Ruhr-Witten, Foto 1990

183.+184. Glocke der Anstaltskirche des Diakoniewerkes Ruhr-Witten, früher in der alten Anstaltskirche, Schlagton c², gegossen 1899 in der Wittener Glockengießerei Carl Munte, Bronze, Fotos 1989

Leitende Persönlichkeiten des Diakonissen-Mutterhauses Witten

	Vorst.-Vorsitzender	Vorsteher/1. Pfarrer	Vorsteherin	Verwaltungsleiter	2. Pfarrer
1890	Theodor Müllensiefen 1890–1926	Martin Graeber 1890–1904	Minna Meyer 1890–1901		
					Paul Lenßen 1894–1898
					Friedrich Buschmann 1898–1904
1900			Johanne Grunhoff 1901–1929		
		Wilhelm Thiele 1905–1914			Paul Kramm 1904–1914
1910					
		Hermann Wilm 1915–1925			Hermann Möller 1914–1919
1920					Hermann Kockelke 1920–1925
	Carl Berger 1926–1941	Otto Stein 1926–1947			Wilhelm Eichholz 1925–1928
					Wilhelm Heider 1928–1929
			Mela Wittmann 1929–1938		Oswald Schallenberg 1929–1945
1930					
			Dr. Hedwig Maaß 1938–1946		
1940	Oscar Funcke 1942–1950				
		Hermann Kockelke 1947–1950	Emmy Israel 1946–1950	August Wilhelm Dansard 1947–1963	Karl Heinrich Droste 1946–1952
1950	Dr. Hugo Krueger 1950–1959	Heinrich Kötter 1950–1972	Luise Schäfer 1951–1969		Albrecht Wollschläger 1952–1972
	Gerd Springorum 1959–				
1960					
				Günter Gersie 1963–	
1970		Christoph Theurer 1972–1989	Christel Prein 1970–		
					Gerd Sauer 1975–1988
1980					
		Dr. Rainer Schmitt 1989–			
1990					

Innere Abteilung	Chirurgie	Gynäkologie	Radiologie	Anästhesie	Urologie
Dr. Adolf König 1890–1900	Dr. Gustav Reschop 1890–1893 Dr. Paul Boshamer 1893–1928				
Dr. Bruno Leick 1901–1928					
		Dr. Germanus Espeut 1922–1942			
Dr. Thaner Böckheler 1929–1965	Dr. Heinrich Heuß 1929–1959				
		Dr. Lorenz Thomas 1946–1973			
	Dr. Kurt Haarkamp 1959–1982		Dr. Eberhard Kempin 1960–1985	Dr. Ruth Mumme 1962–1981	
Dr. Hans Queckenstedt 1966–1983					
		Dr. Rolf Klöpper 1973–			
Prof. Dr. Henning Gallenkamp 1983–	Priv.-Doz. Dr. Reinhold Dietz 1982–			Dr. Walter Kremer 1981–	
			Dr. Gerd Strugalla 1985–		Dr. Jürgen Schülke 1985–

185. Einsegnung von Diakonissen, Foto 1925

186. Einsegnung von Diakonissen, Foto 1951

187. Einsegung von Mitgliedern der Diakoniegemeinschaft, Foto 1990

CHRISTEL PREIN

Diakoniegemeinschaft von Schwestern und Brüdern: Das Diakoniewerk Ruhr-Witten

Seit nun 150 Jahren leben evangelische Frauen als Diakonissen in Glaubens-, Lebens- und Dienstgemeinschaften. Theodor Fliedner gilt als Wegweiser der Frauendiakonie. Er eröffnete 1836 die erste „Diakonissenanstalt“ als eine Bildungsstätte für evangelische Pflegerinnen in Kaiserswerth bei Düsseldorf. Er wollte damit das Diakonissenamt der alten Kirche erneuern. Die Lebensform im Familienverband der Großfamilie ließ ledigen Frauen wenig Spielraum zur eigenen Entfaltung. Die Struktur des Mutterhauses, bekannt aus der katholischen Kirche mit ihrer monastischen Tradition, gab Fliedner eine zweckmäßige Form. So ist es nicht verwunderlich, daß seine Idee, Frauen eine Ausbildungsstätte für soziale Berufe anzubieten, ein starkes Echo fand.

Nach Kaiserswerther Vorbild wurden in Deutschland und auch im europäischen Ausland Mutterhäuser gegründet, die ebenfalls Ausbildungsstätten für Frauenberufe wurden. So bildeten sich mit den Jahren die typisch diakonischen Berufe: Krankenschwester, Gemeindeschwester, Erzieherin, Kinderpflegerin, Lehrerin, Fürsorgerin und Gemeindehelferin. Die Mutterhäuser selbst waren wichtige Stätten der Bildung und Ausbildung für ledige Frauen, von denen viele innerhalb ihres Mutterhauses einen sozialen Aufstieg erlebten. Bis zur Jahrhundertwende entschieden sich daher viele Frauen für diese Alternative zur Ehe- und Familiengründung oder zum Ledigsein im Familienverband und damit auch zum Abhängigsein von Geschwistern.

Aus der Geschichte

Am 19. Oktober 1890 wurde das Diakonissenhaus für die Grafschaft Mark und das Siegerland gegründet. Interessierte aus der Wirtschaft, Vertreter der Städte und Gemeinden, Kaufleute und Fabrikanten wurden zu einer Gründungskollekte aufgerufen. Aber wo sollte das Werk entstehen, wo konnten günstig gelegene Grundstücke erworben werden?

Das Evangelische Diakonissenhaus für die Grafschaft Mark und das Siegerland sollte seine Aufgaben im „großen Industrieland“ wahrnehmen, das „mit Ungeduld vielfältiger, dringlicher Bedürfnisse auf die Entstehung eines, wie der Name verrät, raumgebundenen Werkes wartete“. Die Generalversammlung des Vereins für Innere Mission tagte am 26. Februar 1890 in Dortmund und faßte den Beschluß, das Angebot der Evangelisch-Lutherischen Kirchengemeinde in Witten anzunehmen, damit an einem „möglichst großen, frequentierten Krankenhaus den Probeschwestern Gelegenheit zu vielseitiger, praktischer Ausbildung geboten werden könne“. Das Krankenhaus der Wittener Kirchengemeinde war 1863 gegründet worden, hatte sich bereits bewährt und eignete sich darum gut zur Ausbildung in der Krankenpflege.

Zur Zeit der Mutterhausgründung arbeiteten acht Kaiserswerther Diakonissen in diesem Krankenhaus. Diakonisse Minna Meyer, langjährige Vorsteherin des Krankenhauses, wurde zur ersten Vorsteherin des neuen Diakonissenmutterhauses berufen. Sie sollte „den Schwestern Mutter und Schwester zugleich“ sein und dem Vorsteher als „Mutter des Hauses“ zur Seite stehen.

Dieser war am 17. Juli 1890 vom Vorstand gewählt worden. Pastor Martin Graeber, Sohn eines Pastors aus Wuppertal, war 40 Jahre alt, als er zum ersten Vorsteher des Diakonissenhauses für die Grafschaft Mark und das Siegerland berufen wurde. Er hatte bereits einen Dienst in der deutschen Gemeinde in

188. Schwesternzimmer im Mutterhaus des Evangelischen Diakonissenhauses, Postkarte um 1920

189. Schwestern-Wohnzimmer im Mutterhaus des Evangelischen Diakonissenhauses, Postkarte um 1920

190. Diakonissen-Wohnzimmer im Mutterhaus des Evangelischen Diakonissenhauses, Postkarte um 1920

191. Sitzungszimmer im Mutterhaus des Evangelischen Diakonissenhauses, Postkarte um 1920

Kairo hinter sich und war zur Zeit seiner Berufung der Hauptagent der Rheinisch-Westfälischen Gefängnisgesellschaft. Bis zum Jahre 1904 konnte Pastor Graeber mit Klugheit und großem Geschick die Leitung des Diakonissenhauses wahrnehmen. Am 20. Juli 1904 wurde er mitten aus der Arbeit, in die er seine ganze Kraft eingesetzt hatte, aus dem Leben abgerufen.

Der Vorsteherin stand ab 1892 die Probemeisterin, Diakonisse Anna Mohnhaus, ebenfalls aus dem Mutterhaus in Kaiserswerth kommend, zur Seite. Sie trug in besonderem Maße die Verantwortung für die Ausbildung der Probeschwestern. Diese erhielten innerhalb ihrer Mutterhausgemeinschaft die Möglichkeit zum theoretischen und praktischen Lernen ihres Berufes als Krankenpflegerinnen.

Gleichzeitig geschah eine wichtige diakonische Begleitung durch die Probemeisterin und den Vorsteher. Die jungen Schwestern sollten die Patienten auch in ihren Ängsten und Fragen nach dem Sinn ihres Lebens begleiten können. Sie sollten mit ihnen singen, beten und über Gottes Wort nachdenken können.

Sie wohnten gemeinsam im „Probesaal" und lebten mit dem „Hausvater" und der „Hausmutter" in einer großen Familie, die Freude und Leid, die Sorgen des Alltags und auch das „geistliche" Leben miteinander teilte. Da die Herkunft der jungen Frauen wie ebenso ihre Bildung unterschiedlich war, legte der Hausvorstand viel Wert auf das „gemeinsame Leben". Er war darum bemüht, Schulbildung zu ergänzen und auch allgemeinbildenden Unterricht zu vermitteln. Dadurch sollten, besonders im ersten Probehalbjahr, allzu große Unterschiede abgebaut werden und jeder Probeschwester Raum zur Entfaltung ihrer Begabung gegeben werden.

Als erste Diakonisse wurde 1892 Magdalena Strangmann im Alter von 33 Jahren eingesegnet. Ein Jahr später konnten sechs Diakonissen eingesegnet werden.

Die Gemeinde Weidenau stellte schon sehr bald nach der Gründung des Mutterhauses den Antrag für eine Gemeindeschwester. Im November 1892 wurde die erste Diakonisse in eine auswärtige Arbeit, nach Weidenau, entsandt und wenige Monate später drei Schwestern in das neuerbaute Amtskrankenhaus in Weidenau. Der Dienst der Schwestern geschah im „Namen Jesu" und „in der Gemeinde". Darum legte das Mutterhaus von Anfang an großen Wert darauf, daß jede Diakonisse, die außerhalb des Diakonissenhauses einen Dienst übernahm, in einem Gemeindegottesdienst eingeführt wurde.

Vorsteher Pastor Hermann Wilm charakterisierte die besondere Eigenart des Wittener Mutterhauses: „Die Lage von Witten zwischen Kaiserswerth und Bethel hatte etwas Symbolhaftes für die geistliche und geistige Art des dortigen Mutterhauses. Zwischen der pietistisch gefärbten Art des Minden-Ravensberger Landes und der fast militärisch straffen Eigenart des Kaiserswerther Mutterhauses galt es einen Weg zu finden, der das Gute aus beiden Seiten annahm und doch wieder eine selbständige Gestaltung verbürgte."

Die Industriegemeinden des Ruhrgebietes und die Gemeinden des Siegerlandes warteten auf ausgebildete Schwestern. Sie unterhielten Krankenhäuser und Kindergärten und erbaten Gemeindeschwestern. In den Krankenhäusern bildeten die Kranken mit den Schwestern eine Gemeinde, waren beieinander in Arbeit und Wohnen und im Gottesdienst. In den Kindergärten waren die Schwestern wichtige Miterzieherinnen der Kinder neben Eltern und Geschwistern. Sie sollten ihnen Gottes Wort nahebringen und sie Nächstenliebe lehren. In den Industriegemeinden war die Not der Familien besonders groß. Oft hatten die Schwestern Mutterstelle zu vertreten, Alten- und Krankenpflegerin zu sein und auf Hygiene zu achten. Sie lehrten im kirchlichen Unterricht und waren in der Vielseitigkeit ihrer Berufsausübung fest eingebunden in ihre Gemeinden.

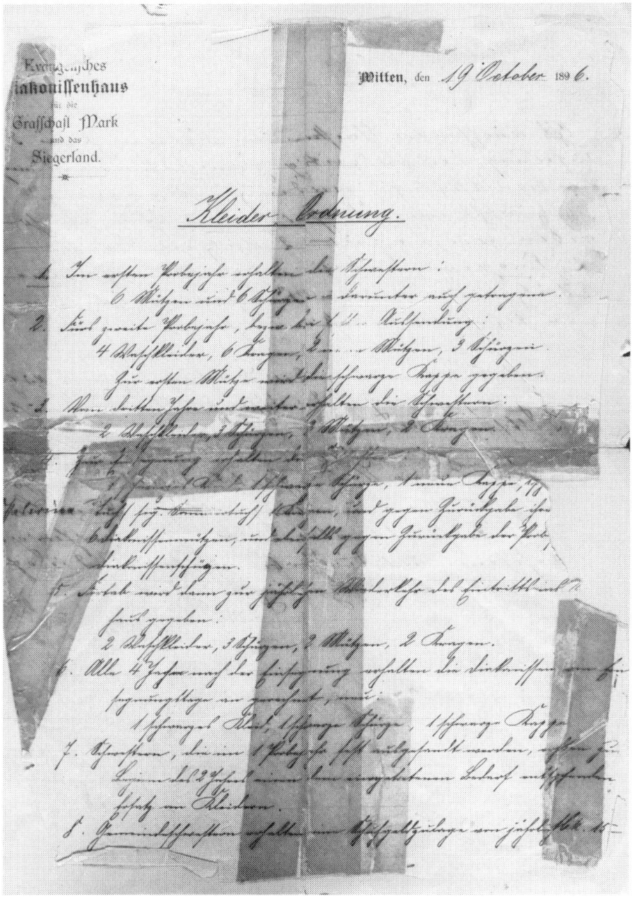

Evangelisches
Diakonissenhaus
für die
Grafschaft Mark
und das
Siegerland.

Witten, den 19 October 1896.

Kleider-Ordnung.

192. *Kleider-Ordnung von 1896 des Evangelischen Diakonissenhauses*

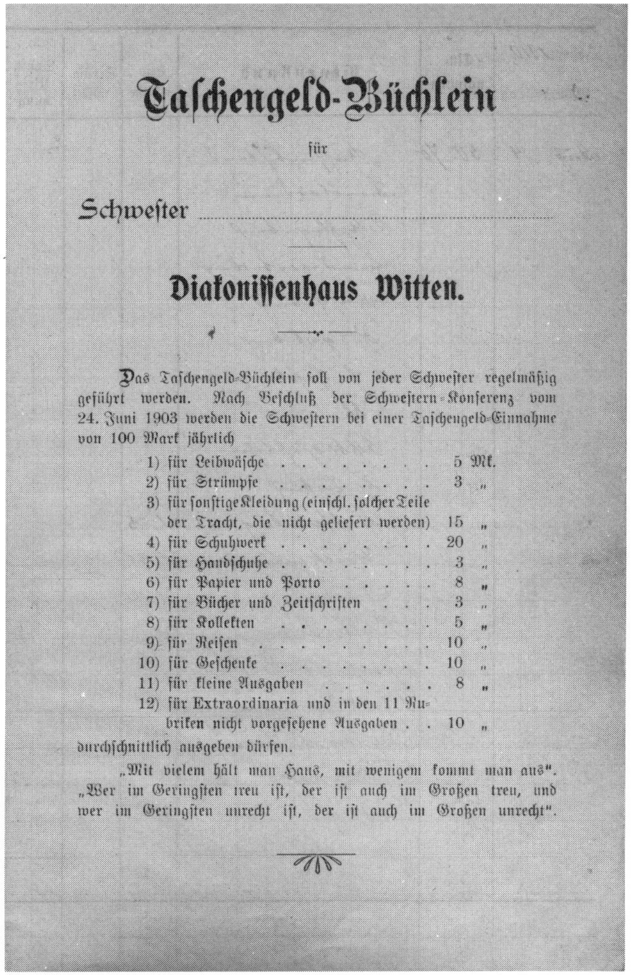

Taschengeld-Büchlein

für

Schwester ....

Diakonissenhaus Witten.

Das Taschengeld-Büchlein soll von jeder Schwester regelmäßig geführt werden. Nach Beschluß der Schwestern-Konferenz vom 24. Juni 1903 werden die Schwestern bei einer Taschengeld-Einnahme von 100 Mark jährlich

1) für Leibwäsche	5	Mk.
2) für Strümpfe	3	„
3) für sonstige Kleidung (einschl. solcher Teile der Tracht, die nicht geliefert werden)	15	„
4) für Schuhwerk	20	„
5) für Handschuhe	3	„
6) für Papier und Porto	8	„
7) für Bücher und Zeitschriften . . .	3	„
8) für Kollekten	5	„
9) für Reisen	10	„
10) für Geschenke	10	„
11) für kleine Ausgaben	8	„
12) für Extraordinaria und in den 11 Rubriken nicht vorgesehene Ausgaben . .	10	„

durchschnittlich ausgeben dürfen.

„Mit vielem hält man Haus, mit wenigem kommt man aus".
„Wer im Geringsten treu ist, der ist auch im Großen treu, und wer im Geringsten unrecht ist, der ist auch im Großen unrecht".

193. *Taschengeld-Büchlein von 1910 des Evangelischen Diakonissenhauses*

194. Pforte des Mutterhauses des Evangelischen Diakonissenhauses, Foto vor 1940

195. Nähstube des Evangelischen Diakonissenhauses, Postkarte nach 1920

196. Speisesaal des Evangelischen Diakonissenhauses, Postkarte nach 1920

197. Schreibstube des Evangelischen Diakonissenhauses, Postkarte nach 1920

Im Jahre 1900, zehn Jahre nach der Gründung, gehörten dem Diakonissenmutterhaus 181 Schwestern an, davon allein 141 in der Ausbildung.
Es arbeiteten bereits Wittener Schwestern in elf Krankenhäusern, 28 Gemeinden, zwei Pflegehäusern, 13 Kindergärten und Handarbeitsschulen. In Brasilien und in der Schweiz standen Wittener Schwestern in Heilstätten, Krankenhaus und Kindergarten im Dienst. In den ersten 25 Jahren des Bestehens sind 909 Schwestern in das Mutterhaus eingetreten.
Da immer mehr Schwestern außerhalb des Diakonissenhauses arbeiteten, bemühten sich Vorsteher und Vorsteherin um das Zusammenhalten der Schwesterngemeinschaft auf vielfache Weise. Sie fuhren zu „Stationsbesuchen" in die Gemeinden und Krankenhäuser. Die dort arbeitenden Schwestern hatten zu berichten, und die Mutterhausleitung stellte fest, ob sie eine angemessene Unterbringung hatten und in das Leben der Gemeinde eingebunden waren. Auch schriftliche Berichte wurden erbeten, bis hin zu den jährlich abzufassenden „Stationsberichten". Umgekehrt führten Vorsteher und Vorsteherin den monatlichen „Schwesternbrief" ein. Er hatte die Aufgabe, den auswärtigen Schwestern von den Plänen der Leitung, vom Ergehen der Kranken und Alten, also aus dem Mutterhausleben, zu berichten. Dem Vorsteher war auch die seelsorgerliche Begleitung seiner Schwestern wichtig. Jeder Monatsbrief enthielt zunächst eine biblische Betrachtung. Sie war niemals langweilig, sollte die Schwestern „ermutigen" und ihnen Lebenshilfe geben. Die alten Briefe, von Pastor Graeber handgeschrieben, lesen sich noch heute mit Spannung, weil sie das Leben der Schwestern und der ganzen Mutterhausgemeinschaft widerspiegeln.
Am 14. Oktober 1897 wurde das Kleinkinderschulseminar gegründet. Die Probeschwestern konnten nun auch in dieser Ausbildungsstätte „Kleinkinderschullehrerinnen" werden. Sie ist die älteste private Fachschule dieser Art in Westfalen. Das Mutterhaus war nun in der Lage, der Bitte mancher Gemeinden und Zechenbetriebe nachzukommen, Schwestern zur Errichtung von Kleinkinderschulen zu entsenden. Bis 1910 wurde die Ausbildung in halbjährigen Kursen durchgeführt, an denen bis dahin 50 Schwestern teilnahmen. Ab 1910 dauerte die Ausbildung ein Jahr und war auch für junge Frauen aus den Gemeinden offen, die nicht Diakonisse werden wollten. Sie schloß mit einem Diplom ab. Ab 1922 konnte die Fachschule für Kindergärtnerinnen mit staatlicher Anerkennung ausbilden.
Die Mutterhausleitung hatte sich von Anfang an um eine gute Ausbildung der Schwestern bemüht. Als im Jahre 1908 die Krankenpflegeausbildung staatlich geregelt und anerkannt wurde, begrüßte das Mutterhaus die neue Ausbildungsordnung und begann bereits im Herbst 1908 mit dem ersten Kursus. Bis 1939 sind entsprechend den zur Verfügung stehenden Unterlagen 678 Schwestern nach dieser staatlich geregelten Ordnung ausgebildet worden. Doch um welche Fachausbildung es sich auch handelte, immer war auch die theologisch-diakonische Ausbildung integriert oder in besonderen Kursen während der Probeschwesternzeit durchgeführt. Man traf sich an den Abenden, es wurde vorgelesen, gehandarbeitet oder auch ein gemeinsames Fest vorbereitet. Literaturabende wurden veranstaltet und Diakonissenkonferenzen durchgeführt, bei denen biblische Themen behandelt wurden. Sorgfältig wurde zum Abschluß der Probeschwesternzeit die Diakonisseneinsegnung mit einer vierzehntätigen Rüstzeit vorbereitet.
Die Einsegnung war dann nach der Probezeit ein besonderer festlicher Höhepunkt. Sie erfolgte traditionsgemäß stets an einem Donnerstag, durch viele Jahre hindurch zweimal im Jahr, weil die Gruppen sonst zu groß geworden wären. Als ich am 1. April 1955 eintrat, fand bald darauf eine Diakonisseneinsegnung mit drei Schwestern statt. Der große Zustrom verebbte Anfang der 50er Jahre. Mit großer innerer Bewegung folgte ich dem Einsegnungsgot-

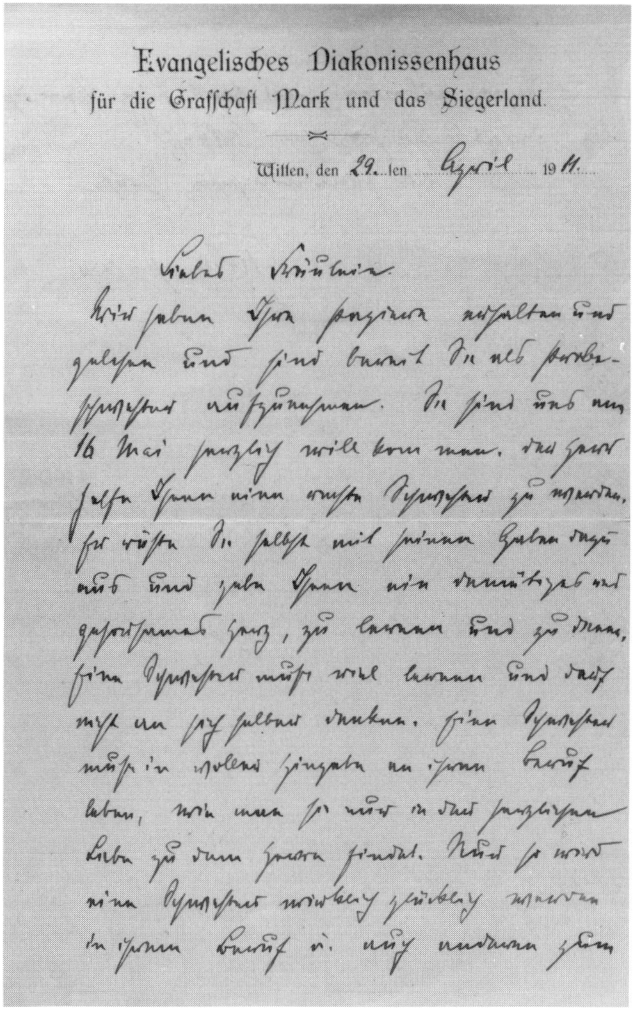

Evangelisches Diakonissenhaus
für die Grafschaft Mark und das Siegerland.

Witten, den 29.ten April 1911.

Liebes Fräulein.
Wir haben Ihren [illegible] erhalten und gelesen und sind bereit Sie als Probeschwester aufzunehmen. Sie sind uns am 16 Mai herzlich willkommen. Der Herr helfe Ihnen eine rechte Schwester zu werden, [illegible] Sie selbst mit seinen Gaben [illegible] und gebe Ihnen ein demütiges und gehorsames Herz, zu lernen und zu dienen. Eine Schwester muß viel lernen und darf nicht an sich selber denken. Eine Schwester muß in völliger Hingabe an ihren Beruf leben, wie man sie nur in dem herzlichen Leben zu dem Herrn findet. Nur so wird eine Schwester wirklich glücklich werden in ihrem Beruf u. auch anderen [illegible]

198. *Brief von Pastor Wilhelm Thiele vom 29. April 1911 an eine künftige Probeschwester*

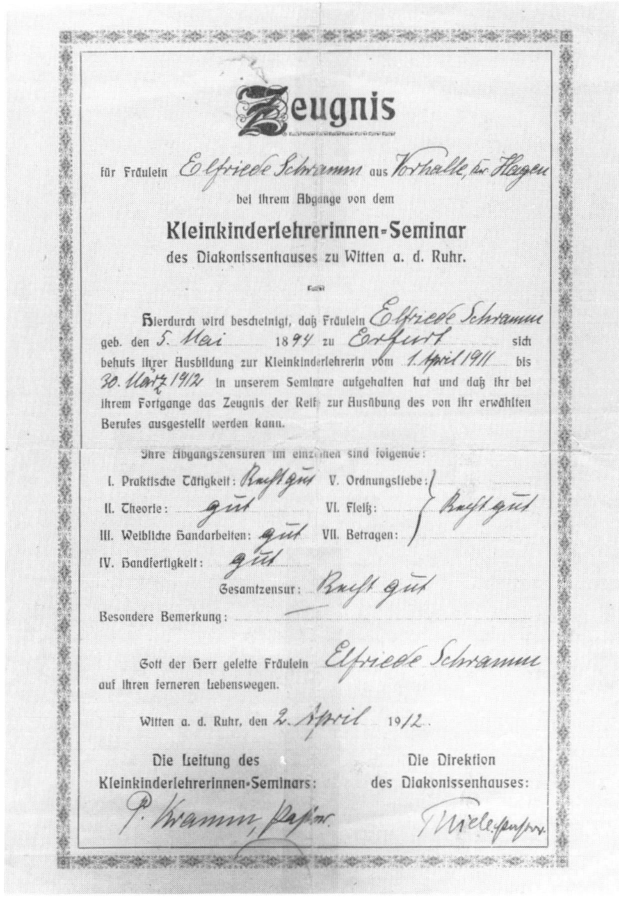

Zeugnis

für Fräulein Elfriede Schramm aus Vorhalle, [illegible] Hagen
bei ihrem Abgange von dem
Kleinkinderlehrerinnen-Seminar
des Diakonissenhauses zu Witten a. d. Ruhr.

Hierdurch wird bescheinigt, daß Fräulein Elfriede Schramm geb. den 5. Mai 1894 zu Erfurt sich behufs ihrer Ausbildung zur Kleinkinderlehrerin vom 1. April 1911 bis 30. März 1912 in unserem Seminare aufgehalten hat und daß ihr bei ihrem Fortgange das Zeugnis der Reife zur Ausübung des von ihr erwählten Berufes ausgestellt werden kann.

Ihre Abgangszensuren im einzelnen sind folgende:

I. Praktische Tätigkeit: Recht gut
II. Theorie: gut
III. Weibliche Handarbeiten: gut
IV. Handfertigkeit: gut
V. Ordnungsliebe:
VI. Fleiß:
VII. Betragen: } Recht gut

Gesamtzensur: Recht gut

Besondere Bemerkung:

Gott der Herr geleite Fräulein Elfriede Schramm auf ihren ferneren Lebenswegen.

Witten a. d. Ruhr, den 2. April 1912.

Die Leitung des Kleinkinderlehrerinnen-Seminars: P. Kramm, Pastor.

Die Direktion des Diakonissenhauses: Thiele, Pastor.

199. *Zeugnis vom 2. April 1912 für Elfriede Schramm zum Abschluß des Besuchs des Kleinkinderlehrerinnen-Seminars*

200. Krankenpflege-Unterricht im Evangelischen Diakonissenhaus, Foto um 1900

201. Krankenpflege-Unterricht im Evangelischen Diakonissenhaus, Foto um 1920

202. Röntgenabteilung des Evangelischen Diakonissenhauses, Foto 1944

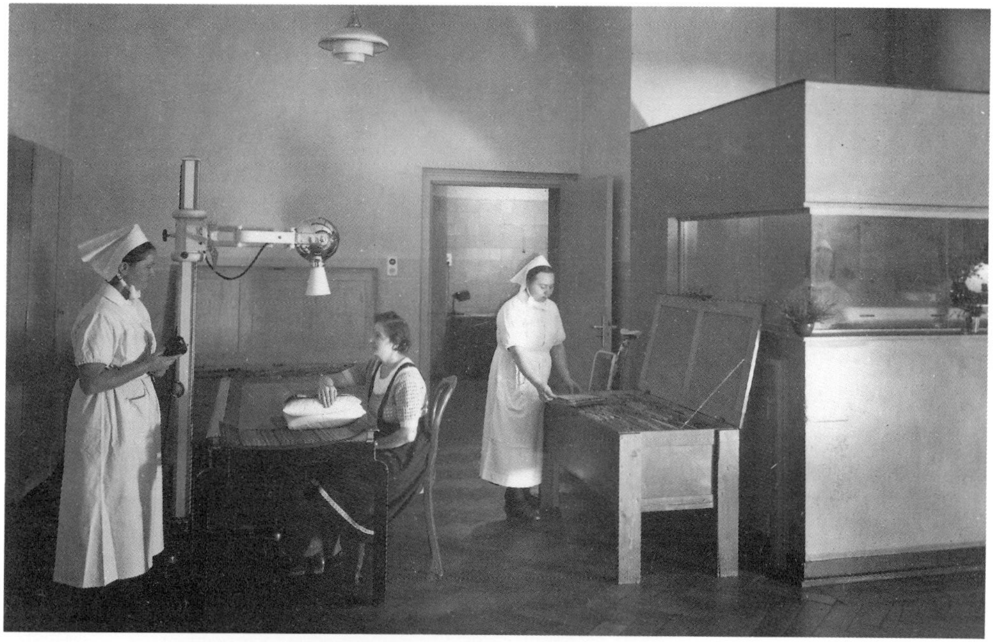

203. Schwestern beim Vorprobe-Unterricht im Evangelischen Diakonissenhaus, Foto 1951

tesdienst, in dem der Schwesternchor die „Seligpreisungen“ und den „Lobgesang der Maria“ sang. Der Diakonissenspruch von Wilhelm Löhe wurde in der Einsegnungsliturgie von dem Vorsteher, Pastor Koetter, und den drei jungen Schwestern im Wechsel gesprochen. Ich möchte ihn hier wegen seiner Bedeutung für viele Generationen eingesegneter Diakonissen zitieren:

Was will ich? Dienen will ich.
Wem will ich dienen?
Dem Herrn in seinen Elenden und Armen.
Und was ist mein Lohn?
Ich diene weder um Lohn noch um Dank,
sondern aus Dank und Liebe.
Mein Lohn ist, daß ich darf.
Und wenn ich dabei umkomme?
Komme ich um, so komme ich um, sprach Esther,
die doch ihn nicht kannte,
dem zu Liebe ich umkäme
und der mich nicht umkommen läßt.
Und wenn ich dabei alt werde?
So wird mein Herz grünen wie ein Palmbaum
und der Herr wird mich sättigen mit Gnade und Erbarmen.
Ich gehe mit Freuden und sorge nichts.

Die gemeinsam eingesegneten Schwestern bildeten einen „Bund“ und waren somit „Bundesschwestern“. Oft arbeiteten sie an weit voneinander entfernten Orten, doch trafen sie sich mindestens einmal im Jahr mit dem Vorsteher oder der Vorsteherin zum „Bundestag“. Anteil nehmen und Anteil geben, aber auch eine biblische Besinnung und das Sich-Erinnern an den gemeinsamen Einsegnungsspruch, der die Schwestern bis zum Tod begleitet, füllen solche Treffen bis heute aus.

Die Einsegnung durch den Vorsteher beauftragte die Diakonisse zum kirchlichen Amt der Diakonie. Die Vorsteherin nahm sie in die Gemeinschaft auf, die sie in ihrer Probeschwesternzeit kennengelernt hatte. Damit entschloß sich die Schwester, die Ordnung der Diakonissenschaft für die Grafschaft Mark und das Siegerland anzunehmen, also die Tracht zu tragen, auf persönliche Einkünfte zu verzichten und Taschengeld zu erhalten und ehelos zu leben. Das Mutterhaus nahm die Schwester in die „Versorgungsordnung“ auf und sorgte für sie in „gesunden, kranken und alten Tagen“. Diese Ordnung wurde am 1. Oktober 1939 neu gefaßt und ist heute noch gültig.

Bis in die 20er Jahre zurück reichen die Anfänge der „Hilfsschwesternschaft“, der sog. Freien Hilfen. Als am 7. und 8. September 1921 in Dresden eine Tagung des Kaiserswerther Verbandes deutscher Diakonissenmutterhäuser stattfand, wurde sehr eingehend über diese Angelegenheit gesprochen. In allen Krankenhäusern, mit denen das Mutterhaus Gestellungsverträge unterhielt, gab es einzelne Frauen, die als wertvolle Hilfen den Diakonissen zur Seite standen. Sie trugen eine Tracht und waren dem Mutterhaus angeschlossen, sie waren Angestellte des Diakonissenhauses für die Grafschaft Mark und das Siegerland.

Es war dann die politische, gesellschaftliche Situation, die Diakonissen und Hilfsschwestern zusammenschloß, waren sie doch im gleichen Dienst der Diakonie verbunden. Weltwirtschaftskrise, Massenarbeitslosigkeit, beginnendes Drittes Reich brachten den weniger organisierten Frauen jedoch besondere Gefahren. Als dann die nationalsozialistische Führung die Mutterhäuser zwingen wollte, ihre „Freien Hilfen“ der NS-Schwesternschaft („Braune Schwestern“) anzuschließen, reagierte die kluge Oberin des Kaiserswerther Verbandes, Auguste Mohrmann, sehr schnell: In einem Schreiben der Geschäftsstelle des Kaiserswerther Verbandes an die Mutterhaus-Vorstände vom 4. März 1939 wurde mitgeteilt, daß am 1.3.1939 die Verbandsschwesternschaft im Kaiserswerther Verband gegründet worden war. Die Verbandsschwestern aller Mutterhäuser trugen eine Armbinde und die einheitliche Brosche des Verbandes. Die Vorsteherin der Diakonissenschaft war zugleich Vorsteherin der Ver-

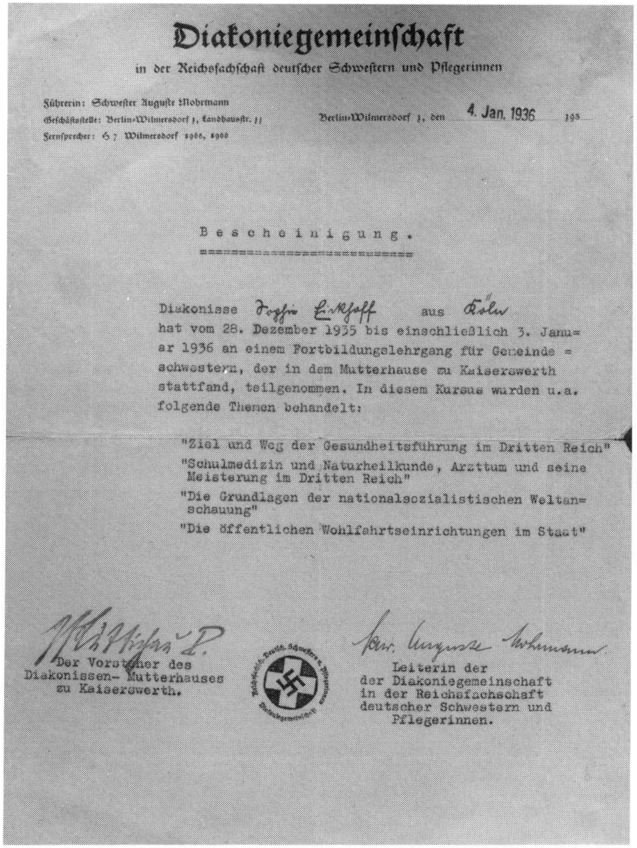

Diakoniegemeinschaft

in der Reichsfachschaft deutscher Schwestern und Pflegerinnen

Führerin: Schwester Auguste Mohrmann
Geschäftsstelle: Berlin-Wilmersdorf 1, Landhausstr. 11
Fernsprecher: 67 Wilmersdorf 1966, 1900

Berlin-Wilmersdorf 1, den 4. Jan. 1936 193

B e s c h e i n i g u n g .

Diakonisse [illegible] aus Köln
hat vom 28. Dezember 1935 bis einschließlich 3. Januar 1936 an einem Fortbildungslehrgang für Gemeinde = schwestern, der in dem Mutterhause zu Kaiserswerth stattfand, teilgenommen. In diesem Kursus wurden u.a. folgende Themen behandelt:

"Ziel und Weg der Gesundheitsführung im Dritten Reich"
"Schulmedizin und Naturheilkunde, Arzttum und seine Meisterung im Dritten Reich"
"Die Grundlagen der nationalsozialistischen Weltanschauung"
"Die öffentlichen Wohlfahrtseinrichtungen im Staat"

Der Vorsteher des Diakonissen-Mutterhauses zu Kaiserswerth.

Leiterin der der Diakoniegemeinschaft in der Reichsfachschaft deutscher Schwestern und Pflegerinnen.

204. Bescheinigung vom 4. Januar 1936 über den Besuch eines Fortbildungslehrgangs für Gemeindeschwestern im Mutterhaus zu Kaiserswerth

bandsschwestern. Nicht alle Mutterhäuser gründeten eine solche Schwesternschaft. Unser Mutterhaus schloß sich jedoch sofort an und bewahrte dadurch seine Hilfsschwestern vor dem Zugriff der NS-Führung. Für diese Verbandsschwesterngruppe wurde eine eigene Aufnahmeordnung herausgegeben. In § 1 heißt es: „Das Wittener Diakonissenhaus gibt evangelischen christlich gesinnten jungen Mädchen und kinderlosen Witwen mit gehobener Schulbildung (Lyzeum, Mittelschule), Gelegenheit, Krankenpflege zu erlernen und nach 2 Jahren das staatlich anerkannte Krankenpflegeexamen zu machen. Außerdem ist Gelegenheit zu spezieller Ausbildung als staatlich anerkannte Kindergärtnerin“. Und weiter heißt es in § 4: „Die Hilfsschwestern tragen während der Dienstzeit die vom Mutterhaus vorgeschriebene Tracht. Zivilkleidung darf nur in der Urlaubszeit getragen werden. Nach dem Ausscheiden aus dem Dienst des Mutterhauses sind die Hilfsschwestern verpflichtet, die Tracht abzulegen.“

Die meisten Verbandsschwestern arbeiteten als Krankenschwestern des Diakonissenhauses in den verschiedenen Krankenhäusern der Grafschaft Mark und des Siegerlandes, mit denen das Mutterhaus Gestellungsverträge unterhielt. Ein solcher Vertrag verpflichtete das Mutterhaus, für die Stellenbesetzung im Pflegebereich Sorge zu tragen. Das war nur möglich, weil das Mutterhaus den Diakonissen und Verbandsschwestern gegenüber grundsätzlich als „Arbeitgeber“ auftrat, der sie nach Bedarf versetzen konnte. Erhielten die Diakonissen, die auswärts im Dienst standen, neben freier Wohnung und Unterkunft nur ein Taschengeld, so bekamen die Verbandsschwestern neben „freier Station“ ein knapp bemessenes „Gehalt“.

Durch die enge Beziehung in der praktischen Arbeit und das oftmals gemeinsame Wohnen entstanden unter Diakonissen und Verbandsschwestern häufig enge Freundschaften, die während des ganzen Lebens andauerten und sich in vielen Fällen auch als Wohngemeinschaft über die Grenzen des Ruhestandes hinaus bewährten.

Als 1939 der Zweite Weltkrieg ausbrach, begann für die Mutterhausleitung eine schwere Zeit. Vorsteher Pastor Stein versuchte mit diplomatischem Geschick und doch so deutlich, daß die Schwesternschaft es verstand, nur von dem „einen Führer Jesus Christus“ zu sprechen. Dennoch gerieten hier und da einzelne und auch kleine Gruppen in die politischen Auseinandersetzungen hinein. So erlebten es

205. Paramenten-werkstatt des Evangelischen Diakonissenhauses, Foto um 1940

206. Paramenten-werkstatt des Evangelischen Diakonissenhauses, Foto um 1970

207. Pastor Otto Stein mit Jung- und Probeschwestern im Schwesternpark, Foto 1931

208. Silbernes und Goldenes Diakonissen-Jubiläum im Mutterhaus, Foto 1967

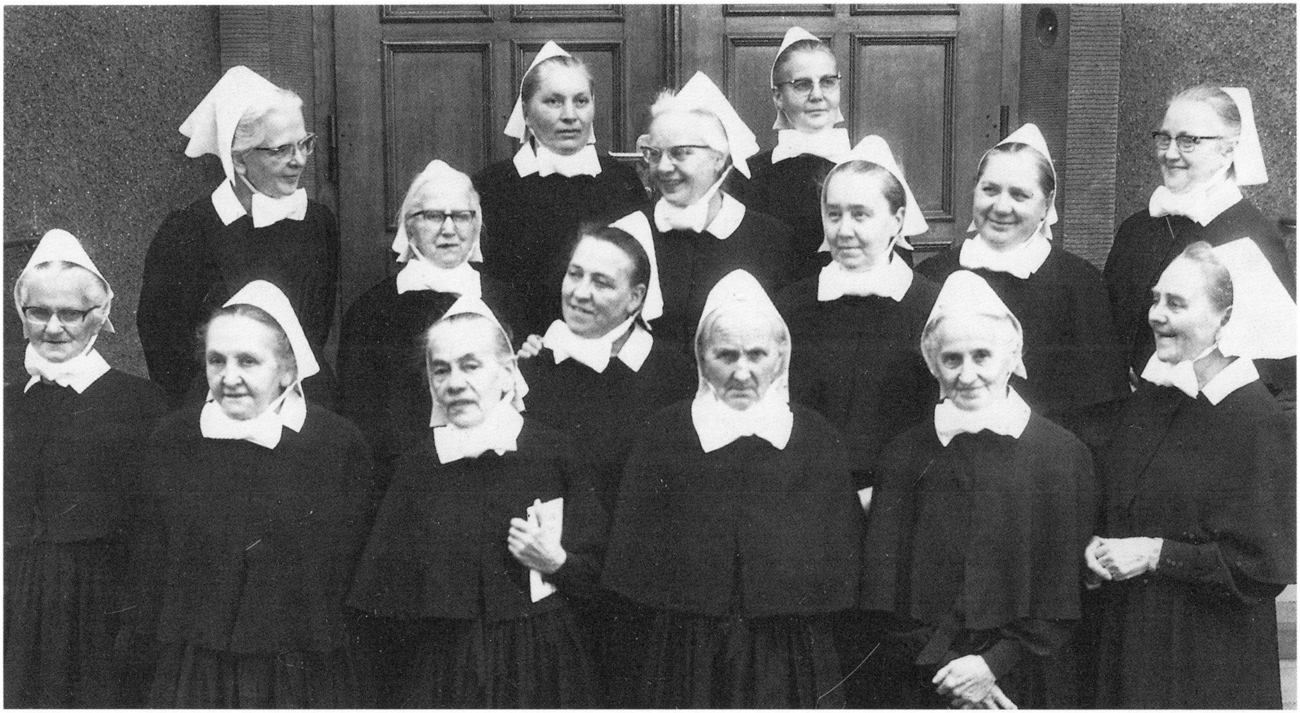

die Kindergartenschwestern mit, daß ihre Kindergärten den Kirchengemeinden entzogen und der Nationalsozialistischen Volkswohlfahrt angeschlossen wurden. Die Mutterhausleitung hatte schon frühzeitig damit begonnen, Kindergärtnerinnen auch die Krankenpflegeausbildung zukommen zu lassen, so daß für die meisten Kindergartenschwestern nun ein Umstieg in die Krankenpflege möglich war. In Witten wurden das Kindergärtnerinnenseminar geschlossen und damit die Ausbildung der Kindergärtnerinnen verboten.

Auch das Mitteilungsblatt des Mutterhauses, „Der Samariter", erhielt keine Druckerlaubnis mehr. Als er zum Advent 1949 erstmals wieder erschien, berichtete der Vorsteher, Pastor Hermann Kockelke: „Nun grüßt ‚Der Samariter' nach zehnjähriger Unterbrechnung zu Advent wiederum die Freunde des Wittener Diakonissenmutterhauses. Wenn auch ‚Der Samariter' selbst in der Systemzeit verboten war, so ist doch der stille Samariterdienst unserer Schwestern weitergegangen. Wer wollte zählen die zahllosen Gänge, die unsere Diakonissen in Gemeinden, Krankenhäusern, Lazaretten, Kindergärten, Heimen gemacht haben? Wer wollte zählen die Kilometerzahl, die Schwesternfüße zurücklegten bei Sonne und Regen, bei Schnee und Sturm, über Trümmer und Schutt, im Bombenhagel oft wunderbar bewahrt? Wie viele Kranke wurden gepflegt, wie viele Sterbende getröstet und gebettet? Und wie oft durfte sich unsere Jugend erfreuen an dem Dienst, den unsere Schwestern in den Jugendkreisen ausgerichtet haben, gerade in den entscheidenden Jahren, wo unserer Jugend weithin der mütterliche Dienst gefehlt hat."

In einem weiteren Abschnitt schrieb er: „Unser Diakonissenmutterhaus ist von allen Anstalten der Inneren Mission Westdeutschlands achtzig Prozent zerstört und am allermeisten getroffen. Am 12. Dezember 1944 wurde die Anstalt teilweise, am 19. März 1945 gänzlich durch Terrorangriff vernichtet. Fast alle Häuser sind ausgebrannt, das Mutterhaus zur Hälfte, das Ärztehaus ganz durch Volltreffer, das Marthahaus – Haushaltungsschule – erhielt einen Bombentreffer, wurde dann zum zweitenmal so durch Sprengbomben beschädigt, daß es umgelegt werden mußte. Zerstört wurde der Kindergarten, die Kirche, die bei der Beschießung Artillerietreffer erhielt. Das Mutterhaus-Krankenhaus hat schwer gelitten, die Ökonomie wurde zerstört. Das nach dem Angriff am 12. Dezember 1944 wieder hergerichtete Feierabendhaus wurde erneut zerstört und brannte aus samt den Werkstätten. Ungeheure Vorräte an Lebensmitteln, Tuchen und Wäscheballen sind verbrannt oder bei der Plünderung gestohlen. Die Aufbauarbeit der Schwestern und Handwerker nach dem ersten Angriff war vergeblich.

Nach dem Vernichtungsangriff haben sich unsere Schwestern in hervorragender Weise eingesetzt, keine Arbeit gescheut, wochenlang haben sie sich in ungeheizten Kellern aufgehalten. Wochenlang mußte das Wasser in Eimern aus dem Park geholt werden. Die Küche konnte nur unter erschwerten Bedingungen arbeiten. Die Waschküche wurde ebenfalls zerstört und konnte erst nach zwei Jahren wieder in Betrieb genommen werden. Der angerichtete Sachschaden beläuft sich auf 7 Millionen DM. Von den Kranken hat bei beiden Angriffen niemand Schaden erlitten. Von den Schwestern kam beim zweiten Angriff die Diakonisse Anna Borschel um; eine Schwester erlitt einen komplizierten Unterschenkelbruch, eine andere Prellungen. Unsere Feierabendschwestern konnten in unser Heim nach Völlinghausen gebracht werden. Bei dieser gänzlichen Zerstörung unserer Anstalt, bei der unsere Schwestern weithin ihr letztes Hab und Gut verloren, durften die Schwestern die Wahrheit des Spruches erfahren, den mir ein Amtsbruder nach meinem dritten Ausgebombtwerden in Stettin ‚Bethesda' über meine Lagerstätte schrieb: ‚Wird dir auch in diesen Tagen manches aus der Hand geschlagen, laß den Herrn nur walten. Wer sein letztes Gut entlassen, kann mit leeren Händen fassen Got-

209. Feierabendschwestern beim gemeinsamen Musizieren, Foto 1984

210. Feierabendschwestern in gemütlicher Runde, Foto 1984

211. Feierabendschwestern, Fotos 1984

tes Hand – und halten.‘ Die Mutterhausleitung mußte um Spenden für den Wiederaufbau bitten. So heißt es in demselben Abschnitt, aus dem ich vorher zitierte: ‚Eine dringende Aufgabe ist die Fertigstellung des Altbauflügels des Krankenhauses sowie der Aufbau unseres Feierabendhauses, damit die zum Teil bei Angehörigen notdürftig untergebrachten Feierabendschwestern wieder im Feierabendhaus versorgt und gepflegt werden. Jede Gabe für den Wiederaufbau des Feierabendhauses oder für Einrichtung eines Schwesternstübchens bedeutet einen Samariterdienst der Liebe!“
Pastor Kockelke fügte eine interessante Statistik hinzu. Der Stichtag bezog sich auf den 1. Advent 1949: „Unsere Schwesternzahl beträgt zur Zeit einschließlich Schülerinnen 914. Von diesen Kräften arbeiten in 22 Krankenhäusern 417 Schwestern, in 161 Gemeinden 224 Schwestern, in 18 Kindergärten 18 Diakonissen, in 6 Altersheimen 7 Schwestern, in 1 Kinderheim 1 Diakonisse, in Wirtschaftsbetrieben 34, im Mutterhaus 2 Lehrschwestern, im Mutterhaus tätig 10 Schwestern, in der Gefängnisarbeit 1 Diakonisse, in der Ausbildung stehen 2 Schwestern.“
Der „Samariter“ veröffentlichte in derselben Ausgabe einen Beitrag der damaligen Probemeisterin, Diakonisse Luise Schäfer, über „Unsere Jungschwestern“. Darin berichtet sie vom fröhlichen Zusammensein der Jungschwestern. Es wurde vorgelesen, gesungen, gespielt. Nach dem langen Dienst auf den Krankenstationen war man zusammen, feierte Geburtstag oder lernte auch für den Unterricht.
Während der Zeit der „Vorprobe“ trugen die jungen Schwestern zwar bereits das Probeschwesternkleid, waren jedoch noch ohne Haube. Anfang der 50er Jahre wurde die kleine „Vorprobehaube“ eingeführt. In den ersten sechs Monaten nach dem Eintritt lernten die Schwestern das Mutterhaus mit seinen Schwestern kennen und erhielten Unterricht, der vor allem die Allgemeinbildung ergänzen sollte. Nach dieser Zeit wurden sie an die verschiedenen Arbeitsgebiete des Mutterhauses herangeführt, arbeiteten auf Krankenstationen im Wittener Krankenhaus und den auswärtigen Häusern.
Während der mindestens fünf Jahre dauernden Probezeit erhielt die Schwester eine Berufsausbildung und wurde – in der Regel vor der Einsegnung – zu einem ca. sechs Monate dauernden Diakonischen Kursus einberufen, mit dem der Unterricht seinen Abschluß fand. Vor allem waren es die biblischen Fächer wie Altes Testament, Neues Testament, Bibelkunde und Katechetik, die unterrichtet wurden.
Der Schwesternrat hatte die Einsegung zu beschließen. So endete mit der Einsegnung die Probezeit, die eine Mindestdauer von 5 Jahren hatte, doch auch – je nach Alter der Schwestern – 7 Jahre dauern konnte, da die einzusegnende Schwester mindestens 25 Jahre alt sein mußte.
So erlebte das Diakonissenmutterhaus nach dem Zweiten Weltkrieg zunächst wieder einen Zustrom von jungen Schwestern. Es verfügte inzwischen über ein eigenes Gebäude, das 1955 wieder aufgebaut war, und konnte für sie der Hausordnung entsprechend eine „Stätte der Ausbildung und Fortbildung, der Sammlung und Sendung“ sein. Hier erlebten sie Bildung, Ordnung, Glaubens-, Lebens- und Dienstgemeinschaft. Auch übten sie sich in der Verantwortung für das Diakonissenhaus mit seinen Ausbildungsstätten, dem Krankenhaus und sonstigen Einrichtungen: Diakonissenschaft als Trägergemeinschaft für das gemeinsame Werk erfordert Bereitschaft zur finanziellen Unterstützung, verpflichtet auch erst recht zur Fürbitte und zum Eintreten füreinander.
Inzwischen haben gesellschaftliche Wandlungen, eine starke Zunahme von sozialen Berufsmöglichkeiten für Frauen und ein deutlicher Anstieg der Heiratsquote, die Zahlen der Diakonissen und ihre Einsatzgebiete zurückgehen lassen.

Diakonissen und Diakonische Schwestern und Brüder im Diakoniewerk Ruhr-Witten

Im Jahre 1973 wandelte sich durch Vorstandsbeschluß der Name unserer Institution von „Diakonissenhaus für die Grafschaft Mark und das Siegerland“ in „Diakoniewerk Ruhr-Witten“. Damit wurde einer Entwicklung Rechnung getragen, die nach 1945 eingesetzt hatte: Der Anteil der „zivilen“ Mitarbeiter war parallel zum allgemeinen Anstieg des Personalbedarfs in Krankenhäusern immer mehr gestiegen. Die Zahl der Diakonissen war kleiner geworden. Traf man früher überall die Diakonisse an, von der Leitung des Krankenhauses und Lehraufgaben in den Schulen bis in Waschküche, Küche, Scheibstube und Landwirtschaft, so nötigte der Rückgang der Zahlen zu Konzentration und Besinnung auf die wichtigsten Aufgaben: „Sauerteig“ zu sein und an der Verantwortung für das Ganze mitzutragen. Auch die Gemeindeschwestern erlebten sich mehr und mehr als Mitarbeiterinnen im Team mit anderen in der Kirchengemeinde.
Aus der anfangs kleinen Zahl der Verbandsschwestern entwickelte sich eine Schwesternschaft, die in unserem Mutterhaus diakonisch-theologische Fortbildung erfährt und Gemeinschaft erlebt. Die Schwestern finden in der Leitung, dem Hausvorstand, Berater in persönlichen und dienstlichen Fragen und – wie die Diakonissen – in der Vorsteherin und dem Vorsteher Schwester und Bruder. Am 4. Februar 1987 beschloß die Mitgliederversammlung des Kaiserswerther Verbandes eine Umbenennung der Verbandsschwesternschaft. Der neue Name lautet „Diakonische Schwesternschaft. Gemeinschaft von Frauen und Männern im Kaiserswerther Verband“.
Unsere Diakonischen Schwestern und Brüder arbeiten in 13 verschiedenen Krankenhäusern als Pflegedienstleitung, Unterrichtsschwester und Krankenschwester. Sie sind als Altenpflegerinnen/Altenpfleger in Altenheimen als Leitung oder im Wohnbereich tätig. 40 arbeiten in Gemeinden und Diakoniestationen. Gegenwärtig arbeiten von den sieben Brüdern, die der Diakoniegemeinschaft angehören, drei als Altenpfleger in der Altenheimleitung und Wohnbereichsleitung, einer als Gemeindekrankenpfleger, zwei sind Krankenpflegediakone im Krankenhaus (davon einer in der Weiterbildung zur Pflegedienstleitung), einer ist Pastor in einer Bochumer Gemeinde. Dazu kommen zwei Brüder als Anwärter, die den theologischen Oberkursus der Diakonenschule besuchen.
Zur Diakonissenschaft gehören (Stand 30. Juni 1989) 156 Schwestern. Davon sind 21 Schwestern im Dienst und 137 im Feierabend. Vier Diakonissen arbeiten in Gemeinden, eine leitet einen Kindergarten, vier sind in der Altenpflege, drei im Mutterhaus und neun in Krankenhäusern in verschiedenen Funktionen. Zum Mutterhaus gehören auch die Feierabendhäuser, in denen die meisten unserer Schwestern leben. Sie sind Glieder der Diakoniegemeinschaft und bringen Wichtiges ein: Berufserfahrung, Lebenserfahrung und besondere Kenntnisse im Umgang mit Krankheit und Alter. Alle treten miteinander in der Fürbitte ein. Sie haben Zeit füreinander und für Menschen, die ein Gespräch suchen. Auch begleiten sie kritisch Entscheidungen und Entwicklungen in der Diakoniegemeinschaft und im Diakoniewerk Ruhr-Witten.
Den Charakter des Mutterhauses als eines Ortes, an dem in jedem Fall und zu aller Zeit ein Mensch anzutreffen ist für ein persönliches Gespräch, möchten alle Gruppen nicht aufgeben. So gibt es im Mutterhaus und im Diakoniewerk Ruhr eine Lebensgemeinschaft, auch wenn sie sich etwas anders als in früheren Zeiten darstellt.
Seit dem 1. Oktober 1985 bietet die Diakoniegemeinschaft von Schwestern und Brüdern ein neues Ausbildungskonzept, die Diakonisch-theologische Weiterbildung/Diakonissenausbildung, an. Mit diesem Angebot für Frauen in Diakonie und Kirche soll Antwort gegeben werden auf die Frage: Was

212. Mutterhaus des Diakoniewerkes Ruhr-Witten und Lukas-Zentrum, Foto 1990

213. Treppenhaus des Mutterhauses im Diakoniewerk Ruhr-Witten, Foto 1990

214. Feierabendhaus II, Martin-Graeber-Haus (links) und Feierabendhaus III (rechts) im Diakoniewerk Ruhr-Witten, Foto 1990

215. Feierabendschwester in einem Schwesternzimmer der Feierabendhäuser des Diakoniewerkes Ruhr-Witten, Foto 1990

216. Ehemaliges Kreuz über dem Haupteingang des alten Krankenhauses des Evangelischen Diakonissenhauses, im Hintergrund das neue Krankenhaus, Foto 1990

217. Schwesterngräber auf dem Ledderken-Friedhof, Foto 1990

218. Feuchtbiotop im Schwesternpark des Diakoniewerkes Ruhr-Witten, Foto 1990

219. Spielplatz und Matthias-Claudius-Haus, Kindertagesstätte des Diakoniewerkes Ruhr-Witten, links im Hintergrund das Mutterhaus, Foto 1990

wollen wir von unseren guten Erfahrungen, verbunden mit der Tradition der Mutterhausdiakonie, in die Zukunft hinein festmachen?'
Diakonissen sollten Amtsträgerinnen in der Kirche und ihrer Diakonie sein. Das Diakonische Amt in unserer Kirche könnte wichtig sein für die Gestaltung diakonischer Gemeinden. Von den Diakonissen als Amtsträgerinnen erwarten wir:
1. Die persönliche Berufung als Glaubenserfahrung der Annahme und Zuwendung Gottes in Jesus Christus.
2. Eine abgeschlossene, fachspezifische Berufsausbildung, etwa im sozial-pflegerischen, sozialpädagogischen, pädagogischen Bereich, und Lebenserfahrung
3. Eine diakonisch-theologische Weiterbildung als Qualifizierung für den Dienst in Kirche und Diakonie
4. Die Zugehörigkeit zur Gemeinde und Leben in einer Schwestern- und Bruderschaft (Glaubens-, Lebens- und Dienstgemeinschaft)
Die Diakonisch-theologische Ausbildung ermöglicht das Miteinander-Lernen in einer Wohngemeinschaft, zu der die Schwestern alle zwei Wochen ins Mutterhaus kommen. Der Unterricht legt Schwerpunkte fest: Biblische Fächer, Diakonik, Verkündigung, Gemeindeaufbau und Seelsorge.
Der Diakonissenberuf in der Kaiserswerther Frauendiakonie stand von jeher Frauen aus allen Berufen offen. Berufs- und Lebenserfahrungen sollen sie mit einbringen.
Nach einer angemessenen Probezeit und Abschluß der Ausbildung werden die Mitglieder der Diakoniegemeinschaft eingesegnet durch den Vorsteher und aufgenommen in die Gemeinschaft durch die Vorsteherin. Dieses geschieht in einem Gottesdienst. Hier wird die Basis deutlich: Von Gott gerufen – zum Amt der Diakonie beauftragt – von einer Gemeinschaft von Schwestern und Brüdern begleitet – offen für die Probleme unserer heutigen Gesellschaft – bereit, das Diakoniewerk Ruhr-Witten mit seinen Einrichtungen für Kranke, Alte, Kinder und Jugendliche und seinen Schulen und Ausbildungsstätten mitzutragen – neue Wege zu suchen, um das Evangelium von Jesus Christus weiterzusagen und weiterzugeben.
Am Sonntag Jubilate, dem 6. Mai 1990, fand die erste gemeinsame Einsegnung und Aufnahme von Diakonissen und Diakonischen Schwestern und Brüdern statt (9 Schwestern und 2 Brüder). Um große Zahlen geht es nicht mehr, doch führt Gott immer wieder Menschen in die Diakoniegemeinschaft, die um Jesu willen mitwirken und mitgestalten wollen und ihre Arbeit als „Diakonie" tun möchten.
Beide Gruppen haben sich eng zusammengeschlossen und haben gemeinsame Angebote. Gruppeninterne Fragen wurden bisher auf den Konventen behandelt, die noch getrennt durchgeführt werden. Im Jubiläumsjahr wird es nur einen gemeinsamen Konvent geben.
Einige Konventsthemen der vergangenen Jahre möchte ich nennen, weil sie die Fragen deutlich machen, mit denen sich die Diakoniegemeinschaft beschäftigt hat:
- Erfahrungen mit der jüngeren Generation (1980)
- Die Bedeutung der Botschaft Jesu für die Rolle der Frau. Neue Einsichten der Theologie für die Frau in Familie, Kirche und Gesellschaft (1983)
- Heute von Gott reden. Unser Glaube im Kreuzfeuer (1986)
- Vielfalt der Gemeinschaft: Glaubens-, Lebens- und Dienstgemeinschaft (1987)
- Verkündigung und soziales Handeln. Anspruch und Wirklichkeit diakonischer Einrichtungen (1988)
- Mutterhaus der Zukunft – Unsere Perspektiven als Diakoniegemeinschaft (1989)

Seit einigen Jahren haben wir an einer neuen gemeinsamen Lebensordnung gearbeitet, die 1989 beschlossen und vom Vorstand des Diakoniewerkes genehmigt worden ist. In ihr werden die Strukturen

klar beschrieben. Wichtig ist die Basisarbeit in den einzelnen Bezirken. Dort trifft man sich, arbeitet und lebt miteinander. Die Bezirksvertrauensschwester soll Anregungen aufnehmen und weitergeben, für regelmäßige Bezirkstreffen sorgen.
Im Mutterhaus finden die Monatstreffen statt. Die Themen sollen die gesamte Diakoniegemeinschaft ansprechen und sind – besonders im Jubiläumsjahr – offen für alle Freunde, Mitarbeiter und interessierte Gemeindeglieder. Rüstzeiten, Bibelseminare, ein Diakonieseminar, eine Freizeit im Schwarzwald, eine Studienfahrt nach Augsburg und viele andere Angebote sind im Heft „Seminare 90“ angekündigt, in dessen Vorwort es heißt: „Ein Stück Leben lernen, gemeinsam mit anderen unterwegs sein in Fragen des Glaubens, der privaten und beruflichen Existenz – dazu sollen auch in diesem Jahr unsere Fortbildungsveranstaltungen im Diakoniewerk Ruhr anregen. Sie wollen der persönlichen Standortbestimmung dienen und Gemeinschaft erfahrbar machen...
Wovon leben wir als Gemeinschaft? Sicherlich auch von den Verbindlichkeiten des gemeinsamen Arbeitens und Treffens, der gemeinsamen Erlebnisse und Erfahrungen und der Besinnung auf das Wort Gottes. Lassen Sie sich dazu einladen.“

WALDTRAUT SAUPE

Die auswärtigen Arbeitsfelder der Schwesternschaft

Der Standort des Diakonissenhauses im rheinisch-westfälischen Industriegebiet machte von Anfang an deutlich, in welchem regionalen Bereich der Einsatz der Schwestern erfolgen sollte. Bis auf einige Ausnahmen ist es seit der Gründung bis heute so geblieben, daß der Hauptwirkungsbereich der Schwestern in der einstigen Grafschaft Mark und dem Siegerland liegt.

Das erste Arbeitsgebiet außerhalb des Krankenhauses in Witten, des noch sehr jungen Mutterhauses, war eine Gemeindepflegestation. Am 1. November 1892 wurde in der Industriegemeinde Weidenau im Siegerland eine Schwester eingesetzt, die einige Tage vorher als Diakonisse eingesegnet worden war. Die Übernahme dieser Arbeit war eine wichtige Entscheidung für die Entwicklung des Mutterhauses und der Schwesternschaft bis zum heutigen Tage.

Für die Diakonie stand und steht die Gemeindepflege im Mittelpunkt aller Arbeit. Sie ist die Grundlage der Arbeit und wurde oft als ihre „Krone“ bezeichnet. Allerdings hat sie im Laufe der Jahrzehnte eine Wandlung erfahren. Bis in die 50er Jahre unseres Jahrhunderts war die Gemeindeschwester nicht nur als Krankenschwester tätig: Pfarrer, Presbyter und Gemeindeglieder erwarteten die Hilfe der Diakonisse in allen Bereichen des Gemeindelebens und in der Familie. Und die Schwester, die in der Gemeindepflege tätig war, akzeptierte diese Erwartung und fühlte sich ganz selbstverständlich so stark mit ihrer Gemeinde verbunden, daß sie überall half, wo man ihre Hilfe erwartete. Krankenpflege bedeutete unter Umständen nicht nur einmal täglich die Pflege des Kranken, sondern Hilfe mehrmals am Tage und eventuell auch in der Nacht. Besonders wichtig waren die Pflege und Betreuung der Sterbenden. Hierbei übernahm die Schwester nicht nur die stundenlangen Wachen, sondern vor allem die Seelsorge sowohl für die Schwerkranken und Sterbenden als auch für die Angehörigen. Gemeindeschwester bedeutete aber auch Jugendarbeit, d. h. die Leitung des Jungmädchenkreises oder der Jungschar, sowie Helferin im Kindergottesdienst, Mitarbeit in der Frauenhilfe, nach Möglichkeit Mitglied im Kirchenchor. Selbstverständlich hatte jede Schwester ihren Gaben entsprechend bestimmte Schwerpunkte, in denen sie sich ganz besonders einsetzte, aber einsatzbereit war sie immer und überall.

Der Gemeindeschwester wurde Vertrauen entgegengebracht, man teilte ihr die Freuden und Sorgen mit. Sie hörte zu und konnte raten und trösten, war sich aber auch des Vertrauens bewußt. Diese Vertrauensstellung ist auch heute für jede Schwester, die in der Diakoniestation arbeitet, ganz selbstverständlich. Nur ihr Aufgabengebiet hat sich etwas verändert. Sie hat eine kürzere Arbeitszeit, wie es in allen Berufen der Fall ist, und ist vorwiegend für die Kranken- und Altenpflege zuständig. Am Gemeindeleben nimmt sie in den meisten Fällen aber nach wie vor ihren Gaben und Fähigkeiten entsprechend teil und ist Mitglied in unterschiedlichen Gemeindekreisen.

In den ersten Jahrzehnten der Geschichte unseres Mutterhauses war es immer wieder üblich, daß die Mutterhausleitung gebeten wurde, Schwestern für eine Privatpflege freizustellen. In solchen Fällen brauchten die Kranken besonders viel Pflege und Betreuung und waren die Familienangehörigen nicht in der Lage, die Pflege ständig auszuführen. Bereits 1892 wurde die erste Privatpflege übernommen.

Auch das erste Krankenhaus, das von Wittener Schwestern übernommen wurde, war in Weidenau. Drei Schwestern wurden in das Amtskrankenhaus Weidenau geschickt, das am 16. April 1893 eingeweiht worden war. Die Schwestern wurden in einem Gottesdienst in ihre neue Arbeit eingeführt. Die Einführung in eine neue Arbeit im Rahmen eines Gottesdienstes hielt man über viele Jahre bei. Es sollte deutlich werden, daß die Schwestern ihre Arbeit und ihren Dienst am Nächsten im Auftrag Gottes tun wollten. Diese Tradition hat sich bis heute dort gehalten, wo Schwestern eine Aufgabe in der Gemeinde oder die leitende Funktion in einem Krankenhaus oder Heim übernehmen.
Die Statistik der Schwesternschaft zeigt, daß seit 1893 die Zahl der Krankenhäuser, die von Wittener Schwestern übernommen wurden, ständig steigt. 1914 waren bereits 20 Krankenhäuser von Wittener Schwestern besetzt. Aber das junge Mutterhaus hatte ähnliche Probleme wie das Mutterhaus, das nun 100 Jahre alt wird: Es konnte nicht so viele Schwestern in die Arbeitsgebiete schicken, wie angefordert und gewünscht wurden. Es waren zwar junge Schwestern vorhanden, aber es fehlten die älteren, erfahrenen Schwestern, die die jüngeren anlernen und in die Aufgaben der Krankenpflege einführen konnten. So wurden oft den ausgesandten jungen Schwestern schwierige, verantwortungsvolle Aufgaben übertragen. Nicht immer war die junge Schwester der großen Verantwortung gewachsen, so daß sie wieder abgelöst werden mußte. Aber in den meisten Fällen reiften und wuchsen die Schwestern an ihren Aufgaben und konnten der nachfolgenden Generation Hilfe und Vorbild sein.
Man ist geneigt, auch in dem Punkt der Arbeitsüberlastung und allzu großen Verantwortung Parallelen zu unserer heutigen Zeit zu ziehen. Allerdings haben sich Arbeit, Aufgaben und Leben der Krankenschwester im Krankenhaus im Laufe der Zeit entscheidend verändert. Von Beginn bis in die Mitte unseres Jahrhunderts hatten die Krankenschwestern neben den pflegerischen Tätigkeiten viele hauswirtschaftliche Arbeiten auszuführen oder zumindest zu überwachen. In kleinen Krankenhäusern, wie z. B. in Daaden im Siegerland, war es sogar möglich, daß die Oberin des Hauses gleichzeitig OP-Schwester war, den Garten versorgte und sich um die Küche und die Landwirtschaft kümmerte. In allen Krankenhäusern lebten die Schwestern in der gleichen Gemeinschaftsform wie im Mutterhaus in Witten. Die Oberin hatte die Funktion der Hausmutter und kümmerte sich um den gesamten Betriebsablauf, um gute, sparsame Wirtschaftsführung und ebenso um das Wohl und Wehe der ihr anvertrauten Schwestern.
Die knapp bemessene Freizeit wurde zum größten Teil gemeinsam verbracht. Abends saß man im Wohnzimmer, handarbeitete, besprach persönliche Probleme, erfuhr von den Ereignissen in der Schwesternschaft und der Welt.
Da die Zahl der Schwestern, die in auswärtigen Häusern arbeiteten, nicht sehr groß war, bildeten sie meist eine besonders enge Gemeinschaft, die stark von der Persönlichkeit der Krankenhausoberin geprägt wurde.
Die Leitung des Mutterhauses erkannte sehr bald, daß neben der Krankenpflege eine andere Arbeit als diakonische Aufgabe angesehen und übernommen werden mußte: die Arbeit bei den kleinen Kindern. Die ersten Schwestern, die für diese Aufgabe in den Kleinkinderschulen ausgesucht worden waren, wurden im Oberlin-Haus in Nowawes bei Potsdam ausgebildet.
1895 konnten zwei Kindergärten (Kleinkinderschulen) von Wittener Schwestern übernommen werden. 1897 wurde in Witten das Kleinkinderschul-Seminar eingeweiht. Damit konnten die zukünftigen Kleinkinderschulschwestern am eigenen Seminar ausgebildet werden.
Im Laufe der nächsten Jahre stieg die Zahl der Kindergärten, die von Wittener Schwestern betreut wurden, ständig. 1914 waren es bereits 72. Auch in

220. Wittener Schwestern im Jung-Stilling-Krankenhaus, Siegen, Foto um 1940

221. Handarbeitsschule in Hamm-Westen, geleitet von Wittener Schwestern, Foto um 1925

222. Versorgungshaus in Soest, geleitet von Wittener Schwestern, Foto um 1925

einigen Waisenhäusern und Kinderheimen arbeiteten die Schwestern, die als Kindergärtnerinnen ausgebildet worden waren.
1931 wurden ca. 100 Kindergärten, Kindertagesstätten und -heime vom Mutterhaus Witten betreut. Doch dies war der Höhepunkt. Von da an ging die Zahl langsam zurück. 1939 waren es noch 76. Es bestand zwar in den Gemeinden immer noch ein großes Bedürfnis nach der evangelischen Betreuung und Erziehung in der Kinderarbeit. Die Zahl der Eintritte in die Schwesternschaft ebenso wie die der sog. freien Schülerinnen ging jedoch zurück, so daß nicht mehr alle Wünsche der Gemeinden erfüllt werden konnten.
In der Jubiläumsschrift von 1940 bringt Diakonisse Dr. Martha Buch diesen Sachverhalt deutlich zum Ausdruck. Sie schreibt über die finanziellen Sorgen des Kindergärtnerinnen-Seminars: „... obwohl die beiden Jahrgänge und der Vorschulkurs kaum noch ein Viertelhundert betragen, muß der ganze Lehrkörper vorhanden sein. So vermag unser Seminar nur unter schweren Opfern gehalten zu werden, weil es sich als Wesensbestandteil der von unserem Haus geübten Diakonie unter dem Auftrag der Gemeinden unseres Bezirks gestellt weiß. Fehlt aber der Nachwuchs unserer Schwestern und Schülerinnen, so fehlen uns damit zugleich auch die zur Besetzung der uns noch verbliebenen, immer noch zahlreichen Kinderheime und -tagesstätten die erzieherischen Kräfte."
Im Zweiten Weltkrieg und danach waren es immer weniger Schwestern, die zur Kindergärtnerin ausgebildet wurden. Demzufolge konnten nur noch wenige Kindergärten von Diakonissen des Wittener Hauses betreut werden. Die letzte Diakonisse, die als Kindergärtnerin bzw. Erzieherin arbeitete, schied am 31. März 1990 aus dieser Arbeit aus. Sie war seit 1960 im Kindergarten der evangelischen Kirchengemeinde Dortmund–Schüren tätig, in den 1923 zum ersten Mal eine Wittener Schwester entsandt worden war.
1895 wurde eine besondere Arbeit durch das Diakonissenhaus übernommen, als in Dortmund–Aplerbeck die Provinzialverwaltung Münster eine Heilanstalt eröffnete, im damaligen Sprachgebrauch eine „Irrenanstalt". Der Vorstand des Mutterhauses hatte sich diesen Schritt gründlich überlegt. Es bestanden große Bedenken, ob das junge Mutterhaus im Laufe der Jahre immer die erforderliche Anzahl von Schwestern in diese Arbeit schikken könnte und ob die Schwestern dieser besonderen Arbeit gewachsen sein würden. Der Vorsteher, Pastor Graeber, glaubte, dieser Anforderung gerecht werden zu können.
So gingen am 2. April 1895 zunächst acht Schwestern nach Aplerbeck. Sie übernahmen den Wirtschaftsbetrieb und die bis dahin bereits eröffneten Häuser für weibliche Geisteskranke. Im Laufe der Jahre waren es 52 Schwestern, die dort arbeiteten.
In der Jubiläumsschrift zum 25jährigen Bestehen des Mutterhauses und in der Lebensbeschreibung über die erste Wittener Oberin, Schwester Johanne Grunhoff, lesen wir von den großen Schwierigkeiten dieser Arbeit. Schwester Johanne übernahm die Leitung in Aplerbeck, nachdem sie zusammen mit einigen Schwestern in andere Häuser für Geisteskranke geschickt wurde, um dort etwas vom Umgang mit den Kranken zu erfahren. Zunächst waren die Diakonissen als Pflegerinnen der Leitung von Aplerbeck durchaus nicht recht, sie mußten also den staatlichen Stellen und sich selbst beweisen, daß sie für diese besondere Arbeit geeignet waren.
Es stellte sich allerdings heraus, daß nicht jede Schwester in der Lage war, ständig in dieser Pflege zu arbeiten. Die Schwestern lebten eng mit den Kranken zusammen und waren von der Umwelt fast vollkommen isoliert. Und doch war die Zeit in Aplerbeck aufs Ganze gesehen gewiß ein Gewinn für das Mutterhaus. Feste Anstaltsordnung, große Pünktlichkeit, eng geschlossenes Gemeinschaftsleben haben den dort arbeitenden Schwestern viel

223. *Kleinkinderschule in Dortmund-Wickede, geleitet von Wittener Schwestern, Foto vor 1928*

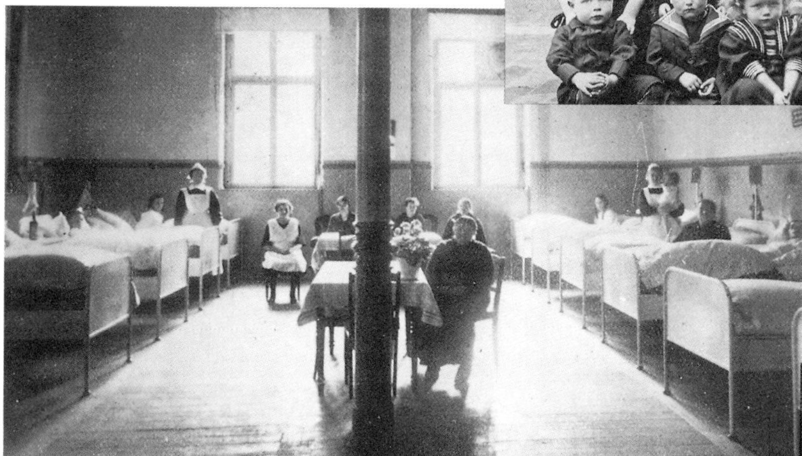

224. *Amtskrankenhaus in Weidenau/Siegerland, geleitet von Wittener Schwestern, Foto um 1930*

225. *Wittener Schwestern im Evangelischen Krankenhaus in Gelsenkirchen, Foto 1925*

innere Stärke für ihren späteren Lebensweg gegeben.
Wichtig war gewiß, daß das Mutterhaus mit Schwester Johanne Grunhoff eine Persönlichkeit gefunden hatte, die für die schwere Aufgabe besonders geeignet war. Aus Berichten wird immer wieder deutlich, daß sie den Schwestern den Halt und Trost geben konnte, den sie in schwierigen Situationen dort brauchten. 1912 wurde die Arbeit in Aplerbeck aufgegeben. Den Schwestern ist der Abschied ebenso schwergefallen wie der Leitung der Anstalt.
Bereits 15 Jahre nach Gründung des Diakonissenhauses wurde ein weiterer, ungewöhnlicher Antrag an die Mutterhausleitung gestellt: Der Vorstand der Deutschen Heilstätte für Lungenkranke in Davos bat um Wittener Schwestern für die Arbeit in der dortigen Einrichtung. Bis dahin hatten Schwestern des Mutterhauses Sarepta in Davos gearbeitet, die zurückgerufen worden waren. Die guten Erfahrungen mit den Betheler Diakonissen veranlaßten Vorstand und Arzt der Heilstätte, sich wieder um Diakonissen zu bemühen. Die Leitung des Wittener Diakonissenhauses sah die Heilstätte in Davos als einen Teil der großen Auslandsarbeit der deutschen Diakonie an und wollte sich, seinen Möglichkeiten entsprechend, daran beteiligen. Am 1. Januar 1906 gingen zunächst acht Schwestern nach Davos. Später arbeiteten zwölf Schwestern dort.
Es war nicht immer leicht, ihnen von Witten aus Rat und Hilfe zu geben. So war die Arbeit mit vielen Sorgen verbunden. Aber der Vorstand der Heilstätte hatte ein sehr gutes Verhältnis zum Vorstand des Wittener Hauses und war immer bereit, den Schwestern in allen Schwierigkeiten zu helfen. Die Tatsache, daß die Schweiz in den Kriegen neutral blieb, hat die Arbeit in der Heilstätte erleichtert.
Die Schwestern hatten wenig Kontakt zu der Bevölkerung in Davos, da die Heilstätte etwas außerhalb des Ortes lag und die ziemlich knapp bemessene Freizeit von den Schwestern lieber dazu genutzt wurde, die herrliche Landschaft zu genießen als in den Ort zu gehen. Die Heilstätte wurde immer von sehr verständnisvollen Chefärzten geleitet. Unter den Assistenzärzten waren meist auch deutsche Ärzte; einige von ihnen waren zunächst selbst Patienten und haben nach ihrer Genesung die Arbeit in der Heilstätte übernommen. Die Patienten kamen aus verschiedenen Staaten, neben Schweizern und Deutschen konnte man Engländer, Franzosen und Russen antreffen.
Der Vertrag zwischen dem Diakonissenhaus und der Heilstätte blieb sehr lange bestehen, überdauerte die beiden Kriege und wurde erst 1950 aufgelöst. 1950 mußte die Mutterhausleitung die Schwestern aus vielen Arbeitsgebieten ablösen, weil der Nachwuchs fehlte. Da war man der Meinung, daß unsere Schwestern zunächst hier im westfälischen Raum eingesetzt werden sollten.
Eine weitere Auslandsarbeit begann 1906, als die Barmer Missionsgesellschaft Hilfe für ihre Aufgaben im damaligen Deutsch-Südwestafrika suchte. Zwei Schwestern waren bereit, in die Missionsarbeit zu gehen. Man hoffte zu diesem Zeitpunkt, daß eine lange Zusammenarbeit zwischen dem Diakonissenhaus und der Barmer Missionsgesellschaft möglich sein würde. Das konnte dann doch nicht verwirklicht werden, und es wurden keine weiteren Schwestern in die Missionsarbeit geschickt. Die beiden ausgesandten Schwestern haben bis 1910 in Deutsch-Südwestafrika gearbeitet.
Eine dritte Auslandsarbeit des Wittener Diakonissenhauses wurde wesentlich später übernommen: In Brasilien, in Blumenau und Umgebung, arbeiteten Diakonissen des Wittenberger Hauses. Sie wurden 1934 von Wittener Schwestern abgelöst. Verschiedene Arbeitsgebiete wurden hier übernommen. Die erste Schwester, die von Witten nach Brasilien geschickt worden war, arbeitete als Gemeindeschwester und Hebamme, eine andere übernahm die Aufgaben der Hausmutter und Heimleiterin des Internates für die Kindergärtnerinnen-Schülerinnen. 1935 folgte die Schwester, die von allen Witte-

226. *Die ersten Verwundeten mit Wittener Schwestern, Foto 1914*

227. *Wittener Schwestern im Reservelazarett 122 in Frankreich, Foto 1915*

ner Schwestern am längsten in Brasilien gearbeitet hat. Sie ging als Kindergärtnerin nach Blumenau und kehrte erst zurück, als alle Wittener Schwestern abgelöst wurden. Auch in ein Krankenhaus in Blumenau wurden Wittener Schwestern geschickt. Obwohl die Landessprache in Brasilien Portugiesisch ist, wurde zu Beginn der 30er Jahre in Blumenau und Umgebung vorwiegend Deutsch gesprochen. Häufig hörte man Plattdeutsch aus Pommern. Auch die Kinder sprachen Deutsch, denn die Eltern legten großen Wert darauf. Dies änderte sich 1938, als das Nationalitätsgesetz erlassen wurde, das die deutschen Kindergärten und -schulen verbot, was angeblich auf Veranlassung von Nordamerika geschah.

Für unsere Schwestern, wie für alle Deutschen, begann damit eine schwierige Zeit. Zwar war die Mehrheit der Brasilianer den Deutschen nach wie vor wohlgesonnen, aber es gab auch hier, wie in aller Welt, Denunzianten, die die Deutschen anzeigten, wenn sie sich in ihrer Muttersprache unterhielten. Im Laufe des Krieges wurden die Schwierigkeiten größer. Die deutschen Schwestern mußten das Krankenhaus verlassen, nur die Oberin und die OP-Schwester durften ihren Dienst weiter versehen. Die anderen Schwestern zogen ins Pfarrhaus und verrichteten dort Näh- und Flickarbeiten für das Krankenhaus. Doch schon nach einigen Monaten erkannte die Stadtverwaltung, daß man die deutschen Schwestern dringend im Krankenhaus brauchte und rief sie wieder zum Dienst. Das Verbot der deutschen Sprache bestand jedoch noch bis in die 50er Jahre. Diese Erfahrung mußten auch die ersten Schwestern machen, die nach dem Krieg nach Blumenau geschickt wurden. Erst allmählich lockerte sich das Verbot. Alle Schwestern, die bei Ausbruch des Krieges in Brasilien waren, mußten dort bleiben.

Sie waren oft monatelang ohne Nachricht von der Heimat und waren ziemlich auf sich selbst gestellt. Während ihres Aufenthaltes in Brasilien hatten sie jedoch stets die Möglichkeit, in diesem Land in sehr schönen Gegenden ihren Urlaub zu verbringen. Nur zwei Autostunden von Blumenau entfernt standen am Strand gemütliche Ferienhäuser zur Verfügung. Nach dem Krieg wurde die Verbindung zum Heimatland wiederhergestellt, und es war möglich, das Stationsgeld für die Schwestern in Form von Naturalien nach Deutschland zu schikken, in den ersten Nachkriegsjahren eine willkommene Hilfe für das Mutterhaus. In dem nur noch zu einem kleinen Teil stehengebliebenen Mutterhaus gab es eine „Brasilienkammer“, die ungeahnte Schätze enthielt: Säcke mit ungebrannten Kaffeebohnen, mit Rosinen, Stoffballen und manchen anderen Dingen.

Als es wieder möglich war, wurden erneut Schwestern nach Brasilien ausgesandt, andere kamen zurück. Aber als die Zahl der Schwestern hier in der Heimat zurückging, mußte auch diese Arbeit aufgegeben werden. Dies konnte um so leichter von der Mutterhausleitung verantwortet werden, als sich in Sao Leopoldo ein Mutterhaus entwickelte, das der Kaiserswerther Generalkonferenz angeschlossen ist, in dem brasilianische und deutschstämmige junge Mädchen aufgenommen und ausgebildet werden. Ein guter Kontakt zwischen diesem Mutterhaus und dem Wittener Haus besteht bis heute.

Über ein auswärtiges Arbeitsfeld im Inland berichtet die Jubiläumsschrift zum 25jährigen Bestehen des Mutterhauses: „Seit 1910 endlich hat das Wittener Mutterhaus die 16. Pflegestation der Frauenhülfe des evangelisch-kirchlichen Hülfsvereins in Berlin übernommen. Auch dies ist eine Arbeit, die von den größeren deutschen Mutterhäusern gemeinsam in Berlin geleistet wird als ein Hilfsdienst, den die Provinz der Reichshauptstadt schuldet. Unsere Schwestern arbeiten gern in Berlin und machen in der dortigen Arbeit häuslicher Krankenpflege viele Erfahrungen, die ihnen namentlich für die Tätigkeit einer Gemeindeschwester später von großem Wert sein können.“

228. Wittener Schwestern in Davos, Foto 1931

229. Deutsche Heilstätte in Davos, Foto um 1940

1909 wurde das Diakonissenhaus gebeten, Schwestern in das Versorgungshaus in Soest zu schicken. Hier war 1904 eine wichtige Arbeit für ledige Mütter aufgebaut worden. In Soest wurden unverheiratete Mütter zur Entbindung und Pflege ihrer Kinder aufgenommen. In der damaligen Zeit hatte die ledige Mutter keinen sozialen Schutz und wurde von der Gesellschaft verachtet. Viele nahmen sich aus Verzweiflung das Leben, andere führten ein hoffnungsloses Leben am Rande der Gesellschaft.

Die Arbeit im Versorgungshaus verlangte viel Menschenkenntnis, Geduld, Verständnis und Liebe für die Mütter und Kinder. Unsere Schwestern waren in der Betreuung der Mütter und Kinder und als Hebamme tätig. Diese schwierigen und oft sehr belastenden Aufgaben konnten nur bewältigt werden, weil es dem Mutterhaus immer gelungen ist, eine gute, verständnisvolle Führungspersönlichkeit zur Leitung des Hauses zu finden. Sie gaben den Schwestern den nötigen Halt in einer guten Gemeinschaft und hatten gleichzeitig viel Verständnis und Liebe für die Mütter und ihre Kinder. Die Mütter waren bereits vor der Entbindung im Haus und sollten in allen Bereichen helfen. Nach der Entbindung übernahmen sie die Pflege ihrer Kinder. Es sollte damit erreicht werden, daß sie eine gute Beziehung zu ihrem Kind bekamen.

Viele Mütter, die aus allen Gesellschaftsschichten kamen, haben noch Jahre nach ihrem Aufenthalt im Heim ihre Dankbarkeit zum Ausdruck gebracht, aber ebenso häufig geschah es, daß die jungen Frauen so schnell wie möglich das Heim verließen und keinen Kontakt zum Heim oder ihrem Kind suchten.

Im Laufe der Jahrzehnte hat sich die Stellung der ledigen Mutter in der Gesellschaft und damit auch die Arbeit im Versorgungshaus verändert. Es kamen nicht mehr so viele Mütter zur Entbindung und Pflege ins Heim wie früher, aber die kamen, waren oft sehr jung und brauchten viel Hilfe. Sie mußten z. B. zum Gericht begleitet werden, wenn es um Fragen der Anerkennung der Vaterschaft ging, Verführung Minderjähriger oder Verkuppelung.

Als das Adoptionsgesetz geändert wurde, wurden vor allem Kleinkinder adoptiert. Dadurch nahm die Zahl der Kinder, die im Heim gepflegt wurden, stark ab. Die Arbeit mußte umgestellt werden. Es wurde eine Kindertagesstätte eingerichtet, in der vorwiegend Kinder von Umsiedlern betreut werden. Leider können auch in diese Arbeit des Mutter-Kind-Heimes, wie das Versorgungshaus jetzt heißt, nicht mehr genügend Schwestern von Witten entsandt werden. So ist jetzt nur noch eine Wittener Diakonisse in der Tagesstätte tätig.

1910 übernahm die Schwesternschaft eine weitere Arbeit, die zwar zahlenmäßig nicht sehr groß wurde, aber im Zusammenhang mit der Gemeindearbeit gewiß von Bedeutung war: Einige Schwestern hatten vor ihrem Eintritt in das Diakonissenhaus eine Schneiderlehre absolviert, andere wurden vom Mutterhaus aus zur Meisterschule geschickt. So konnten Näh- und Handarbeitsschulen eröffnet werden.

Sie bedeuteten für viele Frauen in den Gemeinden eine große Hilfe, erhielten sie doch für wenig Geld einen guten Unterricht und Anleitung beim Nähen ihrer Kleidung. Gleichzeitig war dies eine Möglichkeit, eine gute Verbindung zwischen Kirchengemeinde und Bevölkerung herzustellen und seelsorgerliche Hilfe zu geben. In der nationalsozialistischen Zeit wurden die meisten Schulen geschlossen und die Schwestern als Gemeindeschwestern eingesetzt. Nur einige wenige Schulen konnten sich bis in die 50er Jahre hinein als evangelische Einrichtung halten. Da auch für diese Arbeit kein Nachwuchs in der Schwesternschaft bestand, mußte sie schließlich aufgegeben werden.

Der Erste Weltkrieg forderte auch von unserem Haus den Einsatz von Krankenschwestern im Lazarettdienst. 1914 wurden nach und nach 110 Schwestern einberufen. Sie arbeiteten größtenteils in Feldlazaretten, also in Frontnähe, sowohl an der West-

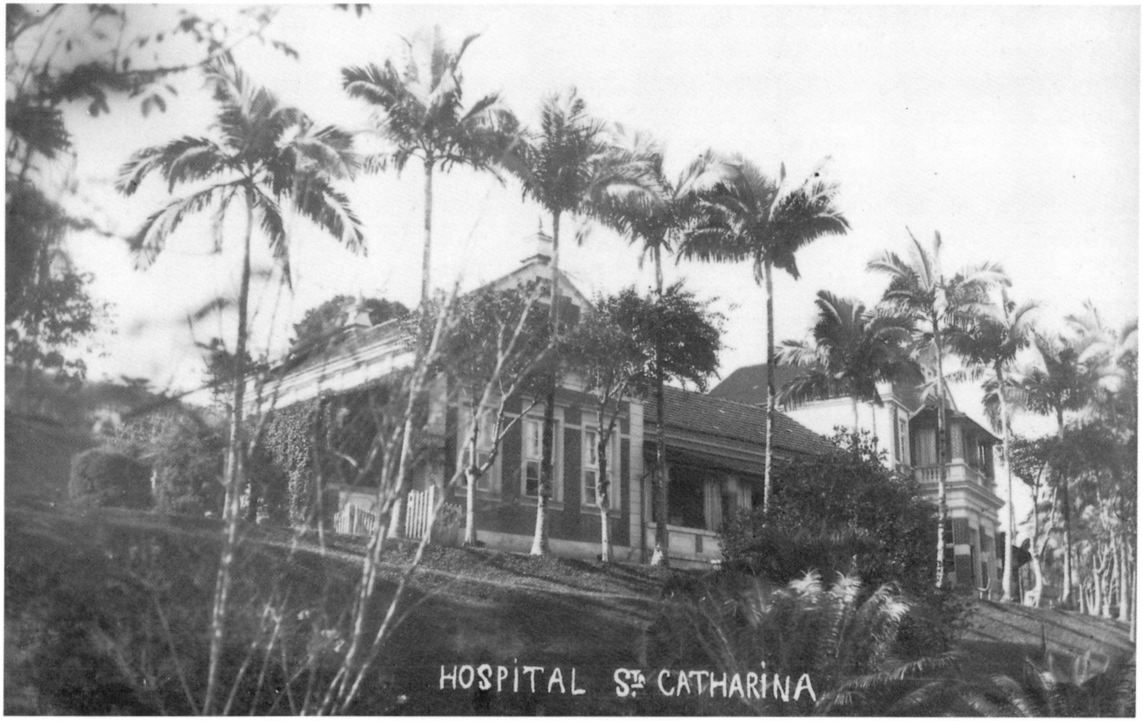

230. Hospital Santa Catharina, Blumenau/ Brasilien, Postkarte 1948

231. Wittener Schwestern in Blumenau/ Brasilien, Foto um 1935

als auch an der Ostfront. In den Berichten im „Samariter“ tauchen Namen auf, die bekannt wurden für besonders schwere Kämpfe wie Ypern, Verdun, Lublin, Lodz und andere. Nicht nur die teils sehr schwer Verwundeten mußten gepflegt werden, sondern auch viele Soldaten, die an Seuchen erkrankt waren. Und die Seuchen forderten auch bei den Wittener Schwestern ihre Opfer. Bereits im Juni 1915 starb in Flandern eine unserer Diakonissen an einer Infektion, die sie sich bei der Pflege der Soldaten zugezogen hatte. Im September des gleichen Jahres starb in Lublin eine Schwester infolge der Ruhr, die im dortigen Gebiet viele Opfer forderte. Im Dezember 1917 starb eine Diakonisse in einem Feldlazarett an einer schweren Nierenentzündung. Alle anderen Schwestern kehrten nach Beendigung des Ersten Weltkrieges 1918 sehr bald nach Witten zurück.

Die Gemeinden und Krankenhäuser, in denen die eingezogenen Schwestern vor dem Krieg gearbeitet hatten, konnten während dieser Zeit keinen Ersatz bekommen. Die in der Heimat gebliebenen Schwestern mußten nach besten Kräften ihre Arbeit mit übernehmen. Auch die Krankenhäuser wurden teilweise in Heimlazarette umgewandelt. Die Kriegsjahre forderten von allen Krankenschwestern einen besonders starken Einsatz, der ihnen gewiß nicht immer leicht gefallen ist, denn die Versorgung mit Lebensmitteln und allen anderen Wirtschaftsgütern wurde im Laufe der Jahre immer schlechter. Die Schwestern, die aus den Feldlazaretten wieder nach Hause kamen, konnten fast alle wieder in ihrem Arbeitsgebiet eingesetzt werden, in dem sie vorher tätig waren.

Die Inflation und Besetzung des Ruhrgebietes waren aber nicht nur im eigenen Anstaltsgelände, sondern auch in den auswärtigen Arbeitsfeldern zu spüren. So hat z. B. eine Bergwerksgesellschaft, die Gemeinde- und Kindergartenschwestern angestellt hatte, 19 Schwestern unseres Hauses gekündigt, weil sie zahlungsunfähig wurde.

Eine andere Arbeit konnte trotzdem 1920 neu übernommen werden, als die Orthopädischen Anstalten Volmarstein die Bitte aussprachen, die Pflege und Betreuung der Behinderten zunächst im Johanne-Helenen-Heim zu übernehmen. Die Anstalten waren 1904 gegründet worden und hatten einen Vertrag mit dem Diakonissenhaus Sarepta.

Von 1911 bis 1920 arbeiteten freie Schwestern in der Anstalt. Sie wurden am 1. Juli 1920 von unseren Schwestern abgelöst. Das Johanne-Helenen-Heim war das 2. Haus im Anstaltsgelände und sollte weibliche und männliche Behinderte aufnehmen. Besonders schwer Pflegebedürftige, die zu Hause nicht gut gepflegt werden konnten, waren die ersten Bewohner des Hauses. Es sollten möglichst nur bildungsfähige Behinderte aufgenommen werden, die im Haus in der Schule unterrichtet wurden und nach der Schule auch hier einen Beruf erlernen konnten. Im 1925 eingeweihten Margarethen-Haus wohnten junge Mädchen, die eine Weiß-, Näh- oder Schneiderlehre durchlaufen konnten. Auch hier wurden unsere Schwestern eingesetzt, ebenso wie in der neuen Klinik, die 1931 eingeweiht wurde. Wenn man sich heute von den Schwestern berichten läßt über die Arbeit in Volmarstein, kann man immer wieder feststellen, daß sie sehr gerne daran denken und mit viel Freude ihren dortigen Dienst verrichtet haben.

Im Johanne-Helenen-Heim wurden 1947 unsere Schwestern von den Diakonissen des Diakonissenhauses der Barmherzigkeit Königsberg abgelöst. Leider mußten im Laufe der Jahre auch unsere Schwestern aus der Klinik abgelöst werden.

Nach der Inflation stieg die Schwesternzahl langsam an, so daß einige Arbeiten neu übernommen wurden, andererseits mußte jedoch einigen Stationen wegen Schwesternmangels gekündigt werden. Außer den bisher genannten Arbeitsgebieten übernahmen einige Schwestern besondere Aufgaben. So waren Diakonissen als Werksfürsorgerinnen tätig, eine Diakonisse arbeitete in der Gefängnisfürsorge.

Doch dies waren Ausnahmen. Eine Reihe von Gemeinden, Kindergärten und Heimen konnte in den 30er Jahren von Schwestern des Wittener Mutterhauses übernommen werden. Doch in der nationalsozialistischen Zeit mußten auch einige Arbeitsgebiete aufgegeben werden, teils aus politischen Gründen, teils aus Schwesternmangel. So wurden, wie bereits erwähnt, die Handarbeitsschulen geschlossen, mußten die Kindergärten abgegeben werden, die nicht von Kirchengemeinden getragen wurden. Außerdem kam es zur Ablösung unserer Schwestern in den Krankenhäusern Hamm, Soest, Siegen, Lütgendortmund, Schwerte und Voerde.
Der Zweite Weltkrieg forderte wieder den Einsatz unserer Schwestern in Lazaretten. Zunächst erhielten zehn Schwestern ihre Einberufung nach Prag, wo sie in zwei Reservelazaretten arbeiteten. Eine weitere Schwesterngruppe wurde nach Polen berufen, eine dritte nach Lengerich. Sie unterstanden der Wehrmacht und arbeiteten sehr gut mit den Schwestern unterschiedlicher Verbände und den Sanitätern zusammen. Viel Elend, viele grausame Verwundungen haben sie gesehen.
Der Heimweg der Schwestern aus den Lazaretten in Prag am Ende des Krieges war abenteuerlich, so wie es vielen, vielen Menschen ging, die aus dem Osten des Landes in den Westen kamen. In Schandau, kurz hinter der Grenze der Tschechoslowakei, wurden sie entlassen, schlugen sich nach Eisenach durch, wo sie im Diakonissenhaus arbeiten konnten. Schließlich machten sie sich auf den Weg weiter in den Westen und gelangten über die „grüne Grenze“ in das Lager Friedland und dann wieder nach Witten.
Der Krieg forderte auch von den Schwestern in der Heimat, in den Krankenhäusern und Heimen einen enormen Einsatz und körperlich wie seelisch sehr viel Kraft. Immer wieder mußten sie bei den unzähligen Fliegerangriffen die Kranken in die Keller bringen oder versuchen, sie zu beruhigen und zu trösten. In Gelsenkirchen erlebten die Schwestern und Patienten am 6. November 1944 einen schweren Angriff auf ihr Krankenhaus. Sechs Mitarbeiterinnen aus der Küche und eine Diakonisse kamen dabei ums Leben.
Auf Anordnung des Reichsverteidigungskommissars wurde das gesamte noch vorhandene Inventar nach Coesfeld gebracht, wo ein Krankenhaus der Stadt Gelsenkirchen eingerichtet wurde. Die Leitung lag jetzt nicht mehr bei der Kirchengemeinde, sondern der Stadt Gelsenkirchen. Das Personal des evangelischen Hauses wurde jedoch nach Coesfeld dienstverpflichtet. Nach dem Krieg erhielt die Kirchengemeinde sehr bald die Genehmigung zum Wiederaufbau. Bis jedoch die Arbeit dort wiederaufgenommen werden konnte, wurde das Krankenhaus im Juni 1945 in einem ehemaligen Luftschutzbunker untergebracht. Der ganze Betrieb erfolgte bei ausschließlich künstlicher Beleuchtung und Belüftung. An das gesamte Personal wurden große Anforderungen gestellt.
Die ersten Nachkriegsjahre brachten zunächst einen geringen Anstieg der Schwesternzahlen, so daß einige Bitten und Anfragen aus den Gemeinden befriedigt werden konnten. Doch bereits Anfang der 50er Jahre ging die Zahl der Eintritte ständig zurück. Das bedeutete den Rückzug aus vielen Arbeitsgebieten. Die Verträge mit Krankenhäusern mußten gekündigt werden, die Gemeinden konnten für die Schwestern, die in den Ruhestand gingen, keinen Ersatz mehr bekommen. Oft ist es den Schwestern sehr schwer geworden, ihre ihnen lieb gewordene Arbeit in den Krankenhäusern, Gemeinden, Kindergärten und Heimen aufzugeben. Doch der Auftrag der Diakonie wurde niemals aufgegeben.

232. Neubau des Krankenhauses des Diakoniewerkes Ruhr-Witten, im Hintergrund die alte Anstaltskirche, Foto 1975

233. Abriß des alten Krankenhauses, in der Bildmitte das neue Krankenhaus, Foto 1976

GÜNTER GERSIE

Chronik des Evangelischen Krankenhauses von 1945 bis 1990

Im März 1945 wurde das evangelische Krankenhaus in Witten zu 80% zerstört. Der Wiederaufbau der Gebäude begann schon 1945. Er gestaltete sich zunächst recht schwierig. So ist dem Protokoll über die Vorstandssitzung am 3. Juli 1945 folgendes zu entnehmen: „Durch Unterstützung der Militär- und Zivilbehörde wurden die Baufirmen Franzen und Ottens, Pfalz und Schüler mit Arbeitskräften versehen, Transportwagen gestellt und in einer Sitzung am 2.7.1945 die Vordringlichkeit der Krankenhausinstandsetzung festgestellt, so daß die anfänglich sehr stockend beginnenden Arbeiten angelaufen sind. Der Ostteil des Krankenhauses hat ein Notdach erhalten, die Röntgen- und Operationsabteilung ist betriebsfertig. Bis zum 1. Oktober sollen Küche, Augenklinik, Mutterhaus und die beiden Pfarrhäuser sowie die Verwalterwohnung so weit instandgesetzt sein, daß sie benutzbar sind und die zur Zeit in Soest befindlichen Jungschwestern mit der Vorsteherin hierher zurückkehren können."
Unter dem 28. November 1945 heißt es: „Der Wiederaufbau ist infolge Materialschwierigkeiten langsamer als erwünscht fortgeschritten. Unter Dach sind: Ostteil des Krankenhauses, Augenklinik, Südteil des Mutterhauses (Labor), Küche und Waschküche (Notdach). Innenarbeiten: Operationsabteilung, chirurgische Station belegbar, untere Station des Isolierhauses teilweise. Fenster im Kranken- und Isolierhaus angebracht. Rohrleitungen und elektrische Leitungen noch nicht geliefert."
In einer Übersicht über die bis zum 25. August 1947 fertiggestellten Arbeiten heißt es: „Haus A Hauptbau. Der gesamte Hauptbau befindet sich wieder in Betrieb. Röntgenabteilung, Operationsabteilung und Untersuchungszimmer sind restlos instandgesetzt. Die chirurgische Männerstation ist restlos belegt. Das Labor wurde mit den erforderlichen technischen Anlagen ausgebaut. Es fehlt noch der Fußboden und Wandbelag aus Platten, der in den nächsten Tagen begonnen wird. Die Schwesternstation ist bis auf fünf Zimmer bewohnt. Für die restlichen Zimmer fehlen die Zimmertüren. Mit der Herstellung der Dachkonstruktion aus Eisenbinder wird in dieser Woche begonnen. Wegen Fehlens von Stegzementdielen werden die bisher verwandten Eisenplatten nach Neuanstrich wieder aufgebracht.
Haus B. Sämtliche drei Stationen sind fertigstellt. Zwei Stationen sind bereits belegt. In der dritten Station fehlen lediglich einige Waschtische. Die Station III ist als chirurgische Station vorgesehen und wegen Fehlens des Aufzuges noch nicht belegt. Für die baldige Fertigstellung eines Aufzuges wird Sorge getragen. Wegen Mangel an Holz sind die vorgesehenen Türabschlüsse der Station II und III noch nicht angebracht worden. Die im Keller befindliche Station IV ist noch restlos belegt und kann erst nach Fertigstellung des Aufzuges freigemacht werden.
Altbau. Im Altbau ist mit der Entfernung des Schutts begonnen worden. Es wird versucht, bis zum Winter den Altbau mit freiwerdenden Blechplatten abzudecken, damit ein weiterer Verfall vermieden wird.
Privatstation: Die Installationsarbeiten in den beiden Privatstationen und der Schwesternkrankenstation beginnen in den nächsten Tagen, da das Material nunmehr vorhanden ist. Anschließend erfolgt der Feinputz sowie die erforderlichen Nebenarbeiten."
Anfang 1951 war der Wiederaufbau beendet. Damals waren insgesamt 400 Krankenbetten vorhanden. Die Kosten beliefen sich auf 828 300,– DM.

Hinzu kamen 448 600,– DM für die Beschaffung der Einrichtung. Vor der Währungsreform waren demgegenüber Gesamtkosten in Höhe von 1 151 800,– RM ermittelt worden.
In einer Anlage zu einem Vorstandsprotokoll aus dem Jahr 1955 heißt es wörtlich: „Der Wiederaufbau erfolgte, soweit möglich, nach modernen Grundsätzen. Die Anlage entspricht bis auf kleinere noch erforderliche Maßnahmen den heutigen Anforderungen. Die leibliche Versorgung der Kranken erfolgt durch die Zentralküche im Wirtschaftsgebäude, die Wäschereinigung durch die Zentralwäscherei im gleichen Gebäude. Die Beheizung und Warmwasserversorgung erfolgt durch die im Wirtschaftsgebäude befindliche Heizzentrale I. Diese Anlage war durch Krieg und Beschuß stark beschädigt. Sie ist im Laufe der letzten Jahre vollständig erneuert und modernisiert worden und versorgt das Krankenhaus nebst Kirche und Festsaal. In den letzten Wochen sind die bisher im Krankenhaus untergebrachten Werkstätten in das neue Werkstattgebäude verlegt worden. Die bisherigen Werkstätten sind für Zwecke der Krankenstationen, der Küche und Bäckerei bestimmt."
In den Jahren nach dem Krieg gab es nur zwei Chefärzte, und zwar in der Inneren Abteilung Dr. Thaner Böckheler und in der Chirurgischen Abteilung Dr. Heinrich Heuß. Beide hatten ihre Tätigkeit schon im Jahre 1929 aufgenommen. Die Gynäkologische Abteilung war eine Hauptabteilung und wurde vom Chefarzt Dr. Germanus Espeut (geb. 1885) geleitet, der seit dem Rußlandfeldzug 1942 vermißt ist. Bei seiner Arbeit unterstützt wurde Dr. Espeut von 1934 an von Assistenzarzt Dr. Lorenz Thomas (geb. 1908), der 1942 zum Oberarzt ernannt wurde. Von 1946 an führte Dr. Thomas die Gynäkologische Abteilung als leitender Arzt, deren Chefarzt er zum 1. Oktober 1959 wurde. Am 1. Mai 1949 übernahm Schwester Emmi Möller die Pflegedienstleitung. Sie war bis 1954 auch Lehrschwester in der Krankenpflegeschule.

Der Stellenplan für die Assistenzärzte sah für das Jahr 1955 folgende Besetzung vor: Für die Innere Abteilung vier Assistenzärzte, ein Medizinalassistent, für die Chirurgische Abteilung drei Assistenzärzte, ein teilbezahlter Assistenzarzt, ein Medizinalassistent und für die Gynäkologische Abteilung ein teilbezahlter Assistenzarzt.
Am 1. Juni 1953 übernahm Dr. Gustav van de Loo als Belegarzt die Hals-Nasen-Ohren-Abteilung. Schon sein Vater war in gleicher Funktion fast 30 Jahre am Diakonissenkrankenhaus tätig gewesen.
Am 30. September 1959 schied Dr. Heinrich Heuß aus. Sein Nachfolger wurde am 1. Oktober 1959 Chefarzt Dr. Kurt Haarkamp aus Bochum. Nach dem Studium und Militärdienst war Dr. Haarkamp (geb. 1918) von 1946 an als Assistenzarzt, von 1952 an als Oberarzt an den Evangelischen Augusta-Krankenanstalten in Bochum tätig, ehe er nach Witten kam. Am 1. Januar 1960 wurde die Röntgenabteilung zu einer selbständigen Disziplin. Sie lag bis dahin im Organisationsbereich der Inneren Abteilung. Im Zuge der immer stärker werdenden Spezialisierung kam es zur Einstellung eines hauptamtlichen Radiologen, der die Leitung dieser Abteilung innehatte. Der erste Chefarzt war seit 1961 Dr. Eberhard Kempin (geb. 1921), der zuvor als Assistent bei Prof. Dr. Lossen in der Radiologischen Abteilung der Universitätsklinik Mainz gearbeitet hatte.
In den Jahren 1958 und 1959 wurde das Schwestern- und Ärztewohnheim für 1 075 200,– DM errichtet. Die im gleichen Zeitraum errichtete Wäscherei mit Wohnheim wurde dann später im Zuge des Krankenhausneubaus wieder abgebrochen. Die Baukosten dafür beliefen sich auf 417 200,– DM. 1960 war das Jahr des Ausbaus bzw. der teilweisen Vergrößerung der Krankenhausküche, der Röntgenabteilung und des Krankenhauslabors, eine neue Bäderabteilung kam hinzu.
Am 1. Mai 1960 wurde als weiterer Belegarzt der Hals-Nasen-Ohren-Abteilung Dr. Hans-Werner Ber-

234. + 235. Schwestern in der Röntgenabteilung des Evangelischen Krankenhauses, Foto 1988

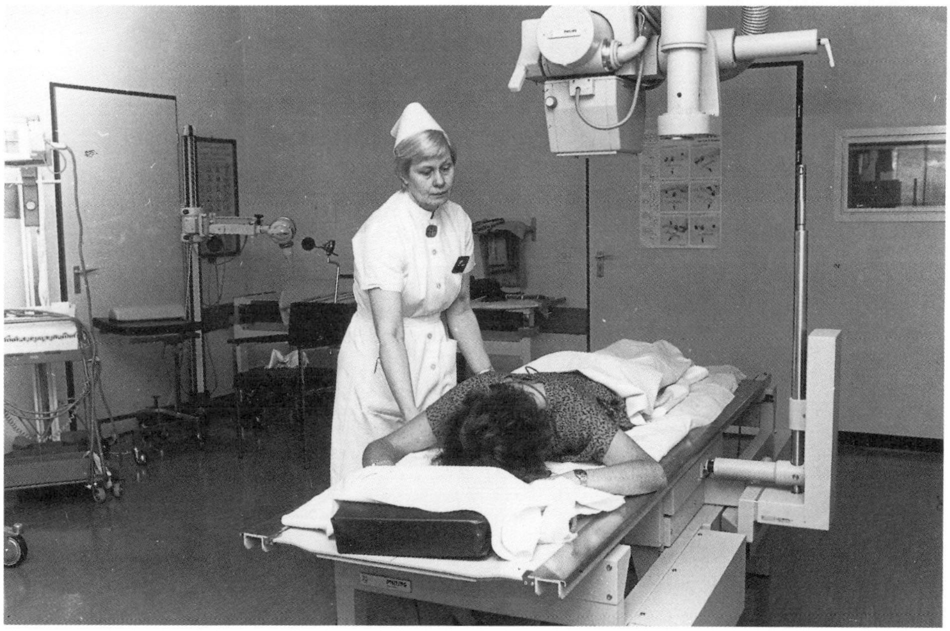

ker zugelassen. Insgesamt standen für diese Disziplin 14 Betten zur Verfügung. Schwester Lena Rode übernahm am 1. Mai 1961 von Schwester Emmi Möller die Leitung des Pflegedienstes.
Am 1. Oktober 1961 übernahm Dr. Erich Mund eine neue Belegabteilung für Urologie. Die urologischen Patienten waren bis dahin von der Chirurgischen Abteilung mitbehandelt worden. Am 1. Februar 1962 wurde eine neue Hauptabteilung für Anästhesie eingerichtet. Erste Chefärztin war Dr. Ruth Mumme (geb. 1923), die zuletzt von 1957-1961 als wissenschaftliche Assistentin an der Anästhesieabteilung der Universitätsklinik Göttingen tätig gewesen war.
Im Vorstand diskutierte man bereits 1959 Pläne über die Verlegung des Haupteinganges in den hinteren Bereich des Krankenhauses, eine Modernisierung der Heizzentrale sowie die Vergrößerung des chirurgischen Operationsbereichs. Im März 1962 schlugen zwei Oberbauräte der Ruhrknappschaft vor, die geplante Verlegung des Haupteinganges an die Hinterfront des Krankenhauses in eine zukünftige Zielplanung einzufügen. Wörtlich heißt es im Protokoll: „Durch eine Zielplanung müsse die zukünftige Gestaltung des Krankenhauses festgelegt werden, damit später die alten Gebäude entfernt werden können.“ Entsprechende Unterlagen fertigte Architekt Adolf Böllinghaus, Witten, an. Am 14. Oktober 1963 fand eine Grundsatzbesprechung mit den zuständigen Regierungsstellen Arnsberg und Düsseldorf im Mutterhaus statt: Man faßte erstmals einen kompletten Neubau ins Auge, da die ursprünglichen baulichen Maßnahmen, wie Verlegung des Krankenhauseinganges etc., einen voraussichtlichen Aufwand von etwa 2,3 Mio DM erfordert hätten, die voll zu Lasten des Krankenhauses gegangen wären. In der Grundsatzbesprechung war ferner festgelegt worden, daß die Bettenzahl 525 Planbetten nicht überschreiten sollte. Die Baukosten wurden auf 22,0 Mio DM geschätzt. Die Finanzierung war durch eine Beteiligung des Arbeits- und Sozialministeriums mit 70%, der Stadt Witten mit 20% und des Rechtsträgers mit 10% vorgesehen.
Diese Besprechung war vielleicht die wichtigste seit dem Zweiten Weltkrieg, wurden doch hier erstmals auch von staatlicher Stelle die Notwendigkeit eines Neubaus anerkannt und damit weitere Bauvorhaben, die den Altbau nur optisch, aber nicht in seinem Kern verbessern konnten, unterbunden. In vielen Krankenhäusern des Ruhrgebietes fanden damals solche Besprechungen nicht statt. Es muß daher als ein Glücksfall bezeichnet werden, daß hier rechtzeitig die Notwendigkeit eines Neubaus erkannt wurde. Dieses war nicht selbstverständlich, denn der Wiederaufbau lag ja erst wenige Jahre zurück. Aber noch sollte es fast zehn Jahre dauern, bis mit dem Neubau begonnen werden konnte.
Im Jahre 1964 wurde bekannt, daß das Land Nordrhein-Westfalen beabsichtigte, im Zuge des Neubaus der Ruhr-Universität in Bochum auch ein Klinikum mit etwa 2 500 Betten zu bauen. Das Land hatte ein Gutachten in Auftrag gegeben, in dem die Auswirkungen des Klinikums hinsichtlich des Bettenbedarfs in den Bochum angrenzenden Städten untersucht werden sollten. Daher wurde die Planung eines neuen Krankenhauses zunächst zurückgestellt. 1965 beschloß der Vorstand, das Bochumer Architekturbüro Wewers und Erling mit der Vorplanung zu beauftragen. Das Büro hatte zugesichert, die Planung bis zur Realisierung des Objektes kostenlos und unverbindlich durchzuführen.
Am 31. Dezember 1965 schied der langjährige Chefarzt der Inneren Abteilung, Dr. Thaner Böckheler, aus Altersgründen aus. Nachfolger wurde Dr. Hans Queckenstedt, der seinen Dienst am 1. Januar 1966 antrat. Dr. Queckenstedt (geb. 1920) war von 1958 bis 1965 als erster Oberarzt in den Wuppertaler Städtischen Krankenanstalten tätig gewesen.
Ende Januar 1966 teilte der Regierungspräsident Arnsberg mit, daß „nach Abstimmung mit dem Innenministerium darüber Übereinstimmung be-

236. Koreanische Schwestern vor dem Evangelischen Diakonissenhaus mit Pastor Kötter (rechts), Vorsteherin Luise Schäfer (5. v. l.) und Lena Rode, Oberin im Krankenhaus (2. v. l.), Foto 1966

237. Grüne Dame der Evangelischen Krankenhaushilfe in der Eingangshalle des Evangelischen Krankenhauses, Foto 1990

steht, daß die neue Planung für das Krankenhaus auf der reduzierten Grundlage von 450 Betten in Angriff genommen werden kann. Hierbei ist berücksichtigt, daß der kürzeste Verkehrsweg von Witten nach Bochum 10 km beträgt und die Stadt Witten damit im engeren Einzugsbereich des Klinikums Bochum liegt." Im März 1966 beschäftigte sich daraufhin der Rat der Stadt Witten mit der Neubauplanung und erklärte die grundsätzliche Bereitschaft, sich an den Baukosten zu beteiligen. Im April 1967 empfahl der Regierungspräsident, wegen der schlechten Finanzlage des Landes die Planungsarbeiten für den Krankenhausneubau einzustellen. Der Vorstand des Krankenhauses vertrat trotzdem die Meinung, die Planung weiterhin zu forcieren, um bis 1969 baureife Entwürfe vorlegen zu können.

Am 20. Januar 1969 fand dann die entscheidende zweite Grundsatzbesprechung im Krankenhaus statt. Teilnehmer waren alle mit dem Krankenhauswesen des Landes Nordrhein-Westfalen befaßten Personen bzw. die Vertreter der öffentlichen Trägerinstitutionen. Hier wurde die künftige Struktur des neuen Krankenhauses festgelegt. Das neue Krankenhaus sollte insgesamt 430 Planbetten mit folgender Strukturierung haben:

Innere Medizin	125 Planbetten einschl. 20 Infektionsbetten
Chirurgie	105 Planbetten
Gynäkologie u. Geburtshilfe	70 Planbetten
Urologie	40 Planbetten
Geriatrie	60 Planbetten einschl. 10 Bettplätze für kranke Schwestern
Radiologie	10 Planbetten
Sonstige	20 Planbetten

Unter Berücksichtigung der Grundstücksverhältnisse bestand Übereinstimmung darin, dem sog. Vertikaltyp mit Breitfuß den Vorzug zu geben. Auf dieser Basis sollten das Raum- und Bauprogramm erstellt werden, was bedeutete, daß der Neubau zwischen dem Krankenhausaltbau und dem Feierabendhaus I errichtet werden mußte, auch wenn dies für die Bauzeit erhebliche Probleme mit sich bringen würde. Eine andere Lösung war wegen der Grundstücksverhältnisse nicht möglich. Im Mai 1969 beschloß der Vorstand, dem Architektenbüro Wewers und Erling den Planungsauftrag für den Neubau zu erteilen.

Im Juni 1969 kamen die ersten koreanischen Schwesternhelferinnen, zehn weitere folgten ein Jahr später. Man erhoffte sich von ihrer Tätigkeit, die schwierige personelle Lage im pflegerischen Bereich erleichtern zu können. Ungünstig war auch die ärztliche Besetzung der Chirurgischen und Inneren Abteilung. Ersatz konnte nur teilweise angeworben werden.

Nachfolgerin von Schwester Lena Rode als Pflegedienstleiterin wurde am 16. Januar 1970 Schwester Luise Schweitzer. Im Mai 1970 überlegte der Vorstand, ein neues Schwesternwohnheim zu errichten. Die Notwendigkeit ergab sich einmal aus den Personalvermehrungen im Zusammenhang mit der inzwischen durchgeführten Arbeitszeitverkürzung sowie aus der Tatsache, daß nach Fertigstellung des Neubaus das alte Krankenhaus abgebrochen werden mußte, in dem sich 50 Personalunterkünfte befanden. Es sollte ein Wohnheim in Appartmentform in unmittelbarer Nähe des neuen Krankenhauses entstehen. Die Bauarbeiten dafür begannen im Frühjahr 1971, das neue Haus konnte im Herbst 1972 bezogen werden.

Im November 1970 hatte der Regierungspräsident Arnsberg die Baukosten für das Krankenhaus auf der Basis des Indexstandes vom Mai 1970 auf insgesamt 33.148.600,– DM festgesetzt. Es sollte eine aktuelle Ausschreibung für den erweiterten Rohbau

vorgenommen werden, um noch 1971 mit dem ersten Spatenstich beginnen zu können.
Der zunächst geplante Einsatz eines Generalunternehmers scheiterte an der Kostenhöhe. Daher mußte Ende 1971 nochmals eine öffentliche Ausschreibung vorgenommen werden, die zu einer Verzögerung des Baubeginns führte. Am 26. Juni 1972 war es dann so weit. Die zuständigen Stellen hatten ihre Genehmigungen erteilt. Der erste Spatenstich konnte stattfinden. Das Finanzierungssystem wurde im Jahr 1972 durch das neue Krankenhaus-Finanzierungsgesetz geändert. Danach übernahm der Staat die Investitionskosten, während die Betriebskosten von den Benutzern, d. h. im wesentlichen von den Sozialleistungsträgern, finanziert wurden. Damit brauchten die Stadt Witten und der Krankenhausträger keine Zahlungen für den Neubau zu leisten.
Zum 1. März 1972 wurde eine Neurologische Belegabteilung unter der Leitung von Dr. Werner Berg mit zunächst fünf Betten eingerichtet, am 1. November eine Belegabteilung für dermatologische Patienten unter Leitung von Belegarzt Dr. Willy Wente. Zum 1. Juli 1973 trat ein Wechsel in der Chefarztposition der Gynäkologisch/Geburtshilflichen Abteilung ein: Dr. Lorenz Thomas ging in den Ruhestand. Nachfolger wurde Dr. Rolf Klöpper (geb. 1930), der zuvor als Oberarzt an der Frauenklinik der Städtischen Krankenanstalten in Dortmund tätig war.
Im Juli 1973 wurde das Evangelische Diakonissenhaus für die Grafschaft Mark und das Siegerland umbenannt in „Diakoniewerk Ruhr-Witten“.
Wenn auch die Bauarbeiten zügig vorangingen und die Finanzierung durch die gesetzliche Neuregelung im Prinzip gesichert war, so gab es doch immer wieder Schwierigkeiten in der Beschaffung dieser Mittel. Baukostensteigerungen ließen sich gerade in den 70er Jahren wegen der inflationären Entwicklung nicht vermeiden. So mußten häufig Einsparungen vorgenommen werden, die nicht immer zum Vorteil des Neubaus gerieten. Wegen der ungünstigen Lage der Baustelle zwischen Krankenhausaltbau und Feierabendhaus I kam es zu zeitweiligen Verzögerungen, die sich ebenfalls nachteilig auf die Baukosten auswirkten.
Zum 1. Januar 1974 trat die neue Bundespflegesatzverordnung in Kraft. Sie regelt die Entgelte der Benutzer oder ihrer Kostenträger für stationäre und halbstationäre Leistungen des Krankenhauses. Für jedes Krankenhaus gibt es seitdem einen allgemeinen Pflegesatz, durch den alle medizinisch zweckmäßigen und ausreichenden Krankenhausleistungen abgegolten werden. Neben dem allgemeinen Pflegesatz dürfen andere Krankenhausleistungen nur dann berechnet werden, wenn dies mit dem Patienten vereinbart worden ist. Dazu zählt im wesentlichen die Unterbringung in einem Ein- bzw. Zweibettzimmer. Der in den Einigungsverhandlungen mit den Sozialversicherungsträgern vom Regierungspräsidenten festgesetzte Pflegesatz einschließlich Arztkosten belief sich seit dem 1. Mai 1974 auf 111,50 DM. Ende 1973 hatte der Pflegesatz noch 81,75 DM betragen, allerdings waren seinerzeit noch die meisten Nebenkosten berechenbar.
Nach fast vierjähriger Bauzeit wurde der Neubau am 11. Juni 1976 durch den Präses der Evangelischen Kirche von Westfalen, D. Hans Thimme, eingeweiht. Die Festansprache hielt der Minister für Arbeit, Gesundheit und Soziales des Landes Nordrhein-Westfalen, Prof. Dr. Friedhelm Farthmann. Am 12. Juni 1976 fand ein Tag der offenen Tür statt. Mehrere tausend Wittener Bürger besichtigten das neue Haus. Erst Ende 1977 konnte die Schlußabrechnung des Krankenhauses vorgelegt werden. Insgesamt waren Kosten von 63,0 Mio DM oder 147 000,– DM je Krankenbett angefallen. Diese Kosten wurden später voll vom Land anerkannt und finanziert.
Der eigentliche Patientenumzug am 15. Juni 1976 klappte dank einer guten organisatorischen Vorbereitung zusammen mit der Wittener Feuerwehr und

238. Altes und neues Evangelisches Krankenhaus, Foto 1975

dem Roten Kreuz besser als erwartet. Die gesamte Aktion konnte schon um 9.40 Uhr nach knapp zwei Stunden beendet werden: 227 Patienten, zum größten Teil bettlägerig, befanden sich bereits im neuen Haus und in ihren neuen Betten.
Schon kurz nach der Inbetriebnahme des Neubaus begann der Abbruch der alten Häuser, gemäß Vorstandsbeschluß. Neben dem Krankenhausaltbau betraf dies die Küche, das Wäschereigebäude und die Mutterhauskirche. Gerade der Abbruch der Kirche war für die Schwesternschaft ein herber Verlust. Die Erhaltung aber war aus baulichen und architektonischen Gründen nicht möglich. Die Abbrucharbeiten gingen im Laufe des Monats August 1976 zu Ende. Der größte Teil der Außenanlagen einschließlich Parkplätze und Straßen war im Dezember 1976 fertiggestellt. Das Krankenhausgelände hatte sich grundlegend geändert.

Aber auch innerhalb des Neubaus fanden erhebliche Veränderungen statt. Es gab völlig neue Organisationsformen. Zahlreiche Dienste wurden zentralisiert. So gab es einen zentralen Hol- und Bringedienst, eine Bettenzentrale, eine Zentralspüle, ein zentrales Personenruf- und -suchsystem, verbunden mit Patientenruf, sowie eine Zentralsterilisation. Auch das Küchensystem wurde völlig geändert. Die Patienten konnten ab sofort ihr Menü selbst auswählen und zusammenstellen. Es wird zentral in der Küche portioniert und auf den Stationen lediglich an die Patienten verteilt.
Es liegt auf der Hand, daß diese Neuerungen nicht sofort sämtlich reibungslos liefen. In einem Bericht über die Vorstandssitzung am 1. Dezember 1976 heißt es wörtlich: „Die Entwicklung des laufenden Betriebes im Neubau war naturgemäß schwierig. Ein einwandfreier Betrieb ist auch heute, 5 1/2 Mo-

nate nach dem Bezug, noch nicht auf allen Gebieten möglich. Dieses hängt vor allem mit der weitgehenden Technisierung und der Veränderung fast aller Organisationsformen zusammen. So arbeitet noch immer nicht die Rohrpostanlage zur vollen Zufriedenheit. So gibt es häufig Störungen in der Energiezentrale, insbesondere in der Dampfkesselanlage und der Heizung. Außerdem sind die Aufzugsanlagen relativ stark störanfällig, vor allem auch wegen der sehr starken Beanspruchung. Die Personenrufanlage entspricht ebenfalls nicht den Erwartungen. Sie soll demnächst gegen ein anderes Fabrikat auf Kosten des Herstellers ausgewechselt werden. Trotz dieser Mängel muß aber anerkennend hervorgehoben werden, daß erfreulicherweise in weiten Bereichen eine recht positive Entwicklung festzustellen ist. Ich denke dabei vor allem an die Küche, wo trotz gelegentlicher Pannen es ermöglicht wurde, den Patienten ein individuell zusammengestelltes Essen anzubieten. Ohne nennenswerte Beanstandung ist auch der Ablauf in der Personalcafeteria, wo sich die Verpflegungsteilnehmer seit Bezug des Neubaus mehr als verdoppelt haben. Auch die Einrichtung der zentralen Dienste, die Bettenzentrale, Zentralsterilisation, zentraler Hol- und Bringedienst, hat sich im großen und ganzen gut bewährt. Auch der Krankenhausfunk, der seit Ende Oktober seine regelmäßigen Sendungen am Samstag und Sonntag ausstrahlt, hat bei den Patienten eine gute Resonanz gefunden. Sehr begrüßt wird auch das Besuchercafé, welches speziell den Patienten mit ihren Angehörigen zur Verfügung steht."

239. Stahlglocken der alten Anstaltskirche des Evangelischen Diakonissenhauses mit den Inschriften „Glaube", „Liebe", „Hoffnung", gegossen 1947 vom Bochumer Verein, vor dem neuen Evangelischen Krankenhaus, Witten, Foto 1990

240. Kapelle im Evangelischen Krankenhaus, Foto 1989

Am 1. März 1976 begann die Evangelische Krankenhaushilfe „Grüne Damen" ihre ehrenamtliche Tätigkeit im Krankenhaus.
Seit dem 1. Juli 1979 ist Dr. Klaus Krippner als Belegarzt für die Neurologische Abteilung an unserem Haus beschäftigt. Die belegärztliche Tätigkeit in der Hals-Nasen-Ohren-Abteilung versieht seit dem 1. April 1980 Dr. Stefan Bruski. Er ist Nachfolger des am 30. Juni 1979 ausgeschiedenen Dr. Hans-Werner Berker. Am 1. Oktober 1979 wurde Diakonisse Waldtraut Saupe Oberin des Krankenhauses. Sie blieb in diesem Amt bis zum 31. Dezember 1988. Leiterin des Pflegedienstes ist seit dem 1. Januar 1989 Schwester Lareine Kennedy. Ihr Vertreter ist der Krankenpfleger Jörg Friedrich.
Anläßlich des 90. Jahresfestes des Diakoniewerkes am 19. Oktober 1980 wurde der Freundeskreis des Diakoniewerkes erstmalig der Öffentlichkeit vorgestellt.
Nach der Pensionierung von Chefärztin Dr. Ruth Mumme wurde Chefarzt Dr. Walter Kremer am 1. Juli 1981 neuer Leiter der Anästhesiologischen Abteilung. Dr. Kremer (geb. 1944) war zunächst seit 1979 als einer von drei leitenden Anästhesisten am Krankenhaus Ludmillenstift in Meppen und seit 1980 als Oberarzt der Anästhesiologischen Abteilung des evangelischen Krankenhauses in Witten tätig gewesen. Seit dem 1. Oktober 1981 wird das Städtische Krankenhaus Wetter von unserem Haus anästhesiologisch mitversorgt.
Das Jahr 1982 stand im Zeichen des Wechsels in der Leitung der Chirurgischen Abteilung. Nach mehr als 22 Jahren ging Chefarzt Dr. Kurt Haarkamp zum 30. April 1982 in den Ruhestand. Sein Nachfolger wurde Priv.-Doz. Dr. Reinhold Dietz, der seinen Dienst am 1. Mai 1982 antrat. Dr. Dietz (geb. 1941) wurde 1978 die Lehrerlaubnis erteilt. Von 1980 an war er Oberarzt einer großen chirurgischen Station an der Universitätsklinik Heidelberg. Die Dispensieranstalt des Krankenhauses wurde am 1. September 1982 in eine Vollapotheke umgewandelt. Zunächst war eine hauptamtliche Apothekerin tätig. Seit dem 1. Mai 1984 versieht Chefapotheker Hans-Jörg Negele diesen Dienst. Die Änderung wurde aufgrund neuer gesetzlicher Bestimmungen notwendig.
Am 1. Juli 1983 fand der Wechsel in der Leitung der Inneren Abteilung statt. Nach mehr als 17 Jahren trat Chefarzt Dr. Hans Queckenstedt in den Ruhestand. Neuer Chefarzt wurde Priv.-Doz. Dr. Henning Gallenkamp. Die Lehrbefugnis war Dr. Gallenkamp (geb. 1941) 1979 erteilt worden. 1979 übernahm er als Oberarzt die Leitung der Intensivstation an der Medizinischen Klinik der Universität Würzburg. Danach war Dr. Gallenkamp von 1980–1983 als Oberarzt an der Medizinischen Klinik Marienhospital in Herne tätig. Ihm wurde am 19. April 1988 durch den Minister für Wissenschaft und Forschung des Landes Nordrhein-Westfalen die Bezeichnung „außerplanmäßiger Professor" verliehen. Überraschend kam 1984 die Entwicklung in der Urologischen Abteilung: Schon seit längerem war bekannt, daß Belegarzt Dr. Erich Mund aus Altersgründen zum 30. September 1984 ausscheiden würde. Auch der zweite Belegarzt Dr. Helge Reinhard erklärte, sich nicht mehr in der Lage zu sehen, nach dem 1. Oktober 1984 weiterhin an unserem Haus tätig zu sein. Kurzfristig war zu entscheiden, ob die Urologie als Belegabteilung oder als hauptamtliche Abteilung geführt werden sollte. Der Vorstand entschied sich für die letztere Lösung und wählte zum 1. April 1985 Chefarzt Dr. Jürgen Schülke zum neuen Leitenden Arzt der Urologischen Abteilung. Dr. Schülke (geb. 1941) hat elf Jahre als Oberarzt an der Urologischen Abteilung des Bezirkskrankenhauses Magdeburg gearbeitet, danach in gleicher Funktion an der Urologischen Klinik der Städtischen Klinik in Dortmund. 1985 wurde darüber hinaus eine weitere Chefarztwahl notwendig, da Dr. Eberhard Kempin am 30. Juni 1985 nach mehr als 23 Jahren aus Altersgründen in den Ruhestand trat. Sein Nachfolger wurde Dr. Gerd Stru-

galla, der zum 1. Juli 1985 seine Tätigkeit als Chefarzt der Radiologischen Abteilung aufnahm. Nach dem Studium und seiner Weiterbildung in Erfurt war Dr. Strugalla (geb. 1943) zunächst seit 1977 Oberarzt am Kreiskrankenhaus in Lichtenfels/Bayern, bevor er 1980 zum St.-Petri-Hospital nach Warburg ging.
Am 1. Juli 1985 wurde der Schwesternpark auf die Dauer von 30 Jahren an die Stadt Witten verpachtet. Das Diakoniewerk sah sich nicht mehr in der Lage, die umfangreichen Unterhaltungskosten zu finanzieren. Mit Mitteln des Landes Nordrhein-Westfalen fanden in der Zeit von 1987 bis 1989 sodann eine umfangreiche Sanierung der Wege, des Bachlaufs und eine teilweise Neuanlage der Pflanzungen nach alten Aufzeichnungen von Rektor Schluckebier, dem Planer der Anlage in der Zeit von 1906 bis 1915, statt. Auf einer Schautafel, die die Stadt Witten am Eingang zum Schwesternpark aufstellen ließ, heißt es: „Der Park stellt durch seine Besonderheit in der Wegeführung, seinem Relief und der Pflanzenzusammenstellung ein erlebnisreiches und in sich harmonisierendes Kleinod dar, welches in Witten und Umgebung einmalig ist."
Daß das Krankenhaus in der Medizin und in technischer Hinsicht nicht auf dem Stand des Jahres 1976 stehengeblieben ist, mögen die folgenden Informationen verdeutlichen: Schon im Jahr 1986 wurde das Überwachungssystem auf der Intensivstation vollkommen erneuert und mit modernsten Geräten ausgestattet, für mehr als 300 000,– DM. 1987 wurde für die Röntgenanlage eine hochmoderne digitale Subtraktions-Angiographieanlage zu einem Preis von über 1,5 Mio DM installiert, und im gleichen Jahr wurde die Sterilisationsanlage, die zum Teil schon im Altbau eingesetzt war, für mehr als 200 000,– DM ersetzt. Ebenfalls gab es zehn Jahre nach Inbetriebnahme des Neubaus eine neue Kücheneinrichtung mit einem neuen Speisenverteilband und einer neuen Zentralspüle. Die Kosten beliefen sich auch hier auf über 300 000,– DM. 1988 schließlich wurde für über 500 000,– DM die Telefonanlage erneuert. Seitdem verfügt jeder Patient über einen eigenen Telefonapparat, mit dem er gegen entsprechende Gebühr weltweit telefonieren kann.
Seit dem 1. April 1988 ist das Krankenhaus akademisches Lehrkrankenhaus der Privaten Universität Witten/Herdecke. Maximal können 20 Studenten ausgebildet werden.
1988 wurde auch die Fassade des Krankenhauses erneuert. Diese Maßnahme erwies sich als notwendig, da durch die altersbedingte Aushärtung der Versiegelung die Fugen teilweise undicht waren, so daß Feuchtigkeit eindringen konnte. Ebenso wiesen die Sichtbetonelemente an zahlreichen Stellen Rostflecken auf, teilweise waren der Beton abgeplatzt und die Bewehrung sichtbar. Auch nach Meinung des Regierungspräsidenten war eine Sanierung dieser Bereiche dringend und kurzfristig erforderlich.
Da sich zwischen Land und Kostenträger keine Einigung über die Finanzierung erreichen ließ, mußte das Verwaltungsgericht in Arnsberg bemüht werden. Dieses entschied, daß es sich um pflegesatzrelevante Instandsetzungsarbeiten handele und die Krankenkassen die Kosten zu übernehmen hätten. Sie beliefen sich auf insgesamt 750 000,– DM.
1988/89 mußte die Kesselanlage des Krankenhauses erneuert werden. Die Kosten von 1,0 Mio DM wurden vom Land vollständig übernommen. Im Jahr 1989 wurde für die Innere Abteilung ein neues Farbdopplergerät zum Preise von 250 000,– DM angeschafft. Dieses Gerät erlaubt die Untersuchung von Morphologie und Funktion des Herzmuskels und der Herzklappen, die Ermittlung von Fluß- und Druckwerten bei Herzklappenveränderungen ohne Notwendigkeit eines Herzkatheters sowie die Bestimmung der Wandbeschaffenheit und der Flußmuster in den hirnversorgenden Arterien. Prinzipiell können auch die Wandbeschaffenheit und das Flußmuster der Arterien und Venen im Bauchraum

241. Diakoniewerk Ruhr-Witten, Luftbild 1988, Freigabe durch den Reg.-Präs. Münster Nr. 6308/88. Blick von Westen auf das Gertrud-Reichardt-Haus, das Albert-Schweitzer-Haus, das Dag-Hammarskjöld-Haus (im Vordergrund), den Schwesternfriedhof und -park, das Evangelische Krankenhaus (Bildmitte) und das hintere Anstaltsgelände

242. Diakoniewerk Ruhr-Witten, Luftbild 1988, Freigabe durch den Reg.-Präs. Münster Nr. 6318/88. Blick von Norden auf die Feierabendhäuser und einen Seitentrakt des Krankenhauses (im Vordergrund), Bildmitte das Mutterhaus, hinten links das Comenius-Schulzentrum

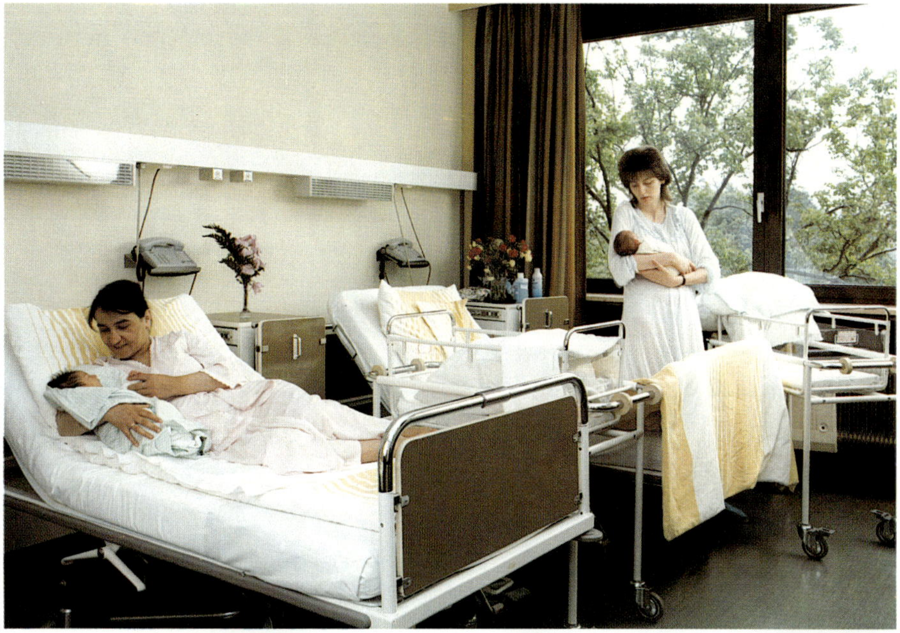

243. Gynäkologie/Geburtshilfe im Evangelischen Krankenhaus, Foto 1988

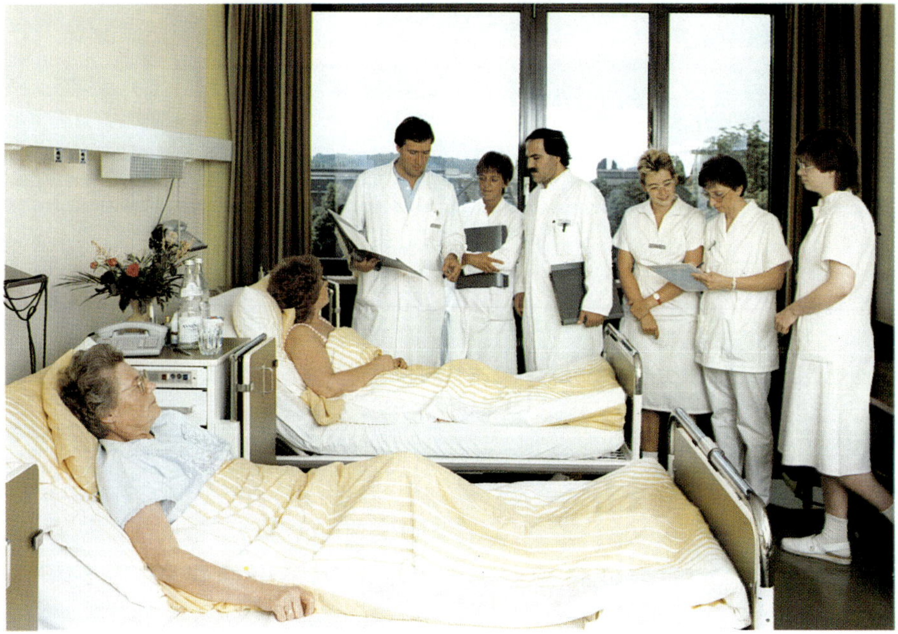

244. Visite in der Inneren Abteilung des Evangelischen Krankenhauses, Foto 1988

245.+246. Einsätze innerhalb des Pflegedienstes im Evangelischen Krankenhaus, Foto 1988

247. Labor des Evangelischen Krankenhauses, Foto 1988

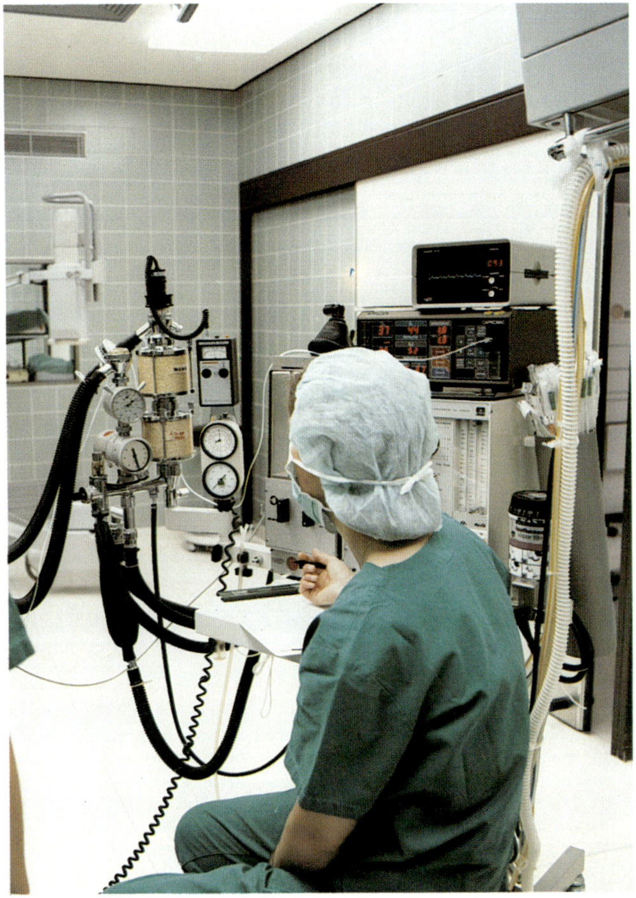

248. *Anästhesiologische Abteilung im Evangelischen Krankenhaus, Foto 1988*

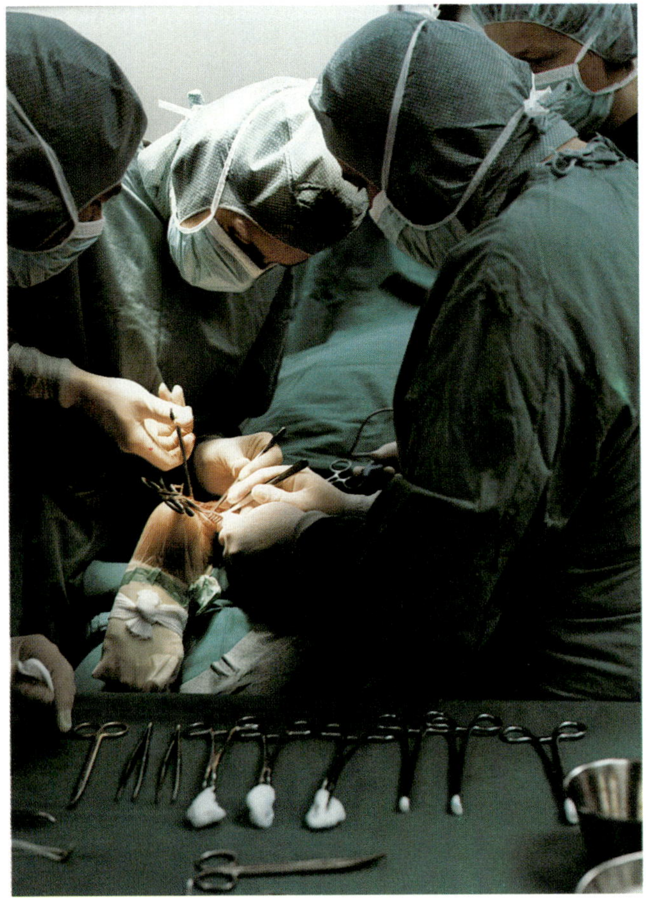

249. *Chirurgische Abteilung im Evangelischen Krankenhaus, Foto 1988*

250. *Farbdoppler-Echokardiograph in der Inneren Abteilung des Evangelischen Krankenhauses, Foto 1990*

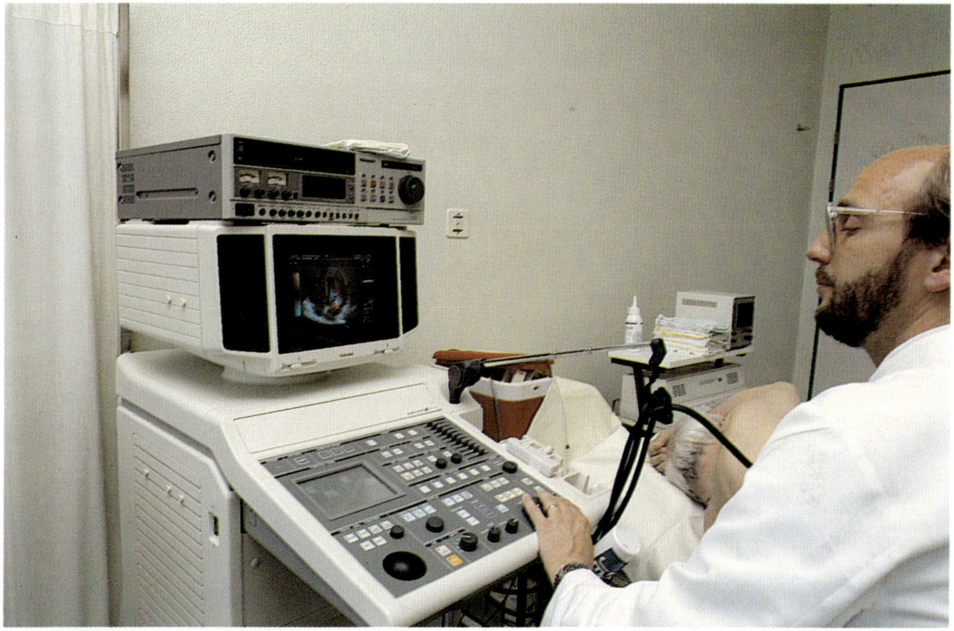

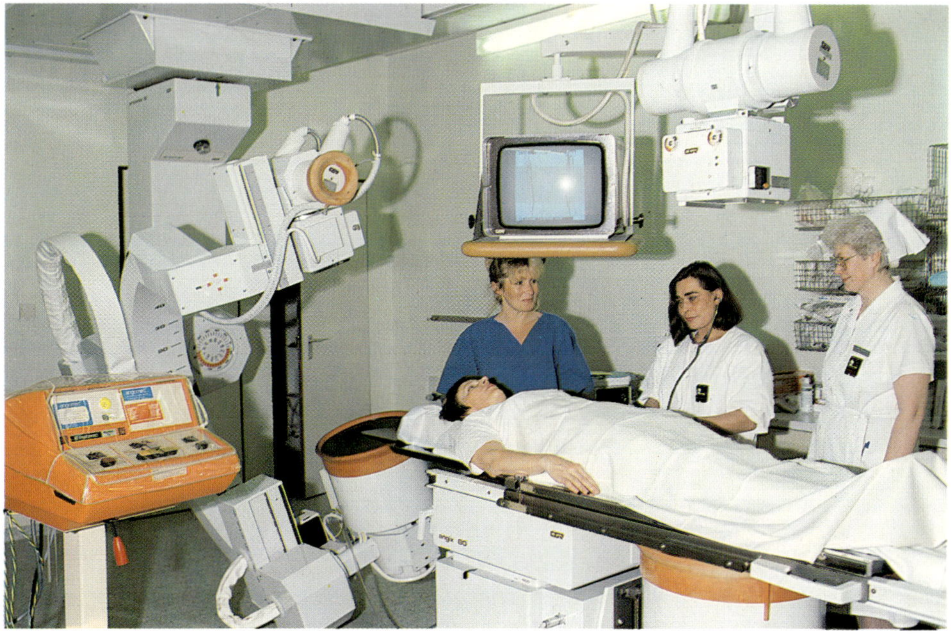

251. *DSA-Anlage (für Digitale Subtraktions-Angiographie) in der Radiologischen Abteilung des Evangelischen Krankenhauses, Foto 1990*

und der Extremitäten beurteilt werden, z. B. zum Ausschluß einer hochgradigen Nierenarterienstenose.
Ebenfalls im Jahre 1989 erhielten die Urologische, Gynäkologische und Innere Abteilung für über 200 000,– DM ein interdisziplinär zu nutzendes Lasergerät. Bei bestimmten Blasentumoren bedeutet die Laseranwendung eine große Erleichterung für den Patienten mit Verringerung der stationären Behandlungszeit. Viele Erkrankungen und Veränderungen an den äußeren oder inneren weiblichen Geschlechtsorganen, die bisher umfangreiche Operationen notwendig machten, können damit in sehr schonender Weise behandelt werden. Blutverluste werden geringer, nachoperative Schmerzen werden erträglicher.
Es kann also mit gutem Grund gesagt werden, daß das Krankenhaus im Jahr 1990 gut ausgestattet und damit auch leistungsfähig ist.
Aufgrund des Krankenhaus-Finanzierungsgesetzes von 1972 sind die Bundesländer verpflichtet, Krankenhausbedarfspläne aufzustellen. Im vorläufigen Plan für Nordrhein-Westfalen von 1975 war unser Krankenhaus mit 395 Betten aufgenommen. 1979 kam es zur Aufstellung des heute noch gültigen Plans, der folgende Strukturierung vorsieht und nicht unwesentlich von dem Strukturvorschlag, wie er in der Grundsatzbesprechung am 20. Januar 1969 unterbreitet worden war, abweicht:

	Betten
Chirurgie	109
Urologie	40 (B)*
Innere Medizin	132
Frauenheilkunde	34
Geburtshilfe	22
Hals-Nasen-Ohren-Heilkunde	14 (B)
Haut- u. Geschlechtskrankheiten	6 (B)
Geriatrie	56
Neurologie	7 (B)
Radiologie	8
Anästhesie (vorhanden, ohne Betten)	–

*B = Belegabteilung

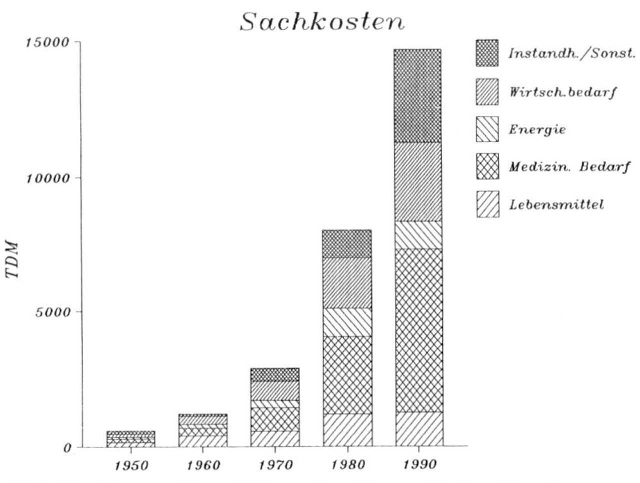

252. Sachkosten-Entwicklung des Evangelischen Krankenhauses 1950–1990

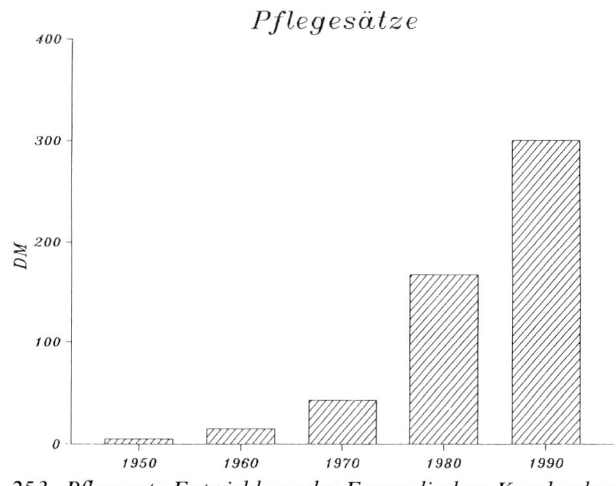

253. Pflegesatz-Entwicklung des Evangelischen Krankenhauses 1950–1990

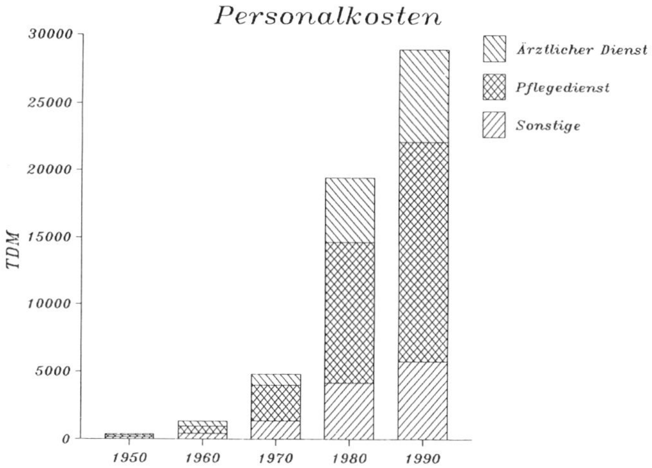

254. Personalkosten-Entwicklung des Evangelischen Krankenhauses 1950–1990

Einige Veränderungen haben sich zwischenzeitlich ergeben, so vor allem in der Urologie und in der Hals-Nasen-Ohren-Heilkunde. Eine Fortschreibung des Krankenhausbedarfsplanes ist für Anfang der 90er Jahre geplant.
Die wirtschaftliche Entwicklung in den Jahren seit 1950 ist gleichfalls von einem kontinuierlichen Anstieg gekennzeichnet, insbesondere hinsichtlich der Personal- und Sachkosten sowie der Pflegesätze. So betrugen die Personalkosten im Jahre 1950 ca. 400 000,– DM. Sie erhöhten sich bis 1990 auf ca. 30 Mio. DM. Die Pflegesätze lagen 1950 bei 5,– DM und stiegen 1990 auf fast 300,– DM. Im Jubiläumsjahr waren im Krankenhaus insgesamt 448 Mitarbeiter beschäftigt, davon entfielen auf die einzelnen Bereiche:

Ärztlicher Dienst	53
Pflegedienst	178
Med.-techn. Dienst	64
Funktionsdienst	39
Klinisches Hauspersonal	1
Wirtschafts- u. Versorgungsdienst	56
Technischer Dienst	14
Verwaltungsdienst	32
Sonderdienste	8
Sonstiges Personal	3

Die weitere wirtschaftliche Entwicklung des Krankenhauses ist wesentlich von Faktoren abhängig, die vom Krankenhausträger nur sehr begrenzt zu beeinflussen sind. Hierzu gehören vor allem die allgemeinen Kostensteigerungen, die jeweiligen Tarifabschlüsse und nicht zuletzt die politischen Vorgaben für die Pflegesatzgestaltung. Für die Zukunft wird wesentlich sein, ob und wie die im Gesundheitsreformgesetz vorhandenen Zielkonflikte gelöst werden können. Wichtig ist vor allem, ob das hohe Leistungsniveau des Krankenhauses wirtschaftlich abgesichert werden kann und ob eine humane Krankenbehandlung mit dem dafür notwendigen Personal zu gewährleisten ist.

255. Teilnehmer des ersten Kurses der neuen Diakonissenausbildung im Mutterhaus des Diakoniewerkes Ruhr-Witten, Foto 1986

256. Krankenpflegeschule des Diakoniewerkes Ruhr-Witten, Foto 1990

Die Ausbildungsstätten des Diakoniewerkes Ruhr-Witten

Das Diakonissenhaus für die Grafschaft Mark und das Siegerland wurde am 19. Oktober 1890 als Ausbildungsstätte für unverheiratete Frauen, Diakonissen, gegründet. Die ersten Frauen, die kamen, wurden in der Krankenpflege praktisch angeleitet und nach einem von Theodor Fliedner aufgestellten und in den Mutterhäusern Kaiserswerther Prägung weiterentwickelten Lehrplan unterrichtet.
Im Jahre 1897 rief der Vorstand des Diakonissenhauses eine zweite Ausbildungsstätte ins Leben, die heutige Fachschule für Sozialpädagogik. Die hier ausgebildeten „Kleinkinderschulschwestern" waren ganz besonders willkommen in den von Zechen und Industriebetrieben eingerichteten Kindergärten, jedoch auch in den Kindergärten der evangelischen Kirchengemeinden bis hin im Wittgensteiner Land.
Diese Schule ist die erste private Fachschule dieser Art in Westfalen. Die Krankenpflegeschule wie auch die Fachschule für Sozialpädagogik erhielten später die staatliche Anerkennung.
Seit 1970 werden nach staatlich festgelegter und anerkannter Ausbildungs- und Prüfungsordnung Altenpflegerinnen und -pfleger ausgebildet. Der erste Lehrgang wurde zunächst berufsbegleitend durchgeführt. Es zeigte sich jedoch, daß die Doppelbelastung für die Teilnehmer sehr groß war, so daß bisher alle weiteren Lehrgänge als Vollzeitlehrgänge stattfinden.
Im Jahre 1956 entschloß sich der Vorstand aufgrund einer Initiative des Schwesternrates zur Gründung einer Pflegevorschule. Bereits 1953 hatte das Diakonissenhaus Sarepta in Bethel mit einer solchen Schule begonnen. Sie gibt jungen Hauptschul- und Realschulabgängerinnen die Möglichkeit der Berufsfindung im sozialpflegerischen und sozialpädagogischen Bereich und wird heute als freie Bildungseinrichtung geführt.
Von jeher wurden im Mutterhaus Rüstzeiten und Fortbildungskurse durchgeführt. Sie sollen den Glauben der einzelnen Schwestern und Brüder stärken, Gemeinschaft anbieten und Raum zum Austausch über persönliche und berufliche Fragen bieten. Außerdem ist die Diakonissenausbildung neu konzipiert und wird in Kursen der „Diakonisch-theologischen Weiterbildung" für Frauen in Diakonie und Kirche angeboten.
Die Diakonen- und Diakoninnenausbildung des Martineums geschieht nach einem von der Evangelischen Kirche der Union beschlossenen Diakonengesetz. Die Teilnehmer und Teilnehmerinnen erreichen mit dem kirchlich anerkannten Diakonenexamen eine doppelte Qualifikation.
Wenn auch alle Schulen, Aus- und Fortbildungsstätten zu verschiedenen Rechtsträgern gehören, so sind sie doch alle zusammengeschlossen im Diakoniewerk Ruhr-Witten. Die Schulleitungen arbeiten in einem Aus-, Fort- und Weiterbildungsausschuß zusammen. Dieser ist in der Satzung des Diakoniewerkes verankert.

Krankenpflegeschule

Unsere Krankenpflegeschule erhielt im Jahre 1908 die staatliche Anerkennung. Schon jahrelang vorher waren Schwestern in hauseigenen Lehrgängen in der Krankenpflege ausgebildet worden. Der erste staatlich anerkannte Lehrgang bestand aus zehn Schülerinnen. Damals fanden ausschließlich Diakonissen und Probeschwestern Zugang, heute hat sich das Bild grundlegend geändert.
Aufnahmevoraussetzung ist nicht mehr die Zuge-

hörigkeit zur Schwesternschaft, sondern eine positive Einstellung zum diakonischen Auftrag unseres Werkes. Die gesetzlichen Voraussetzungen müssen selbstverständlich ebenso erfüllt sein wie Fachoberschulreife, gesundheitliche und charakterliche Eignung und Vollendung des 17. Lebensjahres.

Die Krankenpflegeschule verfügt über 80 staatlich genehmigte Plätze, d. h., die durchschnittliche Lehrgangsgröße liegt zwischen 25 und 28 Teilnehmern, bei denen Männer immer noch sehr in der Minderzahl sind.

Vor Beginn der 3jährigen Krankenpflegeausbildung findet ein 14tägiger „diakonischer Vorkurs" statt, der von der Diakoniegemeinschaft von Schwestern und Brüdern in Kooperation mit der Krankenpflegeschule durchgeführt wird. Beginn der Ausbildung ist jeweils der 1. Oktober. Die Teilnahme ist verbindlich. Während dieser Zeit wohnen die zukünftigen Krankenpflegeschüler/innen im Mutterhaus. Inhalte bzw. Ziele des Vorkurses sind: gegenseitiges Kennenlernen, Einblick in die zahlreichen Einrichtungen, kritische Auseinandersetzung mit Grundfragen des Lebens, Kennenlernen einer sozialen bzw. diakonischen Einrichtung außerhalb sowie gemeinsame Aktivitäten nach Absprache.

Das Krankenpflegegesetz von 1985 setzt für die Ausbildung besondere Schwerpunkte, wie etwa „das Erlernen sach- und fachkundiger sowie umfassender und geplanter Pflege des Patienten". Die vorgeschriebenen 1600 theoretischen Mindeststunden umfassen

- allgemeine Krankenpflege bei Gesunden und Kranken aller Altersstufen
- spezielle Pflege bei erwachsenen Kranken und Hilfsbedürftigen
- Grundlagenwissen im naturwissenschaftlichen und medizinischen Bereich
- Grundlagenwissen im sozial- und geisteswissenschaftlichen Bereich

Der Unterricht erfolgt in Blockform, jeweils über 4 Wochen, und als Begleitunterricht an Studientagen. Zwischenprüfungen und schriftliche Arbeiten vermitteln den Dozenten einen Überblick über den derzeitigen Wissensstand der Schülerinnen und Schüler.

Für die praktische Pflegeausbildung sind 3000 Mindeststunden vorgeschrieben. Sie werden zum überwiegenden Teil auf den Stationen unseres Krankenhauses absolviert. Ein Wechsel von einer Station zur anderen ist während der Ausbildung unumgänglich, da ein Einsatz in den verschiedenen Fachabteilungen vorgeschrieben ist.

Die Ausbildung und Anleitung im Krankenhaus geschehen durch examinierte Pflegepersonen sowie punktuell durch die Unterrichtskräfte der Schule.

Es ist uns sehr wichtig, soweit als möglich den theoretischen Unterricht patientenorientiert zu gestalten und den praktischen Unterricht im Krankenhaus durch theoretische Kenntnisse zu fundieren.

Da das Krankenhaus keine psychiatrische Fachabteilung besitzt, wird der vorgeschriebene Psychiatrie-Einsatz im Evangelischen Krankenhaus Dortmund-Lütgendortmund abgeleistet. Ein weiterer Einsatz erfolgt in der ambulanten Krankenpflege in den beiden Wittener Diakoniestationen.

Am 1. Januar 1990 hat sich die Anrechnungszahl der Krankenpflegeschüler auf den Stellenplan des Krankenhauses von 4:1 auf 7:1 geändert, d. h., sieben Schüler werden wie eine examinierte Krankenschwester/-pfleger angerechnet. Diese Regelung soll eine Intensivierung des praktischen und theoretischen Unterrichts, u. a. die Verlängerung vorhandener und die Einrichtung zusätzlicher Praxiseinsätze, bewirken.

Am Ende der Ausbildung steht die staatliche Krankenpflegeprüfung, bestehend aus einem schriftlichen, praktischen und mündlichen/theoretischen Teil. Jeder Prüfungsteil wird einzeln benotet und muß mindestens mit „ausreichend" bestanden werden. Nach bestandener Prüfung und staatlicher Anerkennung dürfen sich die Absolventen Krankenschwester bzw. Krankenpfleger nennen.

Trotz der vielen aktuellen Probleme im Pflegebereich lassen sich die Krankenpflegeschüler/innen nach dem Examen nicht davon abschrecken, eine patientenorientierte Pflege anzustreben. So ist der größte Teil von ihnen auch weiterhin in der Krankenpflege tätig. Dort soll der Patient mehr zum Mittelpunkt aller Überlegungen werden und Pflege in Partnerschaft mit den Patienten geschehen. Berufsfremde Tätigkeiten sind mehr und mehr zugunsten der Pflege an andere Personengruppen abzugeben.
Der Krankenpflegeberuf erfordert menschliche Zuwendung, pflegerisches Einfühlungsvermögen, Sach- und Fachkompetenz sowie körperliche und seelische Belastbarkeit. Daher ist es wichtig, daß diese Berufsmerkmale den Interessenten und Bewerbern für die Krankenpflegeausbildung bereits im Informations- bzw. Vorstellungsgespräch mitgeteilt werden. Immer wieder ist es erstaunlich, wie wenig konkrete Vorstellungen über das Berufsbild „Krankenpflege" vorhanden sind.
Ein verändertes Berufsbild mit Schwerpunkt auf den zwischenmenschlichen Beziehungen – die „patientenorientierte Pflege" – dürfte für junge Menschen einen größeren Anreiz bedeuten, den Krankenpflegeberuf zu wählen als das traditionelle Bild des „medizinischen Hilfsberufs". Bewerbungen für die nächsten Krankenpflegelehrgänge liegen noch in ausreichender Zahl vor. In Zukunft soll jedoch mehr Öffentlichkeitsarbeit betrieben werden, um in den 90er Jahren weiterhin die Kurse füllen zu können.
Unsere Aufgabe ist es, den Schülern das Rüstzeug mitzugeben, das sie befähigt, den Anforderungen der Krankenpflege in den nächsten Jahren gerecht zu werden. Da aber ein „Patentrezept" nicht gegeben werden kann, muß das wichtigste Ziel der Ausbildung sein, die jungen Menschen zu befähigen, Veränderungen zu erkennen, Zusammenhänge zu analysieren und erforderliche Entscheidungen treffen zu können.

Verantwortliche, engagierte Mitarbeit in Berufsverbänden für Krankenpflege ist zum jetzigen Zeitpunkt wichtiger denn je. Auch innerhalb unseres Diakoniewerkes gibt es vielfache Angebote, sich einer Gemeinschaft anzuschließen, z. B. als „diakonische(r) Schwester/Bruder " oder als Diakonisse. Für die Schüler/innen der Krankenpflegeschule besteht während der drei Ausbildungsjahre die Möglichkeit, die zahlreichen Angebote der Diakoniegemeinschaft von Schwestern und Brüdern kennenzulernen. Als Mitglied dieser Diakoniegemeinschaft kann ich nur wünchen, daß beruflich engagierte junge Menschen sich zusätzlich zur Mitarbeit in unserem diakonischen Bereich entschließen. Das Umdenken in der Krankenpflege sollte auch dort offene Türen finden.

Gertrud Krämer

Fachschule für Sozialpädagogik

Seit 92 Jahren werden in Witten Erzieher/innen ausgebildet. In den Anfangsjahren hießen sie „Kleinkinderschulschwestern". Heute wählen zunehmend auch Männer diesen Beruf, und die an der Evangelischen Fachschule für Sozialpädagogik in Witten Ausgebildeten erhalten seit 1969 die Berufsbezeichnung „Staatlich anerkannte Erzieher".
Träger dieser Schule ist heute der Evangelische Schulverein Witten e.V. Die Ausbildung geschieht in jeweils zwei Parallelklassen, so daß jährlich etwa 50 Erzieher/innen ihre staatliche Anerkennung erhalten. Die Vertiefungsbereiche Behindertenpädagogik, Elementarpädagogik und Freizeitpädagogik gehören ebenso zu den Besonderheiten dieser Schule wie Achtung und weitestgehende Förderung jedes Schülers/jeder Schülerin, das Engagement, die Einsatzbereitschaft und die Kompetenz des Kollegiums. Zur Zeit besuchen die Schule 97 Erzieher/innen und 72 Berufspraktikanten/innen, für solche aus entfernteren Regionen besteht die Möglichkeit

der Unterbringung in Wohnheimen des Diakoniewerkes Ruhr-Witten.
Nach wie vor stellt sich das Kollegium dem Anspruch, den der verstorbene Vorsteher Pastor Theurer formulierte: „Wir bilden Gemeindeglieder aus für Gemeinde.“ Sehr verschieden sind die Vorstellungen von „Gemeinde“, und entsprechend vielfältig sind demnach die Anforderungen der Ausbildung. Es gilt aber stets zu bedenken, daß sich nicht nur die Situation junger Menschen in unserer Gesellschaft verändert hat, sondern daß sich der Stellenwert von Kirche und Gemeinde in ihr verändert hat. Der weltanschauliche Pluralismus wächst. Religiöse Indifferenz bzw. Abwehr sind festzustellen.
Gelingt es in der Ausbildung, gelingt es Erziehern/innen vor Ort, den Freiraum für eine integrierte religiös-christliche Erziehung der Kinder und Jugendlichen zu behalten oder wiederzugewinnen? Kann Ausbildung zunehmend fehlende (positive) religiöse Sozialisation in den Familien nachholen?
Das öffentliche Interesse berufstätiger und alleinerziehender Eltern rückt vielfach den Betreuungscharakter von Kindergarten und Tagesstätte vor deren Bildungsauftrag. Wie kann der Bildungsauftrag angesichts dieser Herausforderung aufgewertet werden? Wie reagieren insbesondere kirchliche Einrichtungen auf veränderte Familiensituationen? Welche Rückwirkungen wird diese Problematik auf eine praxisorientierte Ausbildungskonzeption haben?
Die Erwartungen an Erzieher/innen steigen durch zunehmend verhaltensauffällige Kinder, die Integration Behinderter in Regeleinrichtungen und ausländische Kinder. Die Rahmenbedingungen sind aber unzureichend. Notwendige Verbesserungen lassen auf sich warten, weil sie angeblich nicht bezahlbar sind. Der zunehmende Wegfall der Grenzen in Europa macht eine gegenseitige Anerkennung der Ausbildungen erforderlich. Das zwingt die Ausbildung verstärkt zur Veränderung ihrer Inhalte und zu berufspolitischem Engagement.
Es gibt keine Arbeitslosigkeit unter Erziehern/innen mehr. Der Fachkräftemangel ist auf dem Arbeitsmarkt das aktuelle Thema. Wie können Träger und Fachschule werben für den Erzieherberuf, der nur wenige Verdienst- und Aufstiegschancen bietet? Es ist gut, wenn Interessenten eine große Motivation für den Erzieherberuf mitbringen. Aber muß nicht alles darangesetzt werden, daß der Berufsstand auch tariflich höhergruppiert wird?
Veränderungen für die Erzieherausbildung sind notwendig. Sie werden von allen Beteiligten sorgsam bedacht und verwirklicht werden. Bei allen Veränderungen muß Bestand haben, daß die Evangelische Fachschule für Sozialpädagogik im Diakoniewerk Ruhr-Witten in das Umfeld der diakonischen Schwesternschaft eingebettet bleibt und von ihr getragen wird.

Norbert Roth

Pflegevorschule

Die Anfänge der Pflegevorschulen reichen bis in die 50er Jahre zurück. Die Idee zur Gründung dieser Schulform war eine Antwort auf den damals bestehenden „Pflegenotstand“, und in dem Wort „Pflegevorschule“ klingen zwei wesentliche Merkmale an: Sie ist eine vorbereitende schulische Einrichtung, und sie führt junge Menschen zu sozialpflegerischen Berufen hin. Das Besondere des Bildungskonzeptes liegt in der Verknüpfung von schulischem Lernen, praktischer Erfahrung und Förderung der Persönlichkeitsentwicklung. Dieser ganzheitliche Ansatz wird vor allem durch die Verbindung von Schule und gemeinsamem Leben im Jugendwohnheim ermöglicht. Im schulischen Bereich wird in allgemeinbildendem und fachbezogenem Unterricht auf die Ausbildung im sozialen Berufsfeld vorbereitet. Der seinerzeitige Grundgedanke ist bis heute die Basis des Ausbildungskonzeptes geblieben.

257. Unterricht im Fachseminar für Altenpflege des Diakoniewerkes Ruhr-Witten, Foto 1990

258. Physikunterricht der Pflegevorschule im Comenius-Schulzentrum des Diakoniewerkes Ruhr-Witten, Foto 1990

Im Jahre 1953 wurde im Zusammenwirken zwischen dem Mutterhaus Sarepta in Bethel und der Evangelischen Kirchengemeinde in Herford die erste Pflegevorschule eröffnet. Mutterhäuser und Kirchengemeinden gründeten im Laufe der 50er und 60er Jahre weitere Schulen. In Witten wurde 1956 mit der Pflegevorschul-Arbeit begonnen, wo ein Teil der Unterrichtsstunden von den Berufsbildenden Schulen erteilt wird.
Das Eingangsalter für die Krankenpflegeausbildung war zunächst auf 18 Jahre festgesetzt; Schülerinnen nach Beendigung der Volksschule waren jedoch erst 14 Jahre alt. Das Interesse vieler junger Menschen an einem sozialpflegerischen Beruf, der Mangel an geeigneten Möglichkeiten zur Überbrückung dieses relativ langen Zeitraums und die Sorge um die Nachwuchssicherung bildeten den Hintergrund für die Einrichtung der Pflegevorschulen.
Neben den Schülerinnen mit dem Hauptschulabschluß nehmen die Pflegevorschulen seit Mitte der 70er Jahre auch Mädchen mit dem mittleren Bildungsabschluß (Fachoberschulreife) auf. Hauptschülerinnen besuchen sie zwei Jahre, für Schülerinnen mit der Fachoberschulreife gibt es eine einjährige Sonderklasse.
Seit Bestehen der Pflegevorschule im Diakoniewerk Ruhr haben 770 Schülerinnen diese besucht. Die meisten von ihnen begannen im Anschluß eine Berufsausbildung zur Krankenschwester. Aber auch in den Bereichen Altenpflege, Krankenpflegehilfe und in anderen medizinischen, sozialpädagogischen und hauswirtschaftlichen Berufen haben Schülerinnen eine Ausbildung absolviert. Nur ein geringer Teil von ihnen hat sich für einen anderen Berufsweg entschieden oder keine berufliche Ausbildung begonnen.Auch in Zeiten hoher Jugendarbeitslosigkeit ist es vielen Pflegevorschülerinnen gelungen, einen Ausbildungsplatz in dem gewünschten Beruf zu finden.
Im Laufe der Jahrzehnte seit Gründung der Pflegevorschulen haben sich die gesellschaftlichen Bedingungen immer wieder gewandelt. Für den Ausbildungsbereich seien hier nur als Beispiel die Veränderungen im öffentlichen Schulsystem, in der beruflichen Ausbildung, im Sozial- und Gesundheitswesen und die gestiegenen Anforderungen in den sozialen Berufen genannt. Dies erforderte eine stetige Überprüfung der Konzeption der Pflegevorschule.
Der Bildungsgang der Pflegevorschule endet nach einem bzw. zwei Jahren mit einer Abschlußprüfung. Hauptschülerinnen haben darüber hinaus die Möglichkeit, durch eine Zusatzprüfung die Fachoberschulreife zu erwerben.
Praktische Erfahrungen sammeln die Pflegevorschülerinnen in ihrer Arbeit in verschiedenen Einrichtungen im Diakoniewerk: auf den Stationen des Krankenhauses, in den Feierabendhäusern, im Kindergarten und im hauswirtschaftlichen Bereich der Pflegevorschule. Der Einblick in die verschiedenen Berufsfelder gibt den Jugendlichen die Möglichkeit, den Alltag ihres angestrebten Berufs kennenzulernen, ihren Berufswunsch zu überprüfen oder auch erst herauszufinden, welches der richtige Berufsweg für sie ist; denn junge Menschen, die den Wunsch haben, einen sozialen Beruf zu erlernen, können noch nicht unbedingt erkennen, ob sie für diesen auch geeignet sind.
Die Reflexion und Verarbeitung ihrer Erlebnisse in den verschiedenen Praxisfeldern geschieht vor allem im Religions- und berufskundlichen Unterricht sowie in vielen Gesprächen der Schülerinnen untereinander bzw. mit den Mitarbeiterinnen der Pflegevorschule.
Der dritte Lern- und Erfahrungsbereich ist das gemeinsame Leben im Jugendwohnheim der Pflegevorschule. Das Zusammenleben mit Gleichaltrigen bedeutet für sie eine zeitweilige Trennung vom Elternhaus und vom bisherigen Freundeskreis, was manchmal – gerade in der Anfangszeit – nicht immer leicht ist. Den Alltag gemeinsam zu gestalten, Verantwortung für sich und andere zu übernehmen

und ihre Rolle in einer Gruppe zu finden, können die Schülerinnen aber gerade in einer Wohngemeinschaft, die über einen längeren Zeitraum stabil ist, einüben. Es ermöglicht ihnen darüber hinaus, sich selbst und andere neu zu erfahren und Vorstellungen von einer sinnvollen Lebensgestaltung zu entwickeln.
Durch die Auseinandersetzung mit den Mitarbeiterinnen der Pflegevorschule und den Mitschülerinnen können sie lebensgeschichtlich bedingte Konflikte ein Stück weit bearbeiten. Grundlegend für solche Erfahrungen und Lernprozesse sind das Erleben des Angenommenseins und die Möglichkeit, sich auf einer vertrauensvollen Ebene auseinanderzusetzen. Dies ist die Basis, auf der sich ethische Grundhaltungen und diakonisches Engagement entwickeln können. Ein wichtiger Punkt des gemeinsamen Lebens sind ferner die individuelle und gemeinsame Freizeitgestaltung. Hierzu gehören u. a. kreatives Gestalten, Musik, sportliche Aktivitäten und die Vorbereitung von Festen.
Den Entwicklungsprozeß der Schülerinnen im schulischen, praktischen und im Lebensbereich über einen Zeitraum von ein oder zwei Jahren zu begleiten und sie zu befähigen, ihre Handlungswirklichkeit mit dem diakonischen Auftrag in Einklang zu bringen, ist Ziel der Pflegevorschule.

Sabine Hoffmann

Fachseminar für Altenpflege

Im April 1970 begann der erste Kurs im Fachseminar für Altenpflege, und zwar zwei Jahre berufsbegleitend mit fünf Teilnehmern. Zunächst war Schwester Hedwig Hölper verantwortlich für die Ausbildung, noch heute erzählt sie im Unterricht von ihrem Werdegang als Diakonisse und ihren vielen Erlebnissen während ihrer diakonischen Arbeit. Die Schüler sind immer begeistert von ihren Schilderungen voller Humor, Herzenswärme und Charme.
1972 ging die Leitung des Fachseminars für Altenpflege an Dr. Gerhard Morgenroth über, der heute beispielhaft als Ruheständler das lebt, was er den Teilnehmern im Unterricht als Chance des persönlichen Gewinns und Freiraums zur individuellen Lebensgestaltung schilderte. Mit aller Kraft setzte er sich für eine veränderte Ausbildungskonzeption für Altenpflege ein, insbesondere für eine Verlängerung von 2 auf 3 Jahre.
Seit Juni 1988 gibt es endlich die dreijährige Ausbildung für Altenpfleger in Nordrhein-Westfalen, die sich in 1800 Stunden Theorie, 1200 Stunden fachpraktischen Unterricht und das anschließende Berufspraktikum gliedert. Um dieses grobe Ausbildungsgerüst durch curriculare Arbeit zu füllen, diskutierten sowohl die Mitarbeiter an den Fachseminaren für Altenpflege in Rheinland-Westfalen und Lippe als auch die Mitarbeiter hausintern Probleme und erarbeiteten Konzeptionen. Geklärt werden mußte, wie z. B. der fachpraktische Unterricht zu gestalten sei, welche Lernziele und -inhalte in jedem Theorieblock zu vermitteln seien, welche Lernziele die Teilnehmer während der Praktika erreichen sollten und vieles mehr.
Ein großer Mangel in der Altenpflege-Ausbildung besteht jedoch in der Tatsache, daß die Teilnehmer keine Ausbildungsvergütung erhalten, ebenso gibt es große Unterschiede in den Ausbildungskonzeptionen zwischen den einzelnen Bundesländern. Daher wird mit immer mehr Nachdruck eine bundeseinheitliche dreijährige integrierte Ausbildung mit Ausbildungsvergütung analog der Krankenpflege-Ausbildung gefordert. Vor Weihnachten 1989 diskutierten wir kontrovers den Entwurf zu einem bundeseinheitlichen Altenpflege-Gesetz. Wird dieses Gesetz – wie politisch beabsichtigt – noch in dieser Legislaturperiode verabschiedet werden können? Es ist eine sehr kurze Zeit, die für diese schwierige Aufgabe verblieben ist.
Die derzeitige Ausbildungssituation in Witten wird getragen von einem 13köpfigen Team, wovon drei

259. Arbeitsgemeinschaft von Schülern der Fachschule für Sozialpädagogik im Comenius-Schulzentrum des Diakoniewerkes Ruhr-Witten, Foto 1990

260. Lehrraum I der Ausbildungsstätte für Diakoninnen und Diakone des Martineums, Foto 1990

Personen festangestellte Lehrkräfte sind, die übrigen sind Honorardozenten. Diese gute personelle Besetzung schafft die Voraussetzung, intensiv mit den einzelnen Praxisstellen zusammenzuarbeiten, um so eine enge Theorie-Praxis-Verzahnung während der Ausbildung zu gewährleisten.
Vor jedem Praktikumseinsatz laden wir die Leiter/innen und Anleiter der Praxisstellen zu einem Informationsgespräch über den Ausbildungsstand der Teilnehmer ein und klären gemeinsam mögliche Lern- und Erfahrungsbereiche. Während des Praktikums führen wir zwei Studientage durch, an denen die Teilnehmer ihre Praxiserfahrungen reflektieren und aufarbeiten können. Da wir jeden Teilnehmer in seiner Einsatzstelle besuchen, haben wir die Möglichkeit, durch Gespräche „vor Ort" nicht nur die Lern- und Arbeitsbedingungen unserer Teilnehmer und deren Lernbereitschaft und -fähigkeit kennenzulernen; ebenso werden Ausbildungswünsche und Impulse aus der Praxis aufgenommen und in die Ausbildung integriert. Darüber hinaus bemühen wir uns, im Kollegium unsere Lerninhalte weitestgehend abzustimmen, so daß eine „Zerstückelung" des Unterrichtsstoffes, vorgegeben durch die einzelnen Unterrichtsfächer, aufgehoben wird.
Neu für die Ausbildung in Witten sind ein für alle Teilnehmer verbindlicher sechswöchiger Einsatz in der (Geronto-)Psychiatrie und zum Ende der beiden Lehrgangsjahre ein vierwöchiges Praktikum in der offenen Altenhilfe; zuvor hatten unsere Teilnehmer ihren fachpraktischen Einsatz in der stationären Altenarbeit, im Krankenhaus und in der ambulanten Altenarbeit.
Die Einsatzstellen während der beiden Lehrgangsjahre wählen die Teilnehmer mit unserer Unterstützung nach regionalen Gesichtspunkten aus, abhängig vom jeweiligen Wohnort der Teilnehmer sowie nach den Lern- und Anleitungsmöglichkeiten innerhalb der Einrichtung.
Uns Lehrenden ist es wichtig, daß die Teilnehmer die zu betreuenden alten Menschen in ihren vielfältigen unterschiedlichen Lebenssituationen und -lagen erleben können, daß sie erfahren, daß Altern ein individuelles biographisches Schicksal ist. Eine gute Erfahrung machen Teilnehmer während ihres Praktikumeinsatzes in den Feierabendhäusern. Insbesondere im Wohnbereich erleben sie unsere alten Feierabendschwestern als selbständig und selbstbewußt, willens und fähig, über ihre eigenen Belange selber zu entscheiden, gleichzeitig aber interessiert, nachsichtig und verständnisvoll in bezug auf die Lernschritte unserer Teilnehmerinnen.
Solche Lernerfahrungen wünschte ich mir viel mehr – speziell in stationären Einrichtungen: den alten Menschen in seiner Persönlichkeit mit all seinen Fähigkeiten und weniger in seinen Einschränkungen zu erfahren, so daß das pflegerische und betreuerische Handeln auf den Erhalt der Selbständigkeit und Autonomie sowie auf die Förderung der Eigenaktivität ausgerichtet ist.
Eine Ausbildung, deren Ziel es ist, bei den Teilnehmern eine pflegerische und kommunikative Kompetenz zu fördern, die den einzelnen Menschen achtet und ihn im jeweiligen individuellen Anderssein respektiert, muß sich prinzipiell an den eigenen Ausbildungszielen messen lassen. Die überschaubare Zahl von Lernenden und Lehrenden bietet an unserem Fachseminar die Chance, menschliche Begegnung in der Ausbildungssituation zu fördern. Die Teilnehmer sind sowohl im Hinblick auf das Alter – zwischen 18 und 50 Jahren –, Geschlecht, die schulischen Voraussetzungen sowie die unterschiedlichen Lebenserfahrungen derart heterogen, daß dies eine große Herausforderung für die Lehrenden bedeutet: Weitestgehende individuelle fachliche Förderung, viele Gespräche über die persönlichen (Lern-) Erfahrungen, angemessener Freiraum zur persönlichen Entfaltung, Offenheit sind Ausbildungsbedingungen, die zu geben wir uns bemühen.
Um der dringenden Nachfrage nach qualifizierten Altenpflegern gerecht zu werden, wurde im Juni 1990 ein zusätzlicher Altenpflegekurs eingerichtet.

Ebenso wurde eine berufsbegleitende Ausbildung für bisher ungelernte Kräfte in der Altenarbeit angeboten.

Juliane Falk

Diakonisch-theologische Weiterbildung

Der Gründungsauftrag der meisten Mutterhäuser Kaiserswerther Prägung enthält auch den Auftrag zur Aus-, Fort- und Weiterbildung, vor allem für die Einrichtungen der Kirche und ihrer Diakonie. Zur Durchführung werden Krankenhäuser, Alteneinrichtungen, Schulen und Ausbildungsstätten unterhalten. Die Konzepte in den Mutterhäusern sind verschieden. Elemente der alten Diakonissenausbildung kommen jedoch in fast allen Lehrgängen und Seminaren vor. Einige Beispiele aus dem Mutterhaus des Diakoniewerks Ruhr-Witten sollen das deutlich machen.

Religionspädagogische Seminarreihe für Vorpraktikanten/-praktikantinnen

Dieses Angebot gilt den an der Fachule für Sozialpädagogik gemeldeten jungen Menschen, die ein einjähriges Vorpraktikum – zumeist im Kindergarten – absolvieren und ihre Praxisberichte an die Schule senden. Ziele und Inhalte lassen sich wie folgt beschreiben:

- Sensibilisierung für Fragen der eigenen religiösen Sozialisation
- Atmosphäre schaffen, in einem möglichst leistungsfreien Raum Fragen über „Gott und die Welt“ anzusprechen und aufzuarbeiten.
- Exemplarisches Arbeiten an biblischen und theologischen Texten und Versuche, die Erkenntnisse kreativ umzusetzen für die jeweilige Praxis.
- Entwickeln von religionspädagogischen Einheiten zu Themen wie z. B. Ich, Frieden, Schöpfung, Jona.
- Aufarbeiten der Probleme aus den Praxisfeldern
- Vertiefung der Zusammenarbeit mit den Praxisstellen und Gemeinden

An dieser Seminarreihe, die nicht verpflichtend gemacht werden kann, nehmen in der Regel 2/3 der angemeldeten Vorpraktikantinnen/Vorpraktikanten teil. Zur Finanzierung tragen die Gemeinden, die Kindergartenträger und der Freundeskreis des Mutterhauses bei. Durchschnittlich werden zwölf Seminartage angeboten.

Diakonischer Vorkurs der Krankenpflegeschule

Seit zwölf Jahren nehmen Schüler und Schülerinnen der Krankenpflegeschule verbindlich an diesem zweiwöchigen Vorkursus für Sozialpädagogik teil. Sie wohnen gemeinsam auf den Gästestationen des Mutterhauses und lernen sich näher kennen. Lerninhalte, die zur fachlichen Ausbildung gehören, werden nicht angeboten, dafür aber gemeinsame Gespräche zu Fragen des biblischen Menschenbildes, Zusammengehörigkeit von Diakonie und Gottesdienst, Begegnungen mit Grenzsituationen des Lebens wie Krankheit und Sterben.
Dieser Vorkurs soll die Möglichkeit zur persönlichen Begegnung mit Mitgliedern der Diakoniegemeinschaft sowie Mitarbeiterinnen und Mitarbeitern des Krankenhauses eröffnen. Die Erfahrung zeigt, daß den Schülerinnen und Schülern diese der eigentlichen Ausbildung vorgeschobenen zwei Wochen hilfreich sind. Die entstehenden Kosten trägt das Mutterhaus.

Diakonisch-theologische Weiterbildung – Diakonissenausbildung

Dieser Kursus wird allen Mitgliedern unserer Diakoniegemeinschaft von Schwestern und Brüdern angeboten. Darüber hinaus können Frauen mit einer staatlich anerkannten Berufsausbildung und mehrjähriger Berufserfahrung sowie solche, die in Diakonie und Kirche tätig sind oder sein möchten, teilnehmen. Elemente der früheren Diakonissenausbildung wurden übernommen.

261. Einweihung von Feierabendhaus III anläßlich des Jahresfestes im Innenhof des Altenzentrums 1985, Foto 1985

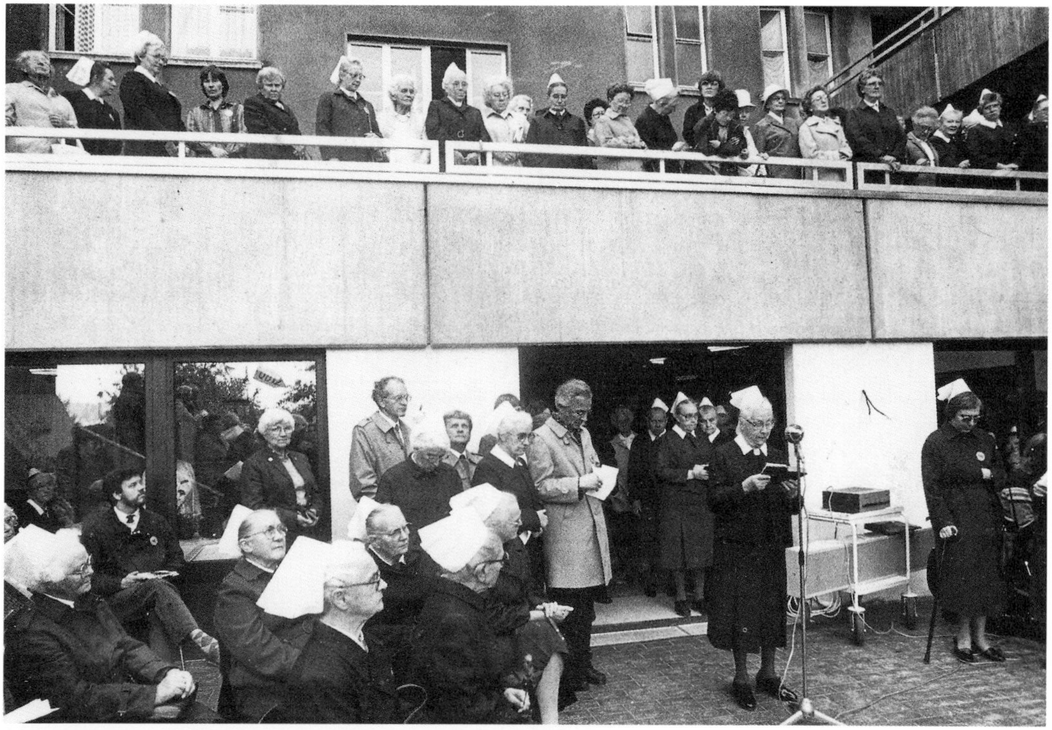

262. Jahrestreffen des Kreises der Freunde und Förderer des Diakoniewerkes Ruhr-Witten (am Pult der Vorsitzende Pastor i. R. Karl Hebenstreit), Foto 1987

- Gemeinsam lernen:
  Erarbeitung biblisch-theologischen Grundwissens (Altes Testament und Neues Testament), Fragen von Gemeindeaufbau und Diakonik, Auseinandersetzung mit seelsorgerlichen Fragestellungen, praktisch-theologische Übungen, z. B. das Erstellen eines Konzepts für eine Andacht, Unterrichtseinheiten
- Gemeinsam leben:
  Zwei Jahre lang dauert die Ausbildung, die in zehn Unterrichtsblöcken durchgeführt wird. Während dieser Zeit wohnen und leben die Teilnehmerinnen im Mutterhaus. Sie lernen sich gegenseitig kennen und nehmen Anteil an persönlichen Fragen, z. B. betreffend Familie und beruflichen Alltag. Da die Gruppe nur jeweils bis zu acht Teilnehmerinnen aufnimmt, werden die Beziehungen intensiv gepflegt. Treffen in den blockfreien Zeiten unterstützen die Gemeinschaftsbildung
- Geistliches Leben:
  In den zwei Ausbildungsjahren besteht für die Teilnehmerinnen das Angebot, an Andacht, Mittagsgebet, Begegnungswochenenden und allen Gottesdiensten teilzunehmen. Je nach ihrer Familiensituation können sie diese Angebote wahrnehmen. Durch ein eigenes Projekt „Mitarbeiterandacht im Krankenhaus“ entstand die Mittwochsandacht jeweils um 13.00 Uhr in der Krankenhauskapelle, gehalten von den Mitarbeiterinnen/Mitarbeitern selbst. Ein anderes Projekt ermöglichte die Einrichtung einer Meditationsecke.

Die Teilnehmerinnen verpflichten sich zu Beginn der diakonisch-theologischen Weiterbildung nicht, in die Diakonissenschaft einzutreten. Andererseits können nur die Frauen in das kirchliche Amt der Diakonisse eingesegnet werden, die regelmäßig an diesem Kursus teilgenommen haben und bereit sind, sich der Diakonissengemeinschaft anzuschließen. Wichtig zu wissen ist, daß sich der Arbeitgeber zur Freistellung während der Unterrichtsblöcke und zur Zahlung der Teilnehmergebühr von insgesamt DM 2000,– verpflichtet. Das Mutterhaus stellt in dieser Zeit die Wohnetage kostenlos zur Verfügung und übernimmt die Restfinanzierung.
Diese und andere Angebote der Diakonissengemeinschaft von Schwestern und Brüdern des Diakoniewerkes Ruhr-Witten bilden einen besonderen Schwerpunkt: Hilfen für den persönlichen Glauben, seine Umsetzung im Dienstalltag und Stärkung der Gemeinschaft sind die Ziele.

Christel Prein

Diakonen-/Diakoninnenausbildung

Für die Diakonenausbildung im Martineum gibt es drei Merkmale, die ihre unverwechselbare Prägung ausmachen:
1. Sie ist nicht so eng wie andere vergleichbare Angebote mit einer übergreifenden diakonischen Einrichtung verbunden
2. Sie bildet infolgedessen in erster Linie für die Gemeinden und ihre Diakonie aus
3. Sie hat ein breites Spektrum von Sozialberufen, die – als integrierter Teil der Gesamtausbildung – von den Studierenden gewählt werden können.

Das Martineum ist ein eigener Rechtsträger, der seit fast 20 Jahren mit dem Diakoniewerk Ruhr-Witten und der Diakoniegemeinschaft von Schwestern und Brüdern in vertrauensvoller Weise zusammenarbeitet. Das Lukaszentrum ist mit vereinten Kräften gebaut worden und wird seitdem gemeinsam genutzt. Die Räte der Diakoniegemeinschaft von Schwestern und Brüdern (früher Schwesternschaft) und der Martineumsgemeinschaft treffen sich in regelmäßigen Abständen, um anstehende Fragen und Aufgaben gemeinsam wahrzunehmen und zu realisieren.
In einem Kooperationsvertrag sind die jeweiligen Belange, Interessen und Verpflichtungen verbind-

lich geregelt. Dennoch legen beide Seiten Wert auf ihre Eigenständigkeit, um auch so die spezifischen Konturen bei den jeweiligen Aufgabenfeldern nicht zu verwischen.
Es ist bezeichnend, daß von 235 im Beruf stehenden Diakoninnen und Diakonen des Martineums z. Zt. nur 5 im Diakoniewerk Ruhr-Witten arbeiten. Die übrige Martinumsgemeinschaft ist weit verstreut über die gesamte Bundesrepublik Deutschland von Kiel bis Isny und Stuttgart, ja die „Außenstationen" reichen sogar bis nach Sizilien und Tanzania.
Dabei ist der traditionelle Schwerpunkt Jugendarbeit längst ergänzt worden durch Arbeitsfelder der Diakonie sowohl innerhalb der verfaßten Kirche, z. B. Diakoniestationen, als auch darüber hinaus, z. B. Einrichtungen für behinderte Menschen in freier Trägerschaft.
Im Rahmenlehrplan der Deutschen Diakonenschaft heißt es: „Der Diakon unterscheidet sich durch seine spezifische Fachkompetenz im sozialen Bereich von anderen Mitarbeitern der Kirche (z. B. vom Pfarrer), durch seine besondere theologische Fachkompetenz von anderen Mitarbeitern im sozialen Bereich (z. B. vom Erzieher)." Entsprechend diesem Grundkonzept erwirbt der/die Studierende des Martineums eine doppelte Qualifikation, einerseits in einem Sozialberuf, andererseits in kirchlich-theologischer Hinsicht.
Konkret hat jede(r) Studierende während der Ausbildung die Möglichkeit, sich für die Fachbereiche Sozialpädagogik, Sozialarbeit, Heilpädagogik, Krankenpflege oder Altenpflege zu entscheiden. Um das zu ermöglichen, kooperieren wir eng mit den Orthopädischen Anstalten Volmarstein, der Evangelischen Fachhochschule Rheinland-Westfalen-Lippe in Bochum und mit der Evangelischen Fachschule für Sozialpädagogik, der Krankenpflegeschule und dem Fachseminar für Altenpflege, die sich auf dem Gelände des Diakoniewerkes Ruhr befinden.
Ein diakonisch-theologisches Praxisjahr, der sog. Grundkurs, liegt entweder vor oder nach der Fachausbildung.
Diakonisch-theologische Begleitseminare, Gottesdienste, Informationsveranstaltungen und gesellige Abende werden während der gesamten Diakonenausbildung in regelmäßigen Abständen angeboten, so daß der Bezug zwischen Fachwissen und Glaube, zwischen praktischer Nächstenliebe und Verkündigung, zwischen Aktion und Gebet immer wieder – teils ausdrücklich, teils unausgesprochen – deutlich wird.
Am Ende der gesamten Ausbildung zur Diakonin bzw. zum Diakon steht der einjährige diakonisch-theologische Oberkursus. Er schließt mit dem Diakonenexamen, das aus einem praktischen, schriftlichen und mündlichen Teil besteht. Der Prüfungsvorsitzende ist ein Landeskirchenrat der Westfälischen Kirche.
Fast alle Absolventen der Ausbildungsstätte lassen sich nach bestandenem Examen in das kirchliche Amt des Diakons/der Diakonin einsegnen und treten in die Martineumsgemeinschaft oder in die Diakoniegemeinschaft von Schwestern und Brüdern, Diakoniewerk Ruhr-Witten, ein. So haben sie die Möglichkeit, auch über die Ausbildung hinaus die gewonnenen Kontakte weiterzupflegen, in einer Glaubens-, Lebens- und Dienstgemeinschaft zu bleiben und – vor allem in möglichen Krisensituationen – Rat und Hilfe zu empfangen oder auch selbst zu geben.

Gerd Sauer

Ausbildung von Kranken- und Altenpflegediakonen/innen

Der Anstoß zur Ausbildung kam vom Diakonischen Werk der Evangelischen Kirche von Westfalen: „Ihr habt doch in Witten eine Krankenpflegeschule und auch eine Schule für Diakoninnen und

Diakone; könntet Ihr nicht in Kooperation zwischen beiden Einrichtungen Krankenpflegediakone/innen ausbilden?"
Wir haben erst ein wenig gezögert, weil die Evangelische Diakonenanstalt Martineum bisher schwerpunktmäßig für die Jugendarbeit der Kirchengemeinden ausgebildet hatte und hier auch nach wie vor Bedarf war. Aber die neue Aufgabe reizte sehr, und sie mußte nicht zwangsläufig das bewährte Konzept verdrängen.
So haben sich Schwesternschaft und Bruderschaft (heute: Diakoniegemeinschaft von Frauen und Männern und Martineumsgemeinschaft) Ende der 70er Jahre zusammengeschlossen und die Ausbildung von Krankenpflegediakonen/innen aufgenommen.
Der Ausbildungsverlauf ist schnell erklärt: Nach einem Diakonischen Vorkurs von zwei Wochen (der für alle Krankenpflegeschüler/innen in Witten verbindlich ist) steht zunächst die „Fachausbildung" zur Krankenschwester oder zum Krankenpfleger im Vordergrund; es findet jedoch in diesen drei Jahren eine Begleitung durch diakonisch-theologische Seminare u. ä. statt, die für die Diakonieschüler/innen verbindlich sind. Die Ansprechpartner/innen und Lehrer/innen gehören teils zur Diakoniegemeinschaft des Mutterhauses, teils zur Martineumsgemeinschaft. Hier bewährte sich die jahrelange gute Kooperation in Witten, die wir an dieser Stelle nur dankbar zur Kenntnis nehmen können.
Im vierten, einem berufspraktischen Jahr werden die diakonisch-theologische Begleitung und die praxisnahe Superversion verstärkt. Ein schriftlicher Jahresbericht der Studierenden und ein Kolloquium – an dem auch die jeweiligen Praxisanleiter/innen vor Ort beteiligt sind – schließen das vierte Ausbildungsjahr ab.
Im diakonisch-theologischen Oberkurs werden die angehenden Krankenpflegediakone/innen ein Jahr lang teils mit den anderen Diakonieschülern zusammen unterrichtet, teils getrennt, wenn es um berufsfeldbezogene Fragen geht.
Die gesamte Ausbildung endet einerseits mit dem Diakonenexamen, andererseits mit der Einsegnung zum kirchlichen Amt des Diakons bzw. der Diakonin. Selbstverständlich geschieht die Einsegnung nicht „automatisch", sondern auf ausdrücklichen Wunsch der betreffenden jungen Menschen im Auftrag der Landeskirche. Fast alle Absolventen schließen sich dann einer unserer beiden Gemeinschaften an, weil sie auch über die Ausbildung hinaus Beratung und Begleitung suchen.
Noch unzufrieden sind wir mit dem nicht klar definierten Berufsprofil des Krankenpflegediakons/der Krankenpflegediakonin. Dort hängt viel von der einzelnen Persönlichkeit ab, inwieweit sie ihre zusätzlich erworbene Kompetenz vor Ort einbringt. Andererseits muß auf Dauer die Frage deutlicher beantwortet werden: Was erwarten Anstellungsträger speziell von Krankenpflegediakonen und -diakoninnen; und wenn es besondere, klar zu formulierende Anforderungen gibt: Zu welcher besonderen Fürsorge verpflichtet sich entsprechend die Einrichtung? Hier ist nicht in erster Linie das bessere Gehalt gemeint. Hingewiesen sei vielmehr auf die spürbare Unterstützung bei einem oft schweren Auftrag.
Am 1. Juli 1988 ist die Ausbildung in der Altenpflege auch in Nordrhein-Westfalen um ein Jahr verlängert worden. Dadurch wurde es möglich, auch angehende Altenpfleger/innen in die Diakonenausbildung aufzunehmen. In Witten geschieht das wiederum in enger Kooperation mit dem Fachseminar für Altenpflege.
Die Ausbildungsstruktur ist ähnlich wie bei den Krankenpflegediakonen. Da hier aber noch keine Erfahrungen vorliegen, begeben wir uns wieder auf ein Stück Neuland, was ja durchaus erfrischend sein kann. Noch hält sich das Interesse von Bewerbern/Bewerberinnen in Grenzen, aber wir hoffen doch – nicht zuletzt im Blick auf die demographische Ge-

263. Einweihung des Museums des Diakoniewerkes Ruhr-Witten, Foto 1986

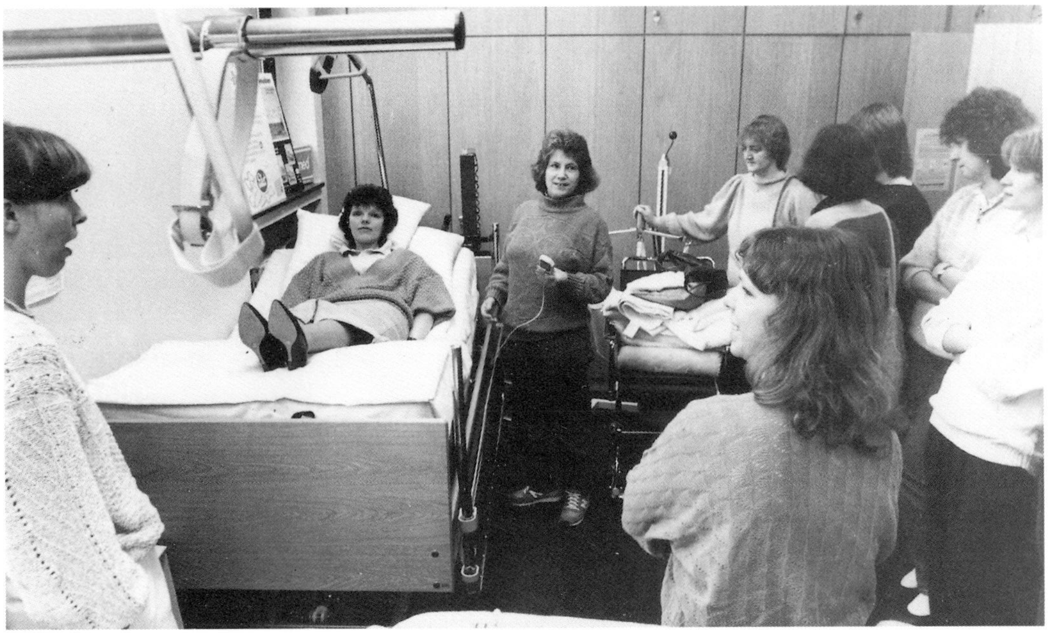

264. Vorführung im Schaufenster des Diakoniewerkes Ruhr-Witten, Foto 1987

samtentwicklung –, unserer Kirche und ihrer Diakonie auch hier auf Dauer einen wichtigen Dienst leisten zu können.

Gerd Sauer

Diakonische Öffentlichkeitsarbeit

„Unsere gemeinsame Aufgabe im diakonischen Bereich vollzieht sich weder unter Ausschluß der Öffentlichkeit, noch beschränkt sie sich auf wenige Gruppen der Gesellschaft. Unsere Arbeit vollzieht sich vielmehr in der Öffentlichkeit, sie wendet sich bewußt an die Öffentlichkeit und will für alle Gruppen unserer Gesellschaft offen sein."

Dieser Satz stammt aus einem Leitfaden für Öffentlichkeitsarbeit in der Diakonie, den das Diakonische Werk der Evangelischen Kirche von Westfalen erarbeitet hat. Er macht deutlich, daß diakonische Arbeit nicht im Verborgenen geschieht, sondern daß sie ganz im Gegenteil in der Öffentlichkeit und für die Öffentlichkeit getan wird. Das Sichtbar-Machen von Auftrag und Aufgaben der Diakonie ist wie das Licht, das man nicht unter einen Scheffel, sondern auf einen Leuchter stellt.

Die diakonische Öffentlichkeitsarbeit will jedoch nicht allein „glänzen", sie will auch darüber informieren, wo es Schattenseiten gibt, wo Menschen im Schatten stehen müssen. Da Diakonie solchen „Menschen im Schatten" dienen will, braucht sie Mit-Arbeiter und Mit-Helfer. Öffentlichkeitsarbeit der Diakonie will dabei mithelfen: Sie wirbt um Sympathie, sie erweckt Interesse, und sie bewegt zum Handeln.

Ein traditionelles Standbein dieser diakonischen Öffentlichkeitsarbeit ist die Pressearbeit. Sie pflegt den Kontakt zur lokalen, regionalen und kirchlichen Presse. In Witten gibt es immerhin zwei Tageszeitungen und zwei wöchentlich erscheinende Anzeigenblätter. Auch die Redaktionen des „Mantelteils" der „Westdeutschen Allgemeinen Zeitung", der „Westfälischen Rundschau" und der „Ruhr-Nachrichten" werden bei Bedarf mit Informationen beliefert (z. B. die „Seite 3" oder das „Wochenend"). Der Kontakt zu medizinischen, pflegerischen und heimatkundlichen Fachzeitschriften ist ebenfalls wichtig (z. B. „Krankenhaus-Umschau", „Die Schwester – Der Pfleger", „Westfalenspiegel"). Regelmäßige Veröffentlichungen über das Diakoniewerk Ruhr tauchen auch in kirchlichen Organen auf: im westfälischen Sonntagsblatt „Unsere Kirche", in „Helfende Hände", der Zeitschrift des Diakonischen Werkes Westfalen, und in „Der Weite Raum", der Verbandszeitschrift des Kaiserswerther Verbandes.

Die wichtigsten eigenen Veröffentlichungen des Diakoniewerkes sind „Der Samariter", der „Samariter aktuell" und der Monatsbrief.

„Der Samariter" erscheint schon seit Dezember 1891 und bringt dreimal jährlich die neuesten Nachrichten „aus Witten in die Welt". Die Auflage beträgt 12.000 Stück pro Ausgabe. Rd. 3.600 Hefte werden an einzelne Personen verschickt, etwa 6.000 an „Samariter"-Verteiler und „Depots". Überall in Westfalen (und darüber hinaus), wo Mitglieder von Diakoniegemeinschaft und Martineumsgemeinschaft arbeiten, wo Freundinnen und Freunde unseres Werkes tätig sind, wird „Der Samariter" ausgelegt: Meistens sind das die Schriftentische in Gemeindehäusern und Kirchen. Aber auch in Jugendheimen, Diakoniestationen und Erholungsheimen sorgen „Sympathisanten" dafür, daß unsere Mitteilungen verteilt werden und interessierte Leser finden.

Der „Samariter aktuell" ist eine reine Mitarbeiterinformation. Alle Mitarbeiterinnen und Mitarbeiter des Diakoniewerkes, egal ob sie hauptamtlich oder nebenamtlich, vollzeitlich oder teilzeitlich an der Pferdebachstraße arbeiten, bekommen alle zwei Monate mit ihrer Abrechnung dieses Info-Blatt zugestellt. In kurzer Form werden hierin Termine, aktuelle Probleme und Neuerungen genannt. Auch

wenden sich die Leitung des Hauses und die Mitarbeitervertretung regelmäßig an das Personal.
Seit 1978 erscheint der „Kleine Samariter“ in einer Auflage von rd. 800 Stück und will die Mitarbeiterschaft als Multiplikatoren nutzen: Die Mitarbeiterinnen und Mitarbeiter sind die wichtigsten Meinungsträger in Witten und Umgebung. Auch von ihnen hängt es ab, wie das Bild des Diakoniewerkes in der Öffentlichkeit aussieht.
Für die Schwestern und Brüder von Diakoniegemeinschaft und Martineumsgemeinschaft erscheint jeden Monat (ausgenommen Januar) der „Monatsbrief“. Neben einer Auslegung zum Monatsspruch erhält er Berichte aus dem Leben der Gemeinschaften, insbesondere aus der „Zentrale“ in Witten, Gedanken zu Plänen und Veränderungen, Fürbitten und Dank sowie Personalia der Mitglieder.
Neben diesen periodischen Veröffentlichungen fällt bei Bedarf die Herausgabe von neuen oder überarbeiteten Prospekten für die Patienten, die Mitarbeiter, die Besucher und Gäste sowie für die Ausbildungsgänge der Schulen an.
Ein freundlicher und kollegialer Umgang mit Redakteuren und Fotografen der sog. Printmedien zahlt sich immer aus, vor allem wenn besondere Wünsche herangetragen werden sollen. Zum anderen ist es unerläßlich, den Rücklauf von Texten zu kontrollieren, d. h., die Artikel und möglichst die Originalfotos müssen archiviert werden. Für die eigenen Veröffentlichungen gilt: Eine gute „Autorenpflege“ muß stets betrieben werden, damit z. B. „Der Samariter“ zum Redaktionsschluß genügend Manuskripte hat und seine Ausgaben abwechslungsreich die Vielfalt innerhalb des Werkes aufzeigen können.
Die Pressearbeit bezieht sich nicht nur auf die Zeitungen. In zunehmendem Maße werden Informationen des Diakoniewerkes auch an Rundfunk- und Fernsehredaktionen sowie an Agenturen weitergegeben. Resultat waren im Jahr 1989 beispielsweise ein Bericht über unsere „Dienefreizeit“ in einer Jugendsendung von WDR 1 oder ein Bericht über die Arbeit unseres kleinen Hausmuseums im Radio Südwestfalen. Schließlich zeigte das Dritte Fernsehprogramm des Westdeutschen Rundfunks in der „Aktuellen Stunde“ einen Bericht über die Arbeit von Schwesternschaft und Mutterhaus.
Im Zuge der neuen Lokalfunkstationen in Nordrhein-Westfalen wird eine neue Möglichkeit der Kommunikation genutzt werden müssen, das gilt vor allem für unsere Schulen. Ein eigenes Radio unterhält das Diakoniewerk übrigens schon seit November 1976: Zweimal pro Woche sendet der Krankenhausfunk Witten ein Wunschkonzert für die Patienten. Die Übertragungsmöglichkeit wird auch mit Hilfe einer Video-Kamera genutzt. So werden Andachten, Gottesdienste, Konzerte und Festversammlungen aus der Krankenhauskapelle in die Krankenzimmer und die Feierabendhäuser übertragen.
Das zweite Standbein dieses Bereiches ist die direkte, persönliche Öffentlichkeitsarbeit, die ohne außenstehende technische Mittler auskommt. Dazu gehören zunächst die großen Feste und Treffen im Diakoniewerk wie das Jahresfest und der Basar, die Konvente und die Jubiläen, die vorbereitet, durchgeführt und ausgewertet werden müssen. Anlaß, Programmangebote, ungezwungene Gesprächsmöglichkeiten und die Atmosphäre des Tages sind ausschlaggebend für den Erfolg.
Bei Führungen kann Interessenten die Arbeit des Diakoniewerkes ganz gezielt geschildert werden. Eine „Standardführung“ dauert drei Stunden. Sie beginnt um 14.30 Uhr mit einem gemütlichen Kaffeetrinken im Lukas-Zentrum, an das sich mündliche Informationen oder eine globale Diaserie über unsere Arbeit in Vergangenheit und Gegenwart anschließt. Danach werden das „Schaufenster für Haus- und Gemeindepflege“ und das „Museum“ besucht. Gegebenenfalls schließt sich ein Einblick in das Feierabendhaus oder ein Rundgang im

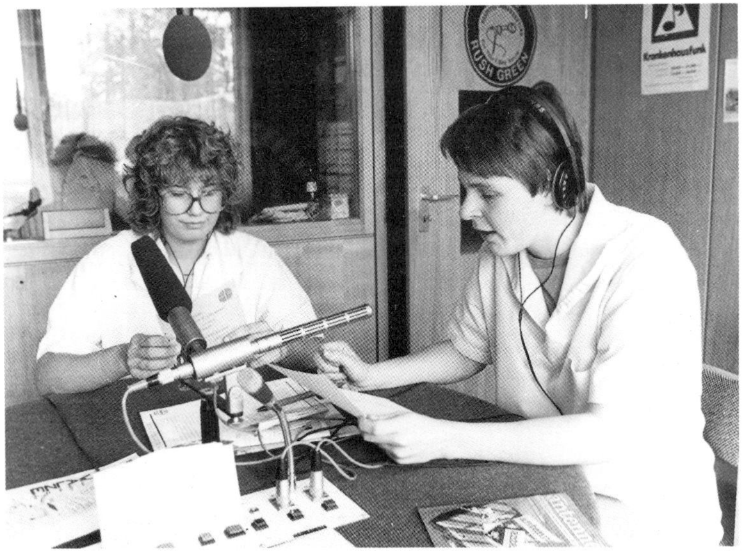

265. Tonstudio des Krankenhausfunks im Diakoniewerk Ruhr-Witten, Foto 1986

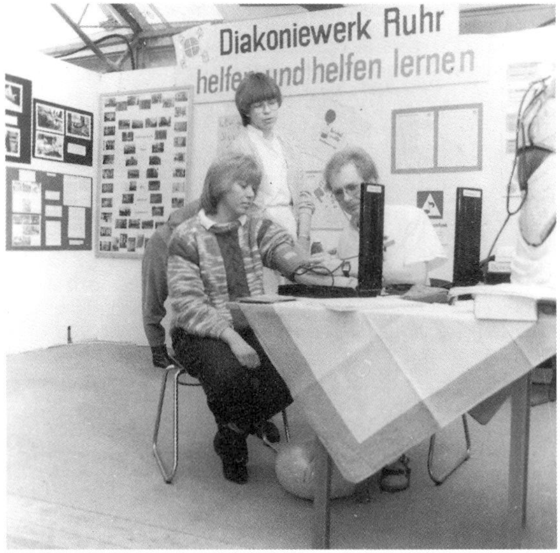

266. Ausstellung des Diakoniewerkes Ruhr-Witten auf der Verbrauchermesse „Witten ruft“, Foto 1986

267. Besuchergruppe aus Kursk/UdSSR vor dem Evangelischen Krankenhaus, Foto 1990

268. Weihnachtsbasar im Evangelischen Krankenhaus, Foto 1988

Schwesternpark an. Kamen zu solch einer „Standardführung" früher etwa 50 Personen aus Frauenhilfen, so werden heute jeweils nur Gruppen von 30 Gästen betreut, damit für beide Seiten der Besuch ertragreicher wird.
Neben den Frauenhilfen und Bezirksfrauen aus befreundeten Kirchengemeinden sollen in Zukunft verstärkt kirchliche Jugendgruppen, Konfirmationsgruppen, Schulklassen, Elternkreise und Heimatvereine eingeladen werden.
Spontane Führungen für Gäste und Tagungsgruppen werden stets angeboten, so können selbst in wenig zur Verfügung stehender Zeit bei einem Rundgang oder einem Gespräch gezielt Informationen vermittelt werden.
Auch die Mitglieder unseres Kreises der Freunde und Förderer begleiten mit Fürbitten und Zuwendungen die Arbeit des Diakoniewerkes. Sie sind für die Öffentlichkeitsarbeit ganz wichtige Multiplikatoren. Der 1980 gegründete Kreis hat rd. 400 Mitglieder, einige davon sind korporative wie Presbyterien, Frauenhilfen und Chöre. Der Freundeskreis trifft sich einmal jährlich im Lukas-Zentrum. Der Leitungskreis berät dreimal jährlich über die Vergabe von Spenden an Projekte des Diakoniewerkes. Beim Jahresfest und beim Basar helfen „Freundinnen und Freunde" stets mit.
„Nach draußen" geht die Öffentlichkeitsarbeit des Diakoniewerkes zur Zeit selten. Mit einem Infostand war sie bisher bei Gemeindefesten, bei Diakonietagen und bei der Verbraucherausstellung „Witten ruft" vertreten. Beim Deutschen Evangelischen Kirchentag 1991 werden wir auf dem „Markt der Möglichkeiten" dabei sein. Für solche Zwecke ist ein System von fünf zweiseitigen Ausstellungswänden entwickelt worden, auf denen das Diakoniewerk präsentiert wird. Die komplette Ausstellungseinheit unter dem Motto „Helfen und helfen lernen" kann kostenlos ausgeliehen werden, ebenso eine Mappe mit vier meditativen Dia-Serien. Hierin werden je zwei Mitglieder von Diakoniegemeinschaft und Martineumsgemeinschaft in ihrer diakonischen Arbeit eindrucksvoll dargestellt.
Daß die Öffentlichkeitsarbeit ausgeweitet werden soll, ist bereits in den obigen Zeilen angeklungen. Besonders die Ausbildungsgänge im Diakoniewerk sollen stärker publik gemacht werden, damit das Interesse für kirchlich-soziale Berufe wieder geweckt wird. Dabei können vor allem die Mitglieder von Diakoniegemeinschaft und Martineumsgemeinschaft sowie der Freundeskreis, befreundete Gemeinden und ehemalige Schülerinnen und Schüler dem Diakoniewerk sehr behilflich sein. Das wird auch mehr „Außenarbeit" in Zukunft bedeuten. Schließlich sind Einführungstage für neue Mitarbeiter des Diakoniewerkes geplant, damit sie mehr vom Auftrag dieser evangelischen Stiftung erfahren.
Alle diese Bemühungen stehen unter dem Leitgedanken, daß die Öffentlichkeitsarbeit einer diakonischen Einrichtung nichts verbergen will. Sie wendet sich sowohl an kirchliche als auch staatliche Stellen, gibt Informationen an Freunde und Bekannte weiter, und sie freut sich über jeden neuen Interessenten. Unsere Öffentlichkeitsarbeit will nicht übertreiben und nichts beschönigen. Probleme und Sorgen werden genannt. Über das Gute, das man hier tut, wird berichtet, damit deutlich wird, daß das Diakoniewerk Ruhr-Witten nicht um seiner selbst willen diakonische Arbeit leistet.

Michael Winkler

Ausbildungsangebote im Diakoniewerk Ruhr-Witten

	Krankenschwester/ -pfleger	**Altenpflegerin/ -pfleger**	**Erzieherin/Erzieher**
Voraus-setzungen	Mittlerer Bildungsabschluß Vollendung des 17. Lebensjahres Gesundheitliche Eignung	Fachoberschulreife Hauptschulabschluß + 2jährige Berufsausbildung oder 2jährige fachbezogene Tätigkeit oder 3jährige Tätigkeit	Fachoberschulreife + einjährige soz.-päd. Tätigkeit Fachoberschulreife + Besuch der einjährigen Berufsfachschule Abschluß der 2jährigen Berufs-fachschule
Ausbildungs-beginn	1. Oktober davor: diakonischer Vorkurs	1. Oktober	1. Schultag nach den Sommerferien
Ausbildungs-gang und -dauer	3 Jahre a) praktische Ausbildung b) theoretische Ausbildung (Unterrichtsblöcke und -tage) Mindeststundenzahl: 1600	3 Jahre a) 2 Lehrgangsjahre Mindeststundenzahl: 1800 Stunden Theorie 1200 Stunden fachprakti-scher Unterricht b) 1jähriges Berufspraktikum	1. Jahr: Grundausbildung in Behinder-ten-, Elementar- und Freizeit-pädagogik 2. Jahr: Erweiterung der Grundausbil-dung und in 3 Fächern Wahl eines Vertiefungsbereiches 3. Jahr: 1jähriges Berufspraktikum
Abschluß	staatl. Krankenpflegeprüfung Anerkennung als Kranken-schwester/-pfleger	nach a): Abschlußprüfung nach b): staatl. Anerkennung als Altenpfleger/-in	Erzieher/-in
Weiter-bildung Anstellungsmög-lichkeiten	Fachkrankenschwester/-pfleger für Anästhesie und Intensiv-pflege, für OP-Bereich und Ge-meindekrankenpflege Abteilungsschwester/-pfleger Unterrichtsschwester/-pfleger Pflegedienstleistung	Stationsleitung Heimleitung Unterrichtstätigkeit in Pflege-schulen Mitarbeit in Einrichtungen der Geriatrie oder Gerontologie	Zusatzausbildung als staatl. gepr. Heilpädagoge Musisch-pädagogische Zusatz-ausbildung Werklehrer Montessori-Erzieher Altentherapeut Fachlehrer an Sonderschulen Studium an der Fachhoch-schule für Sozialpädagogik (nach Abschluß der Klasse 12 FOS)

Diakonin/Diakon	**Diakonisse**	**Pflegevorschule**
Mittlerer Bildungsabschluß mit mindestens befriedigenden Leistungen Mindestalter: 18. Jahre	Abgeschlossene Berufsausbildung im sozialen, pflegerischen, pädagogischen Bereich Gemeinschaftswillen und Engagement	Hauptschulabschluß, Klasse 10a oder 9 (erfüllte Vollzeitschulpflicht) Fachoberschulreife
1. Oktober (1. August)	verschiedene Kurstermine	1. Schultag nach den Sommerferien
Zusammenarbeit mit – Fachseminar Altenpflege – Martineum (Ausbildungsstätte für Diakone/-innen) 4. Jahr: im Ev. Krankenhaus 5. Jahr: Theologischer Oberkurs	2 Jahre 10 theoret. Blöcke à 2 Wochen, dazwischen Studienbriefe	a) 2 Jahre 2080 Stunden Theorie 1200 Stunden Praxis b) 1 Jahr 960 Stunden Theorie/ 700 Stunden Praxis
Diakon/-in Altenpflegediakon/-in Krankenpflegediakon/-in	Diakonisse	Pflegevorschulabschluß Zusatzprüfung zur Fachoberschulreife möglich
		Krankenschwester Kinderkrankenschwester, Krankenpflegehelfer/-in Altenpfleger/-in Arzthelferin Erzieher/-in Hauswirtschaftler/-in Krankengymnast/-in

RAINER SCHMITT

Das Mutterhaus als diakonisch-missionarisches Zentrum für die Gemeinde

„Geschichtliche Rückblicke unterliegen der Gefahr der Verklärung, Geschichte allein verbürgt nicht die Existenz heute“ (Heinz Wagner)

Dieser Feststellung möchte man hinzufügen: ... geschweige denn morgen!

Auf dieses Heute, mehr aber noch auf das Morgen richten sich die folgenden Ausführungen. Sie stehen am Ende einer ganzen Reihe von Beiträgen zur Geschichte unseres Wittener Mutterhauses, die einbezogen ist in die Geschichte der Kaiserswerther Mutterhaus-Diakonie ingesamt. Auch verschiedene damit verbundene gesamtkirchliche und theologische Perspektiven sind aufgezeigt worden. Was da im geschichtlichen Rückblick an wesentlichen Aufgaben und Anforderungen, an Erkenntnissen, Entscheidungen und Erfahrungen aufgedeckt worden ist, soll aufgenommen werden unter der Frage, wie es Gestalt gewonnen hat in der Gegenwart unseres Mutterhauses und wie es sich fortschreiben läßt in die Zukunft.

Insoweit erinnert dieser abschließende Beitrag an manches, was in den einzelnen Kapiteln ausgeführt wurde; er kann sich in vielem kurz fassen; er möchte auch kein geschlossenes Programm für das „Mutterhaus der Zukunft“ entwerfen, sondern Fragen stellen, Denkanstöße geben, Perspektiven aufzeigen, das, was bereits ausgeführt wurde, und das, was schon getan wird, in größere Zusammenhänge stellen und fester verankern.

In der Kaiserswerther Mutterhaus-Diakonie ist das Mutterhaus Mittelpunkt des Lebens der Diakoniegemeinschaft. In welchem Sinn kann heute und soll auch künftig noch von „Mittelpunkt“ gesprochen werden? Welche Aufgaben erwachsen dem Mutterhaus aus seinem Ursprung, seinem Auftrag und seiner Geschichte heute und für morgen, und wie kann es diesen Aufgaben weiterhin gerecht werden?

Welche Aufgaben werden dem Mutterhaus durch die aktuelle Situation von Kirche und Diakonie allgemein und speziell von den Gemeinden gestellt?

Worin könnte die Mittelpunktfunktion des Mutterhauses für die Gemeinden bestehen, und wie könnte sie sich auf die Gemeinden auswirken?

Warum und in welchem Maße ist diese Funktion eine diakonisch-missionarische und muß sie eine solche bleiben?

Braucht die Gemeinde überhaupt ein solches Zentrum?

Bevor diesen Fragen im einzelnen und mit Blick auf unser Mutterhaus nachgegangen werden soll, seien zwei damit ursprungshaft zusammenhängende Überlegungen vorgeschaltet:

1. Wie läßt sich der diakonisch-missionarische Auftrag biblisch begründen?
2. In welcher Weise sind Mutterhaus und Gemeinde aufeinander bezogen?

Der biblische Ansatz

In den Ordnungen diakonischer Einrichtungen werden zur Begründung der Diakonie, zum Auftrag diakonischer Gemeinschaften und so auch zur Bestimmung dessen, was das Mutterhaus ist und was hier geschieht, Bibelstellen, insbesondere aus dem Neuen Testament, zitiert: Markus 10,45; Matthäus 25,31-46; 1. Korinther 12,4-11.12-31; 1. Petrus 4,10. Wenig beachtet wird eine Bibelstelle, in der das diakonische und das missionarische Element fest miteinander verknüpft sind: *Jesaja 42,1-4*. Sie ist in vielsagender Weise *aufgenommen in Matthäus 12,9-21.*

Der hier genannte Gottesknecht ist uns namentlich nicht bekannt; wir wissen auch nicht sicher, ob es sich um eine in der Zeit der Babylonischen Gefangenschaft des Volkes Israel lebende oder um eine für die Zukunft verheißene Person handelt. Wir wissen noch nicht einmal genau, ob es sich überhaupt um eine Einzelperson oder eine Gruppe oder gar das Volk Israel als ganzes handelt. Auch die übrigen Texte, die von diesem Gottesknecht handeln (Jesaja 49,1-6; 50,4-9 und 52,13-53,12), lassen uns in mancher Ungewißheit.
Eindeutig indes ist seine Mission: Er soll die Wahrheit Gottes, sein Recht und sein Heil unter die Völker bringen – bis an die Enden der Erde! Eine universale Mission, die in der Verkündigung des einen Gottes besteht, der der Schöpfer der Welt, der Herr der Geschichte und der Heiland der Menschen ist und als dieser Eine allein göttliche Verehrung beansprucht.
Wie der Gottesknecht diese Mission, diesen Auftrag ausführt, wird in Bildern eindrucksvoll beschrieben:
„Das geknickte Rohr wird er nicht zerbrechen, und den glimmenden Docht wird er nicht auslöschen. In Treue trägt er das Recht hinaus“ (42,3).
Menschen, die zu nichts mehr nütze sind, die am Rande stehen und am Ende ihrer Möglichkeiten, über die das Todesurteil gesprochen ist, die nur noch der Hilfe und des Trostes bedürfen, weil sie Beifall und Anerkennung nicht mehr finden, solchen Menschen gibt der Gottesknecht neuen Mut, neue Kraft, neues Geltungsbewußtsein, neues Leben. In solchem diakonischen Umgang bezeugt er Gottes Wahrheit, richtet er Gottes Recht auf, verwirklicht er Gottes Heil. In solcher Diakonie vollzieht er seine Mission, seine Sendung und seinen Auftrag. Und daran hat Gott Wohlgefallen.
Kein Wunder, daß die Gestalt dieses Gottesknechts im Neuen Testament mit Jesus Christus in Verbindung gebracht wird, und zwar so, daß mit Hilfe der als Verheißung gedeuteten Gottesknechts-Aussagen die Bedeutung des Redens und Handelns, insbesondere auch des Leidens und Sterbens Jesu bezeugt wird. So geht die alttestamentliche Verheißung in ihm in Erfüllung.
In diesem Sinn hat z. B. Matthäus an eine Heilungsgeschichte und eine zusammenfassende Notiz über Jesu Wirken das ausführliche Zitat von Jesaja 42,1-4 angefügt, um damit Grundlegendes, Elementares über Person und Wirken Jesu auszusagen – und dies in deutlicher Frontstellung gegen die, welche Jesus – und den Glauben der Christen ablehn(t)en (12,9-21): Jesus ist Gottes Auserwählter, von ihm geliebt, beauftragt und mit seinem Geist begabt. Was er tut, entspricht Gottes Willen und Auftrag und steht unter seinem Wohlgefallen.
Stärker als bei den anderen Evangelisten ist bei Matthäus ein belehrend-unterweisender Grundzug in der Darstellung Jesu zu erkennen: Jesus auch als Lehrer und Vorbild für die christliche Gemeinde. Seine Diakonie ist Verwirklichung seiner Mission, in ihm sind Diakonie und Mission untrennbar, sie sind die Doppelform seiner Verkündigung: des Evangeliums, das er verkündete in Wort und Tat, wie auch der Botschaft, die ihn bezeugt. So wie im Zeugnis Jesu das diakonische und missionarische Element untrennbar miteinander verbunden sind, so soll es auch im Dienst seiner Jünger sein. So beauftragt sie der Auferstandene:
„Wie mich der Vater gesandt hat, so sende ich euch“ (Johannes 20,21).
Darin wird auch deutlich, daß Diakonie keine Nebensache, kein historisch zufälliges Spezialgebiet kirchlichen Tuns und christlicher Existenz ist, sondern ein Wesensmerkmal. In dem, was „Jesu Sache“ war, in Jesu Diakonat und Sendung in ihrer Einheit gründen auch die Art und Weise, wie wir ihn bezeugen sollen: In der Diakonie, als dienende Kirche, als dienende Menschen sollen wir seine Zeugen sein.
Darum ist auch heute und erst recht morgen die Besinnung auf das, was das Neue Testament „Diakonie“ nennt, unverzichtbar und wegweisend. Die

Präambeln und biblischen Leitworte in den Ordnungen unserer diakonischen Gemeinschaften und Ämter haben keinen Sinn als fromme Verzierungen (oder gar Vernebelungen?) eines ansonsten sehr säkularen Tuns, sondern sie haben Sinn nur dann, wenn sie unser Denken und Handeln inspirieren, prägen und unverwechselbar gestalten.
Das ist biblisch-theologisch konsequent – und vielleicht gerade deshalb leicht gesagt. Aber werden wir uns auch der Tragweite und der Konsequenzen (immer) bewußt?

Mutterhaus und Gemeinde als Bezugsgrößen

In der Themastellung werden Mutterhaus und Gemeinde (im Sinn des Sammelbegriffs für Gemeinden) aufeinander bezogen. Das läßt fragen, was Mutterhaus und Gemeinde theologisch, geschichtlich, in der gegenwärtigen Situation und möglicherweise in der Zukunft der Kirche miteinander zu tun haben. Beide werden verbunden durch die Klammer „diakonisch-missionarisches Zentrum". Die Bezüge, die hier als geschichtliche Tatsache und als aktuelle Anfrage, als Erwartung und Notwendigkeit angesprochen sind, sollen ein wenig aufgehellt werden. Dabei sind die biblisch-theologischen Grundlegungen im Auge zu behalten.
In der Rahmenordnung der Kaiserswerther Generalkonferenz von 1971 wird die Mutterhaus-Diakonie als *eine* Form des Dienstes beschrieben, in der die Kirche an der Diakonie Jesu Christi Anteil hat (RO I,2); ähnlich in den Leitlinien zum Diakonat der Diakonischen Konferenz von 1975, wo die Gemeinschaft als „eine Form evangelischen Lebens in der Einheit von Anbetung, Zeugnis und Dienst" beschrieben wird (3.3.1). Solche Formen sind, wie die geschichtliche Entwicklung bezeugt, nicht unveränderbar – bei allem Segen, der durch sie geschenkt worden ist. „Wagende Schritte" seit der Theologischen Konferenz in Freudenstadt (1968) führten nach tiefgreifenden vorangegangenen Diskussionen über Prinzipien und Lebensstil der Mutterhaus-Diakonie zu sehr unterschiedlichen Ausprägungen und größerer Eigenständigkeit der einzelnen Mutterhäuser, in denen sich die Kaiserswerther Mutterhaus-Diakonie gegenwärtig darstellt, aber mit dem Versprechen, trotz allem beieinander zu bleiben.
Von Anfang an war sie Gemeinde-Diakonie, erwachsen aus den Anforderungen, die aus der Gemeinde kamen, und ausgerichtet auf die Gemeinde –, auch wenn sie prinzipiell offen ist für alle, unbeschadet ihrer weltanschaulichen und religiösen Beheimatung und Ausrichtung. Da in der Gemeinde vor Ort Kirche konkret wird unter den jeweiligen geschichtlichen, persönlichen, strukturellen und geistlichen Bedingungen und Möglichkeiten, konnte sich Mutterhaus-Diakonie als Gemeinde-Diakonie stets auch allgemein als Dienst der Kirche verstehen. Entstanden als Antwort auf die wirtschaftlichen, gesellschaftlichen und geistigen Herausforderungen der beginnenden Industrialisierung, die die Kirche als ganze in der ersten Hälfte des 19. Jahrhunderts betrafen, blieb Mutterhaus-Diakonie bis heute durch immer neue übergreifende Herausforderungen, Nöte und Erwartungen mit der Kirche verbunden, auch in einem wechselseitigen Voneinander-Nehmen und Aufeinander-angewiesen-Sein.
Diese ursprünglichen, wechselseitigen Verbindungen haben die Mitglieder der Mutterhaus-Gemeinschaft, die Diakonissen, ihren Dienst als Amt (in) der Kirche verstehen lassen, für das sie „berufen, eingesegnet und beauftragt" worden sind (RO II, 2a). Mit der Einsegnung übernehmen sie dieses Amt. Es war naheliegend, daß hier die Frage der Einsegnung „im Auftrag der Kirche" aufkam. Nach jahrelangen Diskussionen hat 1989 die Konferenz der Mutterhäuser in Westfalen und Lippe einer befürwortenden Vorlage zugestimmt und die Zustimmung der Leitung der Evangelischen Kirche von Westfalen erbeten. Diese ist auf der Sitzung der

Kirchenleitung am 17./18. Januar 1990 erfolgt. Die Vorlage trägt der Verbundenheit von Mutterhaus-Diakonie und Kirche Rechnung und bewahrt zugleich die Selbständigkeit und eigene Verantwortung der Mutterhäuser.

Geschieht so Mutterhaus-Diakonie *in* der Kirche und *für* die Kirche, kommen zudem die Mitglieder der Diakoniegemeinschaft *aus* der Kirche, konkret: aus den Kirchen-Gemeinden, dann hat das Mutterhaus nicht beiläufig, sondern wesenhaft und auftragsgemäß und notwendig teil am Leben der Gemeinde mit all seinen positiven und negativen Äußerungen. Mitarbeiter/innen der Diakonie kommen aus den Gemeinden, sind motiviert und geprägt durch das, was sie da erfahren und gelernt haben. Andererseits gibt das Mutterhaus in die Gemeinden hinein, was hier geschieht an Informationen, Ausbildung, geistiger und geistlicher Prägung, in der Hoffnung, dies möge sich auswirken und zurückwirken und so dazu beitragen, daß zumindest die in vielen Gemeinden nahezu unbekannte Form der Mutterhaus-Diakonie die ihr gebührende Beachtung und Unterstützung finde, vor allem aber Diakonie vor Ort geübt werde. Wie also das Mutterhaus angewiesen ist auf Werbung und Unterstützung durch die Gemeinde, so möchte es seinerseits Impulse und Hilfe geben für diakonische Arbeit vor Ort. Diese Wechselbeziehung kann besonders da wirksam werden, wo Mitglieder der Diakoniegemeinschaft in Gemeinden tätig sind.

Daß Mutterhaus und Gemeinde – unbeschadet aller Eigenständigkeit in Geschichte, Struktur und Arbeitsschwerpunkten – eng *mit*einander verbunden, *auf*einander angewiesen und *für*einander da sind und so gleichsam in einem Boot sitzen, läßt sich auch an anderen Beobachtungen verdeutlichen:

– Sie sind verbunden durch die gemeinsame geistliche Grundlage in der Verkündigung des Evangeliums, aus der Glaube und Diakonie erwachsen. Insofern ist, wie Glaube und Gemeinde, auch Diakonie eine „creatura verbi“ – ein Geschöpf des Wortes Gottes, das diesem Wort nicht nur seinen Ursprung, sondern auch seine Lebenskraft verdankt
– Das Mutterhaus im Sinne der hier lebenden Gemeinschaft und der hier betriebenen diakonischen Arbeit hat teil an dem Auftrag, der der Kirche in ihren einzelnen Gemeinden vom Evangelium her gegeben ist: Gottes Liebe zu bezeugen im Wort und in der Tat, in Mission und Diakonie. Die Formen, in denen dieser Auftrag ausgeführt wird, mögen hier und da verschieden sein, aber Grund und Zielsetzung sind gleich, wie sich an den gemeinsamen Aufgaben, z. B. in der Pflege und Begleitung von Alten, Kranken, Sterbenden und Trauernden, zeigt
– Darum hat das Mutterhaus auch Anteil an allen Schwächen, Versäumnissen, Gefährdungen und Schwierigkeiten, aber auch an allen geistlichen Aufbrüchen, ermutigenden Lebensäußerungen und Hoffnungen der Gemeinde: „Die Diakonissensache trägt wie die Diakonie überhaupt die Freuden und Lasten ihrer Kirche unübersehbar auf ihrem Gesicht“ (Nathan Söderblom)
– Das Mutterhaus ist in dieselben geistigen Auseinandersetzungen gestellt wie die Kirche und ihre Gemeinden. Es hat seine Mitglieder zu befähigen, vor Ort diese Auseinandersetzungen zu bestehen und Glaube und diakonischen Auftrag dort zu bewähren
– Mutterhaus, Gemeinde und Kirche stehen immer wieder in der Gefahr, durch Anpassungen an den Zeitgeist das biblisch-reformatorische Fundament ihres Seins und Handelns zu vergessen. Die hier leicht möglichen Verirrungen und Defizite in Verkündigung und Ausbildung haben Auswirkungen auf Leben und Dienst des Mutterhauses, die auf das Leben der Gemeinde ausstrahlen
– Mutterhaus und Gemeinde sind außerdem dadurch miteinander verbunden, daß ihre Mitglieder oft eine feste Einbindung und Mitarbeit in

der Gemeinde bzw. Gemeinschaft vermissen lassen. Berufliche Belastungen, familiäre Anforderungen, Freizeitangebote und private Verpflichtungen schmälern Zeit und Interesse an der Mitgestaltung des Lebens der Gemeinschaft

- Wie die Krise der Kirche auch die Krise des Mutterhauses ist – und umgekehrt, so auch die Hoffnung auf gemeinsame und wechselseitige Erneuerung: Eine Belebung der (Mutterhaus-)Diakonie wird sich auswirken auf die Erneuerung des Gemeindelebens, geistliche Aufbrüche und Belebung in der Gemeinde werden auf die Diakonie zurückwirken. Für beide kann es solche Hoffnung auf Aufbruch und Belebung freilich nur geben durch neues Wirken des Wortes und des Geistes Gottes. Das können Menschen nicht bewirken; darum können wir nur beten und, wenn es geschieht, dafür danken
- Gelegentlich mag auch der Eindruck entstehen, als wären Mutterhaus und Gemeinde durch ihre Betriebsamkeit und die darunter verborgene Resignation, mangelnde Auftragsgewißheit und fehlende geistliche Klarheit miteinander verbunden. Deshalb gilt beiden immer neu die Einladung zur Besinnung auf ihre gemeinsame Mitte: auf „Christus, die Mitte“, wie das Thema der 34. Kaiserswerther Generalkonferenz 1989 in Magdeburg lautete.

Von hier aus – und *nur* von hier aus – kann auch bestimmt werden, was es heißen mag: Das Mutterhaus ist ein „Zentrum“ für die Gemeinde, was es also inhaltlich und konkret bedeutet, wenn das Mutterhaus in der Rahmenordnung eine „Stätte der Sammlung und Sendung, Bildung und Weiterbildung für diakonische Aufgaben“ (RO II,2) genannt wird, in der es um die Einheit von Glaubens-, Lebens- und Dienstgemeinschaft geht.

Von einem „Zentrum“ soll etwas ausstrahlen, das Aufmerksamkeit erregt und zur Ausrichtung und Nachahmung anregt. Es sollen Wirkungen von ihm ausgehen. Das Mutterhaus soll gemäß seinem geistlichen Auftrag und in Übereinstimmung mit seinem geschichtlichen Ursprung nicht für sich bleiben, geschweige denn sich abkapseln, sondern darin der Gemeinde dienen und für die Gemeinde Zentrum sein, daß hier zur Diakonie im Namen Jesu ermutigt, befähigt und in solcher Diakonie begleitet wird.

Ob dafür das Leben im Mutterhaus *Modell*-Charakter haben kann? Worin würde er konkret bestehen, und wie ließe sich dieses Modell in die Gemeinde übertragen? Läßt sich hier – wie? – verwirklichen, was Lebensmodell jedes Christen und deshalb auch Lebensmodell der Gemeinde ist: Dienst für Christus – Dienst für die Hilfsbedürftigen – Dienst füreinander, wie es Theodor Fliedner von der Diakoniegemeinschaft seiner Mutterhäuser (übrigens in struktureller Analogie zu biblischen Zeugnissen wie etwa Jeremia 7,1-7!) sagte? Ließe sich so durch Gottesdienst, durch verbindliches Leben, durch Aus-, Fort- und Weiterbildung darstellen, was Christ-Sein und deshalb auch Gemeinde-Sein bedeutet?

Und könnte in solchem Modell-Sein das Mutterhaus zu einer Herausforderung für die Gemeinde werden? Eine Herausforderung aus dem diakonisch-missionarischen Auftrag heraus und in die aktuelle Situation der Kirche hinein? Aber wie soll diese Herausforderung geschehen? Soll der Gemeinde der Spiegel der neutestamentlichen Dienstanweisung vorgehalten werden? Sollen ihr damit Vorwürfe gemacht, Defizite aufgezeigt, Impulse gegeben oder Wege gewiesen werden? Und wie kann Gemeinde solche Herausforderungen erkennen, wenn das Mutterhaus im Bewußtsein vieler Gemeinden gar nicht vorkommt oder nur eine Randerscheinung ist?

Wie immer hier die Antworten lauten mögen, zweierlei ist dem Mutterhaus von seinem Ursprung und Dienstauftrag her versagt:

- die Idealisierung des eigenen Lebens und elitäres Denken

- Betriebsblindheit in dem Sinne, daß im Drehen um Binnenprobleme das Leben der Gemeinde und die Gesamtsituation der Kirche aus dem Blick geraten.

Nüchternheit und Offenheit sind hier gleichermaßen geboten: Nüchternheit eingedenk mancher Unzulänglichkeiten und Probleme, die auch das Leben des Mutterhauses kennzeichnen; Nüchternheit ferner im Blick auf die Möglichkeiten, die dem Mutterhaus in seiner Wirkung auf Gemeinde gegeben sind. Programme helfen hier, wie im Gemeindeaufbau insgesamt, letztlich weniger, als manchen Vordenkern und Aktivisten in der Kirche lieb sein mag. Und Offenheit gegenüber den Anforderungen und Gefährdungen, denen Kirche auf allen Feldern ausgesetzt ist. Und in beidem, der Nüchternheit und der Offenheit, vor allem das Vertrauen auf die Zusage Gottes: Ich will mit dir sein, und mein Wort kommt nicht leer zurück.

Mutterhaus – Diakonisch-Missionarisches Zentrum

Die Frage, wie das Mutterhaus bzw. die hier lebende Diakoniegemeinschaft diakonisch-missionarisches Zentrum für die Gemeinde sein kann, muß in den sich ändernden Zeiten immer neu konkret beantwortet werden, auch wenn es ein vom Auftrag der Diakonie vorgegebenes Kontinuum gibt. Mit Blick auf unser Wittener Mutterhaus, das hierin mit vielen anderen verbunden ist, soll diese Antwort in vierfacher Hinsicht versucht werden:

- Gottesdienst und Seelsorge
- Verbindliches Leben
- Aus-, Fort- und Weiterbildung
- Öffentlichkeitsarbeit

Dabei ist es hilfreich, den in der Ordnung unserer Diakoniegemeinschaft abgesteckten Rahmen zu beachten: Die Gemeinschaft fühlt sich „verantwortlich für eine diakonisch-geistliche Prägung in den Einrichtungen des Diakoniewerkes Ruhr-Witten sowie in den Arbeitsfeldern ihrer Mitglieder“. Und wie wird sie dieser Verantwortung gerecht? „Sie bietet Gemeinschaft an, sorgt für eine zeitgemäße (und wie die neue Satzung des Diakoniewerkes Ruhr-Witten hinzufügt: auftragsgemäße) Aus-, Fort- und Weiterbildung und begleitet ihre Mitglieder in seelsorgerlichen, persönlichen und dienstlichen Fragen“ (I,3). In diesen Aufgabenfeldern weiß sich unsere Diakoniegemeinschaft verbunden mit der Evangelischen Martineumsgemeinschaft. In dieser Ausrichtung ihrer Arbeit weiß sich unsere Diakoniegemeinschaft auch verbunden mit den übrigen Mutterhäusern des Kaiserswerther Verbandes und dem Diakonischen Werk der Evangelischen Kirche von Westfalen, wie deren Rahmenordnung bzw. Präambel ausweisen.

Gottesdienst und Seelsorge

Die Mutterhaus-Diakonie ist gottesdienstlich verankert und gemeindebezogen, und in beidem hat sie geistliche Dimensionen. Sowenig wie zum Glauben und in die Gemeinde wird ein Mensch zur Diakonie *geboren,* er wird durch das Evangelium dazu *berufen.* Der Gottesdienst soll stets daran erinnern, wovon Glaube, Gemeinde und Diakonie in Wahrheit leben.

Im Gottesdienst wird vergegenwärtigt, daß vor aller menschlichen Diakonie, vor all unserem Dienen und Dasein für andere Gottes Dienst an uns steht. Gottesdienst heißt zuallererst: Gott dient uns; erst die Antwort darauf ist unser Gottesdienst. In diesem Dasein Gottes für uns in Jesus Christus ist alles getan, was uns im Leben und im Sterben nottut. Vor unserer Liebestätigkeit steht, begründend, befreiend und stärkend, das Geschenk des Glaubens und der Gemeinschaft unter Gottes Wort und Sakrament. Wo wir dies ernst nehmen, sind wir bewahrt vor Überheblichkeit, vor Resignation und vor frommer Werkerei, durch die wir uns – auch in der Diakonie – vor Gott und Menschen rechtfertigen müßten.

Wie für die christliche Gemeinde allgemein, so gilt für das Leben des Mutterhauses: Der Gottesdienst muß im Zentrum stehen. Das Mutterhaus wird eine diakonisch-missionarische Zentrumsfunktion nur dann haben, wenn das, was hier geschieht, seine Kraft und Ausrichtung immer neu aus dem Gottesdienst bezieht. Für das Mutterhaus als diakonisch-missionarisches Zentrum ist dies in der Tat die wesentliche Frage, aus deren Beantwortung sich alles weitere ergibt: Leiten sich Leben und Arbeiten aus dem Hören des Wortes, aus dem Gottesdienst ab? Ohne solche ursprungshafte Verankerung im Gottesdienst läuft Diakonie Gefahr, sich in soziale Aktivitäten aufzulösen. Solche Aktivitäten sind beileibe nichts Negatives, aber sie reichen an sich nicht aus, die besondere Kontur und Ausrichtung der Diakonie und ihre wesentliche Kraftquelle bewußt zu machen.
Von diesem so im Zentrum stehenden Gottesdienst gilt:

- Nicht wir setzen nach unserem Gutdünken, unseren Bedürfnissen oder angeblichen Notwendigkeiten unserer Zeit den Mittelpunkt, sondern Gott hat ihn schon lange gesetzt: Christus die Mitte (Apostelgeschichte 4,12)
- Nicht wir legen das Fundament für Glaube, Hoffnung und Liebe, sondern es ist schon lange und bleibend gültig gelegt in Christus (1. Korinther 3,11)
- Nicht wir bestimmen den Weg, den Gott zu uns geht und auf dem er seine Gemeinde bauen und zur Diakonie und Mission zurüsten will, sondern wir verlassen uns auf den Weg, den Gott selbst bestimmt hat: Der Glaube kommt aus der Predigt (Römer 10,17), und aus diesem Lebensquell kommt auch der Dienst der Liebe; denn Hörer und Beter sind nicht untätig
- Nicht aus unserer eigenen Kraft tun wir den Dienst, zu dem wir berufen sind, sondern aus der Kraft der Barmherzigkeit, mit der uns Gott immer wieder begegnet (2. Korinther 4,1).

So ergibt sich aus dem schlichten, aber maßgebenden Grundvorgang, daß Gott in Jesus Christus alles Entscheidende für uns getan hat, alles weitere. Im Gottesdienst: im Verkündigen und Hören des Evangeliums, im Singen und Beten, im Bekenntnis unseres Glaubens und unserer Schuld, in der Feier von Taufe und Abendmahl wird uns dieser schlichte, aber maßgebende Grundvorgang immer neu vergegenwärtigt. Er steht unter der Verheißung, die, stellvertretend für viele andere Bibelworte, in Jesaja 55,11 so lautet:
„...so soll das Wort, das aus meinem Munde geht, auch sein: Es wird nicht wieder leer zu mir zurückkommen, sondern wird tun, was mir gefällt, und ihm wird gelingen, wozu ich es sende."
Dabei nimmt der Gottesdienst im Mutterhaus verschiedene Gestalt an und geschieht zu verschiedenen Zeiten und Anlässen: zum Wochenschluß und am Sonntagmorgen, in den täglichen Andachten und wöchentlichen Bibelstunden, in biblischen Besinnungen in den Feierabendhäusern und Abendmahlsfeiern zu besonderen Anlässen (Rüstzeiten, Begegnungswochenenden u. a.), in Schulgottesdiensten, bei Jahresfesten (Jubiläen, Einsegnungen) und Schwesterntagen.
Im gottesdienstlichen Leben hat sich entfaltet und wird sich hoffentlich auch in Zukunft entfalten jene „diakonische Spiritualität" (Horst Seibert), die das Leben und Arbeiten unserer Diakoniegemeinschaft prägt, so daß als ihre Kehrseite eine „spirituelle Diakonie" entsteht, die vom biblischen Ursprung her immer verbunden sein muß mit „missionarischer Diakonie". Solche Diakonie verhilft Menschen zu dem, was heute als Lebenszielbestimmung in aller Munde ist: Selbstverwirklichung. Aber wie? Der ehemalige Präsident des Diakonischen Werks der Evangelischen Kirche in Deutschland, Theodor Schober, hat in einem Aufsatz 1984 ein nicht nur ernstes, sondern für viele möglicherweise auch anstößiges Wort des Psychologen und Philosophen Viktor E. Frankl wiedergegeben, das vor einem fal-

schen Kreisen um das eigene Ich warnt: „Der Rummel um die Selbstverwirklichung ist ein Symptom des Scheiterns, Selbstverwirklichung sucht nur derjenige, der unfähig ist, den Sinn seines Lebens in etwas anderem zu finden als in seinem Egoismus". Es dürfte sich lohnen, dieses Urteil ernsthaft zu bedenken auch im diakonisch-sozialen Arbeitsbereich. Ob hier die Mutterhaus-Diakonie von ihrer geistlichen Begründung her und aus den Erfahrungen ihrer Geschichte nicht noch viel zu sagen hat?

Zum gottesdienstlichen Leben des Mutterhauses gehört auch das Feiern, gehören die Feste. Denn auch das Leben einer Diakoniegemeinschaft erschöpft sich nicht im Einsatz und den von daher zuwachsenden Verpflichtungen und Belastungen. Das „Zerrbild der permanent überarbeiteten Diakonisse" (Wolfgang Höser) ist kein angemessenes Symbol für das Mutterhaus! Lebens- und Dienstgemeinschaft im Mutterhaus ist wohl oft mühselig und belastend durch die, welche in ihrer Mühsal und unter ihren Lasten der Hilfe und der liebevollen Begleitung bedürfen; aber zu dieser Gemeinschaft gehören um des Glaubens und der guten Gebote Gottes willen auch die Freude, das Feiern und der Feierabend.

Zum gottesdienstlichen Leben des Mutterhauses gehört schließlich ganz wesentlich auch die *Seelsorge.* Für alle, die in persönlichen oder beruflichen Fragen der vertrauensvollen und helfenden Begleitung bedurften und bedürfen, war, ist und soll bleiben das Mutterhaus ein geschützter, behüteter Raum, wo Schwestern und Brüder nicht nur zum Gespräch und zur Beratung, sondern auch zum Gebet, zur Gemeinschaft unter Gottes Wort, zur Begleitung, zum Mittragen und stellvertretenden Tragen bereit sind. Hier, wo Menschen abschalten, ausruhen, auftanken, sich motivieren, ermutigen und zurüsten lassen und ein Stück Geborgenheit, Begleitung und guter Ordnung erleben können, kann etwas erkennbar und erfahrbar werden von dem, was man – nicht unbestritten – „heilende Gemeinde" genannt hat; hier kann es erkennbar und erfahrbar werden in größerer Dichte, als es oft im Leben einer Kirchengemeinde geschieht. Auch so kann das Mutterhaus ausstrahlend, werbend und ermutigend wirken.

Verbindliches Leben

Das Leben im Mutterhaus hat seine gestaltende Mitte im Gottesdienst. Von dieser Mitte her geht es um die alles weitere bestimmende Beantwortung der Frage, „ob wir den Ruf zur Diakonie in lebendigem Glauben ergreifen und die Gemeinschaft des Glaubens bewahren und von Herzen weiterbauen" (Wort des Vorstands und Beirats des Kaiserswerther Verbandes 1968). Es geht um das, was in der Mutterhaus-Diakonie unter dem Stichwort „verbindliches Leben" zusammengefaßt wird. Was soll in diesem Stichwort der „Verbindlichkeit" zum Ausdruck kommen?

In der Bibel, der Richtschnur aller Verkündigung und Diakonie, wird die Verbindlichkeit der Zuwendung Gottes zu uns Menschen bezeugt. Beispielsweise unter den Stichworten „Erwählung" und „Bund" oder in seiner Zusage des Mit-Seins wird an zahlreichen Stellen des Alten Testaments von der in seiner Selbstverpflichtung begründeten verläßlichen Zuwendung Gottes zu seinem Volk, zu Einzelgestalten dieses Volkes, aber auch schon zur gesamten Schöpfung und Völkerwelt (vgl. z. B. 1. Mose 8,21-22 und 12,1-3) gesprochen. In Christus sind alle diese Zuwendungen Gottes in Wort und Tat erfüllt, d. h. endgültig in Kraft gesetzt, wie Paulus in 2. Korinther 1,20 schreibt:

„Auf alle Gottesverheißungen ist in ihm das Ja; darum sprechen wir auch durch ihn das Amen, Gott zum Lobe."

In solcher Verbindlichkeit und Verläßlichkeit beweist Gott seine Treue zu sich selbst – und darum auch zu uns. Der aus der Verkündigung erwachsende Glaube nimmt das verbindliche Reden und Handeln Gottes, nimmt seine Treue ernst. Luther pflegte zu sagen: Der Glaube rechnet mit Gott als einem ehrlichen Mann, dem man vertrauen kann, weil er tut und zu dem steht, was er angekündigt hat. Der Glaube nimmt Gott beim Wort: in seinen Heilszusagen, in seinen Geboten, in seinem Auftrag. Er ist darin verbindlich gelebte Antwort auf das verbindliche Wort Gottes.

Da das Hören des Wortes Gottes und die Antwort des Glaubens ein ganz persönliches Geschehen sind, in dem sich kein Mensch von einem anderen vertreten lassen, das er nicht delegieren kann, ist auch die Frage der Verbindlichkeit zuallererst und entscheidend eine Frage an jeden Menschen ganz persönlich, eine persönliche Lebensfrage. Erst dann kann die Frage verbindlicher Gemeinschaft ernsthaft gestellt und beantwortet werden.

Der aus dem Hören des Wortes Gottes geborene Glaube ist weder müßig noch stumm; und deshalb erwachsen aus solchem Glauben nicht nur *verbindliches Leben,* sondern auch *verbindliche Lehre!* Beides ist für eine Diakoniegemeinschaft, zumal wenn einer ihrer Arbeitsschwerpunkte im Bereich der Aus-, Fort- und Weiterbildung liegt, von elementarer Bedeutung. Denn sowenig das diakonisch-missionarische Zeugnis ohne verbindliches Leben glaubwürdig ist, sowenig kann es ohne verbindliche Lehre auskommen. Zu wissen, was wir tun sollen, hängt im Glauben untrennbar mit dem zusammen, was wir wissen können und was wir erhoffen dürfen.

So offen die Mutterhaus-Diakonie zur Kooperation mit allen anderen sozial tätigen Gruppen der Gesellschaft sein soll, so klar muß gerade in solcher Kooperation ihr Heils- und Dienstverständnis sein, das für sie die Wurzel allen sozialen Engagements ist.

Daß es hinsichtlich verbindlicher Lehre erhebliche Defizite in weiten Bereichen unserer Kirche gibt, kann auch die theologisch-diakonische Arbeit im Mutterhaus nicht unberührt lassen. Unverbindlichkeit der Lehre in Verkündigung und Unterweisung, die unter dem Stichwort des Pluralismus zur Beliebigkeit verkommt, entspricht weder Schrift noch Bekenntnis, noch dient sie dem diakonisch-missionarischen Auftrag des Mutterhauses. Sie verhindert zudem die dringend erforderliche, gründliche Auseinandersetzung mit religiösen, weltanschaulichen und innerkirchlich-theologischen Positionen, die die biblisch-reformatorische Botschaft umdeuten oder außer Kraft setzen.

Diakonisch-missionarisches Zentrum kann das Mutterhaus am unmittelbarsten da sein, wo in der sich aus dem Evangelium ergebenden Verbindlichkeit gelebt und gelehrt wird. Durch nichts sonst kann das Mutterhaus mehr ausstrahlen und seinem Auftrag gerecht werden als dadurch, daß die Glieder der Diakoniegemeinschaft da, wo sie – in Gemeinden und sozialen Diensten – wirken, solche Verbindlichkeit in Leben und Lehre bezeugen – nicht als etwas Besonderes, sondern als das sich aus dem Evangelium ergebende, für alle Christen eigentlich Selbstverständliche.

Merkmale solch verbindlicher Lebensgestaltung, die aus dem gehorsamen Ja zu Gottes Zusagen und Geboten erwächst, sind z. B. Formen des Miteinanders, die von der Liebe bestimmt sind, die man selbst erfahren oder im Dienst aneinander oder an den hilfsbedürftigen Mitmenschen weitergegeben hat. Zu solcher Liebe gehören Verläßlichkeit und Beharrlichkeit, das „Bleiben in der Liebe“ wie auch das „Bleiben in der Apostel Lehre, in der Gemeinschaft, im Brotbrechen und im Gebet“ (Apostelgeschichte 2,42). Zum verbindlichen Leben gehören aber wohl auch die Einsicht, der Mut und die Widerstandskraft, in solcher Lebensgestaltung und Glaubenshaltung gelegentlich „gegen den Strom“ schwimmen zu müssen. Solch ein Anti-Trend kann auch dazu führen, daß man sich fremd und einsam fühlt.

Immer wieder, auch in den letzten Jahren, ist in diesem Zusammenhang diskutiert worden, ob und inwieweit solche Verbindlichkeit des Lebens, gerade auch in der diakonisch-missionarischen Perspektive, besonderer Formen bedarf, die dann als „alternative Lebensformen" der Gemeinde Jesu bezeichnet und häufig in den Zusammenhang mit den sog. Evangelischen Räten (Armut, Keuschheit, Gehorsam) gebracht werden.

Was für den Christen „alternatives Leben" bedeutet, sagt Paulus in Römer 12,2:

„Stellt euch nicht dieser Welt gleich, sondern ändert euch durch Erneuerung eures Sinnes, damit ihr prüfen könnt, was Gottes Wille ist, nämlich das Gute und Wohlgefällige und Vollkommene".

Solch ein Leben ist nicht gebunden an bestimmte Formen und Organisationsmerkmale; solches Leben ist im übrigen allen Christen und nicht nur einem herausgehobenen Stand, gar einer geistlichen Elite aufgetragen. Wie solches Leben im Glauben als Alternative zum Leben im Unglauben am besten verwirklicht wird, läßt sich nicht allgemein gültig festlegen. Erst recht läßt es sich nicht festlegen, wie das in katholisch-klösterlicher Tradition geschieht, in Vorstellungen von verdienstlichen Werken und höherer Vollkommenheit, d. h. einer höheren Stufe der Seligkeit, auch nicht durch Höherstufung der Jungfräulichkeit gegenüber der Ehe. Infolgedessen können auch Diakonissen „keine Ordensfrauen und Mutterhäuser keine Nonnenklöster sein" (Rudolf Willborn), können auch die Verpflichtungen nicht als Gelübde übernommen werden.

In der durch den neutestamentlichen Dienst-Begriff und seine Aufnahme in reformatorischer und pietistischer Theologie geprägten Mutterhaus-Diakonie haben deshalb weder in den Anfängen noch in langen Zeiten der Geschichte im Schrifttum oder im Selbstverständnis der Diakonissen die Evangelischen Räte als Grundlage einer ordensgemeinschaftlichen Glaubens- und Lebensgemeinschaft eine Rolle gespielt. Trotz gelegentlicher nachdrücklicher Empfehlung eines solchen ordensgemeinschaftlichen Modells und trotz der durch evangelische Kommunitäten und ökumenische Begegnungen bewirkten Impulse nach dem Zweiten Weltkrieg führte die Umgestaltung der meisten Mutterhäuser im Laufe der letzten Jahrzehnte in die Richtung der diakonischen Gemeinschaft im Sinne des Gemeindediakonats.

Nicht erledigt ist durch solche grundsätzlichen theologischen Erwägungen und geschichtlichen Entwicklungen freilich zweierlei: zum einen das Anliegen der Kommunitäten, Möglichkeiten der Einkehr, der Begegnung und des Gottesdienstes zu bieten und Übungsplatz für Glaubensgespräche und Meditation zu sein. Dieses Anliegen muß wenigstens ansatzweise in jeder anderen Form des Mutterhauses erhalten bleiben. Zum anderen die Frage, ob in einem biblisch-reformatorisch modifizierten Verständnis der Evangelischen Räte nicht doch Kräfte geistlicher Vertiefung und Belebung der Glaubens-, Lebens- und Dienstgemeinschaft stecken, die nicht verlorengehen dürfen. Daran läßt u. a. wohl auch die Rahmenordnung denken, in der als *eine* Ausprägung der Gemeinschaft die der Diakonissen genannt wird, deren Platzanweisung eindeutig die Gemeinde in ihren verschiedenartigen Diensten ist, die aber *um ihres so ausgerichteten Auftrages willen* „im ehelosen Stand (leben), ... den finanziellen Ertrag ihrer Arbeit in die Schwesternschaft und deren Aufgabengebiete ein(bringen) und... sich in Mitverantwortung für die gemeinsam erkannten Aufgaben verfügbar" halten (II,2a).

In solchem Dienst kann etwas deutlich werden von jener Freiheit, die das Evangelium meint und zu der auch diejenigen berufen sind, welche ihr Christsein in anderen Lebensformen als in der der Diakonisse leben: Freiheit vom Anspruchs-, Tarif- und Besitzdenken; Freiheit zum selbstlosen Dienst für die, welche solcher Hilfe bedürfen.

So gesehen bleibt die Stellungnahme des DDR-Bischofskonvents von 1979 bedeutungsvoll, wobei es wirklich auf die genannte Begründung ankommt: „Ohne solche Gemeinschaften eheloser Frauen, die aus Liebe und Dankbarkeit gegenüber ihrem Herrn um der größeren Verfügbarkeit willen zu einem verbindlichen Leben des gemeinsamen Gebetes und Dienstes bereit sind, würde die diakonische Arbeit in unseren Kirchen an geistlicher Kraft verlieren."

In der Verbindlichkeit solcher Lebens- und Dienstgemeinschaft, die im Gottesdienst ihre Mitte hat, in der Einheit von Glaube und Dienen, Gottesdienst und Arbeit, Rechtfertigung und Heiligung kann etwas von dem verwirklicht werden, was Martin Luther in seiner Vorrede zur „Deutschen Messe" (1526) über die Hausgemeinde und Philipp Jakob Spener in seinen „Pia Desideria" (1675) über die „collegia pietatis" sagt und was in verschiedenen Konzeptionen des missionarischen Gemeindeaufbaus ein zentrales Anliegen ist: geschwisterlich strukturierte Zellen, in denen Sammlung, Zurüstung und Sendung geschehen entsprechend der Vielzahl der von Gott geschenkten Schöpfungs- und Geistesgaben: „Zellen geistlichen Lebens und spiritueller Stärkung" (Theodor Schober) für die verschiedenen Dienste der Gemeinschaft. Solche Zellen können verdeutlichen, daß Diakonie nicht nur hohen beruflichen Leistungsstandard, fachlich erstklassiges Management, technische Laboratorien und soziales Engagement braucht, sondern auch geistliche Impulse und Gebetsstuben, in denen selbst die älteste und gebrechlichste Schwester durch ihre Fürbitte den Dienst vor Ort begleiten und mittragen kann.

Solche Zellen vermögen auch Kirche und Gemeinde an ihren Ursprung und Auftrag zu erinnern, sie haben darin beispielhafte und stellvertretende Bedeutung, insofern hier geschieht, was aus unterschiedlichsten Gründen so (noch) nicht oder nicht mehr in Gemeinden geschieht, was aber Menschen in der Gemeinde die Möglichkeit gibt, neue Erfahrungen zu machen und Erkenntnisse zu gewinnen.

Von daher mag man das Mutterhaus „Modell" oder bescheidener: „Signal" einer vom Evangelium begründeten und speziell diakonisch-missionarisch ausgerichteten Dienstgemeinschaft nennen. Was im Sinne des Neuen Testamentes Gemeinde ist (z. B. 1. Korinther 12) und was gemeint ist mit der „Gemeinde der Heiligen", die wir im Glaubensbekenntnis nennen, möchte in einer Mutterhausgemeinschaft Gestalt gewinnen und von hier ausstrahlen. Im Zusammenhang mit solcher Gestaltung einer Schar von Dienstbereiten unter Gottes Wort hat man von der „formativen Funktion" des Mutterhauses gesprochen (Heinz Wagner). Da aber die Heiligen immer zugleich Sünder sind, sind solche Überlegungen frei von jeglicher Idealisierung, jeglicher distanzierenden Überheblichkeit und jeglichem Vorwurf in Richtung Gemeinde.

Aus-, Fort- und Weiterbildung

Von Anbeginn an hat in der Kaiserswerther Mutterhaus-Diakonie und somit in unserem Wittener Mutterhaus die Ausbildung eine prägende Funktion gehabt. Denn wo Hilfe gegeben werden soll, muß auch zum Helfen ausgebildet werden. „Helfen und helfen lernen" lautet darum folgerichtig das Motto unseres Diakoniewerkes, wobei man freilich überlegen sollte, ob nicht als Ergänzung dieses Mottos angebracht wäre: „... und helfen lehren". Nicht nur die Lernenden und ihre Einsatzbereiche sind bedeutungsvoll, sondern auch die Lehrenden und die durch sie vermittelten Zielleitlinien der Ausbildung.

Neu und kennzeichnend für die in den Mutterhäusern betriebene Ausbildung ist – von Anfang an und damals revolutionierend –, daß es sich um eine hauptberufliche Ausbildung handelt, die zur Diakonie als Lebensaufgabe befähigt und nicht in den meist engen Grenzen ehrenamtlicher diakonischer „Freizeittätigkeit" bleibt. Durch die in den Mutterhäusern ausgebildeten Frauen werden die Gemeinden in die Lage versetzt, Dienste wahrzunehmen, die sonst oft nicht oder nur höchst unzureichend verrichtet werden können.

Kennzeichnend für die Ausbildung in den Mutterhäusern ist ferner, daß es eine „duale Ausbildung" war und ist: eine sozial-pädagogische, sozialpflegerische oder hauswirtschaftliche, in der Theorie und Praxis eng miteinander verbunden sind, und eine theologisch-diakonische. Diese typische Doppelheit ist begründet im christlichen Menschenbild und dem diesem entsprechenden diakonischen Auftrag. Da der Mensch eine Einheit von Leib, Seele und Geist ist, werden ihm nur eine ganzheitliche Diakonie und eine ihr entsprechende Ausbildung gerecht. Solche Diakonie ist Vollzug des Liebesauftrags Christi im Alltag der Welt und hat deshalb „provozierende Funktion“ (Heinz Wagner).

Von solcher Ganzheitlichkeit ist deshalb auch in der Präambel der neuen Satzung des Diakoniewerkes Ruhr die Rede: „Die Kirche hat den Auftrag, Gottes Liebe zur Welt in Jesus Christus allen Menschen zu bezeugen. Diakonie ist eine Gestalt dieses Zeugnisses. Sie nimmt sich besonders der Menschen in leiblichen, seelischen und sozialen Nöten an und sucht auch deren Ursachen zu beheben. Sie richtet sich in ökumenischer Weite an Einzelne und Gruppen, an Christen und Nichtchristen. Da die Entfremdung von Gott die tiefste Not des Menschen ist und sein Heil und Wohl untrennbar zusammengehören, vollzieht sich Diakonie in Wort und Tat als ganzheitlicher Dienst am Menschen, dem alle Mitarbeiter verpflichtet sind.“

Welche Ausbildungsangebote im Diakoniewerk Ruhr-Witten gemacht werden, wie die Ausbildungsgänge im einzelnen verlaufen und welche beruflichen Möglichkeiten ein erfolgreicher Ausbildungsabschluß eröffnet, ist in dieser Festschrift bereits ausführlich dargelegt worden. Darauf sei hier verwiesen.

Um der Liebe zum Menschen in den verschiedenen Berufsfeldern und um der Treue zum Auftrag willen muß es das bleibende Anliegen des Mutterhauses sein, eine möglichst gute fachliche Ausbildung anzubieten, in der es sich von niemandem übertreffen lassen möchte. Dem entspricht das Anliegen, auch in der theologisch-diakonischen Ausbildung das Bestmögliche zu tun. Dazu bedarf es des ständigen Dialogs mit Kirche, Gemeinden und theologischer Wissenschaft einerseits, Vorgaben, Entwicklungen und Anforderungen im berufsspezifischen Bereich andererseits. Nur so kann diakonische Ausbildung vor Verengungen der Perspektive, Betriebsblindheit und Fehlentwicklungen bewahrt werden. Um des Auftrags, der Mitarbeiter/innen und ihrer Berufsfelder willen bleibt deshalb die Leitfrage stets aktuell, wie fachliche und theologisch-diakonische Ausbildung bestmöglich koordiniert und den Erfordernissen gerecht werden können. Hier kommt zum Zuge, was Heinz Wagner einmal als „integrierende Funktion“ der Mutterhaus-Diakonie bzw. ihrer Ausbildungsarbeit bezeichnet hat.

Die Ergänzung der Ausbildungs- durch eine berufsbegleitende Fort- und Weiterbildungstätigkeit trägt der Erfahrung Rechnung, daß sich auch für die in der Diakonie Tätigen Lebenssituationen, Anforderungen und persönliche Motivationen verändern, so daß es nicht mehr genügt, bei dem stehenzubleiben, was man einmal gelernt und erfahren hat – weder im fachlichen noch im theologisch-diakonischen Bereich; dies um so weniger, als die Mitarbeiter/innen der Diakonie in oft äußerst sensiblen Lebensbereichen tätig sind, in denen Menschen an Grenzen des Lebens kommen, wo es um Leben und Sterben gehen kann (Alte, Kranke, Gefährdete), wo Leben sich verdichtet – für den Hilfsbedürftigen wie für den Helfer – oder wo Menschen wesentliche persönliche Prägungen für ihren weiteren Lebensweg erhalten (Kinder und Jugendliche). Probleme, die hier im Umgang mit einzelnen ans Licht kommen, stehen oft stellvertretend für das, was in einer Gemeinde oder in der Gesellschaft insgesamt an Problemen vorhanden ist.

Entscheidend wichtig in aller Aus-, Fort- und Weiterbildung ist die Einsicht, daß sich die Formen der Vermittlung je nach Erfordernissen der Zeit und der Arbeitsfelder verändern können, gar müssen, daß aber der Auftrag der Diakonie und ihrer Ausbildungstätigkeit unveränderbar ist.

Dies gilt auch angesichts der geistigen Auseinandersetzungen, in die die Mitarbeiter/innen der Diakonie vor Ort gestellt sind. Im Zeitalter des Neuheidentums, das sich rapide ausbreitet und tief hineinwirkt auch in den Bereich der christlichen Kirchen, ist eine solide theologische Aus- und Fortbildung eine erstrangige, gesamtkirchliche Aufgabe, an der sich auch die Diakonie zu beteiligen hat, um so Menschen zu dem zu befähigen, was in 1. Petrus 3,15 geboten wird:
„Den Herrn Christus haltet heilig in eurem Herzen, allezeit bereit zur Verantwortung gegen jeden, der von euch Rechenschaft fordert über die Hoffnung, die in euch ist."
Daß vom Auftrag und den alltäglichen Anforderungen in den Arbeitsfeldern der Mitarbeiter/innen her das Mutterhaus mehr sein muß und will als eine *Ausbildungs*anstalt, liegt auf der Hand. Ausbildung im Sinne fachlicher Zurüstung muß ergänzt und getragen werden von Menschenbildung, in der Zurüstung und Begleitung für ein Leben im Glauben geschehen, das die Grenzen des Beruflichen übersteigt. In einer solchen *Bildungs*anstalt hat die Bibel als das Lese-, Lehr- und Lebensbuch des Glaubens eine ganz zentrale Bedeutung; in ihr finden Menschen Kraft und Ermutigung für ihr persönliches Leben und Wegweisung für ihren Dienst.
Eine solche Ausbildung erfordert einen geschützten Raum und ausgesparte Zeit – beides für Lernende und Lehrende gleichermaßen. Ruhe und Konzentration zum Lehren und Lernen, Zeit zur Vorbereitung und Nacharbeit sowie zum persönlichen Gespräch sind für eine gute, umfassende Ausbildung im Sinn des diakonischen Auftrags unerläßlich. Termindruck, Hetze und das dadurch erzwungene „Von-der-Hand-in-den-Mund" werden diesem Auftrag auf Dauer kaum gerecht.
Die *Ziele* solcher diakonisch-theologischen Aus-, Fort- und Weiterbildung können stichwortartig etwa folgendermaßen beschrieben werden, ohne daß eine Rangfolge der Ziele beabsichtigt ist:

- Befähigung zum verständnisvollen Umgang mit der Bibel und zum Bedenken und gemeinsamen Besprechen theologischer Themen
- Vermittlung, Erweiterung und Festigung des Grundwissens über Glauben, Gottesdienst und Lebensformen der christlichen Gemeinde
- Vermittlung einer Dienstkonzeption, die dem Auftrag entspricht und das Gespräch mit den humanwissenschaftlichen Vorgaben, den Methoden der Sozialarbeit im weitesten Sinn und den Erwartungen und Erfordernissen der Arbeitsfelder einschließt
- Befähigung, die beruflichen Anforderungen mit ihren menschlichen Problemen auch theologisch-diakonisch zu bedenken
- Befähigung zur kritischen Auseinandersetzung mit aktuellen theologischen Positionen, mit Ersatzreligionen und Lebens- und Weltanschauungen vom Glauben aus
- Vermittlung von Kenntnissen über Entstehung, Auftrag und Geschichte der Diakoniegemeinschaft
- Ermutigung und Befähigung, Andachten und Bibelarbeiten zu halten und Gruppengespräche zu führen
- Hilfestellung bei der Vergewisserung und Orientierung des persönlichen Glaubens und des daraus erwachsenen diakonischen Auftrags mit dem Ziel, Menschen in sozialer und geistlicher Verantwortung zu begleiten
- Befähigung, sich und andere Menschen anzunehmen, die eigenen Gaben und Grenzen angemessen einzuschätzen sowie das eigene Denken und Handeln kritisch zu überprüfen
- Ermutigung zum Leben in verbindlicher Gemeinschaft.

Öffentlichkeitsarbeit
Was im Mutterhaus an Gottesdienst, verbindlicher Gemeinschaft sowie Aus-, Fort- und Weiterbildung

geschieht, wirkt und strahlt aus in denen, die mit dem Mutterhaus verbunden sind. In dem, was sie in ihrem Lebens- und Berufsbereich sagen und tun – oder auch nicht sagen und tun –, wird deutlich, was Mutterhaus für die Gemeinden und den von ihnen getragenen Dienst bedeutet. Wo weitergegeben wird, was Menschen im Mutterhaus empfangen haben, ist das Mutterhaus als diakonisch-missionarisches Zentrum für die Gemeinde lebendig.

Neben der persönlichen Ausstrahlung und Vermittlungsarbeit derer, die im Mutterhaus geprägt worden sind und hier Orientierung für ihr Leben und Arbeiten erhalten haben, sind *andere Formen der Öffentlichkeitsarbeit* möglich und nötig, auf die bereits in anderen Beiträgen hingewiesen wurde und die deshalb hier nur kurz erwähnt werden sollen:

- Besuche von Gemeindegruppen (Frauenhilfen, Männerkreisen, Jugendgruppen, Diakoniekreisen, Schulklassen, Gruppen des kirchlichen Unterrichts) im Diakoniewerk
- Informations- und Gesprächsangebote für Pfarrer, Diakoniepresbyter und Leiter anderer Einsatzstellen ebensowie für Jugendsekretäre und Religionslehrer
- Fortbildungsveranstaltungen für freie Mitarbeiter in den verschiedenen Arbeitsbereichen der Diakonie
- Besuche von Mitarbeitern und Mitarbeiterinnen des Mutterhauses in Gemeindegruppen, Schul- und Unterrichtsklassen, bei Gemeindefesten, Jubiläen oder am Diakoniesonntag
- Bild-, Ton- und Textträger, die über Schwerpunkte der Arbeit, über Leben und Geschichte der Diakoniegemeinschaft informieren
- Mitarbeit im Kreis der Freunde und Förderer, um so die Mutterhausarbeit ideell, werbemäßig und finanziell zu unterstützen
- Ausstellungen und Informationsangebote bei übergemeindlichen und gesamtkirchlichen Anlässen (Diakonie-, Kreisgemeinde- oder Kirchentagen)
- Basare u. ä. Verkaufsveranstaltungen, die gleichzeitig Treffpunkt von Mitgliedern der Diakoniegemeinschaft (auch) mit (ehemaligen) Mitarbeiterinnen und Mitarbeitern des Diakoniewerks und mit der Bevölkerung sind
- Spezielle Informations- und Werbeangebote des Museums und des Schaufensters für Haus- und Gemeinde-Krankenpflege
- Angebot des Mutterhauses als Tagungsstätte für Gemeindegruppen, kirchliche Ämter und Dienste sowie Ausbildungseinrichtungen und außerkirchliche Interessenten
- Bekanntmachung der Ausbildungsangebote in regionalen und überregionalen Printmedien
- Angebot von Räumen des Mutterhauses für Ausstellungen und Vorträge
- Plakat-, Handzettel- und Programmheftwerbung, möglicherweise in fernerer Zukunft auch vielfältige Mitarbeit im Lokalfunk.

100 Jahre Mutterhaus – und wie geht es weiter?

„Das Mutterhaus als diakonisch-missionarisches Zentrum für die Gemeinde" – diese Thematik lenkt die Gedanken zurück in die Anfänge der Kaiserswerther Mutterhaus-Diakonie und unseres Wittener Mutterhauses. Geistliche Erneuerung der Kirche, Mutterhausgemeinschaft als Gestalt der Kirche Jesu Christi, als Zelle geschwisterlichen Lebens – was ist aus diesem Anliegen geworden? Wie hat das Mutterhaus über alle von ihm auch jenseits von Gemeindegrenzen geleisteten sozialen Dienste hinaus und durch bewegte 100 Jahre hindurch dieses Anliegen verwirklicht? Und wo steht es heute?

Das Schlagwort von der „sterbenden Mutterhaus-Diakonie", das verdächtige Wörtlein „noch" im Reden über Gegenwart und Zukunft des Mutterhauses läßt Schlimmes ahnen. Die Lage erscheint ernst – schon angesichts der sinkenden und oft nur noch kleinen Mitgliederzahlen der Gemeinschaften im Vergleich mit einstigen Hoch-Zeiten. Wie ernst ist sie? Und was ist zu tun, um belebend zu wirken? Sind neue Ordnungen nötig, strukturelle Reformen, Erschließung neuer Arbeitsbereiche, bessere Ausbildung, verstärkte Werbung? Das alles ist denkbar, wünschenswert, erforderlich – aber ist es auch fähig zur Not-Wende?

Die Erinnerung an 100 Jahre Wittener Mutterhaus und die Besinnung auf das, was wir heute vorfinden – und von alledem ist in dieser Festschrift ausgiebig gehandelt worden –, geben zuallererst Anlaß zum Danken; dies um so mehr, je fester wir im Auge behalten, wo nach dem Verständnis der Gründer und nach Ausweis der Geschichte des Mutterhauses der Lebens- und Kraftquell der Gemeinschaft durch alle Zeiten hindurch zu finden war. Mit den Worten Martin Luthers: „Wir können Gott nichts anderes geben als Lob und Dank, zumal wir alles andere von ihm empfangen, es sei Gnade, Wort, Werk, Evangelium, Glaube und alle Dinge. Das ist auch der einzige, rechte, christliche Gottesdienst: Loben und Danken."

Wenn *damit* auf die Mitte der Mutterhaus-Diakonie hingewiesen wird, und wenn wir ernstlich von dieser Mitte her leben, denken und handeln, kann auch für die Zukunft das Entscheidende nur dies sein, daß sich Menschen ihrer Berufung durch Christus in seinen Dienst gewiß sind und daß diese Gewißheit die Glaubens-, Lebens- und Dienstgemeinschaft des Mutterhauses bestimmt. Wo Menschen fehlen, die sich ihrer Berufung, ihres Auftrags gewiß sind, wird alles Programmieren, Reformieren, Strukturieren, Motivieren und Aktivieren fruchtlos bleiben. Mit alledem ist das Leben des angeblich sterbenden Mutterhauses nicht zu retten! Es ist von uns aus überhaupt nicht zu retten. „Mit unserer Kraft ist nichts getan" – auch hier nicht!

Es geht auch hier in Zukunft – so wie es in 100 Jahren Mutterhaus-Diakonie in Witten gegangen ist und wie es überall in der Kirche geht – um den Glauben an Christus, der „Frucht des Geistes" (Galater 5,22) hervorbringt, die die Liebe Christi bezeugt. Und solcher Glaube erwächst und lebt einzig aus Gottes Wort, das zu verkündigen, zu hören und zu beherzigen der Ursprung, das Maß und die Hoffnung wie der Kirche, so auch aller Mutterhaus-Diakonie ist.

Dem Lobpreis und Dank in der Erinnerung an alles, was Gott in 100 Jahren Wittener Mutterhaus Gutes getan hat, was Menschen hier als Gnade von ihm empfingen und als Dienst in seinem Namen wirkten, soll darum im Blick auf die Zukunft die Bitte des 86. Psalms beigefügt werden:

„Weise mir, Herr, deinen Weg, daß ich wandle in deiner Wahrheit; erhalte mein Herz bei dem einen, daß ich deinen Namen fürchte!"

Wenn diese Bitte erfüllt wird, wird das Wittener Mutterhaus auch in Zukunft diakonisch-missionarisches Zentrum für die Gemeinde sein.

Zusammenfassende Chronik

8000 v. Chr.	Pfeilspitze aus Feuerstein (Alt-/Mittelsteinzeit), ältester Fund auf Wittener Gebiet
7. Jh.	Entstehung Westherbedes
8. Jh.	Erster Siedlungsschwerpunkt in Witten um den späteren Schultenhof
775	Eroberung der Hohensyburg durch Karl den Großen
785	Taufe Widukinds, des Führers der Sachsen
799	Gründung des Benediktinerklosters Werden durch Ludger
	Einweihung der Peterskirche auf der Hohensyburg, angeblich durch Papst Leo III.
	Baubeginn der Salvatorkirche in Werden
	Translation der Gebeine der hl. Maria von Aachen nach Paderborn
800 kurz n.	Entstehung der westsächsischen Bistümer Münster, Osnabrück und Minden
9. Jh.	Bau der Wittener Kirche zwischen 820 und 900, den Heiligen St. Dionysius und Johannes dem Täufer geweiht
851	Translation der Gebeine des hl. Alexander von Rom nach Wildeshausen, hierdurch Ersterwähnung von Herbede
881/83	Ersterwähnung von Höfen in Heven und Stokkum im ersten Urbar des Klosters Werden
10. Jh.	Entstehung Ostherbedes und Bau der Herbeder Kirche, dem hl. Vitus geweiht
	Entstehung des Unterdorfes und des Oberdorfes in Witten
1019	Schenkung des Hofverbandes Herbede mit einem Hof in Bommern durch Kaiser Heinrich II. an das Kloster Kaufungen
1032	Schenkung der Kirche in Herbede an das Kloster Deutz durch den Erzbischof von Köln
1096	Schenkung von Höfen in Düren und Wullen an die Abtei Siegburg durch den Erzbischof von Köln
12. Jh.	Je etwa 35 Höfe in den Dörfern Witten und Herbede
	Späterer Schultenhof in Witten (Nähe Johanniskirche), vermutlich 1. Sitz der Herren von Witten
1150	Erwähnung eines Hofes in Annen in einem Werdener Urbar
1200	Ersterwähnung des Hauses Herbede, vermutlich bereits seit dem 11. Jh. befestigter Platz
13. Jh.	Entstehung der Grafschaft Mark
	Bau einer befestigten Anlage auf dem Gelände des späteren Hofes Schulte tho Sprenkel durch die Herren von Witten (2. Sitz)
	Bau der Burg Rüdinghausen
1214	Nennung des Antonius Decanus in Wittene als Zeuge in einer Urkunde des Erzbischofs von Köln, hierdurch Ersterwähnung des Dorfes Witten, der Wittener Kirche und des Pfarramtes in Witten
1225	Belehnung der Herren von Didinghofen mit der Vogtei Herbede
1225/27	Kaiserliche Lehnshoheit für die Herren von Witten über Witten
1249	Vermutliche Ersterwähnung Rüdinghausens
1250 um	Bau der Burg Steinhausen durch die Herren von Witten (3. Sitz)
1297	Ersterwähnung der Burg Steinhausen
14. Jh.	Bau der Burg Hardenstein
	Verkaufs- und Marktplatz an der Stelle des späteren Kornmarktes in Witten
	Stiftung des Marienaltars für die Johanniskirche
1321	Teilung der Gerichts- und Grundherrschaft in Witten mit allen zugehörigen Rechten zwischen Hermann und Gerhard von Witten-Steinhausen
	Ersterwähnung der Kapelle der Burg Steinhausen
	Erste urkundliche Erwähnung der Mühlen am Mühlengraben (in Höhe der heutigen Bommeraner Brücke) und im Sundern
1326	Stiftung einer Kapelle auf der Burg Rüdinghausen

1337 Erste Bommeraner Brücke

1348/49 Pestepidemien in Witten

1363 Ersterwähnung der Kapelle der Burg Hardenstein

1381 Zerstörung der Burg Steinhausen durch den Kölner Erzbischof

1385 um Bau der Wennemarsburg durch die Herren von Witten (4. Sitz)

1388/89 Zerstörungen in Witten im Verlauf der Dortmunder Fehde

1419 Erneute Zerstörungen in Witten durch den Bruderzwist im Hause von der Mark

1444 Erste Herbeder Brücke

1450 vor Bau der Burg op dem Berg durch die Herren von Witten (5. Sitz, heute Haus Witten)

1464 Ursprung (möglicherweise früher) der Wittener Ägidienkirmes, der heutigen Zwiebelkirmes

1479 Ersterwähnung des Hauses Berge

1482 Jahreszahl auf der Herbeder Katharinenglocke, der ältesten Kirchenglocke Wittens (heute im Glockenmuseum Gescher)

1485 Jahreszahl auf der Wittener Turmuhrglocke (heute im Heimatmuseum der Stadt Witten)

16. Jh. Stiftung des Annenaltars für die Johanniskirche

1501 Jahreszahl auf der Wittener Katharinenglocke (unverändert Teil des Geläutes der Johanniskirche)

1505 Dietrich Stael von Holstein von der Burg Hardenstein Gerichtsherr von Witten nach dem Aussterben der Herren von Witten-Berge

1510 Erste urkundliche Erwähnung des Bergbaus in Witten

Familie von Brempt Inhaberin der Gerichtsherrschaft Witten und Eigentümerin des Hauses Berge

1516 Kaiserliche Belehnung des Heinrich von Brempt mit dem Gericht Witten

1517 Thesenanschlag Martin Luthers an der Tür der Wittenberger Schloßkirche

1524 Erste evangelische Fastenpredigt von Johannes Westermann, Augustinermönch und Luther-Schüler, in Lippstadt

1530 Augsburgisches Bekenntnis, erste Zusammenfassung der lutherischen Lehre

1531 Reformation in Soest

1532 Reformation in Dortmund

1533 Reformation in Hamm

1543 Reformation in Wengern

1550 um Annahme des Augsburgischen Bekenntnisses durch Pastor Saldenberg und die Herbeder Bevölkerung

1582 Annahme des Augsburgischen Bekenntnisses durch Pfarrer Heitmann und die Wittener Bevölkerung

1586 Einfall spanischer Truppen in Witten im Verlauf des Niederländischen Freiheitskampfes

1598/99 Erneuter Einfall spanischer Truppen

1606 Erste Schule in Herbede

1611 Erste Märkische Reformierte Synode in Unna

1612 Erste Märkische Lutherische Synode in Unna

1628 Familie von der Recke Inhaberin des Gerichtes Witten und Eigentümerin des Hauses Berge

1638 Plünderung Wittens während des Dreißigjährigen Krieges

1651 Einfall lothringischer Truppen in Witten, Zerstörung des Hauses Berge

1675 Wiederaufnahme des Wochenmarktes als Getreidemarkt in Witten nach dem Dreißigjährigen Krieg

1682 Konzession zur Abhaltung einer Silvesterkirmes in Witten

1683 Genehmigung eines Wochenmarktes in Herbede

1685 Erstes Schulgebäude in Witten

1693 Erstes Armenhaus in Witten (obere Bahnhofstraße)

1694/98 Eröffnung einer Armenschule und eines Waisenhauses in Halle an der Saale durch August Hermann Francke, Beginn der Franckeschen Stiftungen

1695 Konzession zur Abhaltung einer Himmelfahrtskirmes in Witten

1701/02 Erweiterung und barocke Umgestaltung des Hauses Berge

1704 Verlegung der Fähre vom Sundern (gegenüber Steinhausen) an die jetzige Ruhrbrückenstelle

1722 Gründung der Herrnhuter Brüdergemeine durch Nikolaus Ludwig von Zinzendorf

1722/23 Inbetriebnahme von Hammerwerken am Hammerteich und am Wannenbach, Beginn der Industrialisierung in Witten

1731 Verleihung des Bergwerks Nachtigall

1745 Gründung der aus einer Schmiede hervorgegangenen heutigen Windenfabrik J.D. Neuhaus

1748 Theodora Sophia Freifrau von dem Bottlenberg gen. von Schirp sowie ihre Söhne Johann Wilhelm und Franz Arnold Gerichtsherren von Witten

1752 Neubau des Kirchenschiffes der Johanniskirche

1772 Verleihung der Bergwerke Franziska und Franziska Erbstollen

1776 Bau der Steinhauser Ruhrschleuse

1778 Errichtung der ersten Taubstummen-Anstalt von Samuel Heinicke in Leipzig

1779 Gründung von Kindergärten und Kleinkinderschulen durch Johann Friedrich Oberlin und Louise Scheppler in Waldersbach im Steintal (Vogesen)

1780 Gründung der Christentumsgesellschaft in Basel durch Johann August Urlsperger

Bau der Herbeder Ruhrschleuse

1783 Friedrich Johann Wilhelm Freiherr von Ritz und sein Sohn Franz Joseph letzte Gerichtsherren von Witten

1788 Pachtung von Haus Berge durch Johann Friedrich Lohmann und Errichtung einer Tiegelgußstahl-Fabrik in Herbede

1788/94 Bau der Ardey- und der Crengeldanzstraße

1789 Erste Koksgewinnung in Witten

1793 Letzte kaiserliche Belehnung in Witten

1799/1801 Bau der Haupt- und der Ruhrstraße

1803 Gründung der ersten Kinderbewahranstalt auf deutschem Boden durch Fürstin Pauline von Lippe-Detmold in Detmold

Boten-, Reit- und Fahrpost am Crengeldanz

1806 Einrichtung der Mairie (Bürgermeisterei) Witten unter französischer Besetzung

1807 Errichtung der Freiwilligen Beschäftigungsanstalt für Arbeitslose durch Ernst von Kottwitz in Berlin

1809 Ende der Patrimonialgerichtsbarkeit in Witten und Herbede

Einrichtung des Amtes Witten mit den Gemeinden Witten, Langendreer, Werne, Stockum, Düren und Somborn

1813 Gründung der Gesellschaft der Freunde in der Not durch Johannes Daniel Falk in Weimar

Gründung des Lutherhofes als Waisenrettungsanstalt

1815 Bildung der Provinz Westfalen

Einrichtung des Konsistoriums in Münster

Haus Berge Eigentum der Familie Lohmann

1817 Vereinigung der beiden märkischen Synoden

1819 Gründung eines ersten Rettungshauses für verwahrloste Jugendliche durch Adelbert Graf von der Recke-Volmerstein in Overdyck bei Bochum

1820 Gründung der ersten Kinderrettungsanstalt durch Christian Heinrich Zeller in Beuggen bei Basel

1825 Verleihung der Stadtrechte an Witten mit 1860 Einwohnern

Gründung der Glasfabrik Gebr. Müllensiefen auf dem Gelände des Hauses Crengeldanz

1826 Gründung der Rheinisch-Westfälischen Gefängnisgesellschaft durch Theodor Fliedner

Neuer Wittener Friedhof auf dem Gelände des heutigen Lutherparks

1828 Errichtung des Amtes eines Generalsuperintendenten in Preußen

1829 Bau der Muttentalbahn, einer der ersten Schienenbahnen im Ruhrgebiet

1832 Gründung des Weiblichen Vereins für Armen- und Krankenpflege in Hamburg durch Amalie Sieveking

1833 Eröffnung des Rauhen Hauses in Horn bei Hamburg durch Johann Hinrich Wichern

Beginn der Arbeit Theodor Fliedners zur Wiedereingliederung weiblicher Strafentlassener

1834 Übergang des Patronats über die Johanniskirche von Johann Friedrich Lohmann auf die Evangelische Kirchengemeinde Witten

1835 Erlaß der Rheinisch-Westfälischen Kirchenordnung

1836 Gründung der Kaiserswerther Diakonissenanstalt durch Theodor Fliedner

Prägung des Ausdrucks „Innere Mission“ durch Johann Hinrich Wichern

Gründung des Schützenvereins Annen

1837 Gründung des Elisabeth-Krankenhauses und des Diakonissenhauses in Berlin durch Johann Evangelista Goßner

Postexpedition in Witten

Erste Personenpost durch Witten (Elberfeld – Witten – Barmen)

1838 Gründung einer Kinderrettungsanstalt und einer Industrieschule in Walddorf in Schwaben durch Gustav Werner

1843 Gründung des ersten Vereins für Innere Mission in Rostock durch J.C. Hoffmann

1844 Erneuerung der männlichen Diakonie durch Johann Hinrich Wicherns Brüderanstalt des Rauhen Hauses; Erscheinen der „Fliegenden Blätter aus dem Rauhen Haus“

Gründung der Pastoral-Gehilfenanstalt in Duisburg

Erste jüdische Gottesdienste in Witten

1845 Gründung des Neukirchner Erziehungsvereins für verwahrloste Kinder durch Christian Bräm

Errichtung der Deutsch-Katholischen Gemeinde in Witten

1846 Gründung der Römisch-Katholischen Kirchengemeinde Witten

1847 Einweihung des Central-Diakonissenhauses Bethanien in Berlin

Eröffnung eines Rettungshauses in Neinstedt (Sachsen) durch Philipp und Marie von Nathusius

1848 Johann Hinrich Wicherns Rede auf dem Wittenberger Kirchentag

Einweihung der katholischen Marienkirche

Gründung des jüdischen Bankhauses Salomon Hanf, des ersten Bankhauses in Witten (Rechtsnachfolger: Deutsche Bank AG)

Bau der Bergisch-Märkischen Eisenbahn (Köln – Witten – Dortmund), Bau des ersten Wittener Bahnhofs

1849 Gründung des Central-Ausschusses für die Innere Mission der Deutschen Evangelischen Kirche auf Initiative Johann Hinrich Wicherns

Gründung des Rheinisch-Westfälischen Provinzialverbandes für Innere Mission

1850 Evangelischer Oberkirchenrat Zentralbehörde der Evangelischen Kirche in Preußen

Gründung der Gesellschaft für Innere Mission im Sinne der lutherischen Kirche durch Wilhelm Löhe in Neuendettelsau in Mittelfranken

Zugehörigkeit Wittens zum Landkreis Bochum

Bauabschluß der Bahnhofstraße

1853 Eröffnung der Sparkasse Witten

Gründung des Handelsunternehmens Berger & Comp. (Rechtsnachfolger: Thyssen Edelstahlwerke AG)

1854 Einrichtung der ersten Herberge zur Heimat durch Clemens Theodor Perthes

Gründung des Lutherischen Vereins für weibliche Diakonie und damit der Diakonissenanstalt in Neuendettelsau

1857 Beginn der Arbeit an Geisteskranken, Epileptikern und Schwachsinnigen von Julius Disselhoff in Kaiserswerth

Eröffnung der Wittener Gasanstalt, Inbetriebnahme der ersten Straßenlaternen

1858 vor *Anregung von Superintendent Friedrich August König zum Bau eines evangelischen Krankenhauses*

1858 *Konstituierung der Commission zur Erbauung eines Krankenhauses für die evangelische Gemeinde*

Eröffnung des Katholischen Krankenhauses Marien-Hospital

1859 Katholischer Friedhof im Haselholt in der Nähe der Marienkirche

1861 Einberufung der ersten Kaiserswerther Generalkonferenz als Zusammenschluß deutscher und ausländischer Mutterhäuser

1862 Erweiterung des Rheinischen Provinzialausschusses für Innere Mission zum Rheinisch-Westfälischen Provinzialausschuß für Innere Mission mit Sitz in Langenberg

1863 *Einweihung des Krankenhauses der Evangelisch-Lutherischen Kirchengemeinde Witten mit 20 Betten in Anwesenheit von Theodor Fliedner; erster Arzt Dr. Friedrich Schmieding, unterstützt von zwei Kaiserswerther Schwestern*

Gründung der Königlichen Eisenbahn-Hauptwerkstätte

Gründung der Freiwilligen Feuerwehr Witten

1864 Felddiakonie von Diakonen und Diakonissen im Krieg gegen Dänemark (ebenso 1870/71 im Deutsch-Französischen Krieg)

1866 Choleraepidemie in Witten

Erste Erweiterung des Marien-Hospitals und Einrichtung einer Kapelle

1867 Gründung der Kolonie für Epileptiker Ebenezer bei Bielefeld, später Bethel

Erstes Wasserwerk in Witten (unterhalb des Hohensteins)

1868 *Vollendung des ersten Krankenhaus-Erweiterungsbaus*

1869 Gründung der Westfälischen Diakonissenanstalt Sarepta in Bielefeld

1870 Erste Badeanstalt an der Ruhr

Errichtung einer Königlichen Bankagentur (Rechtsnachfolger: Landeszentralbank)

1871 Zweiter Erweiterungsbau des Marien-Hospitals

Dr. Heinrich Staeps Arzt im Evangelischen Krankenhaus

1872 Leitung der Epileptiker-Anstalt und des Mutterhauses Sarepta durch Friedrich von Bodelschwingh; Bau von Pflegehäusern und Werkstätten

Pockenepidemie in Witten

Evangelischer Friedhof am Ledderken

Angliederung einer Kinderbewahrschule an das Marien-Hospital

Stiftung eines Freibetts im Krankenhaus für Bedürftige durch Helene Haarmann

1873 Gründung des ersten Versorgungsheims durch Berta Lungstras in Bonn

1874 Gründung des Rheinisch-Westfälischen Verbandes der Herbergen zur Heimat (1884 Ausgliederung des Westfälischen Herbergsverbandes)

Gründung des Evangelischen Vereins für Innere Mission in der Grafschaft Mark und den angrenzenden Kreisen in Witten auf Anregung von Friedrich Adolf König

Eröffnung der Ruhrtalbahn, u. a. mit den Bahnhöfen Herbede und Bommern

1875 Gründung der Altkatholischen Gemeinde in Witten

Vollendung des zweiten Krankenhaus-Erweiterungsbaus

1876 *Dr. Gustav Reschop Arzt für den chirurgischen Bereich des Krankenhauses, Dr. Heinrich Staeps für die Innere Medizin*

1877 Gründung der Berliner Stadtmission durch Adolf Stoecker

Gründung der Bethel angeschlossenen Westfälischen Diakonenanstalt Nazareth

Dr. Adolf König Nachfolger von Dr. Heinrich Staeps

1878 um Entwicklung von Glas mit besonderen optischen Eigenschaften durch Otto Schott, Mitbegründer der Jenaer Glaswerke

1878 *Stiftung eines zweiten Freibetts durch den Evangelischen Frauenverein unter Leitung von Luise Berger geb. Harkort*

1880 Eröffnung der Linie der Rheinischen Bahngesellschaft

Gründung der Wittener Waisenheimat

1882 Gründung der Arbeiterkolonien Wilmersdorf, Freistatt 1900, Hoffnungstal 1905 und Lobetal 1906 durch Friedrich von Bodelschwingh

1884 Dritte Erweiterung des Marien-Hospitals um den Ostflügel, Ökonomiegebäude und Küche

1885 Errichtung der Wittener Synagoge

Inbetriebnahme des Wittener Schlachthofes

1886 Gründung des Deutschen Herbergsvereins

Beginn der Krüppelpflege durch Theodor Hoppe im Oberlinhaus in Nowawes (Babelsberg)

Gründung des Märkischen Museums in Witten

Erste Fernsprecher in Witten

1888 Vierter Erweiterungsbau des Marien-Hospitals, Anbau von drei Stockwerken

25jähriges Jubiläum des Evangelischen Krankenhauses

1889 Generalversammlung des Vereins für Innere Mission in der Grafschaft Mark und den angrenzenden Kreisen in Schwelm

Gründung der Freien Evangelischen Gemeinde in Witten

Evangelischer Friedhof an der Pferdebachstraße

1890 um 250 Diakonissen aus Bielefeld und Kaiserswerth in Gemeindepflegen und Kleinkinderschulen des Regierungsbezirks Arnsberg tätig

1890 Gründung des Evangelisch-Sozialen Kongresses

Beschluß der außerordentlichen Generalversammlung des Vereins für Innere Mission zur Errichtung eines Diakonissen-Mutterhauses und zur Übernahme des Krankenhauses der Evangelischen Kirchengemeinde in Witten

Gründung des Diakonissenhauses für die Grafschaft Mark und das Siegerland in Witten am 19. Oktober

Erster Vorsitzender des Vorstandes Theodor Müllensiefen

Pastor Martin Graeber erster Vorsteher, Diakonisse Minna Meyer aus Kaiserswerth erste Vorsteherin

Kauf von 8 Morgen Land, Vergrößerung des Krankenhauses auf 110 Betten

1891 *Eröffnung des Isolierhauses, Umfriedung des Geländes mit einer Mauer zur Pferdebachstraße*

Erstes Erscheinen der Hauszeitschrift „Der Samariter"

1892 Einweihung der Wittener Gedächtniskirche

Leitung der Chirurgischen Abteilung des Krankenhauses durch Dr. Paul Boshamer

Diakonisse Anna Mohnhaus aus Kaiserswerth erste Probemeisterin im Wittener Mutterhaus

Einsegnung der ersten Diakonisse; Entsendung einer ersten Diakonisse in ein auswärtiges Arbeitsfeld, eine Gemeindepflege in Weidenau

Bezug des ersten Pfarrhauses

1893 *Entsendung von drei Schwestern an ein Krankenhaus, nach Weidenau*

Einweihung des Hauptgebäudes mit dem Mutterhaus im Erdgeschoß, 3. Erweiterungsbau mit Operationssaal und Verbindungstrakt; Bezug der neuen Ökonomiegebäude

1894 Einrichtung einer Handarbeitsschule durch das Marien-Hospital

Kleinkinderverwahranstalt des Ev. Missionsfrauenvereins in Witten

Pastor Paul Lenssen 2. Pfarrer des Diakonissenhauses

1895 *Übernahme zweier Kindergärten durch Wittener Schwestern; Entsendung von zunächst acht Schwestern zur Arbeit in der Heilanstalt Aplerbeck*

Einweihung der Küche und der Waschküche; Errichtung der Leichenkapelle und eines Gewächshauses

Privat-Kleinkinder-Bewahranstalt im Parkweg

1896 Gründung der Altlutherischen Kirchengemeinde Witten (heute Kreuzkirchen-Gemeinde)

Einrichtung der Dispensieranstalt

1897 Gründung des Krankenhaus–Verbands für das rheinisch-westfälische Industriegebiet durch Pastor Martin Graeber

Einweihung des Kleinkinder-Schulschwestern-Seminars (heute Fachschule für Sozialpädagogik) und der Kinderschule

1898 Witten mit 32 000 Einwohnern kreisfreie Stadt

Pastor Ernst Buschmann 2. Pfarrer

Anschluß der Anstalt an das öffentliche Fernsprechnetz unter der Nummer 171

Erstes Erscheinen der „Schwesternbriefe"

1899 Gründung der Evangelischen Frauenhilfe

Gründung des Deutschen Gemeinschafts-Diakonie-Verbandes

Erste Straßenbahn in Witten

1900 *Einweihung der „Vollendungsbauten" mit Mutterhauskirche und Festsaal; Bezug des Neubaus mit insgesamt 274 Betten*

Zugehörigkeit von 181 Schwestern zum Mutterhaus, davon 141 in Ausbildung; Arbeitsfelder in 11 Krankenhäusern, 28 Gemeinden, 2 Pflegehäusern, 13 Kindergärten, Handarbeitsschulen

1901 *Johanne Grunhoff zweite Vorsteherin des Diakonissenhauses*

Dr. Bruno Leick Chefarzt der Inneren Abteilung

Bezug des 2. Pfarrhauses

1902 Einweihung des Evangelischen Gemeindehauses Augustastraße

1902/03 Fünfte, umfangreiche Erweiterung des Marien-Hospitals um zwei Stockwerke

1904 Gründung des Johanna-Helenen-Heims in Volmarstein, des Grundstocks der Orthopädischen Anstalten, durch Pastor Franz Arndt

Erstes Elektrizitätswerk in Witten

Tod von Pastor Martin Graeber in Wengen/Schweiz

Pastor Paul Kramm 2. Pfarrer

1905 Ausbreitung der Genickstarre im Ruhrgebiet

Pastor Wilhelm Thiele Vorsteher

Abschluß großer Umbauarbeiten; Vergrößerung des Krankenhauses auf 333 Betten, 2. Operationssaal, Schwesternspeisesaal

1906 Gründung des Provinzialverbandes der Westfälischen Frauenhilfe in Witten

Gründung der Evangelischen-Freikirchlichen Gemeinde Witten

Explosion der Roburit-Fabrik

Beginn der Diakonissentätigkeit in Deutsch-Südwestafrika (bis 1910)

Entsendung von zunächst acht Schwestern zur Arbeit an der Deutschen Heilstätte für Lungenkranke in Davos

Ankauf von 33 Morgen Land durch die Anstaltsleitung

1907 Gründung des Evangelischen Preßverbandes für Westfalen und Lippe

Gründung des Evangelischen Brüderseminars Martineum

Anlage des Schwesternparks durch Rektor Adolf Schluckebier

1908 Einweihung des neuen Isolierhauses des Marien-Hospitals

Ankauf des Erholungshauses Völlinghausen im Möhnetal (Verkauf 1978)

Staatliche Anerkennung der Krankenpflegeschule

1909 Eröffnung des Amts-Krankenhauses in Langendreer

Beginn der Arbeit im Versorgungshaus Soest

1910 *Übernahme einer Pflegestation der Frauenhilfe in Berlin*

Einweihung des Seminargebäudes für Krankenpflegerinnen

Einrichtung des Schwesternfriedhofs

1911 Gründung des Westfälischen Provinzialausschusses für Innere Mission mit Sitz in der Wittener Diakonenanstalt Martineum unter Vorsitz von Theodor Müllensiefen

Erstes Hallenschwimmbad in Witten

Eröffnung der Stadtbücherei

1912 Schwere Typhusepidemie in Witten

Rückzug der Schwestern aus Aplerbeck

Einweihung des Haushaltspensionats

1913 *Tod der ersten Vorsteherin Minna Meyer*

1914 *Hermann Möller 2. Pfarrer*

1914/18 *Dienst von 110 Schwestern in Feldlazaretten während des Ersten Weltkrieges in Belgien, Frankreich, Polen und Ungarn*

1915 *Pastor Hermann Wilm Vorsteher*

Feier zum 25jährigen Bestehen

909 Schwestern bisher ins Mutterhaus eingetreten; Tätigkeit von 551 Schwestern in 251 Arbeitsfeldern, darunter 20 Krankenhäuser und 72 Kindergärten

1916 Gründung des Kaiserswerther Verbands deutscher Diakonissen-Mutterhäuser

1919 *Kauf des Schwesternerholungsheimes auf der Nordseeinsel Juist (1967 verkauft)*

1920 *Umzug des Martineums nach Volmarstein*

Hermann Kockelke 2. Pfarrer

Übernahme der Arbeit in den Orthopädischen Anstalten Volmarstein

1921 Eingemeindung Hevens (Einwohnerzahl Wittens rd. 45 000)

1922 Verfassung der Evangelischen Kirche Altpreußischer Union

Gründung des Westfälischen Provinzialverbandes für Innere Mission mit Sitz in Witten

Dr. Germanus Espeut Chefarzt der Abteilung für Gynäkologie und Geburtshilfe

Staatliche Anerkennung des Kindergärtnerinnen- und Hortnerinnen-Seminars

1922/26 Bau des Wittener Rathauses

1923 Gründung des Internationalen Verbands für Innere Mission und Diakonie

1923/24 *Erwägungen zur Schließung des Krankenhauses*

1923/25 Besetzung des Ruhrgebiets durch Frankreich und Belgien

1925 Stillegung zahlreicher Zechen im Wittener Raum

Einweihung von Haus Abendfrieden, des heutigen Johanne-Grunhoff-Hauses (Feierabendhaus I)

Pastor Wilhelm Eichholz 2. Pfarrer

1926/28 Sechster Erweiterungsbau des Marien-Hospitals um eine Tuberkulose- und Privat-Station, Operationssaal und Ambulanzräume, Vergrößerung von 220 auf 290 Betten

1926 *Carl Berger Vorsitzender des Vorstandes*

Pastor Otto Stein Vorsteher des Diakonissenhauses

1927 Eröffnung des Evangelischen Jugenderholungs-Landheimes Annenerberg

1928 *Pastor Wilhelm Heider 2. Pfarrer*

Pastor Rudolf Fromme 3. Pfarrer

Eröffnung des Kursushauses (heute Mutterhaus)

1929 Eingemeindung von Annen, Rüdinghausen, Stokkum, Düren, Krone und eines Teils von Bommern (Einwohnerzahl Wittens rd. 73 000)

Diakonisse Mela Wittmann Vorsteherin

Pastor Oswald Schallenberg 2. Pfarrer

Dr. Thaner Böckheler Chefarzt der Inneren Abteilung

Dr. Heinrich Heuß Chefarzt der Chirurgischen Abteilung

Bau eines Doppelhauses mit Wohnungen für die Chefärzte

1930 Einweihung des Fritz-König-Hauses

1931 Preußischer Staatsvertrag mit der Evangelischen Kirche

1933 Gründung der Deutschen Evangelischen Kirche

Gründung der Glaubensbewegung Deutsche Christen, wachsender Widerstand durch die Bekennende Kirche

Kirchenkampf in Westfalen, Richtungskämpfe auch innerhalb der Inneren Mission

Gründung des Kirchenkreises Hattingen-Witten

1934 Gründung der Arbeitsgemeinschaft der Verbände der freien Wohlfahrtspflege als Zwangszusammenschluß von Caritas, Innerer Mission und Deutschem Roten Kreuz mit der Nationalsozialistischen Volkswohlfahrt

Barmer Theologische Erklärung der Bekennenden Kirche

Erste Westfälische Bekenntnissynode in Dortmund

Beginn der Arbeit in Blumenau (Brasilien)

Übereignung des Krankenhauses durch die Evangelische Kirchengemeinde an die Diakonissenanstalt

1938 *Diakonisse Dr. Hedwig Maaß neue Vorsteherin*

1939 Gründung der Verbandsschwesternschaft im Kaiserswerther Verband

Mobilisierung eines Teils der Schwestern am Beginn des Zweiten Weltkrieges

1940 *50jähriges Bestehen des Diakonissen-Mutterhauses; 780 Schwestern in 314 Arbeitsfeldern tätig, darunter 17 Krankenhäuser, 155 Gemeindestationen, 76 Kindergärten, 6 Handarbeitsschulen, 12 Pflegehäuser*

1942 *Oscar Funcke Vorsitzender des Vorstandes*

Schließung des Kindergärtnerinnen-Seminars

1944 Schwerer Luftangriff auf Witten am 12. Dezember

Teilweise Zerstörung der Anstalt durch den Bombenangriff vom 12. Dezember

1945 Weiterer schwerer Luftangriff auf Witten am 19. März, Zerstörung von 80 % der Innenstadt

Zerstörung des Diakonissenhauses zu 80 %

Gründung der Evangelischen Kirche in Deutschland (EKD)

Gründung des Evangelischen Hilfswerkes Westfalen

Beginn des Wiederaufbaus von Krankenhaus und Mutterhaus

1945 nach *Partnerschaft mit dem Mutterhaus des Königin-Elisabeth-Hospitals in Berlin/DDR*

1946 *Diakonisse Emmy Israel Vorsteherin*

Pastor Karl Heinrich Droste 2. Pfarrer

Dr. Lorenz Thomas leitender Arzt der Gynäkologischen Abteilung

1946/47 *Pastor Hermann Kockelke 1. Pfarrer und Vorsteher des Diakonissenhauses*

1947 *Wiederaufnahme des Schulbetriebs der Fachschule für Kindergärtnerinnen*

Wilhelm Dansard Verwaltungsleiter

1948 Verabschiedung der Grundordnung der EKD

1949 *Weihe der wiederaufgebauten Anstaltskirche*

Wiedereinweihung des Isolierhauses

Erstes Erscheinen der Neuen Folge des „Samariter"

Zugehörigkeit von 914 Schwestern und Schülerinnen zum Mutterhaus

1950 *Dr.-Ing. Hugo Krueger Vorsitzender des Vorstandes*

Pastor Hermann Möller für drei Monate kommissarisch Leiter des Diakonissenhauses

Pastor Heinrich Kötter Anstaltsvorsteher

Rückzug der Schwestern aus Davos

1951 Verleihung der Stadtrechte an Herbede mit einer Einwohnerzahl von rd. 10 000

Einweihung des neu- und wiederaufgebauten Marien-Hospitals mit einem neuen Vorderbau

Diakonisse Luise Schäfer Vorsteherin

Einweihung des wiederaufgebauten Fererabendhauses I, des heutigen Johanne-Grunhoff-Hauses

Ende des Wiederaufbaus des Krankenhauses

1952 Wiedereinweihung der Johanniskirche

Pastor Albrecht Wollschläger 2. Pfarrer

1953 Zusammenschluß der aus der Altpreußischen Union hervorgegangenen und selbständig gewordenen Landeskirchen zur Evangelischen Kirche der Union

1954 Neue Kirchenordnung der Evangelischen Landeskirchen von Westfalen

1955 *Einweihung des wiederaufgebauten Mutterhauses*

1956 *Gründung der Pflegevorschule*

1958/62 Siebter Erweiterungsbau des Marien-Hospitals, u. a. Vergrößerung einiger Stationen, Einrichtung einer neuen Kinderabteilung und Bau von Schwesternwohnheimen

1958 100jähiges Bestehen des Marien-Hospitals

Einweihung des Johannes-Busch-Hauses

Beginn der Seminare für Hauskrankenpflege in den Gemeinden

Einweihung von Feierabendhaus II, heute Martin-Graeber-Haus

1959 *Bergassessor a. D. Dipl.-Ing. Gerd Springorum Vorsitzender des Vorstandes*

Dr. Kurt Haarkamp Chefarzt der Chirurgischen Abteilung

Erstbezug des Appartmenthauses für Schwestern und Ärzte

1960 *Dr. Eberhard Kempin erster Chefarzt der Radiologischen Abteilung*

1961 Teilung der Landeskirchen auf den Gebieten der Bundesrepublik und der DDR nach dem Bau der Mauer in Berlin

100jahrfeier der Kaiserswerther Generalkonferenz

1962 Eingemeindung von Gebieten Langendreers (Krone und Papenholz) nach Witten

Dr. Ruth Mumme erste Chefärztin der Anästhesiologischen Abteilung

1963 *100jähriges Bestehen des Krankenhauses (Bettenzahl 450)*

Dipl.-Volkswirt Günter Gersie Verwaltungsleiter

1964 *Beginn der Krankenpflegehilfe-Abteilung (bis 1976)*

1965 *75jähriges Jubiläum des Diakonissenhauses*

1966 *Dr. Hans Queckenstedt Chefarzt der Inneren Abteilung*

1967 Abriß der Ruine der Gedächtniskirche

1969 *Schwesternhelferinnen aus Korea im Krankenhaus tätig*

1970 Erschließung neuer Gewerbegebiete durch die Stadt Witten

Diakonisse Christel Prein Vorsteherin des Diakonissenhauses

Eröffnung des Fachseminars für Altenpflege

Errichtung des Vereins Evangelische Sozialpädagogische Ausbildungsstätte Witten als Träger von Fachschule und -seminar

1972 Stillegung der letzten großen Zeche in Witten (Schachtanlage Herbede)

Eröffnung des Kinderheimes Egge

Pastor Christoph Theurer Vorsteher des Diakonissenhauses

Verbindung von Diakonissen- und Verbandsschwesternschaft zur Diakonischen Schwesternschaft Witten: seit 1987 Diakonische Schwesternschaft. Gemeinschaft von Frauen und Männern im Kaiserswerther Verband

Bezug eines weiteren Schwesternwohnheims

1972/74 *Rückkehr der Evangelischen Diakonenanstalt Martineum von Volmarstein nach Witten*

1973 *Umbenennung der Anstalt von „Evangelisches Diakonissenhaus für die Grafschaft Mark und das Siegerland zu Witten an der Ruhr" in „Diakoniewerk Ruhr-Witten"*

Dr. Rolf Klöpper Chefarzt der Gynäkologisch-Geburtshilflichen Abteilung

1974 Eröffnung des Historischen Bethauses der Bergleute im Muttental als Außenstelle des Deutschen Bergbau-Museums Bochum und Zentrum des Bergbaugeschichtlichen Wanderweges

Eröffnung des neuen Schulzentrums (Fachschule für Sozialpädagogik, Krankenpflege- und Krankenpflegehilfeschule, Fachseminar für Altenpflege) und der Tageseinrichtung für Kinder

1975 Eingliederung von Herbede mit 15 000 Einwohnern nach Witten, das mit 110 000 Einwohnern als größte Stadt zum Ennepe-Ruhr-Kreis kommt

Eröffnung des Städtischen Saalbaus Witten

Pastor Gerd Sauer 2. Pfarrer

1976 Stillegung der letzten Kleinzeche im Ruhrgebiet (Egbert)

Bezug des Neubaus des Evangelischen Krankenhauses mit 428 Betten; Abbruch der alten Bauten einschließlich Mutterhauskirche und Festsaal

Gründung der Evangelischen Anstaltskirchengemeinde Diakoniewerk Ruhr in Witten

Gründung der Evangelischen Krankenhaushilfe im Diakoniewerk Ruhr, bekannt als „Grüne Damen"

Wahl der ersten Vertrauensschwester für die Verbandsschwesternschaft

1977 Teilung der Evangelisch-Lutherischen Kirchengemeinde Witten in die Christus-, Johannis- und die Martin-Luther-Kirchengemeinde, die sich zum Gesamtverband Evangelisch-Lutherischer Kirchengemeinden Witten zusammenschließen

Einweihung des von Schwesternschaft und Bruderschaft gemeinsam erbauten Lukas-Zentrums

1979 Gründung der Offenen Kirche durch die christlichen Gemeinden in Witten

Eröffnung der Wittener Werkstadt als größtem Jugendtreff in Witten

1980 Freigabe des Kemnader Sees als jüngstem Ruhrstausee und Freizeitzentrum

Gründung des Kreises der Freunde und Förderer des Diakoniewerkes

1981 *Dr. Walter Kremer Chefarzt der Anästhesiologischen Abteilung*

1982 Weitgehender Abschluß der seit 1969 begonnenen Erweiterung und Neustrukturierung des Marien-Hospitals im Gesamtumfang von ca. 54 Mio. DM (Bettenzahl nunmehr 425)

Priv.-Doz. Dr. Reinhold Dietz Chefarzt der Chirurgischen Abteilung

Umwandlung der Dispensieranstalt in eine Vollapotheke

1983 Eröffnung der Universität Witten/Herdecke als erster Hochschule der Bundesrepublik in freier Trägerschaft

Prof. Dr. Henning Gallenkamp Chefarzt der Inneren Abteilung

1984 *Einsegnung der ersten Krankenpflege-Diakone, gemeinsam ausgebildet von Diakonischer Schwesternschaft und Bruderschaft des Martineums*

Einweihung von Feierabendhaus III

1985 *Dr. Jürgen Schülke Chefarzt der Urologischen Abteilung*

Dr. Gerd Strugalla Chefarzt der Radiologischen Abteilung

Verpachtung des Schwesternparks an die Stadt Witten auf 30 Jahre

1987 *Umbenennung der Verbandsschwesternschaft in „Diakonische Schwesternschaft. Gemeinschaft von Frauen und Männern im Kaiserswerther Verband"*

1988 Eröffnung der Begegnungsstätte Haus Herbede

Beginn der Kooperation zwischen dem Krankenhaus und der Medizinischen Fakultät der Universität Witten/Herdecke

1989 *Pastor Dr. Rainer Schmitt Vorsteher des Diakonissenhauses*

1990 *100jähriges Bestehen des Diakonissen-Mutterhauses*

Zugehörigkeit von rd. 350 Schwestern zum Diakoniewerk Ruhr, davon rd. 150 Diakonissen (ca. 128 im Feierabend, 22 im Dienst) und rd. 200 Verbandsschwestern (ca. 55 Feierabendschwestern, 127 im Dienst, 2 in Ausbildung, 16 beurlaubt)

Bibliographie

BAUKS, Friedrich Wilhelm:
1980 Die evangelischen Pfarrer in Westfalen von der Reformationszeit bis 1945, Bielefeld 1980.

BECKHOFF, Klaus:
1961 Witten in ursprünglicher Zeit, in: Nettmann, Wilhelm (Hrsg.): Witten. Werden und Weg einer Stadt, Witten 1961, S. 1-34.

BEYREUTHER, Erich:
1962 Geschichte der Diakonie und Inneren Mission in der Neuzeit, 2. Aufl. Berlin 1962 (=Lehrbücher für die diakonische Arbeit. 1).

BINTERIM, Anton/MOOREN, Josef Hubert:
1828 Die alte und neue Erzdiözese Köln, Mainz 1828.
1892 Die Erzdiöcese Köln im Mittelalter, neu bearb. v. Albert Mooren. Düsseldorf 1892.

BLESKEN, Andreas Heinrich:
1953 Rund um die Johanniskirche. Witten 1953.

BRAKELMANN, Günter:
1971 Die soziale Frage des 19. Jahrhunderts, 4. Aufl. 1971.
1977 Kirche, soziale Frage und Sozialismus, Gütersloh 1977.
1983 Johann Hinrich Wichern, in: Scholder. Klaus (Hrsg.): Protestantische Profile, Frankfurt 1983, S. 217-230.

BUSCH, Eberhard:
1960 Johannes Busch. Ein Herold des Königs, Gießen/Basel 1960.

BUSCH, Wilhelm:
1956 Johannes Busch, Wuppertal 1956.

DOHMEN, Heinz:
1977 Abbild des Himmels, Mülheim/Ruhr 1977.

EVANGELISCHE GEMEINDEN an der Ruhr:
1983 Der Kirchenkreis Hattingen-Witten, Witten 1983.

EWIG, Eugen:
1980 Die Rheinlande in fränkischer Zeit (451-919/31), Düsseldorf 1980 (=Rheinische Geschichte, hrsg. v. Franz Petri/Georg Droege, 1.2).

FESTSCHRIFT
1896 zur Feier der Konsekration der Marienkirche zu Witten, Witten 1896.

FREUDENSTEIN, Erich:
1948 Liebe haben für andere. Eine Geschichte der Inneren Mission, Hamburg 1948.

GEMEINDEBUCH
1930 der Evangelisch-Lutherischen Kirchengemeinde Witten, Witten 1930.
1962 des Kirchenkreises Hattingen-Witten, Hattingen/Witten 1962.

GEMEINDE HERBEDE (Hrsg.):
1951 1100 Jahre Herbede, Herbede 1951.

GESCHICHTE
1909 der Genossenschaft der Barmherzigen Schwestern des hl. Vincenz v. Paul aus dem Mutterhause in Paderborn, Paderborn 1909.

GOETZ, Hans-Werner:
1988 Das Ruhrgebiet im frühen Mittelalter, in: Schoppmeyer, Heinrich (Hrsg.): Jahrbuch des Vereins für Orts- und Heimatkunde in der Grafschaft Mark, mit dem Sitz in Witten an der Ruhr 86, 1988, S. 7-36.

GRESCHAT, Martin:
1980 Das Zeitalter der Industriellen Revolution. Das Christentum vor der Moderne, Stuttgart/Berlin/Köln/Mainz 1980 (=Christentum und Gesellschaft. 11).

HANSCHMIDT, Alwin:
1983 Das 18. Jahrhundert, in: Kohl, Wilhelm (Hrsg.): Westfälische Geschichte, Bd. 1, Düsseldorf 1983, S. 605-686.

HAREN, Gerrit:
1924 Geschichte der Stadt Witten, Witten 1924.

HECKER, Norbert:
1985 Der Einfluß der Klöster und Stifte auf die Landesentwicklung im Mittelalter, Essen 1985.

HEIMATBUCH
1926 zur Jahrhundertfeier der Stadt Witten 1825-1925, Witten 1926.

HEIN, Walter (Hrsg.):
1986 Festschrift 90 Jahre Evangelisch-Lutherische Kreuzgemeinde Witten, Witten 1986.

JAHRBUCH
1903 des Vereins für die evangelische Kirchengeschichte Westfalens 5, 1903.

KHALATBARI, Buzardjomehr:
1980 Die Geschichte des evangelischen Krankenhauses bzw. des Diakonissenhauses für die Grafschaft Mark und das Siegerland in Witten-Ruhr (1863-1976), Med. Diss. Kiel 1980, ms.

KLOOSTERHUIS, Jürgen:
1988 Fürsten, Vögte, Hofsleute. Das Eigengericht Herbede im Rahmen der märkischen Lokalverwaltung, in: Sobotka, Bruno J. (Hrsg.): Haus Herbede in Witten, Umwelt, Denkmal, Bedeutung, Witten 1988, S. 117-180.

KOETTER, Heinrich (Hrsg.):
1965 75 Jahre Evangelisches Diakonissenhaus für die Grafschaft Mark und das Siegerland in Witten an der Ruhr, Witten 1965.

KOHL, Wilhelm:
1987 a Germanen, Römer, Sachsen und Franken, in: Harenberg, Bodo (Hrsg.): Chronik des Ruhrgebietes, Dortmund 1987, S. 9-10.
1987 b Aufblühen der Städte und die Reformation, in: ebd.. S. 25-26.
1987 c Krieg und Zerstörungen im Ruhrgebiet, in: ebd., S. 49-50.

MANNS, Adolf:
1961 a Annen-Wullen, in: Nettmann, Wilhelm (Hrsg.): Witten, Werden und Weg einer Stadt, Witten 1961, S. 187-202.
1961 b Rüdinghausen, in: ebd., S. 203-224.

MÜLLENSIEFEN, Gebr. (Hrsg.):
1925 Gebr. Müllensiefen, Glasfabrik Crengeldanz, 1825-1925, Witten 1925.

NELL, Wilhelm:
1926 Festschrift zur Wiedereinweihung der Gedächtniskirche in Witten am 19. Dezember 1926, Witten 1926.
1927 Denkschrift über die Entstehung und Aufgabe des Evangelischen Jugenderholungslandheims Annenerberg, Witten 1927.
1930 Die Arbeit der Inneren Mission in der Evangelisch-Lutherischen Kirchengemeinde Witten, Witten 1930.

NETTMANN, Wilhelm:
1961 a Wittens ältere Geschichte, in: ders. (Hrsg.): Witten, Werden und Weg einer Stadt, Witten 1961, S. 35-68.
1961 b Bommern, in: ebd., S. 253-270.
1961 c Bedeutende Wittener Persönlichkeiten, in: ebd., S. 325-335.

NEUKAMM, Karl Heinz (Hrsg.):
1985 Wer mir dienen will. 18 Lebensbilder von Männern und Frauen im Dienst der Liebe, Moers 1985.

NIPPERDEY, Thomas:
1988 Religion im Umbruch, Deutschland 1870–1918, München 1988.

PETER, Claus:
1987 Glockenkartei Westfalen-Lippe, Aufnahme 1987, ms.

PRINZ, Joseph:
1983 Das hohe Mittelalter vom Vertrag von Verdun (843) bis zur Schlacht von Worringen (1288), in: Kohl, Wilhelm (Hrsg.): Westfälische Geschichte, Bd. 1, Düsseldorf 1983, S. 337-402.

RECKE-VOLMERSTEIN, Constantin von der / RECKE, Otto von der:
1878. Geschichte der Herren von der Recke, Breslau 1878.

RECKLINGHAUSEN, Karl Gustav von:
1935 Reschop – Zur Geschichte und Stammkunde eines Bauerngeschlechts der Grafschaft Mark, Detmold 1935.

ROLLENBECK, Fritz:
1961 Stockum – Düren, in: Nettmann, Wilhelm (Hrsg.): Witten, Werden und Weg einer Stadt, Witten 1961, S. 225-242.

SAAL, Friedrich Wilhelm:
1984 Das Schul- und Bildungswesen, in: Kohl, Wilhelm (Hrsg.): Westfälische Geschichte, Bd. 3, Düsseldorf 1984, S. 533-618.

SAMARITER,
1891 ff. Der, Witten 1891 ff.

SAUER, Gerd/BACH, Ulrich/EISERMANN, Siegbert (Hrsg.):
1986 Wer in der Liebe bleibt, Stuttgart 1986.

SCHAUER, Hermann:
1960 Frauen entdecken ihren Auftrag. Weibliche Diakonie im Wandel eines Jahrhunderts, Göttingen 1960.

SCHLÜTER, Otfried:
1981 75 Jahre Evangelisch-Freikirchliche Gemeinde Witten, Witten 1981.

SCHOPPMEYER, Heinrich:
1985 Die Frühgeschichte Herbedes an der Ruhr, in: Sobotka, Bruno J. (Hrsg.): Haus Herbede in Witten. Herrschaftsmittelpunkt, Adelssitz, Begegnungsstätte, Witten 1985, S. 11-33.
1988 Zur Siedlungsgeschichte des Raumes Witten im Mittelalter, in: ders. (Hrsg.): Jahrbuch des Vereins für Orts- und Heimatkunde in der Grafschaft Mark, mit dem Sitz in Witten an der Ruhr 86, 1988, S. 37-124.

SCHWESTERNBRIEFE
1898 ff. des Diakonissenmutterhauses Witten, Witten 1898 ff.

SOBOTKA, Bruno J:
1980 Witten – Wiege des Ruhrbergbaus, Witten 1980.
1983 Herrenhäuser in Witten, Witten 1983.
1986 Witten an der Ruhr. Gegenwart und Vergangenheit in Daten und Fakten, Witten 1986.
1987 Schloß Steinhausen und seine Bewohner, 700 Jahre Wittener Geschichte, Witten 1987.
1988 Haus Herbede in Witten. Zur Geschichte und Erhaltung, Witten 1988.
1989 Die Johanniskirche in Witten – 9. Jh.-1214-1989, Witten 1989.
1989 a Haus Berge in Witten und seine Bewohner, in: Schoppmeyer, Heinrich/Zemter, Wolfgang (Hrsg.): Über 775 Jahre Witten, Witten 1989, S. 115-133.
1989 b Die Johanniskirche in Witten – Zur Geschichte, in: ebd., S. 165-184.
1990 Herbede, Heven und die Familie von Elverfeldt, in: Stapperfenne, Ernst (Hrsg.): Heven durch 11 Jahrhunderte – Ein Beitrag zur Wittener Geschichte, Witten 1990 (im Druck).

SOBOTKA, Bruno J. (Hrsg.):
1985 Haus Herbede in Witten. Herrschaftsmittelpunkt, Adelssitz. Begegnungsstätte, Witten 1985.
1988 Haus Herbede in Witten. Umfeld, Denkmal, Bedeutung, Witten 1988.

STAHL, Emil:
1951 Aus der Geschichte der ev. Kirchengemeinde Herbede, in: Gemeinde Herbede (Hrsg.): 1100 Jahre Herbede, Herbede 1951, S. 44-46.

STEIN, Otto (Hrsg.):
1926 Das Evangelische Diakonissenhaus für die Grafschaft Mark und das Siegerland in Witten, Witten 1926.
1940 Evangelisches Diakonissenhaus Witten 1890-1940, Witten 1940.

STEINEN, Johann Diederich von:
1760 Westphälische Geschichte. Das XVII. Stück Historie von den Geschichtern und Kirchspielen Mengede, Bodelschwinghen, Langendreer, Witten, Castrop und Strünckede, Lemgo 1760.

STICKER, Anna:
1950 Theodor Fliedner, der Diakonissenvater, Kaiserswerth 1950,
1960 Die Entstehung der neuzeitlichen Krankenpflege. Deutsche Quellenstücke aus der 1. Hälfte des 19. Jahrhunderts, Stuttgart 1960.

STUPPERICH, Robert:
1983 Die evangelischen Kirchen seit 1803, in: Kohl, Wilhelm (Hrsg.): Westfälische Geschichte, Bd. 2, Düsseldorf 1983, S. 385-416.

TEWES, Ludger:
1988 Mittelalter an Lippe und Ruhr, Essen 1988.

THEURER, Christoph (Hrsg.):
1988 125 Jahre Evangelisches Krankenhaus im Diakoniewerk Ruhr-Witten, Witten 1988.

THIELE, Wilhelm:
1915 Das evangelische Diakonissenhaus für die Grafschaft Mark und das Siegerland zu Witten an der Ruhr 1890-1915, Witten 1915.

WÖHRLE, Wilhelm:
1965 Erbauet auf einem Grunde, Fünfundsiebzig Jahre Freie evangelische Gemeinde Witten 1889-1964, Witten 1965.

WULF, Hans:
1965 Die evangelische Gemeindekrankenpflege, Theodor Fliedners Plan, seine Verwirklichung und seine Krise in der Gegenwart, Stuttgart 1965.

Nachweis der Abbildungen

Bentivoglio, Davide, Witten, Abb. 5-8, 241, 242

Das Rauhe Haus, Hamburg, Abb. 60, 61

Diakoniewerk Ruhr-Witten, Abb. 4, 55, 67-72, 74, 76, 77, 80, 81, 89-106, 108-122, 126-146, 150-152, 159-179, 182, 185-208, 212-239, 243-268

Diakoniewerk Kaiserswerth, Abb. 56, 57

Diakonisches Werk der Evangelischen Kirche in Deutschland, Stuttgart, Abb. 2

Evangelisch-Lutherisches Diakoniewerk, Neuendettelsau, Abb. 58, 59

Evangelische Kirche von Westfalen, Bielefeld, Abb. 3

Festschrift zur Feier der Konsekration der Marienkirche zu Witten, Witten 1896, Abb. 52

Fietze, Franz, Witten, Abb. 64, 107

Gemeindebuch der Evangelisch-Lutherischen Kirchengemeinde Witten, Witten 1930, Abb. 47

Geschichte der Genossenschaft der Barmherzigen Schwestern des hl. Vincenz v. Paul aus dem Mutterhaus in Paderborn, Paderborn 1909, Abb. 53

Hake, Hans-Ulrich, Witten, Abb. 24, 25, 27, 28, 51

Kaiserswerther Verband deutscher Diakonissen-Mutterhäuser e. V., Kaiserswerth, Abb. 1

Kommunalverband Ruhrgebiet, Essen, Abb. 37, 49, 50, 147-149

König, Elisabeth, Dortmund, Abb. 44, 45, 78

König, Dr. Gert, Witten, Abb. 46

Kraemer, Brigitte, Hamburg, Abb. 209-211

Lohmann, Friedr. GmbH, Witten, Abb. 21

Lohmann & Stolterfoht GmbH, Witten, Abb. 26

Märkisches Museum, Witten, Abb. 13, 14, 39, 54, 65, 157, 158

Melsa, Adolf, Witten, Abb. 32, 38, 125

Müllensiefen, Gebr. (Hrsg.): Gebr. Müllensiefen Glasfabrik Crengeldanz, 1825-1925, Witten 1925, Abb. 22, 75

Peter, Claus, Hamm, Abb. 41-43, 183, 184

Privatbesitz, Abb. 19, 20, 23, 31, 66

Sobotka, Bruno J., Witten, Abb. 9-12, 15-18, 29, 30, 33-36

Stadt Witten, Abb. 82-88, 124, 153-156

v. Bodelschwinghsche Anstalten Bethel, Sarepta und Nazareth, Bielefeld-Bethel, Abb. 62, 63

Wüstenfeld, Gustav Adolf, Witten, Abb. 40, 48, 73, 123, 180, 181, 240

Zimmermann, Gisela, Witten, Abb. 79

Inhalt